Dirk Mellies,
Frank Möller (Hg.)

Greifswald 1989

Dirk Mellies,
Frank Möller (Hg.)

Greifswald 1989

Zeitzeugen erinnern sich

Tectum Verlag

Dirk Mellies,
Frank Möller (Hg.)

Greifswald 1989.
Zeitzeugen erinnern sich
ISBN: 978-3-8288-2140-8
Umschlagabbildung: © Dorothea Puttkammer/Domgemeinde Greifswald

© Tectum Verlag Marburg, 2009

Besuchen Sie uns im Internet
www.tectum-verlag.de

Universitäts- und Hansestadt

Greifswald

Der Oberbürgermeister

Die Drucklegung wurde durch die Universitäts- und Hansestadt
Greifswald – Kulturamt gefördert.

Bibliografische Informationen der Deutschen Nationalbibliothek
Die Deutsche Nationalbibliothek verzeichnet diese Publikation in der
Deutschen Nationalbibliografie; detaillierte bibliografische Angaben sind
im Internet über http://dnb.ddb.de abrufbar.

Inhaltsverzeichnis

1989/90 in Greifswalder Lebensberichten. Eine Einführung

von Dirk Mellies und Frank Möller

Walter Ulbricht als oppositioneller Liedermacher der DDR, Erich Honecker als zweiter Bundeskanzler der Bundesrepublik – das sind Antworten, wie sie Klaus Schroeder bei einer repräsentativen Umfrage unter deutschen Schülern über ihr Wissen von der DDR erhielt. Seine Studie stellt fest, wie gering der Kenntnisstand von Schülern über die DDR ist. Ein Viertel der ostdeutschen Schüler blende zudem die repressiven Aspekte der DDR aus und nivelliere die Unterschiede von Diktatur und Demokratie. Neben Defiziten in den Lehrplänen und Schulbüchern sieht Schroeder die Schuld daran auch bei den Eltern und Großeltern, die ihren Kindern eine nostalgische Sicht auf die DDR vermittelt hätten. Diese Ergebnisse sind Anlass für eine öffentliche Debatte, dass der Schulunterricht über die DDR verbessert werden müsse.[1]

Zwanzig Jahre seit dem Umbruch von 1989/90[2] – das ist nicht nur der zeitliche Abstand, nach dem man ein Ereignis mit Jubiläumsfeiern gedenkt.[3] Es ist auch ein Zeitraum, in dem eine neue Generation herangewachsen ist, die die DDR und das Geschehen von 1989 nur noch aus Erzählungen kennt. Vermutlich sind viele dieser Erzählungen

---

[1] *Monika Deutz-Schroeder/Klaus Schroeder*, Soziales Paradies oder Stasi-Staat? Das DDR-Bild von Schülern – ein Ost-West-Vergleich. Berlin/München 2008. – Kritisch über methodischen Schwächen der Studie: *Bert Pampel*: Rezension zu: Deutz-Schroeder, Monika; Schroeder, Klaus: Soziales Paradies oder Stasi-Staat? Das DDR-Bild von Schülern – ein Ost-West-Vergleich. Stamsried 2008, in: H-Soz-u-Kult, 25.09.2008, <http://hsozkult. geschichte.hu-berlin.de/rezensionen/2008-3-198; 26.10.2009, 18.15 Uhr>; Rezension „Die DDR im Kopf", in: Frankfurter Allgemeine Sonntagszeitung, 24.08.2008, Nr. 34, S. 68. http://www.faz.net/s/RubC17179D529AB4E2n BBEDB095D7C41F468/Doc~ECD54B05CB1BF4E88A591047A631073A8~AT pl~Ecommon~Scontent.html; 26.10.2009, 18.00 Uhr.

[2] Die Begriffe „Wende", „Umbruch 1989" und „friedliche Revolution" werden im Folgenden synonym verwendet. Wie uns gerade auch die Interviews zeigten, spielen die ursprünglichen politischen Zuordnungen dieser Begriffe im öffentlichen Diskurs heute kaum noch eine Rolle.

[3] Zum Jubiläum erschien folgende grundlegende Literatur: *Klaus-Dietmar Henke* (Hg.), Revolution und Wiedervereinigung 1989/90. Als in Deutschland die Realität die Phantasie überholte. München 2009; *Ilko-Sascha Kowalczuk*, Endspiel. Die Revolution von 1989 in der DDR. 2. Aufl. München 2009; *Ehrhart Neubert*, Unsere Revolution. Die Geschichte der Jahre 1989/90. 2. Aufl. München 2009; *Andreas Rödder*, Deutschland einig Vaterland. Die Geschichte der Wiedervereinigung. 2. Aufl. München 2009.

tatsächlich geschönt: Man erzählt eben eher das Positive und verdrängt das Negative. Vielleicht erzählen aber auch die Älteren oft zu wenig und zu flüchtig und die Jüngeren hören nicht richtig zu. Von daher erscheint ein zwanzigjähriges Jubiläum auch als der richtige Anlass, um ein Gespräch in Gang zu bringen, in dem auf der einen Seite diejenigen stehen, denen die Vergangenheit als Teil ihres Lebens präsent ist, und auf der anderen Seite diejenigen, für die sie bereits Geschichte geworden ist.

Die hier versammelten Interviews von 21 Zeitgenossen der friedlichen Revolution in Greifswald bieten diese Möglichkeit. Sie zeigen das individuelle Erleben des Umbruchs von Oppositionellen, Anhängern der DDR und Unbeteiligten. Sie machen deutlich, wie einschneidend sich Lebenswege veränderten und wie unterschiedlich noch heute die Perspektive auf die Vergangenheit ist. Sie liefern damit selbstverständlich keine eindeutige Bewertung der damaligen Ereignisse, sondern ein immer in Bewegung befindliches Kaleidoskop. Allerdings gibt diese Multiperspektivität der Wahrnehmungen vermutlich viel eher die gesellschaftliche Realität wieder, als das dies ein statisches Bild der DDR und der Wende von 1989/90 zu geben vermag.

Die Idee

Der hier vorliegende Sammelband entstand als ein Forschungsprojekt am Historischen Institut der Ernst-Moritz-Arndt-Universität Greifswald. Vor die Tatsache gestellt, dass auch die Universität Anteil am zwanzigjährigen Jubiläum nehmen sollte, entwickelten wir die Idee, gemeinsam mit Studierenden ein Interviewprojekt durchzuführen. Neben der rein archivalischen Motivation einer Sammlung der Interviews strebten wir frühzeitig auch eine Publikation mit den autobiographischen Texten der Zeitzeugen an. Der besondere Reiz bestand hierbei für uns in der Idee, durch die unterschiedlichsten Perspektiven auf den Umbruch von 1989/90 an einem Ort geradezu eine *thick description* dieses Ereignisses zu erhalten.[4] Greifswald konnte hier zu einem Mikrokosmos des Geschehens in der gesamten DDR werden.

Dabei verdient Greifswald als Ort der Untersuchung nicht nur lokales Interesse. Greifswald war 1989 – und ist es sicherlich auch heute noch – Provinz. Abseits vom Zentrum der DDR in Berlin wie auch dem Zentrum der oppositionellen Bewegung in Leipzig mussten sich hier die Bürgerrechtler mit ganz spezifischen Voraussetzungen auseinandersetzen. Sie konnten dabei zwar auf die Reste eines „konservativen

---

4   Zum Konzept der *thick description* vgl. *Clifford Geertz*, Dichte Beschreibung. Beiträge zum Verstehen kultureller Systeme. Frankfurt am Main 1983.

Milieus", einer bürgerlichen, kirchlich geprägten Lebenswelt zurück-
greifen, dieses war jedoch durch die sozialistische Umgestaltung der
Universität in den sechziger und siebziger Jahren sowie durch den
erheblichen Zuzug von Beschäftigten des Kernkraftwerks Lubmin
aufgebrochen worden.[5]

Trotz dieser strukturellen Veränderungen stellte Greifswald im
Herbst 1989 die Stadt im Bezirk Rostock dar, in der sich erstmals ein
Demonstrationszug bildete. So fanden, wenn auch nachholend, hier
ebenfalls die friedliche Revolution und der Aufbruch seinen Raum. In
der zweiten Phase der friedlichen Revolution sollte Greifswald zudem
an vorderster Front dabei sein. Die am 3. Dezember 1989 durch die
ganze DDR verlaufende Lichterkette wurde beispielsweise von einer
kirchlichen Initiative in Greifswald angeregt, um unter dem Motto
„Ein Licht für unser Land" dem friedlichen Reformverlangen Nach-
druck zu verleihen. Und auch bei der landesweiten Besetzung der
Dienststellen der umbenannten Staatssicherheit am 4. Dezember war
Greifswald vorne mit dabei.

Es wäre jedoch ein Fehler gewesen, das Ergebnis eines Zeitzeugen-
projektes als Geschichte der Wende in Greifswald zu betrachten.
Grundlage des Projektes musste ein kritischer Umgang mit der Me-
thode *Oral History* sein. Wie inzwischen in praktischen Erfahrungen als
auch theoretischen Überlegungen erarbeitet wurde, können durch
Zeitzeugeninterviews nicht einfach Quellen der Vergangenheit erzeugt
werden. „[D]as Gedächtnis und besonders seine ungenaue Erinne-
rungsleistung [ist] zentraler Angelpunkt der Kritik an subjektiven
Erinnerungsquellen." Interviews liefern jedoch individuelle Perspektiven auf die Geschichte und geben eine gegenwärtige Einordnung der
damaligen Ereignisse.[6] Daher standen für uns auch nicht die Rekon-
struktion der Wende in Greifswald, sondern die persönlichen Erfahrungen, Erinnerungen und Bewertungen im Mittelpunkt unseres An-
satzes. Nicht die Vergangenheit sondern das Gedächtnis der Vergangenheit wird hier erfasst.

---

5   Zu Greifswald zur Zeit der DDR vgl. *Helge Matthiesen*, Greifswald in Vor-
     pommern. Konservatives Milieu im Kaiserreich in Demokratie und Diktatur
     1900-1990. Düsseldorf 2000, S. 441-680; ders., Greifswald unter sowjetischer
     Besatzung und in der DDR, in: Horst Wernicke (Hg.), Greifswald. Geschich-
     te einer Stadt. Schwerin 2000, S. 141-159.

6   Einführend zu den Problemen der *Oral History* hervorragend *Alexander
     v. Plato*, Zeitzeugen und die historische Zunft. Erinnerung, kommunikative
     Tradition und kollektives Gedächtnis in der qualitativen Geschichtswissen-
     schaft – ein Problemaufriß, in: BIOS 13, 2000, S. 5-29, Zitat S. 8.

Das Projekt

Nach der Vorstellung des Projekts im Institut fanden wir überraschend schnell 18 Studierende,[7] die dazu bereit waren, neben ihrer regulären Studienzeit ein erhebliches Maß an Arbeit in dieses Projekt zu investieren. Dieses Projektteam erstellte im Frühjahr 2009 zunächst anhand von Quellen und Materialien der Greifswalder Wendezeit eine Datenbank der für das Projekt relevanten Zeitzeugen. Grundlage war dabei vor allem ein subjektiver Bericht des Greifswalder Umbruchs, den Hinrich Kuessner verfasst hat. Er gab auch bei einem persönlichen Treffen Anregungen, mit denen wir weitere Akteure und interessante Persönlichkeiten sammelten. Die gemeinsam erarbeitete potentielle Zeitzeugenliste wurde mit jeder neuen Information erweitert. Parallel dazu beschäftigten wir uns mit der Literatur zur Theorie und Praxis der *Oral History*, erarbeiteten wichtige Daten für die Greifswalder Wendegeschichte und entwickelten vor allem einen offenen Fragebogen für die einzelnen Interviews. Aus der schließlich über 70 Personen umfassenden Liste wählten wir dann 40 Personen aus, die wir für unser Interviewprojekt gewinnen wollten. Nach der mitunter schwierigen Recherche nach den Adressen der ausgewählten Personen, wurden diese brieflich oder telefonisch angefragt.

Seit dem Frühsommer 2009 erfolgten durch die Studierenden jeweils die in Zweiergruppen durchgeführten Interviews. Diese stützten sich auf den vorher konzipierten Leitfaden, der jedoch nicht Frage für Frage durchexerziert wurde. Stattdessen fanden die Interviews ergebnisoffen in einer möglichst lockeren Gesprächsatmosphäre statt. Grundsätzlich ging es dabei, wie bereits ausgeführt, nicht darum, Fakten festzustellen, sondern individuelle Perspektiven auf Vergangenes zu erheben.

Diese Interviews stellten für die Studierenden eine neue Erfahrung dar, auf die sie bisher im Studium nicht vorbereitet worden waren. Sie mussten sich mit Menschen auseinandersetzen, die ihnen nicht nur an Alter sondern auch an Lebenserfahrungen weit voraus waren. Sie begaben sich in eine fremde Welt – auch räumlich, da wir die meisten Interviews bei den Zeitzeugen zuhause durchführten. Diesen Abstand haben die Studierenden oft als schwer überbrückbar erlebt. Worte konnten das, was sich als Erinnerung angesammelt hatte, zumeist nicht so einfach vermitteln.

---

7   Die Studierenden des Projektes werden namentlich jeweils nach den von ihnen geführten und bearbeiteten Interviews genannt.

Die Interviews haben dabei oft erschüttert.[8] Sie versetzten manche Zeitzeugen zurück in das Geschehen, erweckten erlebte Gefühle erneut. Hilflosigkeit und Tatendrang, Hoffnungen und Ängste, Trauer und Freude wurden wieder nachempfunden. Das führte teilweise zu emotionalen Ausbrüchen, zu Weinen und Lachen. Die Interviewten schienen, so die Beschreibung eines Studenten, sich geradezu wieder in die Vergangenheit zu versetzen. Das Interview berührte aber auch die Studenten. Es war für sie eine Herausforderung mit den persönlichen, teilweise privaten und oft emotional berührenden Aussagen umzugehen. Für angehende Historiker, die bisher nur lange verstorbene Persönlichkeiten aus der Distanz geschriebener Quellen kannten, war das eine prägende Erfahrung.

Nach Abschluss der Interviews mussten die studentischen Zweiergruppen ihre Interviews vollständig transkribieren. Diese Transkripte werden nach dem Abschluss des gesamten Projektes mitsamt den Tondateien der Interviews dem Stadtarchiv Greifswald zur Verfügung gestellt. Damit stehen sie auch der zukünftigen Forschung als Quelle zur Verfügung und ermöglichen zudem die Überprüfung der hier präsentierten Texte. Für den Sammelband war freilich klar, dass hierfür nicht der Originalton der Interviews verwendet werden konnte. Diese sind vom gesprochenen Wort geprägt und enthalten daher oft sprachliche und grammatische Fehler, die sie z. T. nur schwer verständlich machen. Deshalb erstellten die Studierenden in Zusammenarbeit mit uns auf der Grundlage der Interviewtranskripte zurückhaltend redigierte, lesbare Texte. Dieser Prozess vom originalen Interview zu den hier präsentierten Texten folgte dabei folgenden Prinzipien: 1. Sätze und Aussagen des Interviews wurden original beibehalten, dem Mündlichen geschuldete Grammatik- und Satzfehler korrigiert. 2. Die Fragen wurden entfernt und die Inhalte nach einer sinnvollen Gliederung umgestellt. 3. Der Text wurde insgesamt auf die für den Band wichtigen Teile gekürzt. Diese überarbeiteten Texte wurden dann noch einmal den Zeitzeugen zur Verifizierung vorgelegt. Sie bilden den Kern dieser Publikation.

Dafür, dass dieser Band zustande kommen konnte, haben wir letztendlich dem Kulturamt der Hanse- und Universitätsstadt Greifswald zu danken, das den Druck des Bandes finanziell unterstützt hat. Unser

---

8   In einigen Fällen war allerdings auch erkennbar, dass wir es teilweise mit Zeitzeugen zu tun hatten, die ihre Lebensgeschichte schon öfter artikuliert hatten. Diese waren in der Lage ihre Erlebnisse strukturiert und ausgearbeitet zu präsentieren. Gerade in diesen Fällen ist freilich die Gefahr einer nachträglichen Konstruktion der Erinnerungen besonders groß, da jeder Erinnerungsakt die vorhandenen Erinnerungen „überschreibt".

Dank gilt auch Herrn Hinrich Kuessner, der mit seiner Sachkenntnis das Vorhaben mit Rat und Tat unterstützt hat, den Studentinnen und Studenten, die ihre Zeit und Energie in das Projekt investiert haben, und ganz besonders den Zeitzeugen, die uns unter großem Zeiteinsatz und mit viel Freundlichkeit Auskunft gaben.

Die Auswahl der Zeitzeugen

Schon aus der Entstehungsgeschichte unseres studentischen Projektes ergibt sich, dass die Auswahl der Zeitzeugen durch viele Zufälle beeinflusst war. Eine repräsentative Befragung, in der etwa eine Stichprobe Greifswalder Bürger unabhängig von ihrem persönlichen Hintergrund und ihren Erlebnissen im Jahr 1989/90 befragt worden wäre, wäre kaum durchführbar gewesen. Abgesehen von dem unvorstellbaren Aufwand eines solchen Unterfangens wäre damit das eigentliche Anliegen, Greifswalder mit unterschiedlichen Blickwinkeln von ihren Erlebnissen im Jahr 1989/90 erzählen zu lassen, verfehlt worden. Wir haben daher von Beginn an Personen ausgewählt, die uns in irgendeiner Weise „interessant" erschienen, die sich beispielsweise 1989/90 als exponierte Akteure auszeichneten oder auch durch ihr späteres Leben und ihre weitere Karriere von Interesse schienen. Um die Multiperspektivität der Ereignisse besonders hervorzuheben, haben wir zudem auch durchaus „exotische" Stimmen zu Wort kommen lassen. Das erklärt etwa, dass uns Ausländer, die schon zu DDR-Zeiten in Greifswald lebten, besonders faszinierten (Fanning, Farré) und dass wir einen Westdeutschen, der bereits zu Beginn des Jahres 1990 nach Greifswald kam (Arenskrieger), oder auch eine Greifswalder Abiturientin, die wenig später ihre bundespolitische Karriere begann (Marquardt), befragten.

Natürlich war es uns nicht möglich, alle Aktivisten und Bürgerrechtler der Wendezeit zu interviewen. Für uns war es von vornherein maßgeblich, ein breites Spektrum von Persönlichkeiten in den Band aufzunehmen. Deswegen soll dieser Band, auch wenn er zum zwanzigjährigen Jubiläum der Wende erscheint, nicht als eine Würdigung der hier veröffentlichten Zeitzeugen verstanden werden. Wer von uns nicht interviewt wurde, ist daher auch nicht abgewertet. Wir sind uns selbstverständlich bewusst, dass viele interessante und berichtenswerte Lebensgeschichten von uns nicht erfasst wurden.

Unsere Auswahl wurde in ihrer Repräsentativität vor allem auch dadurch eingeschränkt, dass bestimmte Personen aus verschiedenen Gründen erst gar nicht interviewt werden konnten. Viele ältere Zeitgenossen von 1989/90 sind in den vergangenen zwanzig Jahren verstorben. Viele, insbesondere auch ehemalige lokale Spitzenfunktionäre der DDR, sind unbekannt verzogen und konnten nicht ausfindig gemacht werden. So bemühten wir uns intensiv um die ehemalige Führung der Stadtverwaltung, doch gelang es uns nicht, Kontakt mit den ehemaligen Bürgermeistern Greifswalds aufzunehmen.

Einige wenige Personen, die wir angefragt haben, lehnten ein Interview grundsätzlich ab. Erkennbar sind hier unterschiedliche Gründe. Eine Gruppe der ablehnenden Zeitzeugen steht beispielsweise heute noch im Berufsleben. Von diesen haben einige mit der Vergangenheit abgeschlossen. Für sie ist die Erinnerung häufig schmerzhaft, sie wollen sich daher nicht mehr damit auseinanderzusetzen. Andere wiederum sind dagegen heute beruflich erfolgreich und befürchten möglicherweise, dass ihnen aus der Vergangenheit ein direkter Nachteil entstehen könnte. Hierzu gehört etwa eine von uns angefragte leitende Verwaltungsbeamte, die bereits vor 1989 in staatlichem Dienst tätig war.

Schwierigkeiten hatten wir auch mit Personen, die 1989 eine führende Position in Partei und Staat innehatten. Im Ergebnis repräsentieren die hier interviewten Anhänger der DDR und Mitglieder der SED zumeist eher ungewöhnliche Karrieren, es sind Reformer, Einsichtsvolle oder auch „Gewinner" des Umbruchs. Andere, die unsere Anfrage ablehnten, fühlen sich scheinbar nicht nur durch die Ereignisse, die zum Verlust ihrer gesellschaftlichen und manchmal auch beruflichen Stellung führten, sondern auch durch die Historiker, die sich mit ihnen und ihrer Zeit beschäftigten, ungerecht behandelt. Zumindest in zwei Fällen erfolgte die Ablehnung dezidiert mit dem Hinweis, dass sie bereits von anderen Historikern kontaktiert worden seien, diese jedoch negative Bewertungen abgegeben hätten. So wurde ein von uns kontaktierter Mitarbeiter der Greifswalder Staatssicherheit offensichtlich bereits früher von einem Berliner Zeitzeugenprojekt interviewt und empfand, dass seine Aussagen falsch wiedergegeben und eingeordnet wurden. Ein Kirchenvertreter wiederum, der mit der Staatsführung zusammengearbeitet hatte, formulierte in einem Brief ganz deutlich: „Zum anderen habe ich mit Vertretern der Zeitgeschichte schlechte Erfahrungen gemacht. Forschungsobjekte sind hier nicht selten Auftragsarbeiten, deren tendenziöse Implikationen sachliche Ergebnisse hindern." Erkennbar wird hier ein marxistisch beeinflusstes Bild von der Geschichte als einer „Magd" der Herrschenden. Objektivität wird hier der Geschichtswissenschaft grundsätzlich nicht zugetraut. Andererseits wurde uns auch in drei Fällen bei bereits durchgeführten Interviews nachträglich die Publikation verweigert. Bei diesen Fällen handelte es sich um Angehörige der Bürgerrechtsbewegung, denen möglichweise der sehr persönliche, fast private Ansatz der Interviews nicht angemessen erschien.

Ergebnisse des Projekts

Es muss noch einmal klar gestellt werden, dass die hier präsentierten Lebensbeschreibungen Erinnerungen sind, die durch die Zeit, durch weitere Erfahrungen und durch subjektive Interessen verändert, verformt und angepasst wurden. Eine „objektive" historische Darstellung des Umbruchs in Greifswald können diese Berichte keinesfalls leisten. Die Interviews stellen keine Quellen für den tatsächlichen Verlauf der Ereignisse in Greifswald dar. Erinnerung taugt nicht zur Feststellung von Fakten. Um diesen subjektiven Perspektiven zumindest ein sicheres Datengerüst zur Seite zu stellen, ist deshalb am Ende eine Chronik der friedlichen Revolution in Greifswald, die die Monate Mai 1989 bis März 1990 umfasst, angehängt.

Diese subjektive Sicht und auch die Schwächen persönlicher Erinnerung werden in vielen Beispielen erkennbar. Auffallend ist etwa, dass von allen Bürgerrechtlern offensichtlich keinem mehr bewusst ist, dass die erste Demonstration in Greifswald direkt nach dem Rücktritt Honeckers stattfand, was wohl kaum ein Zufall war. Auch die Berichte über die Besetzung der Stasi-Kreisdienststelle zeigen die Unterschiede in den Erinnerungen. Zahlreiche der hier abgedruckten Lebensbeschreibungen beziehen sich auf dieses Ereignis, doch wird der Impuls dorthin zu gehen, das Verhalten der Stasi-Mitarbeiter und überhaupt die damit verbundene Atmosphäre ganz unterschiedlich beschrieben. Und selbst die Worte mit denen Dr. Glöckner am 9. November während des Mensa-Gesprächs die Maueröffnung ankündigte, werden von den damals Anwesenden ganz unterschiedlich erinnert. Und dabei kann nicht als sicher gelten, ob nun gerade die Erinnerung von Herrn Glöckner selbst die „richtige" ist.

Wenn der Sammelband also nicht die Tatsachen von 1989/90 in Greifswald liefern kann, was bringt er dann? Es ist genau das, was in seinem Titel steht: Die Erinnerungen von Zeitzeugen an ihr Leben, das durch ein politisches Ereignis völlig verändert wurde und eine neue Richtung bekommen hat. Das ist nicht wenig. Das Ende der DDR und die Wiedervereinigung wird in diesen Lebensbeschreibungen aktiv gestaltet und passiv erlebt erkennbar. Damit leisten die Zeitzeugenberichte zwei Dinge: Erstens illustrieren die Interviews mit ihren detaillierten und auch emotionalen Schilderungen die bekannten Tatsachen, sie liefern Anekdoten, die die übergeordneten Entwicklungen in ihrer individuellen Eigenart erkennbar machen. Dabei zeigen sie die Zusammenhänge als individuell erlebtes Geschehen, als Wirken von Personen und nicht von Strukturen. Zweitens aber – und das ist nicht weniger wichtig – zeigen sie die Erinnerung an die Wende von 1989/90, in dem was erinnert und was vergessen wurde, in den Bewertungen der Ereignisse und des eigenen Lebens. Diese Erinnerungen sind keine abgeschlossene Vergangenheit, sondern Teil unserer Gegenwart.

Auffallend an den Greifswalder Interviewtexten ist beispielsweise die starke Thematisierung des Verfalls der DDR. Dieser Aspekt tritt besonders anschaulich in der konkreten Form des baulichen Verfalls der Greifswalder Innenstadt hervor. Die Weihe des sanierten Greifswalder Doms mit der äußerlichen Herrichtung der Häuser, an denen Honecker vorbeifuhr, wird als verlogene Propagandaaktion fast schon stereotyp berichtet. Alleine vier der hier im Band versammelten Zeitzeugen benutzen in diesem Zusammenhang unabhängig voneinander den Begriff der *Potjomkinschen Dörfer*! Aber auch der um sich greifende Alkoholismus, Schwierigkeiten der Gesundheitsfürsorge und die alltäglichen Tücken der Versorgung werden vielfach angesprochen.

Dem entspricht auch die wiederholte Beschreibung des inneren Zerfalls der SED-Herrschaft. Selbst überzeugte Anhänger des Sozialismus erlebten das System als ungerecht und verknöchert, als einengend und reformbedürftig. Sicher spielt es hierbei eine Rolle, dass die ehemaligen SED-Mitglieder, die wir interviewt haben, zumeist zum Reformflügel der Partei gehörten. Die Kritik an der SED-Führung wird gerade bei ihnen deutlich erinnert. Vielleicht ist die Anekdote von den Flugblättern des *Neuen Forums*, die auf einem Kopierer der Uniparteileitung kopiert wurden, für die Auflösung der Parteimacht bezeichnend. Im Ergebnis musste daher auch die Kreisleitung der Greifswalder SED im Dezember 1989 auf Druck aus den eigenen Reihen zurücktreten.

Ansonsten ist natürlich auch in Greifswald deutlich erkennbar, wie sich die einzelnen Oppositionsgruppen schrittweise entwickeln und institutionalisieren. Neben dem *Neuen Forum* entstand in Greifswald frühzeitig eine Gruppe der SDP. Der *Demokratische Aufbruch* folgte ebenfalls bald. Noch im Februar 1990 wurde in Greifswald anlässlich der ersten freien Volkskammerwahlen eine Ortsgruppe der DSU gegründet. Bei diesem Prozess spielten, wie überall in der DDR, vor allem die Kirche und kirchlich orientierte Bürger eine entscheidende Rolle. Theologen und unter dem schützenden Dach der Kirche stehende Bürger hatten eine wesentliche Stellung in den Greifswalder Oppositionsgruppen inne. Dass sie in diesem Interviewband überrepräsentiert sind, ist daher durchaus gerechtfertigt.

Eine Besonderheit der Greifswalder Situation, die in den Erinnerungen ebenfalls reflektiert wird, ist die Absonderung in der Provinz. Greifswald gehörte auch zum sprichwörtlichen „Tal der Ahnungslosen", hier konnte West-Fernsehen nur bei bestimmten Wetterlagen empfangen werden. Lediglich in den Neubaugebieten wurden seit dem Ende der achtziger Jahren Satellitenschüsseln installiert, die die Attraktivität des Greifswalder Standorts vor allem für die Kernkraftwerker steigern sollte. Während in den meisten Regionen der DDR die friedliche Revolution auch eine Medienrevolution war, in der die Geschehnisse fast gleichzeitig im Westfernsehen berichtet, wiedergegeben und kommentiert wurden, mussten in Greifswald die Informationen zumeist über das Geschehen im Rundfunk, im DDR-Fernsehen sowie in Telefongesprächen mit Berlin eingeholt werden. Der 9. November wird in den Berichten dieses Bandes daher sehr häufig über das am selben Abend stattfindende Mensagespräch und nicht wie so oft über die lange Fernsehnacht erinnert, wie sie aus westdeutscher Sicht bei Arenskrieger erkennbar wird.

Als Greifswalder Ergebnis kann auch festgehalten werden, dass die Stasi-Besetzung am 4. Dezember 1989 schließlich den Moment markierte, der bei allen Angehörigen der Oppositionsbewegung als der Zeitpunkt identifiziert wird, an dem der Umbruch unumkehrbar geworden war. Mit der Volkspolizei an der Seite traten hier die Greifswalder Bürgerrechtler energisch und zielstrebig auf. Die Einsetzung der Untersuchungsausschüsse zu SED, Stasi, Rat der Stadt und Kernkraftwerk am 5./6. Dezember diente bereits der Zerschlagung der obrigkeitsstaatlichen Geheimpolitik des DDR-Systems und der Schaffung einer neuen, auf Transparenz bauenden Praxis.[9]

Die rückblickende Bewertung heute

Dem beispiellosen Erfolg der Oppositionsbewegung von 1989/90 – innerhalb eines Jahres wurde die SED gestürzt, die DDR abgewickelt und die Wiedervereinigung durchgesetzt – steht in den hier versammelten Zeitzeugenberichten zumeist ein erstaunlich kritisches Bild der gesamten Entwicklung gegenüber. So wird in den Interviews die Entwicklung seit dem Frühjahr 1990 fast einhellig als Unterwerfung unter

---

[9]   Die Berichte der Untersuchungsausschüsse sind wichtige Quellen für die Greifswalder Geschichte von 1989/90. Sie können u. a. in der Greifswalder Universitätsbibliothek eingesehen werden: Abschlussbericht des Untersuchungsausschusses der Stadt Greifswald. Greifswald 1990.

das überlegene System des Westens geschildert. Zwar werden die errungenen Freiheiten – insbesondere die Meinungs- und die Reisefreiheit – geschätzt, aber schon der gegenwärtigen parlamentarischen Demokratie gilt bei vielen Zeitzeugen scharfe Kritik. Bei manchen Beschreibungen der bundesdeutschen „Parteiendemokratie" scheint die „Parteidiktatur" der DDR nicht weit entfernt zu sein. Und auch wenn die persönlichen materiellen Vorzüge anerkannt werden, so wird letztlich der Kapitalismus vehement als unsozial kritisiert. Bemerkenswert ist auch, dass bei vielen Angehörigen der damaligen Oppositionsbewegung die Vorstellung eines leider gescheiterten dritten Wegs immer noch sehr lebendig scheint. Dabei gewinnt man teilweise fast den Eindruck, dass die meisten Sympathisanten des Systems von vor 1990 sich besser mit der Gegenwart abgefunden haben als ihre damaligen Gegner. Zumindest überwiegt bei diesen häufig eine nüchterne Bilanz der Veränderungen.

Aber auch wenn in vielen Erinnerungen ein gewisser „Katzenjammer" erkennbar ist, so deckt sich diese Einschätzung doch nicht so einfach mit den Ergebnissen der Meinungsumfragen zur Erinnerung an die DDR. Zwar bescheinigten bei der letzten Emnid-Umfrage 49% der Befragten der DDR mehr gute als schlechte Seiten und zusätzlich waren sogar 8% der Meinung: „Man lebte dort glücklich und besser als heute im wiedervereinigten Deutschland." Dieser nostalgische Blick, der besonders von Angehörigen der jüngeren Generation geteilt wird, die die DDR gar nicht mehr erlebt haben, findet sich in den Greifswalder Lebensberichten jedoch gerade nicht. Und auch der Blick auf die Wende ist durchaus von Unterschieden geprägt. Während 85% im Osten nach der Emnid-Umfrage feststellen, dass die Ostdeutschen auf die friedliche Überwindung der SED-Diktatur stolz sein können,[10] treten die Greifswalder Zeitzeugen hier viel zurückhaltender auf.

Der ehemalige Pfarrer der Leipziger Nikolaikirche, Christian Führer, hat kürzlich einmal die Reflexion vieler Ostdeutschen über die Wende von 1989/90 kritisch befragt: „Warum reden wir nicht über unsere große Leistung, die einzige friedliche Revolution der deutsche Geschichte?"[11] Als ehemals aus dem Westen kommende Herausgeber

---

[10]   Umfrage des Meinungsforschungsinstitut Emnid im Auftrag des Bundesbeauftragten für die neuen Länder zur Bewertung der Ereignisse vom Herbst 1989 mit 1.208 repräsentativ befragten Personen vom 20.4. bis 23.4.2009 <http://www.bmvbs.de/Service/Mediathek-Publikationen/Fotoreihen-,2794.1083277/Ergebnisse-der-Emnid-Umfrage-W.htm, 26.10.2009, 15.30 Uhr>.

[11]   Zitiert nach: *Thomas Vitzthum*, Art. „Wie Ostalgiker die DDR nachträglich schönlügen", in: Die Welt, 19.4.2009.

dieses Bandes fragt man sich tatsächlich, warum in den Interviews so wenig Stolz auf das Errungene erkennbar wird. Setzen wir uns jedoch mit dem Stand der Forschung zum Gedächtnis auseinander, dann wird verständlicher, was hier passiert. Die grundlegenden Arbeiten von Jan und Aleida Assmann unterscheiden drei Formen des Gedächtnisses: das persönliche Gedächtnis, in dem die individuelle Erinnerung an Selbsterlebtes gespeichert wird, das kollektive Gedächtnis, in dem eine Gesellschaft sich über ihre Vergangenheit verständigt, und schließlich das kulturelle Gedächtnis, in dem Erinnerungen in Medien und Institutionen gespeichert werden[12] – hierzu würde etwa auch dieser Band gehören.

Die Auseinandersetzung, wie die Wende von 1989/90 zu bewerten ist, und die Verweigerung der Zeitzeugen, sich einer Heldengeschichte des Kampfes für die Freiheit einzufügen, erweist sich nach diesem Modell als Kampf zwischen persönlichem und kollektivem Gedächtnis. Das kollektive Gedächtnis stabilisiert die Gemeinschaft, aus seiner vereinheitlichten Erinnerung erwächst eine eindeutige Handlungsorientierung für die Zukunft. Das Individuum mit seinen Zweifeln, seinen nicht-gradlinigen Wegen passt hier nicht herein.

Vielleicht ist es doch ein Vorteil, wenn die Zeitgenossen von 1989/90 sich einer einfachen Heldengeschichte der Wende verweigern. Wenn sie dem Stolz widerstehen, dabei gewesen zu sein, und ihre Kritikfähigkeit auch heute noch demonstrieren. Ihre uneindeutigen, bescheidenen und selbstkritischen Rückblicke können uns somit eine heilsame Verunsicherung vermitteln. Das ist vielleicht nicht das Schlechteste für ein zwanzigjähriges Jubiläum.

Greifswald im November 2009.

---

[12] Ein guter Überblick etwa: *Aleida Assmann/Ute Frevert*, Geschichtsvergessenheit, Geschichtsversessenheit. Vom Umgang mit deutschen Vergangenheiten nach 1945. Stuttgart 1999, besonders S. 21-52.

Politik und sich für Politik interessieren, das kam erst mit der Wende

Angela Marquardt
1989: Schülerin, 18 Jahre

Angela Marquardt wurde 1971 in Ludwigslust geboren und wuchs ab ihrem dritten Lebensjahr in Greifswald auf. Mit 15 Jahren bezog sie ein Zimmer in einem Greifswalder Internat und bereitete sich auf ihr Abitur vor, welches sie 1990 an der EOS „Friedrich-Ludwig-Jahn" ablegte. Neben der Schule betrieb sie erfolgreich Judo. Während der Wendezeit engagierte sie sich gegen Rechtsextremismus und für die Eröffnung eines Jugendhauses, bevor sie 1991 Mitglied der PDS wurde. Ein angefangenes Lehramtsstudium der Fächer Sport und Geschichte brach sie ab. 1992 wurde sie in den Parteivorstand der PDS gewählt. Sie ging hierfür nach Berlin und begann 1995 an der Freien Universität Berlin, Politikwissenschaften zu studieren. Von 1994 bis 1997 war sie stellvertretende Vorsitzende der PDS und wurde 1998 in den Bundestag gewählt. Im Jahr 2003 trat sie aus der PDS aus und konzentrierte sich fortan auf ihr Studium, das sie 2005 mit einer Diplomarbeit über das NPD-Verbotsverfahren beendete. Ein Jahr später wurde sie von der stellvertretenden SPD-Vorsitzenden Andrea Nahles als Mitarbeiterin in ihr Team geholt. Seit 2007 arbeitet Marquardt als Geschäftsführerin der „Denkfabrik", einem Diskussions-Forum innerhalb der SPD Bundestagsfraktion. 2008 trat Marquardt der SPD bei. Derzeit arbeitet sie auch an ihrer politikwissenschaftlichen Promotion.

Als Jugendliche hat mich die SED nicht wirklich interessiert

Greifswald ist für mich meine Stadt, in der ich groß geworden bin, wo ich zur Schule gegangen bin und wo meine Freunde waren und teilweise bis heute sind. Früher habe ich mich vor allem für meinen Sport interessiert. Neben meinem eigenen Training habe ich als Judo-Übungsleiterin Kinder trainiert. Für mich ist Greifswald immer schön, weil die Ostsee gleich vor der Tür ist. Die Klosterruine, da haben wir als Kinder gespielt. Unsere Klassenfahrten sind nach Hiddensee gegangen, wo sonst kaum einer zu DDR-Zeiten hinkam, weil das so eine Künstlerinsel war. Für mich war das ganz normal. Wir haben da gewohnt, wo andere Urlaub gemacht haben.

Ich kann mich noch erinnern, dass Erich Honecker zur Domeinweihung kam und dass da die Fassaden gemacht worden sind. Diese Geschichte kenne ich auch, weil darüber zu Hause geredet wurde. Aber nicht, dass mich das interessiert hätte. Ich habe viel Zeit in der

Judohalle verbracht und daher ein sehr geregeltes Leben durch den Sport gehabt. Ich hatte natürlich auch Freunde mit denen ich Zeit verbracht habe. Später im Internat regelte der Internatsleiter autoritär unser Leben.

Mich haben die SED und die Politik damals nicht wirklich interessiert. Außer dem, was man eben mitbekam und tun musste. Ich war Pionier, war FDJlerin bis zur Wende gewesen. Ich habe konsumiert, mitgemacht und nichts in Frage gestellt. Ich hatte mir nur vorgenommen, nie in die SED einzutreten. Ich habe mit 13 oder 14 ein Parteiverfahren gegen meine Mutter miterlebt. Aber so richtig Politik und sich für Politik interessieren oder sich zu engagieren, das kam erst mit der Wende. Das Oberschulinternat ist sehr streng gewesen. Da bin ich schon öfter an Grenzen gestoßen, da einem die Selbständigkeit genommen wurde.

Als dann die Wende kam, bin ich zu den Demos gegangen. Es waren, glaube ich, Mittwochs-Demonstrationen in Greifswald. Da bin ich mitgelaufen und habe mir das angeschaut. Es ist nicht so, dass ich gesagt habe: „Mensch, ich gehe jetzt mal zur Demo und die DDR soll weg und so", es hat mich einfach interessiert, dass Leute ihre Meinung gesagt haben, weil ich auch so erzogen worden bin, meine Meinung zu sagen. Und dass es immer besser sei, seine Meinung zu vertreten. Aber das eben war ja nicht so einfach in der DDR. In der Schule wurde man gefragt, ob man daran teilgenommen hatte. Bei mir aus der Klasse waren es nur zwei, also noch ein Freund, der auch im Internat war und ich. Da mussten wir uns rechtfertigen. In der ersten Zeit, als noch nicht so richtig klar war, in welche Richtung das geht, waren einige Lehrer ziemlich heftig drauf. Wenn mir jemand erklärt, was ich zu tun und zu lassen habe, ohne meine Meinung zu respektieren, dann werde ich immer widerspenstig. Das hat mich automatisch mitpolitisiert. Es war ein Prozess, in den ich 'reingezogen wurde und mich hab' treiben lassen.

Ich glänzte nicht durch Widerstandsverhalten, das einzige Widerstandsverhalten war, dass wir Montags immer die FDJ-Hemden tragen mussten und damit man nicht das ganze Hemd anziehen musste, haben wir den Kragen von unserem FDJ-Hemd abgeschnitten und den oben in unsere Pullover gesteckt. Damit man den einfach nach dem Fahnenappell 'rausnehmen kann. Als ich dabei einmal erwischt worden bin, war das natürlich eine große Sache, weil es Zerstörung sozialistischer Symbolik war. Da mussten wir richtig antanzen. Da bekam man einen Tadel oder Verweis, irgendetwas hat man dafür bekommen, aber das war schon Ende der elften Klasse. Das muss 1989 gewesen sein. Das ist die einzige Widerstandshandlung, auf die ich zurückblicken kann.

Angela steh' auf, die Mauer ist weg!

Weil ich Leistungssport machen wollte, wollte ich bis zur elften Klasse eine Sportlaufbahn bei der Armee machen, damit ich Judoweltmeisterin werden kann. Bei mir war es nicht der Hintergrund, dass ich unbedingt zur Armee wollte, sondern der Sport. Der weibliche Judosport wurde in der DDR vor allem über die NVA gefördert. Da man mich aber nicht Sportoffizier werden lies, wollte ich auch nicht mehr zur Armee. Die haben mich dann zur Rede gestellt und wollten mir schmackhaft machen, Politoffizier zu werden. Dass ich nach Leningrad könne und so weiter, weil ich aus einer Russisch-Klasse komme. Aber ich wollte weder nach Leningrad noch Politoffizier werden. Und da habe ich Probleme bekommen und aus einem gewissen Protest heraus habe ich dann gesagt: „Na und, dann könnt ihr mich alle mal, dann studiere ich eben Theologie." Dadurch kam das dann mit der Theologie. Das war, sage ich mal, mehr so eine Provokation. Das kam aber auch ein bisschen dadurch zustande, dass ich mein erstes Internatszimmer mit einer jungen Frau geteilt habe, deren Eltern in der Kirche gearbeitet haben. Sie hat immer zu mir gesagt: „Wie kann man denn zur Armee gehen, die schießen da." Aber ich wollte ja nicht zur Armee gehen, weil ich schießen wollte, sondern weil ich Judo machen wollte. Und dann haben wir viele politische Diskussionen gehabt und ich war mit bei ihren Eltern eingeladen. Da dachte ich, na gut, dann nehme ich halt Theologie. Ich war auch mal bei der Evangelischen Studentengemeinde. Dort sind natürlich andere Diskussionen gelaufen. Das war schon komisch, als FDJlerin dort zu sitzen und deren kritische Diskussionen über die FDJ zu verfolgen. Da hat man schon gemerkt, dass es nicht bloß der Pastor und sein Sohn waren, die Kritik hatten, sondern dass es schon viele Leute waren. Das war auch das erste Mal, dass ich mitbekommen habe, dass die Stimmung umschlägt, dass sich etwas verändert, hin zur Wendezeit.

Dass es die DDR aber kurze Zeit später nicht mehr geben würde und wir ein Jahr später schon Bundesrepublik sind, da habe ich natürlich im Leben nicht dran gedacht. Ich habe auch dadurch, dass wir im Internat nach 21 Uhr kein Fernsehen mehr sehen durften, nicht mitbekommen, dass die Mauer gefallen war. Ich bin den nächsten Tag damit geweckt worden „Angela steh' auf, die Mauer ist weg!", „Wie, die Mauer ist weg?" – Wie gesagt, im Internat gab es strenge Regeln.

Dem Mauerfall stand ich total offen gegenüber

Zufällig am 10. November war ich mit meinem Vater in Berlin verabredet. Als ich am 10. November in den Zug einstieg, konnte ich froh sein, dass ich noch irgendwie einen Stehplatz bekommen habe. Alle wollten nach Westberlin und ich wollte zu meinem Vater. Natürlich wollte auch ich mal Westberlin sehen, es war super, dass wir ausgerechnet an diesem Wochenende in Berlin verabredet waren. Dem Mauerfall stand ich total offen gegenüber, das hat mich jetzt gar nicht erschreckt oder so. Wir sind in Berlin klar gleich „'rüber", wie man damals noch gesagt hat. Vom Hauptbahnhof sind wir zur Friedrichstraße und wir waren die ganze Nacht auf dem Ku'damm unterwegs. Da habe ich einen Sticker bekommen, die hat da jemand verteilt, wo drauf stand „Ich bin frei". Das war ein riesen Teil, damit bin ich ganz stolz zurück nach Greifswald gekommen. Den habe ich heute noch in einer Kiste bei mir liegen. Das erste Mal in Westberlin war schon cool, ich habe mir natürlich einen Walkman gekauft. Es gab, soweit ich mich erinnere, da schon das Begrüßungsgeld. Was mir nicht gefallen hat war, dass die von den LKWs Schokolade und so runter geschmissen haben. Das fand ich irgendwie erniedrigend, als man mir da Schokolade entgegen geschmissen hat mit den Worten „Hier hast du auch mal was Gutes". Das war uncool, weil da viele Leute wohl das Gefühl hatten, dass du gehungert hast. Aber das hat man natürlich nicht.

Ich habe das Leben in der DDR als unglaublich eingegrenzt erlebt

Ich habe die Wende jedenfalls als kulturelle und individuelle Befreiung empfunden. Für mich war es ein „Juchhu!", jetzt kann ich entscheiden, was ich will und darf auch individuell sein, ohne dass ich gleich eine Internatsstrafe erhalte. Ich habe das schon alles als sehr autoritär empfunden. Das steht auch in einigen Zeugnisbeurteilungen, dass ich Probleme hatte, Autoritäten zu akzeptieren. Weil ich das, wie gesagt, nicht leiden kann, wenn ich irgendwie auf Ansage zu leben habe. Das habe ich in der DDR aber so empfunden. Und dies zieht sich durch mein ganzes Leben. Ich habe zu DDR-Zeiten schon immer gedacht, dass ich kein langweiliges Leben haben möchte. Ich habe jedoch das Leben in der DDR als langweilig, vorausgeplant und als unglaublich eingegrenzt erlebt. Immer musste man irgendwelche Wandzeitungen erstellen, mit denen die DDR gefeiert werden sollte. Im Internat gab es viele unsinnige Vorschriften und Regeln und vor allem durfte man nie widersprechen. Das habe ich im Leben nicht verstanden, ich war schließlich achtzehn Jahre alt und konnte selber denken. Als dann die Wende kam, habe ich gleich gesagt: „Wir machen mal 'ne geile Wandzeitung und gründen unsere Internatsvertretung!" Das war vorher nämlich verboten.

Die politische Bevormundung habe ich durchaus wahrgenommen, aber nicht hinterfragt, weil meine Freiheit der Sport war. Ich wusste, wenn ich Judo-Weltmeisterin werden kann, dann müssen die mich reisen lassen, weil die Weltmeisterschaften nicht in der DDR waren. Ich habe den Sport als spannend und als Möglichkeit der Individualisierung wahrgenommen. Dass Individualität missfiel, das habe ich auch mitgekriegt. Ich habe mir immer die Haare mit Blaupapier gefärbt, dann wurden die lila. Ich hatte keine Möglichkeit, mir die Haare anders bunt zu färben, aber das fand ich schon immer cool. Ich habe versucht, möglichst ein Alleinstellungsmerkmal an mir zu machen. Ich weiß auch noch, wie ich von einer Lehrerin angesprochen wurde, weil ich eine Bluse lässig über die Hose getragen habe und nicht 'reingesteckt in die Hose. Das allein reichte, um angesprochen zu werden, also damit fiel man auf. Einfach nur lächerlich, aber ernst für die Betroffenen. Ich habe echt Respekt vor Leuten, die sich zu DDR Zeiten gewehrt haben mit allen Konsequenzen.

Im Studium wussten sie 1990 nicht, was sie mit uns machen sollen

Durch die Wende stand ich natürlich auch ein bisschen vor dem Scherbenhaufen meiner Berufswünsche. Theologie wollte ich nicht wirklich studieren. Ich wusste gar nicht, was ich machen soll, ich stand da mit meinem Abi in der Hand und habe den ganzen Sommer damit verbracht, intensiv zu leben und darüber nachzudenken, was ich mit meinem Leben jetzt eigentlich anfange. Zudem musste ich bis Juni 1990 aus dem Internat ausziehen. Im Juni/Juli hatte ich in der Gorkistraße eine Einraumwohnung. Zeitgleich liefen dann auch schon die ersten Hausbesetzungen in Greifswald. Da war ich ab und zu dabei. Außerdem liefen bereits die Auseinandersetzungen mit den Rechten. Ich habe mir damals um die Zukunft nicht viele Gedanken gemacht, weil man plötzlich alles machen konnte, aber auch irgendwie vor lauter Schreck gar nicht wusste was. Im September habe ich mich dann für Sport und Geschichte auf Lehramt an der Universität Greifswald eingeschrieben. Das war eher eine Vollkatastrophe, weil man zu diesem Zeitpunkt an der Uni gar nicht mehr wusste, was sie in Geschichte mit uns machen sollten. Letztlich haben sie mit uns im Studium über die Neandertaler gesprochen, es war ja alles im Umbruch.

In der Zeit fing ich auch an, politisch aktiv zu werden. Ich habe wenig Zeit in der Universität und stattdessen viel Zeit auf der Straße verbracht. Wir haben uns auch ein bisschen organisiert, die Hausbesetzungen liefen und parallel haben wir um ein Jugendhaus gekämpft. Wir haben mit der Stadt wegen des Jugendhauses verhandelt, weil man nirgends mehr hin konnte. Es gab keine Anlauf- und Treffpunkte für Jugendliche mehr und vor allem immer mehr Auseinandersetzungen mit den Nazis in Greifswald. Ich habe mir auch die verschiedenen Gruppen und Parteien angeschaut, die in Greifswald während der Wendezeit aktiv waren. Neben der SDP z. B. auch das *Neue Forum*. Dadurch, dass ich in der Evangelischen Studentengemeinde war und dann auch die Kirchenleute kennen gelernt habe, hat man auch mit Leuten vom *Neuen Forum* in einem Raum gesessen. Das war für mich total spannend und interessant, aber ich bin nicht Mitglied des *Neuen Forums* gewesen. Ich war aber dabei, wenn die diskutiert haben und bin zu den Diskussionen hingegangen.

Die Wendezeit reduzierte sich für mich auf die Auseinandersetzung zwischen Rechts und Links und auf den Kampf für das Jugendhaus

Die Auseinandersetzungen, insbesondere auch gewalttätige, mit den Nazis, haben mich sehr geprägt für mein weiteres Leben. Es war eine sehr gewalttätige Zeit. Ich bin überhaupt kein Mensch, der gewalttätig ist, aber in dieser Zeit habe ich sehr viel Gewalt erlebt. Das Problem daran war, dass es oft als Problem des Jugendamtes dargestellt wurde und nicht als politisches. Als würden nur irgendwelche durchgeknallten Kids durch Greifswald laufen und sich gegenseitig attackieren: Die einen nennen sich Links und die anderen nennen sich Rechts, aber so war es nicht. Das war alles schon gut organisiert, es gab hier richtige Nazigruppen. Äußerlich waren die entsprechend, so wie man damals als Nazi halt aussah, Glatze, Jeans, Springerstiefel mit weißen Schnürsenkeln. Also wirklich der Bilderbuchnazi: rote Hosenträger über weißen T-Shirts und Batik-Hosen und die haben in Greifswald Angst verbreitet und waren politisch sehr aktiv. Während der Wendezeit lebten hier noch viele Vietnamesen und Mosambikaner, die in Greifswald studiert haben. Und russische Arbeiter, die im KKW gearbeitet haben und deren Kinder, die in die Russischschule gegangen sind. Die Nazis haben angefangen, diese Leute zu belästigen und zu verprügeln. Die organisierten sich, nannten sich „Greifswalder Nationale Sozialisten" und waren über die Grenzen von Greifswald hinaus bekannt. Weil sie zum einen so aggressiv waren und weil es zum anderen hier ständig Auseinandersetzungen zwischen Rechts und Links gab. Die Stadt war anfangs damit komplett überfordert. So etwas kannte man nicht und musste erst lernen, einen Umgang damit zu finden. Plötzlich von einem Monat auf den anderen gab es hier Leute, die sich rechtsextrem äußerten und sich organisierten. Zu DDR Zeiten wurden solche Leute totgeschwiegen und so getan, als gäbe es das nicht. Das Bewusstsein, dass das nicht einfach so ein paar verirrte Jugendliche sind, sondern dass die bestimmte Bücher lesen, dass die Hitler verehren und Wehrsportlager machen, bestand da noch nicht.

Das Greifswald der Wendezeit reduzierte sich dadurch für mich oft wirklich auf die Auseinandersetzung zwischen Rechts und Links und die Auseinandersetzung, ob wir ein Jugendhaus kriegen. Das war eine so schnelllebige Zeit mit so vielen Sachen, die da passiert sind, dass ich null darüber nachgedacht habe, was ich eigentlich mal arbeiten will. Ich habe täglich so viele neue Dinge erlebt, dass es schwer fällt heute noch alles zeitlich richtig zu erinnern. Durch dieses Engagement in Greifswald hatte ich Berührungen mit Parteien und eben auch mit der PDS. Das waren dann die einzigen, die uns damals geholfen haben bei den Auseinandersetzungen. Jemand von der PDS kam mit einem Kasten Bier und hat uns gefragt „Was wollt ihr eigentlich?" So kamen die Kontakte mit der PDS zustande. Zudem hatte ich ab einem bestimmten Zeitpunkt die Nase voll vom ausschließlich rechts gegen links. Das hat mir irgendwann nicht gereicht. Ich habe dann angefangen, mich für Politik und die Theorie dahinter zu interessieren und mich mit linker Politik auseinanderzusetzen. Was bedeutet Emanzipation? Was bedeutet Zivilgesellschaft? Alles Worte, die, wenn man studiert, selbstverständlich sind, die für mich in der Zeit neu waren.

Die PDS, die damals im Umbruch war, hatte auch eine Jugendgruppe. Nicht, wie man sich heute eine Jugendgruppe vorstellt, die waren alle um die dreißig. Das waren eben die jungen Leute, die anderen waren alle gefühlte hundert. Da bin ich regelmäßig hingegangen und habe mein Bedürfnis an theoretischen Diskussionen befriedigt. Was mich besonders interessierte, war die Frage, wie der Anschluss an die Bundesrepublik erfolgen soll. Direkt oder nach Artikel 141 Grundgesetz mit einer neuen Verfassung. Ich hatte schon eine relativ eindeutige Position. Da wäre beispielsweise Artikel 141, dass eine Verfassungsdiskussion geführt wird, was sowieso schon beim Runden Tisch diskutiert wurde, eine Option gewesen. Ich fand es eher nachvollziehbar, zunächst auf eine Konföderation zu bestehen und die Wiedervereinigung Stück für Stück zu machen als sofort. Wobei ich nicht zu denen gehöre, die heute am Tag der Wiedervereinigung trauern.

Eine weitere wichtige Erfahrung dieser Zeit war die Auseinandersetzung mit der Stadt um ein Jugendhaus, was sich ja auch aus der Hausbesetzung in der Wachsmannstraße ergab. Für mich war das immer ein politisches Mittel zum Zweck, dass man Häuser besetzt, um auf bestimmte Dinge aufmerksam zu machen. In Greifswald, weil man ein Jugendhaus haben will. Für manche war das Spaß und für andere wieder, weil sie wirklich nicht zu Hause wohnen wollten, wir waren total bunt gemischt. Wenn aber später in der Zeitung stand „Von der Hausbesetzerin in den Bundestag" muss ich sagen, so eine Hausbesetzerin bin ich nun wirklich nicht gewesen. Ich hatte ja noch meine Wohnung mit Badewanne, in die ich auch ab und zu gegangen bin. Ich fand es immer gut, mich dahin zurückziehen zu können. Man kann ja verklärt zurückblicken, aber Hausbesetzung ist nicht nur lustig.

Die Auseinandersetzung mit der Stadt um ein Jugendhaus war sehr aufregend, jedoch hatte fast niemand Lust, sich da hinzusetzen und irgendwelche Konzepte für das Jugendamt zu schreiben. Ich hatte auch keine Lust, aber ich wollte das Jugendhaus haben. Wir haben Konzepte geschrieben und sind so hartnäckig dran geblieben, dass die Stadt schließlich gesagt hat: „Gebt ihnen mal das Kinderheim, damit die Ruhe geben." Das ehemalige Kinderheim stand damals leer und das Klex gibt es heute noch. Immer, wenn ich vor dem Jugendhaus stehe, denke ich: „Mensch, das hast du mit gegründet, und wenn wir nicht so verbissen gewesen wären, gäbe es das Jugendhaus nicht." Und darauf bin ich auch ein bisschen stolz. Das gebe ich zu.

Ich war zur richtigen Zeit an der richtigen Stelle

Mein politisches Engagement lief parallel dazu, was ich aber nicht wirklich forciert habe. Ich bin halt relativ schnell Leuten aufgefallen. Ich sage mal, ich war in einer spannenden Zeit an der richtigen Stelle. Wenn dann einmal jemand kam, der so ganz anders war, mit bunten Haaren und entsprechender Kluft, wie ich eben ausgesehen habe, fiel man schon auf. Ich wurde recht schnell eingebunden, sodass ich bald intensiv PDS-Politik gemacht habe und auf Landes- und Bundesparteitagen war. Dann bin ich wie die Jungfrau zum Kinde in den Parteivorstand gewählt worden, in dem jedoch damals noch 120 Personen waren. Es wurden vor allem junge Leute und junge Kandidaten gesucht. Kurz danach wurde beschlossen, den Parteivorstand zu verkleinern. Durch meine Arbeit im großen Parteivorstand ist Gregor Gysi auf mich aufmerksam geworden. Er fragte mich, ob ich auch für den verkleinerten Vorstand kandidieren würde und dann saß ich mit 22 Leuten in einem Vorstand. Auf diesem Weg bin ich nach Berlin gekommen. Das Amt von Greifswald aus auszuüben, wäre nicht mehr gegangen. Ich habe dann bei der PDS eine hauptamtliche Stelle bekommen und ab März 1992 für die Partei im Bereich Kinder- und Jugendpolitik gearbeitet. Aus heutiger Sicht sage ich mir, konnte nichts Besseres passieren, außer dass mich diese Partei nach Berlin geholt hat. Ich hatte noch große Angst, ich wollte das nicht unbedingt. Ich habe mich sehr wohl gefühlt in meinem Greifswald. Aber in Berlin haben sie gesagt: „Wir machen das so". Ich bin mit zwanzig Jahren nach Berlin gegangen und saß dann mit einem Mal in der Parteizentrale und habe natürlich nicht nur Kinder- und Jugendpolitik gemacht. Ich wurde schon irgendwie zur Vorzeige-Jugendlichen, bin 'rumgefahren und habe dann viele Veranstaltungen zur PDS, der Programmatik und Ziele gemacht. Für mich war die Wende ein einziger Glücksfall und ich würde heute sagen, dass es für mich die prägendste Zeit meines bisherigen Lebens war.

Interview: Anja Pribbenow und Florian Wolff

Jede Woche, jede Woche fiel eine Mauer. Und der Mauerfall war das Endergebnis

Hagen Kühne
1989: Student der Theologie, 24 Jahre

Hagen Kühne wurde 1965 in Wernigerode geboren. Er wuchs in einem kirchlichen Elternhaus auf und besuchte einen evangelischen Kindergarten. Da er aus politischen Gründen keine Zulassung zur erweiterten Oberschule (EOS) erhielt, absolvierte er eine Tischlerlehre. Nach seinem Wehrdienst als Bausoldat konnte er in Greifswald ein Theologiestudium beginnen. 1989 nahm er als Gründungsmitglied der Unabhängigen Studentenschaft Greifswald (USG) sowie später im Demokratischen Aufbruch intensiv am Prozess der friedlichen Revolution teil. Als Pfarrer lebt Kühne heute mit seiner Familie in Berlin-Buch.

Die Greifswalder Innenstadt war total verrottet

In der neunten Klasse hatte man diese sozialistische Wehrerziehung als Schulfach. Es gab einen praktischen und einen theoretischen Teil. Ich habe das als außerordentlich belastend empfunden: Erziehung zum Krieg. Dagegen habe ich mich schließlich gewehrt und viele aus meiner Klasse haben mich unterstützt. Seitdem galt ich als „Rädelsführer". Ich sollte damals direkt von der Schule geworfen werden und meinen Eltern wurde gedroht, ich käme in den Jugendwerkhof und solche Dinge. Da gab es richtig heiße Diskussionen. Das Ende vom Lied war, dass ich kein Abitur machen durfte, also keine Zulassung für die EOS erhielt. Das hat mich erst einmal nicht gestört, denn durch mein festes Engagement in der kirchlichen Jugendarbeit war für mich relativ zeitig klar, dass ich Theologie studieren wollte. Für das Studium der Theologie gab es eine so genannte „Sonderreifeprüfung". Ich konnte also auf dem zweiten Bildungsweg auch ohne Abitur studieren. Das Interesse für diese Studienrichtung bzw. den Pfarrberuf war damals vergleichsweise gering. So habe ich nach der Schule erst Bautischler gelernt und bin dann zur Armee einberufen worden. Etwas verspätet entlassen konnte ich dann 1986 mein Studium aufnehmen.

In den späten achtziger Jahren gab es für mich mehrere Baustellen, als ich in Greifswald lebte. Mich hat zum einen ständig das Thema „Wohnen" beschäftigt. Ich weiß nicht, ob Leute, die nicht aus Greifswald kommen, eine Ahnung davon haben, wie es damals in Greifswald aussah: „Total verrottet!" Die späten achtziger Jahre waren vom Flächenabriss im Altstadtbereich geprägt. Die Stadt war bis dahin eigentlich komplett erhalten, sie wurde ja nicht im Krieg zerstört. Allerdings verrottete sie nach und nach, bis im Grunde ganze Straßenzüge abbruchreif waren. Für die Studenten hatte dies jedoch einen interessanten Nebeneffekt. Durch den Wegzug der angestammten Leute standen diese Wohnungen leer. Ganze Straßenzüge! So entwickelte sich die so genannte „Schwarzwohner-Szene". Ein richtiges kleines Netzwerk von Studenten entstand und die richteten sich in diesen Wohnungen ein. Wohnungen mit Strom und Wasser, in denen es sich für DDR-Verhältnisse recht komfortabel wohnen ließ. Komischerweise waren Strom und Wasser selten abgeschaltet. Problematisch wurde es, wenn in den Dingern irgendetwas kaputt ging. Doch wir, zumindest die meisten Theologen, waren fast alle handwerklich ausgebildet und so halfen wir uns selbst. Der eine war Dachdecker, der andere Installateur und ich eben Tischler.

Abb. 1: Abgerissenes Haus in der Steinbeckerstraße, Ende der achtziger Jahre.

Vieles war in der DDR nicht offiziell geregelt, aber inoffiziell war es eben üblich

Meine letzte Wohnung war das Geburtshaus von Hans Fallada in der Steinstraße, was jetzt wieder hübsch aufgebaut ist. Unten wohnte ein Medizinerehepaar, die mittlere Etage stand leer oder wurde zumindest als Materiallager benutzt und oben wohnte eine alleinstehende Frau mit zwei kleinen Kindern. Die mittlere Etage wurde regelmäßig von Einbrechern heimgesucht und die rüttelten immer an der Tür, so dass es die junge Frau oben mit der Angst zu tun bekam. Ständig rief sie deswegen die Polizei, bis ihr der Beamte schließlich sagte: „Wissen Sie was? Holen Sie sich doch einen Schwarzwohner, dann sind Sie die Einbrecher los!" So sind wir in die mittlere Etage eingezogen, haben von Raum zu Raum entrümpelt und wohnten dann in einer 5-6-Zimmer-Wohnung mit einem 42 Quadratmeter großen Wohnzimmer – ein riesen Ding! Das war eine wunderschöne Wohnung, herrlich, riesig, gigantisch. Das war richtige Freiheit! Allerdings gab es immer die Gefahr durch die Kommunale Wohnraumverwaltung (KWV) entdeckt zu werden, die die Oberhoheit über alle Wohnungen hatte. Für die brauchte man eigentlich immer eine Zuweisung und wenn man die nicht hatte, war man im Prinzip illegal. Allerdings wurde das von der KWV mitunter nicht so genau gehandhabt, weil sie genau wussten: wenn keiner dort wohnt, fallen die Häuser noch schneller zusammen. Die offizielle Politik war schon „frei räumen", aber das dauerte eben seine Zeit und da brauchten sie faktisch die Kooperation der schwarzwohnenden Studenten. Ohne dass sie es hätten zugeben wollen. Nach einiger Zeit sind wir auch von einem „Öler", so nannten wir die Spitzel der KWV, hochgezogen worden. Nach einer spontanen Einladung zum Tee unsererseits sollte ich mich beim Stadtrat für Wohnungswirtschaft melden und am Ende des Gesprächs hieß es: „Ja. Sie hören von uns." Wir haben aber nie wieder etwas von denen gehört. Es hat keiner etwas gemacht und so war vieles zu DDR-Zeiten. Also vieles war halt nicht offiziell geregelt, aber inoffiziell war es eben üblich. Das ist so ein typisches Beispiel, wie die DDR funktioniert hat.

Ich bin in die Zeit der Wende relativ gut vorbereitet gegangen

Meine ersten politischen Erfahrungen habe ich im Grunde auf kirchlicher Ebene gesammelt. Dort war ich stark beschäftigt. Damals engagierte ich mich im Landesjugendkonvent, das ist die Vertretung der Jungen Gemeinden bei der Landeskirche, der die Interessen von Jugendlichen vertritt. Und in diesem Konvent war ich Vertreter und habe zum Beispiel die sogenannten „Jugendkongresse" durchgeführt, das heißt, Treffen von Jugendlichen, die dort ihre Interessen formulierten. Damals habe ich im Grunde so etwas wie Demokratie gelernt: Interessensbildung, Abstimmung, Strukturbildung, Aufstellen von Statuten etc. Das hat mich politisiert und so ging ich relativ gut vorbereitet in die Zeit der Wende. Ich war damals 24 Jahre alt. Der Umbruch kam biografisch eigentlich im richtigen Moment, um da voll einzusteigen. Ich hatte die Freiheit das zu tun, denn das Grundstudium hatte ich hinter mich gebracht. Bis zum Ende des Studiums war noch viel Zeit, dachte ich damals.

Abb. 2: Die Weihe des sanierten Doms, 11. Juni 1989.

Angefangen hat 1989 alles mit einer Plakataktion zur Domeinweihung. Das war das große kirchenpolitische Ereignis. Das gehört sozusagen zu den biografischen Wurzeln meines Engagements. Der damalige Bischof Gienke hatte kirchenpolitisch eine Linksaußen-Position bezogen. Das heißt, er hatte sich den Funktionären der SED relativ weit angenähert. Er war davon durchdrungen, dass man den Funktionären menschlich näher kommen müsse, um sie letztlich politisch zum Umdenken zu bewegen. Er wollte so eine merkwürdige Art von Versöhnung mit dem Funktionär als Menschen, ohne von ihm eine Verhaltensänderung zu erwarten. Menschlich durchaus ehrenwert, theologisch vielleicht naiv. Die Gratwanderung bestand darin, dass natürlich auf der anderen Seite ganz anders gestrickte Leute saßen. Das waren Kader, Leute, die nur teilweise eine wirkliche politische Meinung hatten. Leute, die immer ein doppeltes Spiel trieben und die sehr wohl wussten, wie man andere gegeneinander ausspielt. Und so kam es zu diesen ganzen sehr merkwürdigen Vorgängen. Es sah so aus, als betrachtete er es als sein Lebenswerk, den Dom zu restaurieren. Trotz der Schwierigkeiten hatte er das mit vielen Kooperationspartnern, auch teilweise aus dem Westen, bewerkstelligt.

Nun wurde also der Dom eingeweiht. Erich Honecker wurde eingeladen und in Greifswald sollten sich nun Menschen begegnen, die ein neues Kapitel im Verhältnis von Staat und Kirche aufschlagen. Für ihn hingen da lauter Hoffnungen dran. Allerdings haben viele, die diese Hoffnungen teilten, übersehen, dass die DDR im Grunde finanziell und wirtschaftlich total am Ende war, wie es auch manche Signale aus Berlin zeigten. In solchen Situationen greift man nach allem Möglichen, wie Ertrinkende. Und deshalb kam Honecker, nicht weil er einen echten kirchenpolitischen Neuanfang wollte.

Abb. 3: Linolstich mit Kritik an der Domeinweihung, Juni 1989.

Nun: Wir sahen das total zusammenfallende Greifswald, dieses total zusammenbrechende System, dieses total korrupte, völlig abgewirtschaftete System und dort gingen auf einmal die Kolonnen durch die Stadt und strichen erst einmal die Fassaden, nur auf der Protokollstrecke! Das muss man sich mal vorstellen! *Potjomkinsches Dorf!*[13] Und Gienke spielt da mit, lädt den Honecker ein und der Berliner Bischof Forck, der eigentlich zuständige Vertreter der Konferenz der Kirchenleitungen, wurde ausgeladen! Mit der Zustimmung des Greifswalder

---

[13]   Mit dem Ausdruck *Potjomkinsches Dorf* bezeichnet man etwas, was oberflächlich geschönt wurde, um den tatsächlichen negativen Gehalt zu verbergen.

Bischofs! Das hat im Grunde dem Fass den Boden ausgeschlagen. In dieser Situation haben wir diese Plakataktion gemacht, diesen Linoldruck verteilt: „Greifswald fällt zusammen und der Dom erstrahlt! Eine theatralische Inszenierung!"

Meine innere Haltung war: Das System muss gestürzt werden!

Im Herbst musste ich meinen Zivilverteidigungslehrgang absolvieren. Während Leute, die normal bei der Armee gewesen waren, während des Studiums als Reservisten eingezogen wurden, mussten wir Bausoldaten das so genannte Zivilverteidigungs-Lager (kurz: ZV-Lager) mit den Mädchen besuchen. Obwohl ich mich lange erfolgreich drücken konnte, musste ich schließlich dort hin, sonst wäre ich aus dem Studium geflogen. Und dort in Pruchten im ZV-Lager hörten wir die ersten Nachrichten von den Vorgängen in Berlin und Leipzig. Ständig hingen wir am Radio. Wir begannen dort Vollversammlungen durchzuführen und forderten „freie politische Meinungsäußerung" (das war damals schon fast Hochverrat) wollten ein eigenes Kulturprogramm aufstellen und so was alles. Mit der festen Überzeugung, das System muss gestürzt werden, kam ich aus dem Lager zurück nach Greifswald. Es gab andere, die nicht so radikal waren, aber meine innere Haltung war: Das System muss gestürzt werden!

Anfang Oktober kam es zu einer ersten öffentlichen Denkschrift unserer Initiativgruppe. Diese Äußerung wurde an den Rektor geschickt, unterschrieben von fünfzehn Studenten und später als Flugblatt verteilt. Sieben recht moderat formulierte Forderungen und Kritikpunkte standen darauf:

- Keine Verschulung des Lehrbetriebs. Offenheit gegenüber Denkrichtungen, die von ideologischen Vorgaben abweichen
- Für uneingeschränkten wissenschaftlichen Meinungsstreit. Abschaffung der Benutzungseinschränkungen der UB
- Keine ideologischen Kriterien bei der Zulassung zum Studium und bei der Leistungsbewertung
- Kaderpolitik behindert echtes Leistungsprinzip
- Das Marxistisch-Leninistische Grundstudium erweist sich als unzureichend, die Studenten zu ethischer und politischer Entscheidungsfindung zu befähigen
- Integration der wehrpolitischen Ausbildung in den obligatorischen Stundenplan widerspricht der Erziehung zum Frieden
- Die Wohnheimsituation bietet schlechte Studienbedingungen. Nutzung leerstehenden Wohnraumes in der Altstadt.

Welche Reaktionen folgten darauf? Komischerweise war das in diesem Herbst so, dass man ein schrittweises Zurückweichen des Systems bemerkte. Man hat immer damit gerechnet: Jetzt schlagen sie zu! Jetzt gibt es die Verhaftungen! Jetzt kommt eine Verhaftungswelle! Aber sie kam nicht. Das ist wie mit einem Zaun, wo man das Gefühl hat: So, hier war doch ein Zaun, aber der ist gar nicht mehr da, der steht jetzt da hinten. Also weiter und da wird dann Halt gemacht und „huch!": Wo ist er denn jetzt? Dieses ständige Zurückweichen, das löste eine echte Euphorie aus. Damals fiel im Grunde jede Woche eine Mauer! Und der Mauerfall am 9. November war das Endergebnis. Als Honecker zurücktrat war auf einmal wieder etwas weg, von dem man gedacht hat: das ist dein Schicksal in Ewigkeit! Das kann man sich nicht vorstellen, was das für ein Gefühl war! Das war wie ein ständiges Platzen, jeden Tag neue Nachrichten und man fasste sich jedes Mal an den Kopf und sagte, das kann doch nicht wahr sein... also unglaublich!

Am 1. November haben wir offiziell die USG gegründet

Schließlich entstand aus dieser Initiative die USG, die *Unabhängige Studentenschaft Greifswald*. Unser Flugblatt fand reißenden Absatz und es entwickelte sich ein richtiges Netzwerk. Das waren Leute der verschiedensten Fachgebiete, Geologen, viele Mediziner, Pharmazeuten, Biologen, Mathematiker und ziemlich viele Theologen. Die Studenten der so genannten „gesellschaftswissenschaftlichen Sektionen" waren total ideologisch geknebelt und gegängelt. Naturwissenschaftler waren ideologisch weniger beeinflussbar. Ein guter Mediziner war ein Künstler auf seinem Gebiet, genauso wie ein Physiker oder Mathematiker, der die Welt des Formelwissens beherrscht. Dort galten andere Maßstäbe, wo man wissenschaftlichen Erfolg nicht so ohne weiteres an der ideologischen Prinzipienfestigkeit festmachen konnte.

Am 1. November haben wir offiziell die USG gegründet. Über eine Freundin, die Medizin studierte, erhielten wir Kontakt zu Professor Jährig und von ihm bekamen wir die Erlaubnis, den Hörsaal der Kinderklinik für unsere Treffen zu nutzen. Das war ein echtes Ereignis! Beim ersten Mal hatten sich bestimmt 200 Studenten eingefunden. So etwas hatten die meisten noch nie erlebt! Wir diskutierten in aller Freiheit, was jetzt zu tun sei. Schließlich gab es einen Forderungskatalog, wir haben Arbeitsgruppen eingesetzt und die haben begonnen, die Details zu erarbeiten. Wir haben uns den damals aus unserer Sicht vordringlichen Problemen zugewandt. Die Uni-Bibliothek war zum Beispiel solch ein Problem. Es gab Bücher mit einer grünen oder halbgrünen Signatur. Letztere durfte man nur mit Genehmigung lesen und ausleihen. Das war aus unserer Sicht unakzeptabel. Dann ging es um die Wohnheimsituation, die zu der Zeit untragbar war (6 Leute auf 20 qm mit drei Doppelstockbetten). Weiterhin wurde über das stark ideologisierte Grundstudium diskutiert. Wir diskutierten die Abschaffung der Militärmedizinischen Fakultät, aber auch den Umgang mit dem Uni-Hauptgebäude usw. Bei den regelmäßigen Treffen in der Kinderklinik hörten und diskutierten wir die Berichte der einzelnen Arbeitsgruppen. In manchen Fragen, zum Beispiel bezüglich der Wohnraumsituation, erfuhren wir sogar durch die Universität offizielle Unterstützung.

Die Universität war eine nachgeordnete Einrichtung des Ministeriums für Hoch- und Fachschulwesen und beanspruchte, wie überhaupt das Bildungswesen in der DDR, das Erziehungsmonopol. Die ideologische Beaufsichtigungsinstanz innerhalb der Universität war das sogenannte Direktorat für Erziehung Aus- und Weiterbildung. Von hier aus wurden die Laufbahnen aller Studenten gelenkt. Das Direktorat war auch für die vormilitärische Ausbildung zuständig. Diese ganze Struktur war uns der größte Dorn im Auge. Das wollten wir abschaffen. Als ersten Schritt in diese Richtung forderten wir die Abschaffung des Marxismus-Leninismus-Unterrichts. Unser Gegenvorschlag war ein *studium generale* für die Hörer aller Fakultäten. Da unsere Erklärung aber nicht fruchtete und sich nichts bewegte, haben wir am 7. Dezember einen Streik organisiert und uns auf die Treppe des Rektorats gesetzt. Wir haben gesagt: „Wir gehen nicht weg, bevor nicht der Rektor uns hier auf Band gesprochen hat, dass die Universitätsleitung allen Punkten zustimmt." Das Ganze endete praktisch mit einer Erklärung des Rektors, dass unseren ganzen Forderungen vollumfänglich nachgekommen wird. Das war natürlich ein großer Erfolg. Ich staune immer noch, wie sachlich und ruhig wir das alles formuliert haben, ohne falsche Schärfen und ohne unangemessene Übertreibungen. Ich kann mir das nur so erklären: Wir wollten das Alte nicht mehr und wir waren ganz klar und ganz entschlossen. Und deshalb gab es dann das Alte irgendwann nicht mehr.

All das war für uns natürlich sehr spannend – Achtung Stasi!

Eine für diese Zeit besondere Aufgabe hatte die Arbeitsgruppe „Probleme von Studierenden mit der Staatssicherheit". Diese Gruppe half Studierenden bei einem Quasi-Ausstieg. Notwendig war dafür die Offenlegung einer IM-Tätigkeit. Der erste, der diesen Schritt wagte, war Holger K. von der Sektion Germanistik, Kunst und Musik. Vergleichbar ist diese Arbeit mit Einrichtungen, die rechtsradikalen Jugendlichen während eines Prozesses des Umdenkens helfen. Na ja, zumindest haben wir schon im Oktober an dem Problem gearbeitet, das war noch vor der Stasi-Besetzung! Die Sitzungen der USG in der Kinderklinik wurden von Leuten besucht, die in unseren Treffen eine Gesetzeswidrigkeit vermuteten. Und nicht jeder war gegen die Versuchungen der inoffiziellen Mitarbeit gefeit. All das war für uns natürlich sehr spannend – Wir haben immer gesagt: Achtung Stasi!

Im Zusammenhang damit steht auch die spätere Arbeit der so genannten „Ehrenkommission". An der Universität gab es im Zuge dieser ganzen Umgestaltung das Bedürfnis nach Überprüfung: Wer war hier wer? Wer hat aufgrund seiner Mitarbeit in der Staatssicherheit bestimmte Positionen erlangt? Wer hat hier wen, ich sage mal gezielt, aber inoffiziell benachteiligt? Sind diese Personen im Grunde noch geeignet, der Jugend als Lehrer gegenüber zu stehen? Genau aus diesen Bestrebungen ist die Ehrenkommission entstanden. Es gab studentische Mitglieder, Vertreter des Mittelbaus und Professoren, die dieses Projekt geleitet haben. Von der USG saß auch einer als Mitglied mit dabei. Die Ehrenkommission hat offizielle Rechercheanfragen an die Gauck-Behörde gestellt. Ich weiß gar nicht mehr, ob die damals schon so hieß… Dann wurde das Aktenmaterial ausgewertet und aufgrund dessen die Überprüfungen eingeleitet, so dass der gesamte Lehrkörper von der Kommission untersucht wurde. Man wurde dann befragt und konnte Stellung nehmen. Parallel dazu lief die so genannte Evaluierung. Das war die fachliche Überprüfung der wissenschaftlichen Reputation einer Lehrkraft, um darüber zu entscheiden, ob diese Person auch weiterhin fachlich geeignet ist, als Professor oder Dozent tätig sein zu können. Es gab ja diverse Lehrstühle, die von Personen besetzt waren, die aufgrund ihrer ideologischen Ausrichtung diese Position innehatten, nicht etwa aufgrund von wissenschaftlichen Leistungen.

Die Ehrenkommission war natürlich eine ambivalente Geschichte

Das alles geschah in der Hoffnung, dass eben die Leute, die allein wegen ihrer politischen Auffassungen nicht die ihnen zukommende wissenschaftliche Qualifikation erhalten hatten, rehabilitiert werden konnten. Das war, aus heutiger Sicht, eine ambivalente Geschichte, bei der natürlich auch Fehler gemacht wurden. Das war schon stellenweise sehr emotional! Dass dabei Fehler gemacht worden sind, ist ja auch klar. Denn die Aktenlage war ja noch lange nicht vollständig bzw. es stand vieles, was wir heute wissen, noch gar nicht zur Verfügung. Das heißt, Leute kamen davon, die man heute erst enttarnen könnte und andere wiederum sind da negativ belastet raus gegangen, bei denen man heute „na ja" sagen würde. Das war sehr emotional, aber eben auch schwierig. Die Frage, die sich letztlich stellt, ist: Gab es eine Alternative? Wie hätte man es sonst machen sollen?

Ein Fehler war damals freilich, dass wir zu einem Zeitpunkt, der völlig falsch war, die absolute Loslösung der Militärmedizinischen Sektion von der Universität befürwortet und eingeleitet haben. Das hätte nicht passieren dürfen. Da haben drei Offiziere über ihre Kontakte nach Bonn und Berlin für ein paar hundert Mark eine GmbH gegründet und sind mit allen beweglichen und unbeweglichen Immobilien aus der Universität ausgeschert.[14] Das hätte nicht passieren dürfen und fügt der Universität bis heute einen enormen Schaden zu. Also das ist gar nicht wieder gut zu machen. Man muss sich aber einmal vorstellen: Die Militärmedizin hat dort im Januar 1990 Fahnen mit der Aufschrift „Schwerter zu Pflugscharen" aufziehen lassen! Dabei war das der Slogan der kirchlichen Friedensbewegung, da sind Leute zu DDR-Zeit für verhaftet worden!

Abschließend sei zur USG noch gesagt, dass unsere Gruppe letztlich den Aufbau der ganz normalen studentischen Selbstverwaltung geleistet hat. Das klingt harmlos, war aber eine Aufgabe, die uns mehr als ein ganzes Jahr lang beschäftigt hat, in unzähligen Sitzungen und mit vielen Protokollen und das alles neben dem normalen Lehrbetrieb. Am Ende gab es dann einen RCDS, die Burschenschaften und auch einen *Sozialistischen Studentenbund* und einen AStA und ein ganz normales Studentenparlament. In diesem Parlament war dann die USG wie eine kleine Studentenpartei, die allmählich immer kleiner wurde und sich schließlich irgendwann auflösen konnte. Unser Hauptanliegen war, die Studentenvertretung zu organisieren. Und als dieser Auftrag erfüllt war, war die USG überflüssig. Nebenbei haben wir uns auch dafür eingesetzt, dass es in Greifswald ein Studentenwerk gibt, das Wohnheime für Studenten betreibt usw.

So, das ist jetzt hier das Ende

Den Mauerfall selbst habe ich übrigens auf der Insel Usedom erlebt. Jedes Jahr trafen wir uns als pommersche Theologiestudenten zu einer „Rüstzeit". Das war ein Treffen, zu dem der für uns zuständige landeskirchliche Vertreter, Oberkonsistorialrat Dr. Nixdorf, eingeladen hatte. Dieses Treffen diente dem Kontakthalten zwischen der Landeskirche und ihren Theologie -Studenten. Damals trafen wir uns in Zinnowitz in „Bethanienruh", einer schönen alten Villa, und berieten die allgemeine Situation, aber auch Probleme, die das Studium betrafen. Mitten hinein in diese Rüstzeit fiel der 9. November.

---

14   Hier ist die am 15. März 1990 erfolgte Gründung der Medigreif GmbH gemeint, die aus der Militärmedizinischen Sektion der Greifswalder Universität hervorgegangen ist.

Dr. Nixdorf war so ein richtiger Konsistorialrat, eine Seele von Mensch. Er ließ sich durch nichts aus der Ruhe bringen, durch gar nichts, dachten wir jedenfalls. Wir mochten uns sehr und hatten ein gutes Verhältnis. Ich sehe ihn noch mit seiner Zigarre im Mund vor dem Fernsehgerät im Aufenthaltsraum, als die ersten Bilder vom Mauerfall kamen. So hatte ich ihn vorher noch nie gesehen: „Das gibt's doch gar nicht!", rief er immer wieder, „Das kann doch nicht wahr sein!" Er saß wie gebannt vor dem Fernseher. Sonst scheinbar über jeden Streit erhaben und nun wie ein kleiner Junge: „Das gibt es ja nicht!" Das war wirklich verrückt. Irgendjemand ist dann losgegangen, um eine „Granate", so nannte man bei der Armee eine Flasche hochprozentigen Alkohol, zu kaufen. Einfach, um irgendetwas zu tun. Wir gingen dann am Wasser entlang und jemand meinte: „So, das ist jetzt das Ende der DDR!" Manche sind dann gleich in die Züge und ab nach Berlin. Ich glaube von uns ist in der Nacht keiner losgefahren. Vielleicht waren wir zu diszipliniert. Ich weiß nicht.

Das erste Mal im Westen war doch recht exotisch

Mein erster Westkontakt war ein Treffen mit Studenten der theologischen Fakultät der Universität Hamburg. Dorthin waren wir eingeladen worden und wir sind auch mit unseren 100 DM dann 'rüber gefahren. Im Grunde stand genau fest, wofür wir das Geld ausgeben werden: nämlich für Bücher. Das heißt, dass im Grunde das Geld nicht mehr vorhanden war. In Hamburg wohnten wir in WGs verteilt. Das war für mich etwas völlig Neues, so eine WG kannten wir nicht. Und ich war auch noch in einer Frauen-WG gelandet! Eine richtige „Emanzen-WG". Also ehrlich gesagt, ich hatte eigentlich ständig nur Hunger und dann diese Diskussionen… Sie versuchten, uns zu agitieren. Ich sagte zum Beispiel: „Wieso? Coca-Cola-Werbung ist doch schön, sieht doch geil aus!" Sie meinten dagegen: „Nein, du wirst doch manipuliert! Merkst du gar nicht, wie du von Werbung manipuliert wirst?" Ich fand das gar nicht. Mir gefiel die Werbung. Das einzige, was wirklich problematisch war: Ich hatte halt immer Hunger! Mein Begrüßungsgeld war ausgegeben. Und dann diese Frauen-WG, die nur Salat und Glasnudeln aß, das war furchtbar! Dann kam noch dieser Geruch dazu. Im Osten wurde damals überall mit Kohle geheizt und das stank barbarisch, das merkten wir aber nicht mehr. Dazu kam dann noch der Auspuffgestank, aber man war es so gewohnt. Dann kam man in den Westen und dort roch es ganz anders. Die gesamte Stadt roch anders, unter anderem nach diesem süßlichen Supergeruch des Benzins. Also zumindest in meiner Nase war das süßlich und mir wurde schlecht davon, mir wurde richtig schlecht.

Ich sehe mich noch vor diesem Fleischer an der Außenalster stehen. Ein riesiger Fleischladen, total mit Schinken, Haxen und Schweinhälften voll und so richtig dekoriert von vorn bis hinten mit Würsten. Ich stand davor, hungrig wie ich war, und mir war auf einmal nur noch schwarz vor Augen und ich bin weggekippt. Da habe ich mir dann vorgestellt, jetzt kommt die *Bild-Zeitung* und schreibt: „Ossi vor'm Fleischer zusammengebrochen!" Ich bin dann wieder zurück in meine Glasnudel-WG... Aber worüber die sich auch unterhielten, es war mir alles völlig fremd. Diese ganze Gender-Frage stellte sich in der Weise bei uns nicht. Mich hat diese ideologische Diskussion doch eher abgeschreckt. Na ja, zumindest war das alles sehr aufregend, durch Hamburg zu ziehen und diese große, lebendige Stadt auf sich wirken zu lassen.

Der zweite Schritt gen Westen war dann in Berlin. Bernauer Straße. Das war doch sehr emotional, muss ich sagen. Da war dann auf der einen Seite ein Loch und dann rechts und links eine Absperrung mit Gittern, so dass man über den Todesstreifen quer 'rübergehen konnte. Jetzt stand ich also auf diesem Todesstreifen und mir ging so vieles durch den Kopf: Dieser jämmerliche Streifen, diese zweihundert Meter... Da habe ich richtig geheult, weil mich das so ergriffen hat. Diese zwei-, dreihundert Meter konnten ein ganzes Leben komplett bestimmen. Unsere Familie war ja auch getrennt. Diese Ost-West-Situation hat im Prinzip das ganze Leben von zwei Generationen bestimmt. Diese läppischen dreihundert Meter! Das kam mir auf einmal zutiefst unsinnig vor. Und ich begriff: Die Ost-West-Auseinandersetzung war ein künstlich geschaffenes Problem, gar kein echtes, wenn es genügt, ein so kleines Loch zu machen, um das ganze Problem abzuschaffen. Und das hatte uns nun so lange und so intensiv beschäftigt, so viel Schmerzen, Verletzungen, Demütigungen hervorgebracht. Das war dieser Moment in Berlin...

Die DDR hat viele zur Unselbständigkeit erzogen

Ein Phänomen des DDR-Alltags war diese staatlich gelenkte und gewollte Unselbständigkeit. Rolf Henrich beschreibt dies in seinem Buch „Der vormundschaftliche Staat" relativ gut. Dieses vormundschaftliche, das heißt, dass eine Regierung sich herausnimmt für alle zu wissen, was das Beste ist. Das ist heute, aus meiner Sicht, eines der Hauptprobleme im Osten: Unselbständigkeit.

Ich unterrichte an einer Grundschule Religion. Was mir auffällt ist, dass viele Eltern den Rollenwechsel nicht verkraftet haben, dass Erziehung eben nicht mehr die Aufgabe des Staates ist. Der Staat kann, ich sage mal, für gewisse Ausfälle einspringen, aber Erziehen ist nicht seine primäre Aufgabe. Auch die Schule kann nicht wirklich erziehen, sondern bilden. Erziehen können und müssen aber die Eltern! Diesen Rollenwechsel haben viele Eltern nicht begriffen. Manche haben das total verinnerlicht, dass der Staat erzieht und die Eltern an der Erziehung des Staates mitwirken. So stand es im Familiengesetzbuch der DDR. Das stand da richtig drin, der Staat beansprucht für sich das Erziehungsmonopol, das muss man sich mal vorstellen! Und das war praktisch nicht umzusetzen – eine Hybris, das überhaupt zu wollen! Also nicht nur in Wirtschaftsfragen, sondern in allen anderen Fragen auch! Die Leute haben trotzdem gemacht, was sie wollten, sie waren allerdings der Möglichkeit beraubt, Verantwortung zu übernehmen. Und das ist heute ein Problem.

Und da das über Generationen hinweg nicht gelernt worden ist, haben eben manche die Fähigkeit zur Selbststeuerung ihrer Angelegenheiten, wie es scheint, auf Dauer verloren. Man braucht doch nur in bestimmte Neubaublöcke zu schauen. Die Leute können, vielleicht bereits in dritter Generation, ihre Angelegenheiten nicht mehr selbst steuern, Dinge selbst in die Hand nehmen. Und können auch den Willen nicht mehr entwickeln. Dazu kommt, dass das gut ausgebaute Sozialsystem von heute leider dafür sorgt, dass viele Menschen in diesem abhängigen Zustand gehalten werden. Je größer diese Gruppe wird, umso mehr greift eine neue Vormundschaft um sich. Ganz klar, das gibt es im Westen auch, aber nicht als ein solches Massenphänomen wie im Osten.

Für mich persönlich ist es anders gelaufen. Ich bin in Kreisen aufgewachsen, in denen von Anfang an klar war: Man darf bestimmte Dinge nicht hinnehmen, jeder einzelne Mensch hat für sein Leben Verantwortung, die ihm niemand abnehmen kann. Das hat mir geholfen, mich in dieser Welt zurechtzufinden. Für viele kam diese sogenannte „Wende" aber zu spät.

Für mich kam die Wende genau richtig

Diesen Wechsel damals mitbekommen zu haben, das war letztendlich unglaublich lehrreich. Man hat sehr viel von der Welt verstanden. So wie die Zeit am Runden Tisch in Greifswald, an dem ich als Vertreter der USG saß: Man lernt am lebendigen Organismus, wie so ein Gemeinwesen funktioniert. Das würde ich heute jedem Schüler gönnen. Man müsste mal probeweise das ganze politische und administrative Geschehen einer Stadt abstellen. Die Behörden müssten mal aufhören zu arbeiten, auch die Stadtparlamente. Dann sollte es eine Woche einen

Runden Tisch geben, um alles zu verhandeln, was zu verhandeln notwendig ist. Da sieht man dann, was eine Tagesordnung alles beinhalten kann: Feuerwehrfragen, Katastrophenschutz, Dienstbereitschaften und wer hat eigentlich die Befehlsgewalt über die Feuerwehr? Krankenwagen, Abwasser, Elektrizität, das heißt die ganzen Lebensfunktionen einer Stadt stünden dabei auf dem Programm.

Da versteht man eigentlich erst, was es heißt, ein Gemeinwesen zu leiten. Aus diesem Grunde habe ich heute zum Beispiel auch eine unglaubliche Achtung vor Politikern. Natürlich gibt es auch Unfähigkeit in Behörden und Korruption, gar keine Frage. Aber was unser System heute leistet, was so ein Parlamentarier in einem Ausschuss leistet, das ist wirklich unglaublich und wird von vielen nicht gesehen!

Wenn ich schließlich auf die Wende persönlich zurückblicke, wird mir aber klar, dass ich wirklich Glück hatte. Für mich kam die Wende genau richtig, genau im richtigen Augenblick – mitten im Studium, wo man alle Freiheit der Welt hat und sich nicht materiell kümmern musste. Insgesamt muss ich sagen, dass alles für mich optimal gelaufen ist, optimal!

Interview: Christian Sorbe und Kolja Wegner

Die Wende ist für mich das größte Lebensgeschenk

Frank Pergande
1989: Journalist, 31 Jahre

Frank Pergande wurde 1958 in Berlin geboren. Nach dem Abitur studierte er von 1978 bis 1982 in Leipzig Journalistik. Anschließend arbeitete er als Lokalredakteur bei den Norddeutschen Neuesten Nachrichten in Greifswald. Nach der Wende war er an der Gründung der Lokalzeitung Greifswalder Tageblatt beteiligt, die bis zum Februar 1993 erschien. Das Greifswalder Tageblatt wurde 1992 mit dem Konrad-Adenauer-Preis als beste Lokalzeitung ausgezeichnet. Nach dem Ende des Greifswalder Tageblatts war er Redakteur bei der Märkischen Oderzeitung in Frankfurt/Oder und der Oberhessischen Zeitung in Marburg. Seit 1998 ist er bei der Frankfurter Allgemeinen Zeitung, seit 2004 als politischer Korrespondent zuständig für Mecklenburg-Vorpommern, Schleswig-Holstein und Hamburg.

Ich war einer der wenigen Parteilosen in meinem Studienjahr

Ich hatte eine ganz normale DDR-Biografie. Ich bin in Ostbrandenburg aufgewachsen. Eine meiner Schulkameradinnen an der Erweiterten Oberschule in Strausberg war die Tochter eines Pfarrers. Die Gespräche in ihrer Familie, die Begegnungen dort, die Bücher, die ich kennen lernte, haben mich sehr geprägt. Während der Armeezeit wurde mir klar, dass ich mit dem politischen System möglichst wenig zu tun haben wollte. Ich bin ein skeptischer, vorsichtiger Mensch. Ich dachte: Du darfst dich da nicht binden, du darfst nicht in die SED gehen, das musst du auf alle Fälle vermeiden. Man konnte das System austricksen, sogar ohne es zu wollen. In meiner jugendlichen Blauäugigkeit ist mir das einige Male gelungen. Ich wollte unbedingt Journalist werden. Den Berufswunsch hatte ich schon als Kind. Wer aber in der DDR studieren wollte, der musste im Allgemeinen mindestens drei Jahre lang zur Armee gehen. Allerdings war es beim Journalistikstudium so, dass man zuvor ein Volontariat zu absolvieren hatte. Ich habe bei der Musterung gesagt, ich würde ja gern drei Jahre zur Armee gehen, aber das ist nun nicht möglich, weil ich schon meinen Volontariatsplatz sicher habe und deswegen nur den Grundwehrdienst von achtzehn Monaten absolvieren könne. Da haben die mich tatsächlich mit dieser Ausrede ziehen lassen. Das war ein Wunder.

Den Grundwehrdienst musste ich an der Grenze ableisten, man konnte sich das nicht aussuchen. Mein Vater war Politoffizier in der Armee, deswegen wahrscheinlich galt ich als politisch zuverlässig. Das änderte sich freilich im Laufe meiner Armeezeit. Die Grenze war damals etwas Normales für uns. Das ist heute nicht mehr zu vermitteln. Damals gab es auch noch die Selbstschussanlagen am Zaun. Wenn man da den Draht berührte, ging eine Mine hoch. Wie oft hat es dort Tiere erwischt... Zum Glück bin ich in meiner Armeezeit nie in eine schwierige Lage geraten, ich habe mir aber viele Gedanken darüber gemacht, was wäre wenn.

Nach dem Wehrdienst bin ich zum Studium nach Leipzig gegangen. Genauer gesagt: Ich wurde von meinem Volontariatsbetrieb „delegiert". Das war die einzige Möglichkeit, in der DDR Journalistik zu studieren. Als junger Mensch ahnte ich nicht, was mich da erwarten würde. Dass das vor allem ein politisches Studium ist! Ich habe erst in Leipzig so richtig mitbekommen, was das bedeutete. Und worauf ich mich da einzulassen begann, wie vorsichtig ich sein musste. Ich war einer der wenigen Parteilosen in meinem Studienjahr. Alle anderen waren Mitglieder der SED oder einer der anderen sogenannten Blockparteien.

Mein Volontariat zuvor hatte ich bei einer Zeitung in Berlin gemacht. Während des Volontariats und erst recht während des Studiums wurde mir klar, dass ich mit dem DDR-Journalismus eigentlich nichts zu tun haben wollte. Ich wollte nicht „kollektiver Agitator und Propagandist" sein, wie die Definition nach Lenin lautete. Deshalb habe ich nach dem Studium etwas gesucht, wo man weit weg von der Zentrale Berlin war. Mir ist es dann gelungen, nach Greifswald zu gehen. Das war in der DDR nicht so einfach, weil es eine sogenannte zentrale Lenkung der Absolventen gab. Aber ich war als Parteiloser zu unwichtig und konnte mich selbst um eine Stelle kümmern.

Ich habe überwintert, es ahnte niemand, dass es mal anders kommen könnte

In der DDR waren die Zeitungen grundsätzlich die Blätter einer Partei oder einer Organisation. Unabhängige Zeitungen gab es nicht. Das bekannteste Blatt, was wir im Norden heute noch haben, ist die *Ostsee Zeitung* (OZ), die gehörte der SED. Die kleinen Parteien hatten ebenfalls Zeitungen. Bei der *Nationaldemokratischen Partei* (NDPD) – nicht zu verwechseln mit der NPD heute – waren das die *Norddeutschen Neuesten Nachrichten* (NNN). Es gab eine Ein-Mann-Lokalredaktion in Greifswald. Da war ich dann nach dem Studium von 1982 an. Die Greifswalder Zeit begann mit einer unangenehmen Überraschung. Bei der NDPD im damaligen Bezirk Rostock hieß es: „Wir haben hier eine Stelle für Sie bei den NNN, Sie können dann nach Greifswald gehen, aber Sie müssen Mitglied der Partei werden!" Na ja, dachte ich, eine dieser kleinen Parteien ist besser als die große. Ich wurde Mitglied der Partei, aber auf einmal war keine Stelle für mich mehr da. Die wollten mich vielmehr in den Parteiapparat schieben. Funktionär aber wollte ich auf keinen Fall werden. Es gab viel Ärger, bis ich endlich doch meine Stelle als Redakteur bekam. 1990 bin ich sofort aus der Partei ausgetreten. Parteien haben mich nie interessiert. Politisch sich zu engagieren, dass war mir in der DDR suspekt. Die Parteimitgliedschaft war ein Notnagel, um als Redakteur arbeiten zu können. Ich wäre auch in die *Liberal-Demokratische Partei* (LDPD) oder in die CDU eingetreten, wenn mir nichts anderes übrige geblieben wäre, um den Beruf auszu-üben. Ich wäre nur nie in die SED gegangen. Ich sagte mir: Lass die Finger davon, da machst du dich schmutzig, das machst du nicht. Sicher, es wäre konsequent gewesen, den Beruf ganz aufzugeben. Aber dafür mochte ich ihn zu sehr. Ich habe auf meiner Ein-Mann-Stelle überwintert, so gut es ging. Es ahnte schließlich niemand, dass alles einmal ganz anders kommen könnte.

In Greifswald war die erste Demonstration im Norden

Im Juni 1998 wurde in Greifswald der Dom nach der Restaurierung wieder eingeweiht. Da kam Erich Honecker. Es war sein letzter öffent-licher Auftritt als SED-Generalsekretär außerhalb von Berlin. Die Stadt war abgeriegelt. Mir ist noch in Erinnerung, dass die Giebelhäuser an seinem Weg zwar frisch angestrichen waren, aber nur so hoch, wie Honecker gucken konnte. Die Staatssicherheit marschierte auf! Es war der Sommer, als so viele über Ungarn in die Bundesrepublik geflohen sind. Eine Freundin von mir war auch in Ungarn. Ich war ziemlich nervös deswegen: Sie ist jetzt in Ungarn oder vielleicht schon weg. Sehe ich sie jemals wieder?

Für mich wäre das kein Weg gewesen. Ich glaubte, ein DDR-Bürger kann im Westen sowieso nicht bestehen. Der kann nichts, der weiß nichts, der hat keine Erfahrung mit Demokratie und Markt. Eines der am meisten verblüffenden Erlebnisse nach dem Mauerfall war, dass es doch geht, dass ich durchaus etwas gelernt hatte und meinen Beruf weiter ausüben konnte. Wie sollte man das vorher wissen? Wir hatten von vielen gehört, die nach ihrer Flucht oder Ausreise in die Auffang-lager gekommen waren und später im Westen nicht so richtig Fuß fassen konnten. So etwas wollte ich mir nicht zumuten.

In Greifswald gab es die erste Demonstration am 18. Oktober 1989. Das war der Tag von Honeckers Rücktritt. Greifswald war im Norden die erste Stadt, in der demonstriert wurde. Ich habe das alles miterlebt, auch die Friedensgebete zuvor im Dom. Ich hatte Freunde in der Kirche. Schon seit 1982, seit ich nach Greifswald gekommen war. Ich gehörte nicht zur Kirche. Aber sie war mir sehr wichtig. Das ist heute nur noch schwer zu verstehen. Die Kirche war der einzige öffentliche Ort, wo man frei reden konnte. Wo man Leute traf, von denen man annehmen konnte, dass sie Gleichgesinnte waren. Auch am 20. Oktober bei der Gründung des *Neuen Forums* war ich dabei, in der Wohnung der Familie Poldrack. Da wurde die Staatssicherheit auf mich aufmerksam, was ich später durch einen Karteikartenfund erfuhr, auf der mein Name vermerkt war. Allerdings bin ich kein Mitglied im *Neuen Forum* geworden. Ich mied, wie früher schon, solche Bindungen.

Beim Stadtabriss gab es auch schon Widerstand

In Greifswald hatte es schon 1988 viel Kritik hinter vorgehaltener Hand gegeben, als Teile der Altstadt abgerissen wurden. In vielen anderen Städten war es ähnlich. Es war SED-Politik, die Innenstädte abzuräumen und durch Plattenbauten zu ersetzen. In Greifswald waren gerade Häuser an der Straße zum Hafen hinunter abgerissen worden und an der damaligen Straße der Freundschaft. Mitten im Schutt lag eine Tafel, die an Otto von Bismarck erinnerte, der in Greifswald-Eldena Student gewesen war. Ich habe mir die Tafel geschnappt und ins Museum gebracht. Irgendwie war sie doch wertvoll, fand ich. Viele Leute wendeten sich gegen den Abriss. Nicht durch lauten Protest, solche Formen gab es nicht. Aber im Stadtgespräch bekam ich das mit. Die Leute haben diskutiert und kritisiert, sie wollten ihre Stadt behalten. Dann wurde eine Altstadtinitiative gegründet. Die wollte eigentlich nur die alten Häuser retten, aber das war in der DDR hochpolitisch. Als ein riesiger Brunnen auf dem Greifswalder Markt gebaut werden sollte, gab es über Nacht eine Flugblattaktion dagegen. Eigentlich war es nur eine Bürgerinitiative, wie man heute sagen würde. Aber unter DDR-Verhältnissen war es eine mutige politische Tat. Auf den Flugblättern stand sinngemäß: „Braucht Greifswald einen Brunnen? Bürger, Ihr habt Mitspracherecht." Erst nach dem Ende der DDR erfuhr ich, dass die jungen Leute, welche die Flugblätter geklebt hatten, von der Staatssicherheit eingesperrt worden waren.

Es war vorgeschrieben, worüber und wie man zu berichten hatte

Über solche Ereignisse durfte ich nicht berichten. Auch das ist heute unvorstellbar. Wenn zentrale große Ereignisse wie der Honecker-Besuch in Greifswald anstanden, dann berichtete grundsätzlich nur die Nachrichtenagentur. Das war der ADN, der *Allgemeine Deutsche Nachrichtendienst*. Ich war zwar dabei, als Honecker kam, habe mit im Dom gesessen, mir das alles angeschaut. Aber ich durfte nicht darüber berichten. So war es immer. So funktioniert eine Diktatur. Damit keiner dazwischen funkte, schon gar nicht ein kleiner Lokalredakteur aus Greifswald, wurde alles zentral in Berlin geregelt. Ich habe am Tag der ersten Demonstration, am 18. Oktober also, versucht, eine Nachricht darüber in meiner Zeitung unterzubringen. Ich bin von der Demonstration weg und in die Redaktion gegangen und habe mich an den Fernschreiber gesetzt. Aber die Meldung ist nie erschienen. Da funktionierte das System noch. Es gab regelmäßige Anweisungen, welche Formulierungen verwendet werden durften und welche nicht. Das wechselte immer mal. Mal durfte man aus irgendwelchen Gründen nicht mehr „Neubaugebiet" oder „Neubauten" schreiben, ich glaube, weil es zu wenige davon gab. Es gab abenteuerliche Begründungen, warum man wieder irgendwas nicht erwähnen durfte. Eine Zeit lang waren die sogenannten Delikat-Geschäfte tabu, dann mussten sie wieder gelobt werden. Solche Anweisungen erhielt ich mehr oder weniger regelmäßig, per Fernschreiber aus der Rostocker Hauptredaktion. Meine Sammlung von damals habe ich leider nicht aufgehoben.

Einmal, 1988 oder schon 1989, sollte es im damaligen Haus des Kulturbundes in der Fischstraße eine Diskussionsrunde über die Presse in der DDR geben. Dazu wurden die paar Journalisten aus Greifswald eingeladen. Dass überhaupt miteinander diskutiert werden sollte, fand ich ungewöhnlich. Es gab einen Organisator, der auch mich einlud. Ich antwortete, ich könne doch nicht auf dem Podium sagen, dass ich von dem ganzen System nichts halte und der DDR-Journalismus nicht frei sei. Ich habe also abgelehnt. Später stellte sich heraus, dass ich das einem IM erzählt hatte.

Das eigentliche Schlimme war die Partei

Nach dem 9. November durfte frei berichtet werden, endlich. Alle Journalisten waren gelöst, auch jene, die parteihörig gewesen waren. Wir alle entdeckten die Freiheit und wollten von nun an nur noch die Wahrheit berichten und uns nichts mehr vorschreiben lassen. Am 4. Dezember besetzten die Leute vom *Neuen Forum* sowohl die Kreisleitung der SED als auch Dienststelle der Staatssicherheit in der Domstraße sowie die Polizei. Ich war allein in meiner Redaktion, hatte nur eine Sekretärin. Die bat ich, zur Staatssicherheit zu gehen und sich dort umzusehen. Ich selbst machte mich zur Kreisleitung auf. Die Staatssicherheit war nur „Schild und Schwert der Partei". Eigentlich ging es um die SED, die alles in der DDR bestimmt hatte. In der Kreisleitung neben der Mensa lief es ganz friedlich ab. Wir waren vielleicht zwanzig Leute, die da rein gingen. Die Parteiführung erwartete uns schon. Bei der Staatssicherheit jedoch ging es hoch her. Dort wurde das Gebäude gestürmt und fortan von den Bürgerrechtlern bewacht. Ich habe nie so recht verstanden, eigentlich bis heute nicht, warum die Partei so ungeschoren davon kam und sich alles um diese Akten der Staatssicherheit drehte. Wahrscheinlich wegen der Geheimnistuerei. Das Schlimme aber war die Partei. Die hätte damals verboten werden müssen. Aber es wurde nur über die Akten geredet. Der Begriff „IM", von dem man vierzig Jahre lang nichts gehört hatte, war nun in aller Munde. Ich finde, das hat das Geschichtsbild ein wenig in Schräglage gebracht. Mit den Folgen müssen wir bis heute leben.

An den Abend des 9. November 1989 kann ich mich natürlich gut erinnern. Ich war an diesem Tag bei einem der Mensagespräche, die als öffentliches Forum den Demonstrationen gefolgt waren. Pfarrer Reinhard Glöckner, der spätere Greifswalder Oberbürgermeister, war aus irgendwelchen Gründen kurz nach Hause gegangen und kam noch einmal in die Mensa zurück, um uns mitzuteilen, dass die Mauer offen sei. Die Leute schrien, dass die Neonröhren an der Decke nur so schepperten. Was für ein Wahnsinn! Vielleicht war ich da der Einzige, der skeptisch blieb. Von meiner Angst habe ich schon gesprochen: Was willst du mit deinem Journalistikstudium, mit deiner Berufserfahrung im DDR-Journalismus? Du kannst nichts anderes, wie willst du also im Westen bestehen? Dort ist Journalismus etwa ganz anderes. Andererseits brannte ich erst jetzt so richtig. Ich dachte: Endlich kannst du loslegen. Und ich war sofort für die deutsche Einheit, denn ich wusste doch, wie marode die DDR war. Ich glaubte, alle würden es so sehen wie ich. Das hatte doch eigentlich niemand mehr übersehen können.

Geht doch, auch im Westen!

Ich dachte zunächst, du musst deinen Beruf im Westen noch einmal völlig neu lernen. Ich habe mich etwa bei der Henri-Nannen-Schule in Hamburg beworben, leider vergeblich. Aber dann habe ich mich in der Lokalredaktion der *Neuen Osnabrücker Zeitung* umgesehen. Osnabrück ist die Partnerstadt von Greifswald. Und meine Bindung an die Zeitung hatte im November 1989 begonnen. An einem Morgen sagte meine damalige Frau zu mir: „Schreib doch einfach einmal etwas für die *Osnabrücker Zeitung*, die wissen gar nichts davon, wie es hier gerade zugeht. Das wird sie interessieren, jetzt, wo hier alles so aufregend ist." Ich habe dann einen ersten Beitrag über den Greifswalder Wendeherbst geschrieben. Auf zweifachem Weg wurde er nach Osnabrück gebracht. Offiziell über die Post, was da schon möglich war. Und inoffiziell über einen Bekannten, der ausgerechnet in dieser Zeit in die Bundesrepublik ausreiste. Bei der *Osnabrücker Zeitung* rätselten die

Redakteure, was sie mit dem Beitrag machen sollten. Sie kannten mich nicht, konnten mich auch nicht erreichen, ein Telefongespräch war nicht so ohne weiters möglich. Jedenfalls entschieden sie sich, den Artikel zu veröffentlichen. Am 18. November stand der erste Beitrag in der *Osnabrücker Zeitung*. Ich habe dann die ganze Zeit über regelmäßig berichtet, wie das Leben in Greifswald so war. Zum Beispiel war eine Reportage darüber dabei, wie Weihnachten gefeiert wurde. Das war die Idee der Osnabrücker gewesen, weil sie sich fragten, wie wir Greifswalder Weihnachten feiern, wo doch so viele ohne kirchliche Bindung sind. Ich habe aber auch über die Währungsumstellung berichtet.

Die Osnabrücker Kollegen wurden zu Freunden, denen ich bis heute sehr dankbar bin. Ich bat sie, mir ein Praktikum bei ihnen zu ermöglichen. Das war insofern schwierig, weil das vor der Währungsunion war und sie mich sozusagen versorgen mussten. Auch wenn ich ein paar D-Mark als Honorar bekam, mein erstes Westgeld außer dem Begrüßungsgeld. Ich habe in der Lokalredaktion richtig mitgearbeitet, die Redaktion und die Kollegen kennen gelernt, auch schon selbständig Sonntagsdienst gemacht. Da habe ich unschätzbar viel gelernt. Aber ich habe auch gemerkt, dass ich mit meiner Leipziger Ausbildung und meiner Berufserfahrung durchaus etwas anfangen konnte.

Die Kontakte zur Partnerstadt Osnabrück und zur *Osnabrücker Zeitung* hatten mir auch schon in der Zeit vor dem Praktikum geholfen. Zur Kommunalwahl im Mai 1990 haben wir zusammen eine „Wahl-Zeitung" herausgebracht. Es ging darum, über alle Parteien zu berichten, die antraten. Der *Ostsee-Zeitung*, der SED-Zeitung, haben wir das nicht zugetraut. Wir haben unsere Zeitung, die gerade 'mal aus einem Bogen, also vier Seiten, bestand, sogar für fünfzig Pfennige auf dem Greifswalder Markt verkauft. Und die Menschen haben sie uns abgekauft, weil ein so großer Bedarf nach Informationen bestand.

Was die Ausbildung in Leipzig, im sogenannten Roten Kloster, anbelangt, so hatte sie zwei Seiten. Einerseits war die Sektion Journalistik das, was man eine Kaderschmiede nennt, um die sogenannte führende Rolle der SED durchzusetzen. Andererseits gab es guten Unterricht, was die eigentliche journalistische Arbeit, das Methodische, betraf. Recherche, Frage- und Interviewtechniken wurden ausführlich behandelt. Die journalistische Genre spielten eine große Rolle: Was ist eine Nachricht, ein Bericht, eine Reportage, eine Glosse? Das hat man in Leipzig gelernt. Auch der Stilistik-Unterricht war ausgezeichnet. All das hat mir auch später genutzt. Ich dachte dann zu meiner eigenen Überraschung: Geht doch, auch im Westen!

Das Greifswalder Tageblatt

Durch meine Kontakte nach Osnabrück kam ich mit norddeutschen Verlegern ins Gespräch, die im Osten eine Zeitung gründen wollten. Sie suchten sich dafür Vorpommern aus, weil dort die Großverlage noch nicht präsent waren. Wir haben uns auch zuerst in Osnabrück getroffen, um das Vorhaben zu besprechen. Ich habe mich dann in Greifswald um Räume gekümmert und Leute angesprochen, von denen ich glaubte, sie könnten mitmachen. Die Verlage haben das Geld gegeben und in ihren Redaktionen Mitarbeiter gesucht, die bereit sein würden, in den Osten zu gehen. Ich habe bei den NNN gekündigt, um das *Greifswalder Tageblatt* aufzubauen. Ich war zuerst verantwortlicher Lokalredakteur, später stellvertretender Chefredakteur. Das *Greifswalder Tageblatt* erschien zum ersten Mal am 29. September 1990. Zunächst nur in Greifswald, dann aber auch in Stralsund, Grimmen und Anklam.

Wir waren vielleicht zwei Dutzend Mitarbeiter, die in einem Haus in der Arndtstraße die Zeitung komplett produzierten. Gedruckt wurde sie zuerst in Eberswalde, später in einem eigenen kleinen Druckhaus in der Gützkower Landstraße. Die eine Hälfte der Leute kam aus Greifswald, die andere aus dem Westen. Wir waren alle aufeinander neugierig und wollten unbedingt gemeinsam das Projekt *Greifswalder Tageblatt* machen. Ich habe die westdeutschen Kollegen dafür bewundert, wie sie unter mitunter unwürdigen Bedingungen, etwa in einer Wohngemeinschaft im Plattenbau, mit großer Begeisterung in Greifswald gelebt und gearbeitet haben. Das war eine tolle Zeit, wenn auch sehr anstrengend. Wir haben viel voneinander gelernt. Einige westdeutsche Kollegen sind hier geblieben, zumindest im Osten geblieben. Gerd Lange, derzeit Pressesprecher im Wirtschaftsministerium etwa, lebt seit vielen Jahren glücklich in Schwerin. Mich erstaunt, mit welcher Abscheu Ostdeutsche bis heute das Wort Wessi aussprechen. Mir ist das völlig fremd. Ich will die deutsch-deutsche Erfahrung von damals nicht missen.

Einige *Tageblatt*-Mitarbeiter sind inzwischen auf verantwortlichen Positionen. Der frühere Chefredakteur Rainer Wiese leitet heute die *Schwäbische Post* in Ahlen. Elke Haferburg leitet heute das Landesfunkhaus Schwerin des NDR. Uwe Vetterick, damals Volontär beim Tageblatt, ist jetzt Chefredakteur der *Sächsischen Zeitung* in Dresden. Uwe Haring ist Chefredakteur der *Oldenburger Volkszeitung* in Vechta geworden.

Leider musste die Zeitung 1993 eingestellt werden. Sie fand nicht genügend Leser und Anzeigenkunden. Wir hatten die Hoffnung, dass sich die Menschen nicht nur vom Sozialismus und von der DDR verabschieden, sondern eben auch von der SED und den SED-Blättern. Aber für die Menschen hat sich damals derart viel geändert, dass sie wenigstens bei ihrer Lokalzeitung bleiben wollten. Auch kann man die OZ von heute fairer weise nicht mehr mit der von damals vergleichen. Neugründungen von Zeitungen hatten jedenfalls überall in den neuen Bundesländern keine Chance. Das *Greifswalder Tageblatt* war auf dem Weg, eine gute Lokalzeitung zu werden, und hat 1992 deshalb auch den Konrad-Adenauer-Journalistenpreis bekommen, einen der wichtigsten Preise für Lokaljournalismus in der Bundesrepublik.

Ich bin ein alter Greifswalder

Nachdem das *Greifswalder Tageblatt* eingestellt worden war, bin ich zuerst zur *Märkischen Oderzeitung* nach Frankfurt/Oder gegangen. In dieser Zeit lebte ich weiter in Greifswald. Im Herbst 1993 ging ich nach Marburg zur *Oberhessischen Presse*, wo ich Leiter der Nachrichtenredaktion wurde. Meine Erfahrungen dort waren niederschmetternd. Ich war noch voller Enthusiasmus. Meine neuen Kollegen jedoch konnten den nicht teilen. Der nächste Urlaub in Italien war ihnen wichtiger als die Zeitung. Für den Osten interessierten sie sich nicht. Deshalb spielte es freilich für sie auch keine Rolle, dass ihr neuer Chef aus dem Osten kam. Mich schockierte, dass es in Marburg eine DKP[15]-Fraktion im Stadtrat und einen Lehrstuhlinhaber an der Universität gab, der DKP-Mitglied war. Das Experiment Marburg ging dann auch für mich nicht gut aus. Ich bekam 1998 ein Angebot der *Frankfurter Allgemeinen Zeitung* (FAZ). Ich war der erste Redakteur in der Politikredaktion, der aus den neuen Ländern kam. Für mich hatte das sogar etwas Kurioses. Ich hatte meine Abschlussarbeit an der Universität Leipzig über die Geschichte der FAZ geschrieben. Damals hatte ich die Möglichkeit, mit einem „Giftschein" – der Genehmigung, westdeutsche Publikationen lesen zu dürfen – ausgerüstet, in der Deutschen Bücherei nicht nur die FAZ regelmäßig zu lesen, sondern auch andere „Westzeitungen". Seitdem wusste ich nicht nur, was guter Journalismus ist, sondern hatte ein politisches Wissen erworben, das nicht nur aus Propaganda bestand wie in der DDR. Damals wurde ich von meinen Kommilitonen aufgezogen: „Na, fährst du mal nach Frankfurt, um dort für deine Arbeit zu recherchieren." Darüber konnten wir dann laut lachen, weil es natürlich vollkommen ausgeschlossen war. Es ist eine glückliche Wendung, dass ich heute bei der Zeitung arbeite, die ich damals derart

---

15   DKP = *Deutsche Kommunistische Partei*. Die 1968 in der BRD gegründete DKP
war bis 1989 finanziell und politisch von der SED abhängig.

schätzen gelernt habe. Seit 2004 bin ich politischer Korrespondent für Hamburg, Schleswig-Holstein und Mecklenburg-Vorpommern. Dass ich mich auch um die Landespolitik in Mecklenburg-Vorpommern kümmern darf, freut mich besonders. Ich bezeichne mich noch immer als alten Greifswalder. Ich habe schließlich zwölf Jahre in der Stadt gelebt und sehe mit großer Freude, wie sich Greifswald entwickelt. Das Ende der DDR und die deutsche Einheit jedenfalls sind für mich das größte Geschenk in meinem Leben.

Interview: Anja Pribbenow und Florian Wolff

Abb. 4: Handgeschriebenes Plakat in der Greifswalder Hauptstraße, Dezember 1989.

Alles, was ab jetzt hier passiert, wird in ihrer OZ stehen

Reinhard Amler
1989: Lokalredakteur, 32 Jahre

Reinhard Amler wurde 1957 in Rostock geboren. Mit 18 Jahren absolvierte er ein Volontariat bei der Ostsee Zeitung (OZ) in Rostock. 1978 begann er ein Journalistik-Studium in Leipzig und danach 1982 seine Arbeit bei der OZ in Greifswald. Bereits fünf Jahre später wurde er im Alter von nur 30 Jahren zum Leiter der Lokalredaktion in Greifswald ernannt und hatte diese Funktion bis 1991 inne. Danach war er Stellvertreter. Seit dem 1. Januar 1996 leitet er die Lokalredaktion wieder.

Ich fand Greifswald zuerst ganz grausam und furchtbar

1982 habe ich mein Journalistik-Studium mit dem Diplom abgeschlossen und bin dann nach Greifswald gekommen. Vorher kannte ich Greifswald nur vom Namen. Ich war eigentlich total auf Rostock fixiert, aber in der Lokalredaktion Greifswald war eine Stelle frei, man brauchte dringend jemanden hier. Da habe ich mich überreden lassen. Ich fand das in der ersten Zeit hier grausam und furchtbar. Wenn es ab Herbst düster und dunkel wurde, war die Stadt trist und grau. Es gab hier nicht das Leben, wie ich es aus Rostock gewohnt war. Greifswalds Innenstadt war um fünf, halb sechs, leer, dann war hier nichts mehr los. Gaststätten gab es kaum. Rostock war zwar auch nicht das Maß aller Dinge, aber wesentlich größer. Hier lebte es sich anders.

Ich fühlte mich schon ein bisschen allein hier, zumal ich frisch verheiratet war und meine Frau noch in Leipzig studierte. Mit meiner Arbeit hat sich das schrittweise dann gegeben. Irgendwann bekam ich mit, dass diese Stadt, obwohl sie grau und hässlich war, doch in ihren Mauern irgendwas verbarg, was interessant war. Hier lebte Geschichte und hier lebten interessante Menschen. Hier ließ sich journalistisch also was machen. Irgendwann kriegte ich eine Wohnung, meine Frau kam, und dann ging es eigentlich voran.

Wir waren eine kleine Redaktion von drei Kollegen. Ich bin relativ schnell Leiter geworden, nicht, weil ich Karriere machen wollte, sondern, weil mein damaliger Chef unbedingt hier weg wollte. Ich war damals, glaub' ich, der jüngste Leiter einer Lokalredaktion der OZ. Als Journalist war man schon irgendwo was besonderes, wir haben uns auch so gefühlt. Das ist heute auch noch so, obwohl es jetzt viele andere Medien gibt. Damals wie heute hat das gedruckte Wort in der Zeitung seinen Wert. Und die OZ war bereits damals die größte Zeitung im Bezirk. Wir haben ja zu diesem Zeitpunkt fast jeden Haushalt erreicht. Die OZ kostete 3 DDR-Mark im Abonnement. Das konnte sich jeder leisten. Die Leute, die ein Abonnement haben wollten, standen deshalb sogar auf einer Warteliste.

Ich hab' meinen Job mit Freude gemacht, weil ich mich lange darauf vorbereitet und lange darauf gewartet hatte. Dann kam ich in diese Lokalredaktion. Das war ganz anders als heute. Die Zeitung war viel dünner, es gab nur acht Seiten, manchmal auch nur sechs. Die letzte Seite war die Lokalseite, da quetschte man so'n paar Beiträge, so'n paar Nachrichten und so'n paar Bilder, auf denen man kaum etwas erkennen konnte, 'rein. Und trotzdem hatte man seinen Spaß und seine Freude daran. Man wurde von den Leuten auch entsprechend wahrgenommen. Wir waren wichtig.

Heute kann sich jeder Journalist nennen und viele nennen sich dann „freiberuflich". Das war in der DDR nicht möglich, da war der Beruf des Journalisten eine staatlich geschützte Berufsbezeichnung. So durfte man sich nur bezeichnen, wenn man einen Abschluss hatte. Und ich hatte einen. Zu DDR-Zeiten gab es in Greifswald noch mehr Zeitungen als heute: die *Norddeutschen Neuesten Nachrichten*, die *Norddeutsche Zeitung* und den *Demokrat* – alle hatten in Greifswald eine Lokalredaktion, auch wenn sie nur mit einem Redakteur besetzt waren. Die OZ war aber die am meisten wahrgenommene Zeitung, was uns damals von einzelnen Kollegen ziemlich geneidet wurde.

Für viele Menschen war es etwas Besonderes, von uns fotografiert oder interviewt zu werden. Das ist heute noch teilweise so, allerdings muss man auch schon mal aufpassen, dass man nicht die Tür vor der Nase zukriegt. Heute wie damals gilt aber eine Faustregel: So wie ich in den Wald hineinrufe, schallt es heraus. Was heißen soll: Es kommt immer darauf an, wie man sein Anliegen vorträgt.

Die Obrigkeit schwieg

Heute hört man oft, die Kommunalwahlen 1989 waren der Ausgangspunkt für das Aufbegehren der Menschen. Das mag für Städte, wie Berlin oder Leipzig zutreffen, aber ganz ehrlich, in Greifswald habe ich das so früh '89 nicht gespürt. Andere mögen das vielleicht registriert haben, in kirchlichen Kreisen, das weiß ich nicht. Dass Unzufriedenheit da war, spürte man täglich, aber dass es derart brodelte, bekam ich erst mit durch die Nachrichten, die damals aus Ungarn kamen. Als dort der Grenzzaun geöffnet wurde, habe ich das auch in Greifswald mitbekommen, weil man dann auch aus seinem ganz persönlichen Umfeld jemanden kannte, der von den Ereignissen dort betroffen war, weil der Sohn oder die Tochter geflüchtet waren. Jetzt waren es nicht mehr nur Bilder im Fernsehen, jetzt kriegte die Ausreisewelle ein persönliches Gesicht. Im öffentlichen Leben allerdings, an dem ich teilgenommen habe, war das noch nicht zu spüren. Dort konnte man vielleicht seit September bemerken, dass auf Veranstaltungen plötzlich anders gefragt, anders diskutiert wurde. Zwar immer noch vorsichtig, denn kaum einer wollte irgendwo groß auffallen, aber es wurden Dinge, auch Missstände, deutlicher angesprochen.

Überdeutlich wurde es dann, als die Gewächshausanlage eröffnet wurde. Ich glaube, das war im September 1989. Diese befand sich neben dem heutigen Real-Markt, heute ist dort ein Posthof. Man sieht nicht mehr viel davon, aber damals war das ein richtiges Vorzeigeobjekt, etwas ganz Bedeutendes, und für damalige Verhältnisse riesig groß. Dadurch bekam Greifswald das Privileg, dass hier das ganze Jahr über Gurken und Tomaten wuchsen, weil das Gewächshaus mit der Abwärme des Kernkraftwerks in Lubmin beheizt werden konnte. Zwar sollte das Obst und Gemüse in erster Linie nach Berlin gehen, aber Greifswald hätte auch etwas abbekommen. Ich war damals bei der Eröffnung dabei, bei der ein Vertreter vom Landwirtschaftsministerium aus Berlin eine Rede hielt. Alle warteten darauf, dass er etwas zur politischen Situation sagt, aber er sagte nichts. „Das kann doch nicht wahr sein, der muss sich doch dazu äußern", dachte ich. Da war der Unmut spürbar. Vor allem bei den jungen Leuten, die gerade ausgelernt hatten, die 18-, 19- oder 20-jährigen Gartenbaufachkräfte und Gärtnerinnen, die von überall nach Greifswald gekommen waren. Für sie hatte man auch extra Wohnungen errichtet, die vier Blocks, die heute neben dem Real-Markt stehen, wenn man von Schönwalde II zum Einkaufszentrum fährt. Diese jungen Leute waren richtig empört, die konnten das gar nicht fassen, dass da gar nichts gesagt wurde zur politischen Situation. Da habe ich den Unmut sehr deutlich gespürt. Das war ein Zeitpunkt, an dem man dachte, jetzt muss doch die Obrigkeit etwas sagen, wenigstens eine Meinung vertreten. Aber nein, nichts. Still ruhte der See.

Das brachte das Fass schließlich zum Überlaufen, es passierte immer mehr, die Botschaften waren voll und die Obrigkeit schwieg dazu. Sowohl im Großen in Berlin, als auch hier im Kleinen – es wurde darüber einfach nicht geredet.

Selbstverständlich berichten wir darüber

Dann kam es im Oktober zu den Mensagesprächen. Das erste Forum fand am 19. Oktober 1989 statt. Einen Tag zuvor, am 18. Oktober, formierten sich im Anschluss an ein Friedensgebet im Dom plötzlich die Teilnehmer zu einer Demonstration und marschierten zum Rathaus, stellten sich dort auf und riefen die damals üblichen Parolen: Reisefreiheit, Pressefreiheit, Meinungsfreiheit. Und da war natürlich Aufruhr in den Amtsstuben. Da liefen damals Leute durch die Straßen: eine unangemeldete Demonstration! Für viele aus dem damaligen Machtapparat war das unfassbar. Wie begegnet man nun dieser Sache? Ich weiß, dass der erste Stellvertreter des Oberbürgermeisters aus dem Rathaus gerufen wurde, der dann zu den Leuten sprach. Da die Leute aufgebracht waren, redete er auf sie ein und sagte ihnen: „Eure Probleme können wir offen diskutieren. Wir treffen uns morgen in der Mensa."

Bei der Demonstration war ich nicht dabei, aber einen Tag später beim ersten Mensaforum. Dieses Forum war schon eine sehr bewegende Geschichte. Oben im großen Saal der Mensa drängelten hunderte Menschen hinein. Und ich weiß noch, wir sind relativ zeitig da gewesen und bekamen noch einen Platz. Dann wurden es immer mehr. Und da dachte ich: „Oh Gott, was wird das hier?!" Nicht dass hier noch irgendwelche Scheiben zu Bruch gehen. Aber dann haben Ordner unten niemanden mehr hinein gelassen. Die Gespräche wurden nach draußen übertragen. Es war eine aufgeheizte, eine emotionale Stimmung. Denn man muss sich vorstellen, so ein Forum gab es vorher nicht, es war das erste Mal, dass Verantwortliche aus Verwaltung und Politik den Greifswaldern Rede und Antwort stehen mussten. Die Verantwortlichen wurden mehr oder weniger vorgeführt. Die meisten waren mit dieser Situation völlig überfordert und haben sich um Kopf und Kragen geredet. Das war schon teilweise beängstigend. Und dann diese Massen, da gab es auch Pfiffe und Buhrufe.

Ich war ja damals auch in verantwortlicher Position: Die OZ war ein Blatt der SED. 1952 ist die OZ gegründet worden, als in der DDR die Länder abgeschafft und Bezirke gebildet wurden. 15 an der Zahl, und jeder Bezirk bekam seine Bezirkszeitung. Die OZ war die Bezirkszeitung der SED des Bezirkes Rostock. Sie hatte zehn Lokalausgaben, die heute alle noch existieren. Wir waren in diesen Apparat mit eingebunden, wir konnten nicht einfach schreiben, was wir wollten, wir bekamen oft gesagt, was wir zu schreiben haben. Von bestimmten Missständen und anderen Dingen durften wir damals nichts berichten. Damals ging der Satz um: Der DDR-Journalist hat die Schere im Kopf. Das stimmte auch. Man hat genau ausgeschnitten: Das darfst du, das darfst du nicht.

Ab Sommer 1989 kam diese neue Situation auf uns zu. Vorher sind wir Parteilinie gefahren. Aber durch die Ereignisse ab Sommer 1989 haben wir selbstständig die Linie etwas aufgeweicht, weil es unser Anliegen als Journalisten war, die Dinge so zu benennen, wie sie sind. Die Partei blieb zwar noch immer übergeordnet, da wollte man auch nicht anecken, aber spätestens seit diesem 19. Oktober war für mich klar, die Partei ist erledigt, die hat hier nichts mehr zu melden. Mindestens vier Wochen vorher deutete sich das immer mehr an. Schon in dieser Zeit haben wir ein bisschen anders berichtet, waren wesentlich kritischer, indem wir z. B. Leute zu Wort kommen ließen, die schärfere Töne anschlugen. Das hatten wir vorher nicht gemacht. Das war natürlich auch ein Novum für die Leser. Wir bekamen auch entsprechend Zuspruch, aber die Leute wollten natürlich noch mehr, wollten, dass wir noch tiefer 'reingehen, dass wir die Dinge noch mehr beim Namen nennen.

Eine ganz wichtige Geschichte war, als man uns fragte, ob wir über das Mensagespräch am 19. Oktober berichten würden. So normal war das damals nicht. Da sagte ich: „Selbstverständlich berichten wir darüber, denn wenn da 800 oder 900 Leute in der Mensa sind und eine Riesenaktion machen, dann kann man daran nicht vorbei gehen." Und auch im Mensaforum wurden wir befragt, da hieß es: „Da sitzen doch die von der OZ, die müssen doch was dazu sagen." Und dann bin ich zum Mikrophon gegangen und habe diesen wegweisenden Satz gesagt: „Sie können sich darauf verlassen, dass alles, was ab jetzt hier passiert, in Ihrer OZ stehen wird." Ich habe nicht gesagt „ab morgen", weil das teilweise technisch gar nicht möglich war. Und dafür bekam ich sogar Applaus. Andere wurden ausgebuht und ich kriegte Applaus, das habe ich mir gemerkt. Das war auch ganz wichtig für uns, dass man uns ab diesem Zeitpunkt so ernst genommen hat. Alle Zeitungen waren bereits morgens am Kiosk ausverkauft. Die Auflage der OZ war sowieso schon hoch, aber jetzt reichte sie nicht mehr aus. Das waren sehr arbeitsreiche Tage für uns, wir hatten richtig stramm zu tun. Wir waren fast jeden Abend unterwegs, bis mitten in der Nacht. Und wenn wieder Mensadialoge stattfanden, dann berichteten wir darüber.

Einiges im Denken entwickelt sich

Aber das waren auch ganz schwierige Zeiten für uns. Einerseits war es gut, dass niemand mehr von oben intervenierte, andererseits war auch niemand da, der uns nun gesagt hat, wie wir mit der neuen Situation umgehen sollen. Ich als Verantwortlicher, ich konnte mir nur selber helfen. Ich bin heute stolz, dass wir meistens die richtigen Entscheidungen getroffen haben. Wir haben alle als unsere Partner betrachtet, auch wenn uns einige sagten, wir gehören genauso zum SED-System wie die anderen. Und wir hatten auch mit Drohungen und anonymen Briefen zu tun: „Morgen werden wir euch da rausholen und wir setzen uns selber hin." Woraufhin ich sagte: „Na, dann macht mal." Aber es passierte nichts, was gefährlich gewesen wäre. Es war aber eine nicht zu übersehende Stimmung, die sich auch gegen uns richtete. Ich denke, wir haben damals das einzig Richtige gemacht, wir sind immer in die Offensive gegangen. Wir haben gesagt, wir wollen mit euch reden, wir sehen alle als Partner an, wir stellen allen unsere Zeit und unsere Möglichkeiten, die ja mit einer Seite Lokalnachrichten auch nicht so riesig waren, zur Verfügung und jeder kann sich hier äußern. Und so bekamen wir auch massenhaft Leserbriefe, die wir alle abgedruckt haben. Das haben die Leser auch honoriert. Die Leute haben damals alles regelrecht aufgesogen, weil es das vorher nicht gegeben hat. Das war etwas völlig Neues.

Ich werde nie vergessen, wie der Erste Sekretär der SED-Kreisleitung zu mir kam und sagte: „Auf mich hört gar keiner mehr, die hören nur noch auf euch!" Aus diesem Munde so etwas zu hören, fand ich schon beeindruckend. Das war für mich eine Bestätigung, dass sich einiges im Kopf und im Denken entwickelte. Ich muss aber auch dazu sagen, dass ich damals recht jung war, wäre ich damals 20 Jahre älter gewesen, wer weiß, vielleicht hätte ich auch anders gehandelt. Aber weil ich so jung war, und große Ansprüche an mich selbst und an meinen Beruf hatte, bin ich offenbar ganz anders mit diesen Dingen umgegangen. Für mich bestand kein Zweifel an dem, was ich tun würde: Journalismus machen, wie ihn die Leute von uns erwarten. Wir werden die Leute kritisieren, die zu kritisieren sind und wir werden auch Sachen in die Zeitung setzen, die dem einen oder anderen nicht passen werden, nach dieser Maßgabe handelte ich.

Greifswald war plötzlich wichtig

Mein erster Gedanke zum Mauerfall war: „Ist ja toll, aber das kannst du gar nicht nutzen, weil du gar keine Zeit hast, mal in den Westen zu fahren." Ich hatte so viel zu tun, denn plötzlich wurden wir, wie gesagt, sehr wichtig: Wir waren ja damals – na gut, sind wir vielleicht heute auch noch – eine kleine Redaktion in der Provinz, die im Grunde nicht so richtig wichtig war. Aber plötzlich wurde auch Greifswald durch verschiedene Dinge interessant, weil sich hier auch viel bewegte: die Demos, die Mensagespräche. Plötzlich kamen in unsere kleine Redaktion Anfragen aus Berlin, aus Rostock, von Leuten, die wissen wollten, wie die Wende hier in Greifswald von statten geht. Bis zum

Frühjahr 1990 habe ich auch für die Zeitung *Kotkan Sanomat* aus Greifswalds finnischer Partnerstadt Kotka geschrieben. Und das hat einen natürlich auch mit Stolz erfüllt, wir waren plötzlich gefragt. Das beflügelte einen, man merkte gar nicht, dass man in den vielen Stunden, in den vielen Tagen hintereinander richtig flott gearbeitet hat und viel zustande gebracht hat, auch viel diskutiert hat. Mit Menschen, die man vorher meist gar nicht gekannt hat. Das machte aber auch Spaß und Laune. Man war damals sehr, sehr motiviert, weil wir natürlich die Hoffnung hatten, dass sich auch für uns als Journalisten, für uns als Zeitung etwas ändert.

Für mich war an der neuen Pressefreiheit ganz wichtig, dass man nicht ständig einen hatte, der sagte, was man zu tun hat. Man musste keine Angst mehr haben, dass man irgendwas schreibt und am nächsten Tag dafür einen auf den Hut bekommt. Vor dem Sommer 1989 musste ich nämlich oft für irgendwelche Kleinigkeiten in der Kreisleitung antanzen. Da habe ich schon damals gedacht, was wollen die von mir. Die hier kritisierten Dinge waren für mich meist banal. Ich hatte oft den Eindruck, dass die, die da kritisierten, die Welt nicht mehr verstanden. Viele der damaligen SED-Sekretäre – oft auch älteren Semesters – waren nicht mit ihren beiden Beinen auf dem Boden der Realität, die kriegten gar nicht mehr mit, was die Bevölkerung eigentlich dachte und gesprochen hat.

Und in der Wendezeit hatte man das Gefühl, das ist jetzt durchbrochen, hier kommt ein neuer frischer Wind 'rein. In Tagen, in Stunden haben sich Dinge vollendet oder verändert, an die man vorher überhaupt nicht geglaubt hat, das so etwas plötzlich alles ging. Diese Dynamik wurde immer schneller, und davon profitierten die Zeitungen.

Wir als kleine Redaktion wurden plötzlich überall wahrgenommen. Ende Oktober 1989 bekam ich auch einen Anruf aus Greifswalds Partnerstadt Osnabrück von der dortigen Zeitung *Osnabrücker Nachrichten*. Da hatte sich ein pfiffiger Redakteur etwas ausgedacht und benötigte dazu Partner aus Greifswald. Dieser Redakteur rief mich an. Und das war damals ganz kompliziert, da die Telefonverbindung ja noch nicht ausgebaut war, brauchte er mehrere Anläufe. Aber irgendwann kriegte er mich dann und sagte, er hätte folgende Idee: Er würde einen Bus in Osnabrück chartern und damit nach Greifswald kommen, würde 50 Greifswalder einladen, die er dann für ein Wochenende mit nach Osnabrück nehmen würde. Diese 50 Greifswalder würden in einem Hotel untergebracht werden, sie würden von der Oberbürgermeisterin empfangen werden, in Osnabrück eine Brauerei angucken und irgendwelche anderen Dinge. Wir als OZ, als Partner, müssten diese 50 Leute benennen. Die Idee fand ich toll. Ich war begeistert. Das war ja auch für mich die Chance, in den Westen zu kommen. Aber nicht deswegen war ich begeistert, sondern weil ich gern so mit den Lesern arbeite, das macht immer unheimlich viel Spaß. Das ist übrigens auch der Vorteil der Lokalredaktion, dass man so nah am Leser dran ist.

In der Redaktion haben wir dann überlegt und einen kleinen Aufruf für die Zeitung verfasst, aber nur einen ganz winzigen, wo wir das Anliegen hinein geschrieben haben. Die Leser sollten sich bei Interesse per Postkarte bei uns melden. Wir haben ihnen aber nur ganz kurz Zeit gegeben, sich bei uns zu melden, weil mir klar war, dass wir massenhaft Zuschriften erhalten würden. Schließlich wollten alle mit in den Westen. Und das war wirklich sagenhaft: Wir hatten damals als Zeitung noch ein Postfach in der heute nicht mehr vorhandenen Hauptpost auf dem Markt, wo wir mit einem Schlüssel hin mussten, um die Post herauszuholen. Wir schleppten mehrere volle Einkaufsbeutel weg. In der Redaktion befand sich eine große Tonne, wie eine Wäschetrommel, da haben wir alle Postkarten hinein geschüttet. Die Tonne war bis oben hin voll. Es war sogar noch ein Berg darauf. „Oh Gott, jetzt 50 Leute auslosen!", dachte ich. „Wie machst Du das?" Damals war ja die Situation auch noch so, dass niemand mehr einem anderen getraut hat. Wir mussten sicherstellen, dass wir nicht in den Ruf kommen, irgendetwas zu manipulieren. Also haben wir die Auslosung öffentlich gemacht, im Rathaus. Da konnten sich alle versammeln, die die Postkarten geschrieben hatten. Das Rathausfoyer war gerammelt voll. Wir standen oben auf der Treppe mit der Wäschetrommel. Da habe ich mir dann eine junge Frau aus dem Publikum geholt. Sie musste die Postkarten ziehen. Die Frau zog und zog und auf einmal zog sie einen Namen zum zweiten Mal und das fiel natürlich sofort auf. Und alle empörten sich: „Das kann doch wohl nicht wahr sein, fällt weg, muss weggelegt werden." Was dann auch geschah. Aber irgendwann hatten wir die 50 Personen zusammen.

Dann kam der Osnabrücker mit seinem Bus und wir fuhren los. Wir fuhren irre lang, acht Stunden, es gab ja bei uns noch keine Autobahn. Bereits einen Tag vorher fragte mich der Osnabrücker Redakteur: „Wieso haben Sie denn Einzelpersonen ausgewählt?" Das war für ihn unvorstellbar, weil im Hotel alles Zweibettzimmer waren. Ich sagte, dass wird aufgeteilt, Männlein, Weiblein, und dann gehen immer zwei in ein Zimmer. „Wo ist das Problem?", fragte ich. „Das geht?", fragte er. Von den OZ-Lesern hat das damals keiner als Problem gesehen, das war den Leuten so was von egal. Heute könnte man so etwas sicher nicht mehr so machen. Ich habe damals auch gleich öffentlich gemacht, dass die OZ zwei Plätze nimmt, weil wir natürlich über die

Fahrt berichten wollten. Ich bin dann auch mit dem Fotografen in ein Doppelzimmer gezogen. Und somit war Osnabrück mein erster West-besuch. Ich war richtig stolz darauf. Während andere nach Lübeck oder nach Westberlin fuhren und sich ihr Begrüßungsgeld holten, konnte ich eben sagen, ich fahre nach Osnabrück und hole mir dort mein Begrüßungsgeld. Das war schon etwas Besonderes. Nach Osna-brück fuhr eben nicht jeder, das war ja ein Stückchen weg. Und die Fahrt war toll, die Osnabrücker haben sich richtig viel Mühe gegeben. Natürlich war das für sie auch eine nette PR-Geschichte, alle Sponso-ren wurden präsentiert.

Plötzliches Umstoßen und Neumachen scheitert an banalen Dingen

Im Dezember wurde die Staatssicherheit in Greifswald besetzt. Da war allerdings ein Kollege von mir dabei, ich war bei der Besetzung der SED-Kreisleitung, die zeitgleich mit der Stasibesetzung erfolgte. Das war auch ein Ereignis, welches mir ziemlich gut in Erinnerung geblie-ben ist. Da ist mir zum ersten Mal bewusst geworden, dass die, die den Umbruch herbeiführen wollten, und meinten, sie seien nun die großen Demokraten, dass die so demokratisch auch nicht waren. Ich merkte in den Diskussionen und Gesprächen während der Besetzung der SED-Kreisleitung, dass viele von denen, die dabei waren, von vielen Dingen gar keine Ahnung hatten, aber meinten, nun bestimmte Geschicke in die Hand nehmen zu müssen. Das machte schon ein bisschen Angst, weil immer der Gedanke eine Rolle spielte: Was kommt jetzt? Das war ja dann auch in der großen Politik so: Die Bürgerrechtler hatten viele Ideen, aber als es nachher ans konkrete Umsetzen ging, wurden ihnen die Grenzen aufgezeigt. Und das war auch bei dieser Veranstaltung so. Man hatte viel größere Ansprüche, als man durchsetzten konnte.

Ich bekam auch zu hören: „Wir machen ab morgen Eure Zeitung, wir jagen euch da 'raus." Woraufhin ich fragte: „Könnt ihr denn das auch?" – „Ja, das können wir." Wenn man aber ins Detail ging, dann merkte man, wenn wir morgen 'raus sind, dann wird keine Zeitung erscheinen. Das konnte ich denen dann auch gleich sagen, weil sie null Know-how hatten, das wäre gar nicht gegangen. Das fing schon bei technischen Dingen an. Ich meinte, es gehe nur in Kooperation, sie müssten schon mit bestimmten Leuten aus dem alten Apparat zusam-menarbeiten, weil ein plötzliches Umstoßen und Neumachen von allem schon an banalen Dingen gescheitert wäre. Aber einige Leute hatten diese Vorstellung, es muss gehen und es wird gehen, aber am Ende hat sich ja dann doch herausgestellt, dass vieles so nicht ging.

Es hätte auch uns beruflich passieren können, dass man das Personal der OZ ausgewechselt hätte. Aber mit wem? 1990 kamen wir zu Springer, jetzt sind wir eine hundertprozentige Tochter der *Lübecker Nachrichten*. Die wiederum gehört zum Madsack-Konzern Hannover.

Es gab ja den Versuch einer zweiten Tageszeitung in Greifswald. Im Herbst 1990 hat sich hier das *Greifswalder Tageblatt* etabliert, das war der offene Versuch gegen die OZ anzutreten. Dahinter standen als Geldgeber mehrere Verlagsgruppen aus dem norddeutschen Raum. Diese Zeitung wollte uns das Wasser abgraben. Dagegen ist ja nichts einzuwenden. Ich habe das damals einerseits kritisch, aber andererseits auch positiv gesehen, weil ich der Auffassung bin, dass es Spaß macht, mit Konkurrenz zu leben. Das war auch in dieser Zeit beflügelnd, weil wir jeden Morgen geguckt und verglichen haben: Was haben die gemacht, was haben wir gemacht. Das war für mich selber sehr produktiv. Wir haben auch versucht, ganz sachlich zu analysieren, wie gefährlich uns diese Zeitung werden konnte. Es hätte ja durchaus sein können, dass das *Greifswalder Tageblatt* wirklich unsere ganze Leserschaft für sich gewinnt und wir am Ende nur noch mit einem kleinen Leserstamm dastehen. So wollten sie es.

Allerdings war mir nach den ersten Ausgaben dieser Zeitung klar, dass sie es sehr, sehr schwer haben würden. Eine neue Zeitung muss zum einen erst einmal bekannt sein, und zum anderen muss sie die Leute bewegen, die alte Zeitung abzubestellen, um die neue zu abonnieren. Das ist schon ein schwieriger Weg. Das bedeutet für die neue Zeitung, dass sie wesentlich besser sein musste als wir. Aber die Redakteure des *Greifswalder Tageblatts* haben auch nur mit Wasser gekocht. Was wollten sie denn schon groß anders machen? Und wir haben ja zu dieser Zeit auch aufgerüstet, mehr Seiten gedruckt, immer neue Leute beschäftigt usw. Bereits nach kurzer Zeit hat sich herausgestellt, dass wir einen riesigen Vorteil als etablierte, angestammte Zeitung hatten. Nicht nur, dass wir viel bekannter waren, sondern auch, dass wir Journalisten waren, die hier ein viel besseres Know-how hatten, bessere Ortskenntnis und den Hintergrund, den man braucht.

Zum *Greifswalder Tageblatt* kamen viele neue junge Leute, die schon viele Fehler in den Ortsbezeichnungen machten. Da dachte der Leser: „Was schreiben die denn da?" Damit entlarvten sie sich selbst, so etwas nimmt einem der Leser sehr, sehr übel, das verzeiht er nicht. So mussten sie zusehen, dass sie überhaupt einigermaßen über die Runden kamen. Und dann gingen einige Leute wieder weg, die sie sich eingekauft hatten. Dafür kamen wieder neue, die erneut dieselben Fehler machten, was schließlich zum Zusammenbruch dieser Zeitung führte. Das *Greifswalder Tageblatt* existierte vom Herbst 1990 bis zum Frühjahr 1993. Ich habe durch diese Zeitung aber gemerkt, wie wertvoll ein Journalist vor Ort ist, dass war auch für das Selbstwertgefühl wichtig. So ein Lokaljournalist ist nicht so einfach zu ersetzen. Eine völlig neue Mannschaft hier hinzusetzen, die eine Lokalzeitung machen soll, das ist schwierig, deswegen braucht man immer ein gutes Gemisch aus Jung und Alt, Einheimischen wie Zugezogenen.

Mit der Wende hatte man erst mal andere Möglichkeiten des Schreibens, man hatte keine Zwänge mehr und konnte sich journalistisch ausleben. Plötzlich wurden wir auch aktueller, da fand eine richtige Revolution statt. Schließlich gab es 1990 noch nicht die Technik, die wir heute haben. Vieles war damals vorsintflutlich. So wurde mit einem Mal plötzlich ein Kurier eingestellt, der jeden Tag die Fotos abgeholt hat. Das war schon revolutionär. Und die technische Entwicklung setzt sich bis heute fort, bis zur digitalen Computertechnik. Es ist schon gigantisch, was sich da in den letzen 20 Jahren entwickelt hat und woran wir 1989 und davor überhaupt nicht gewagt hatten, zu glauben. Diese Entwicklung hat die journalistische Arbeit total mitbeeinflusst. Und das ist für meine Arbeit eigentlich die zweite Revolution, die wir als Zeitung nach der Wende mitgemacht haben. Es hat sich aber noch etwas grundlegend geändert: Wir werden heute sowohl von außen als auch von den Verantwortlichen der eigenen Zeitung anders wahrgenommen. Früher waren wir immer die kleine Lokalredaktion. Es hieß, erst kommen alle anderen, irgendwann kommen wir. Warum sind wir heute wichtiger? Weil alle Informationen - Außenpolitik, Wirtschaft, Innenpolitik betreffend - durchs Internet bezogen werden können. Da können wir als OZ gar nicht mithalten und wollen es auch nicht. Wir haben als wichtigstes Standbein – das haben meine Chefs nach 1990 zum Glück sehr schnell erkannt – die Lokalberichterstattung. Die bietet in dieser Form niemand anderes. Deshalb muss man hier auch ständig investieren.

Interview: Anja Pribbenow und Florian Wolff

Greifswald liegt 50 Kilometer nördlich von Dresden ...

Reinhard Arenskrieger
1989: Rechtsanwalt in Osnabrück, 32 Jahre

Reinhard Arenskrieger wurde 1957 im Emsland in Niedersachsen geboren. Nach dem Abitur studierte er in Münster Jura. Nach der Beendigung des Studiums leistete er in Osnabrück den Referendarsdienst ab und arbeitete seit 1988 als Rechtsanwalt. 1990 wurde er von der Greifswalder Partnerstadt Osnabrück als „Aufbauhelfer" zur Stadt Greifswald abgeordnet. 1991 trat er in den Dienst der Hansestadt ein. Dort war er zunächst Leiter des Rechtsamtes. 1994 wurde er Baudezernent und 1999 Leiter des Rechts- Haupt- und Personalamtes. Seit 2007 ist Arenskrieger Erster Beigeordneter und Senator für Bauwesen und Umwelt. Er ist verheiratet und hat drei Kinder.

Ich sah die Leute auf der Mauer tanzen

Zur Wende arbeitete ich seit etwa zwei Jahren in Osnabrück als An-walt. Und dann ging plötzlich die Mauer auf. Dem gingen ja andere Geschichten voraus, wie in Ungarn und Österreich, dieser Grenz-durchbruch, und Prag. Es lief mir ein Schauer über den Rücken, als ich die Meldungen von den Grenzöffnungen in Ungarn, den Demonstrati-onen in der DDR und später den Besuch von Egon Krenz in Peking hörte. Die chinesische Regierung hatte ja im Juni 1989 die Studenten-proteste auf dem Tian'anmen-Platz in Peking mit einem blutigen Mili-täreinsatz beendet. Das Politbüro der SED hatte dann seine Solidarität mit der chinesischen Regierung bekundet, während die Weltöffent-lichkeit das brutale Vorgehen scharf verurteilte. Besonders nach dem Besuch von Egon Krenz in Peking im September 1989 hatte ich Angst, dass in der DDR etwas Ähnliches passiert. Der Besuch von Krenz in Peking wirkte auf mich wie eine Drohung gegenüber der eigenen Be-völkerung, nach dem Motto: Wir können das auch anders lösen. Ich denke, wenn Michail Gorbatschow nicht gewesen wäre und die Rote Armee nicht den Befehl gehabt hätte, nicht einzugreifen, dann wäre das gescheitert wie in Ungarn 1956 und in Prag 1968.

Meine Familie hatte überhaupt keine Beziehung zur damaligen DDR, auch keine Verwandtschaft. Als Jugendliche hatten wir daher nichts mit der DDR zu tun. Als Studenten sind wir häufiger in Ungarn im Urlaub gewesen, in Budapest und am Plattensee. Dort trafen wir auch Leute aus der DDR. Man unterhielt sich und tauschte Erfahrun-gen aus. Für uns, aber auch für die Urlauber aus der DDR, war vieles unglaublich. Das zeigte einem, wie grundverschieden die Systeme

waren. Ich bin auch nie vor 1989 in der DDR gewesen – außer in Ostberlin. Im Rahmen des Referendariatsdienstes gab es Referendarfahr-
ten und da war es üblich, dass man einmal nach Berlin fuhr, um die
geteilte Stadt überhaupt kennen zu lernen. Zusätzlich wurde das damals auch vom Bund gefördert. Wenn man mir damals gesagt hätte:
Greifswald liegt 50 Kilometer nördlich von Dresden, hätte ich gesagt:
„Na ja, ganz interessant." Wie schon gesagt, wir wussten fast nichts
von der DDR.

Am 9. November 1989 kam ich abends um neun Uhr aus dem Büro,
meine Frau war schon ins Bett gegangen. Ich war müde und k.o., habe
eine Flasche Bier aus dem Kühlschrank geholt, den Fernseher angestellt und da sah ich die Leute auf der Mauer tanzen. Ich habe gedacht,
das ist eine Satire. An diesem Tag hatte ich vorher auch keine Nachrichten gehört. Dann habe ich umgeschaltet und auf allen Program-
men: das Gleiche. Ich habe dann meine Frau geweckt und gesagt: „Du
Karin, in fünf Jahren gibt's die DDR nicht mehr." Am selben Abend
habe ich noch einen Bekannten angerufen, der hatte einen Schulbuch-
verlag. Zu dem sagte ich: „Ich brauche alles über die DDR, alles!" Die
Unwissenheit war so groß bei mir, dass ich zum Beispiel gar nicht
wusste, wie hier gewählt wurde. Ich habe erst hier gehört, dass man
eigentlich nur einen Zettel gefaltet hat.

Das kam also überraschend. Man hat sich gefreut, weil die Mauer
jetzt auf war, aber es gab auch eine gewisse Angst, dass das innerhalb
der DDR noch in Gewalttätigkeiten enden könnte. Es wurden ja auch
gleich die Ursachen für die Maueröffnung genannt. Es kam ziemlich
schnell 'raus, dass diese Meldung von Schabowski ein Versehen war.
Es gab dann sehr viele Leute, die der DDR spontan den Rücken ge-
kehrt haben. In der BRD entstanden Auffanglager in Turnhallen, in
Schulen – eine auch im Emsland. Ein Bekannter rief mich dann an und
fragte: „Willst du den Leuten nicht helfen und sie mit einigen grundlegenden Rechtskenntnissen vertraut machen, wie z. B. Mietverträge,
Kaufverträge, Versicherungen usw.? Die Leute werden hier teilweise
schlimm „über den Tisch gezogen". Man hat damals zunächst versucht, den Übersiedlern Wohnungen zu besorgen und sie mit Hausrat
auszustatten. Ich habe dann eine Reihe von Vorträgen für die Über-
siedler gehalten. Dabei musste ich allerdings auch feststellen, dass sich
unter den Übersiedlern zum Teil Leute befanden, die ganz spontan die
DDR verlassen hatten. Ich erinnere mich an einen Fall, da war jemand
einfach mit dem Moped über die Grenze gefahren. Der hatte nur einen
Rucksack dabei und Frau und Kinder zurückgelassen. Das war für
mich nicht verständlich.

Abb. 5: Die unsanierte „Domburg", Ende der achtziger Jahre.

„Schön, trotz der Ruinen"

Am 2. Juli 1990 war ich über die Partnerstadt Osnabrück das erste Mal in Greifswald. Ich war damals seit zwei Jahren Anwalt in Osnabrück. Mit 160.000 Einwohnern hatte Osnabrück zu der Zeit rund 160 Anwälte. Ich war in einer ganz tollen Anwaltskanzlei, die war super. Aber die Konkurrenz unter den Juristen war sehr hoch. Die ganze DDR hatte insgesamt nur rund 600 Anwälte. Als feststand, dass es zwischen beiden deutschen Staaten am 1. Juli 1990 zur Währungs-union und Wirtschaftseinheit kommen wird, da stand auch fest, dass es eine Rechtseinheit geben wird. Und in der DDR gab es nur wenige Juristen, die mit dem westdeutschen Rechtssystem vertraut waren.

Also gab es für uns sehr gute berufliche Chancen. Ich habe dann mit meinem Chef gesprochen. Der hat mich verstanden, denn der hatte ein Faible für die DDR. Zunächst war meine Absicht, nach Stralsund zu gehen, weil mein Patenonkel dort mal im Krieg war und gesagt hatte: „Das ist die schönste Stadt Deutschlands." Ich fand Stralsund aufgrund seiner Lage und historischen Bausubstanz auch echt fantastisch. Aufgrund der Städtepartnerschaft mit Osnabrück ging ich aber dann doch nach Greifswald.

Am 2. Juli 1990 war ich zum ersten Mal in Greifswald, gemeinsam mit dem damaligen Leiter des Rechtsamtes der Stadt Osnabrück. Ich hatte mir einen Reiseführer über Greifswald besorgt und versuchte mich, über Greifswald zu informieren. Da stand sinngemäß: „Schöne, nicht zerstörte Altstadt." Als ich aus Richtung Neubrandenburg/Jarmen in die Stadt fuhr, war das Zentrum in Richtung Plattenbaugebiete ausgeschildert. In der Innenstadt gab es viele verfallene Häuser und Ruinen. Das war ein Schock für mich. Aber dann hat man mir die Altstadt gezeigt. Morbider Scharm trotz der vielen Missstände! Auch die alten Universitätsgebäude zeigten, was Greifswald einmal war und wieder werden könnte. Aber vieles in der Altstadt war ruinös, das fiel jedem auf. Alles grau in grau, die Häuser in der Innenstadt, ich denke, fast jedes dritte Haus war aufgrund des schlechten Bauzustandes komplett leer gezogen. Beim Anblick der Marktnordseite konnte man den Eindruck bekommen, hier ist gerade der Krieg zu Ende gegangen. Jetzt sieht das ja alles phantastisch aus. Und es war für mich später eine wunderbare Chance, an der Sanierung der Stadt mitwirken zu dürfen

Das war eine Art Übergangszeit

Als ich hierher kam, gab es noch eine allgemeine Euphorie. Am 1. Juli 1990 wurde auch hier die D-Mark eingeführt. Alle tauschten ihr Geld um. Eine ganz große Erwartungshaltung war in Greifswald zu spüren und wohl auch in großen Teilen der DDR. Dann setzte nach und nach Ernüchterung und Frust ein. Es hat ja über die Hälfte der Erwerbstätigen erst einmal den Arbeitsplatz gewechselt bzw. verloren. Da setzte dann der Frust ein. Zu der Arbeitslosigkeit kam in den Anfangszeiten hinzu, dass die Leute auch von Versicherungsvertretern und anderen Leuten aus dem Westen ausgenutzt wurden, die bildlich gesprochen teilweise wie Heuschrecken über die DDR herfielen. Wenn ehemaligen DDR-Bürgern ein vorgedruckter Vertrag vorgelegt wurde, dachten viele von ihnen ohne jeden Argwohn: „Das kann ich bedenkenlos unterschreiben." Durch Ausnutzung ihrer Sorglosigkeit und Unerfahrenheit wurden anfangs viele Leute ganz klar übervorteilt.

Zusätzlich bestanden während dieser Umbruchszeit unglaubliche Probleme mit dem DDR-Recht. Das alte Recht war noch da – das neue Recht gab es teilweise noch nicht. Das DDR-Recht wollte man teilweise nicht mehr anwenden. In der Zeit des Umbruchs gab es in nahezu allen Lebensbereichen Rechtsfragen zu lösen. Als ich am 1. August 1990 in Greifswald anfing, bezog sich die erste Frage des damaligen Oberbürgermeisters auf die Greifswalder Brauerei, die ihm sehr am Herzen lag. U. a. ging es um das Arbeitsverhältnis eines leitenden Mitarbeiters der Brauerei. Die Vorstellung des Oberbürgermeisters war: „Der Brauerei geht's schlecht, das liegt auch an Personalfragen und als Oberbürgermeister bin ich auch für die Brauerei verantwortlich." Ich habe dem Oberbürgermeister geantwortet: „Mit der Lösung von Personalfragen in der Brauerei haben Sie nichts zu tun."

Dieses Beispiel zeigt, wie unterschiedlich die beiden Systeme waren und wie man sie verinnerlicht hatte. Heute ist jedem klar, dass der Staat, auch die Stadtverwaltung sich grundsätzlich aus der wirtschaftlichen Betätigung und der Leitung von Betrieben heraushält bzw. dafür nicht zuständig ist. Zu DDR-Zeiten war das anders. Damals gab es in der Stadtverwaltung z. B. einen Stadtrat für Handel und Versorgung. Für die Geschichte der DDR ist das was ganz Normales. Als Westdeutscher konnte ich mir das zunächst gar nicht vorstellen. Aber der Chef der SED-Kreisleitung und der alte Oberbürgermeister zu DDR-Zeiten, die hätten Probleme in der Betriebsführung von Unternehmen ganz schnell gelöst. Wenn in der SED-Kreisleitung die Entscheidung getroffen worden wäre, der Mann ist auf dem falschen Posten, dann wäre er da auch nicht mehr lange geblieben.

Aber nach der Wende war das ja anders. Und der Oberbürgermeister Dr. Glöckner war durch meine Antwort überrascht. Ich sagte ihm, dass er für Fragen der Betriebsführung wirtschaftlicher Unternehmen nicht zuständig sei und da auch kaum Einfluss nehmen könne. Wenn man mit dem Kopf noch im alten System steckt und die alten Regeln sein Leben lang verinnerlicht hat und jetzt gibt es eine Umkehrung nahezu aller gesellschaftlichen, wirtschaftlichen und rechtlichen Verhältnisse, da muss man sich erst einmal zurechtfinden. Die Greifswalder Brauerei ist dann schon bald nach der Wende stillgelegt worden. Weithin verantwortlich gemacht wird dafür der neue Eigentümer aus dem Westen. Es ist auch heute noch so, dass viele Greifswalder die Schließung der Brauerei bedauern, auch ich persönlich. Wenn man sich aber vor Augen hält, in welchem Zustand sich die Brauereigebäude befanden und welchen Zustand die Brauerei- bzw. die Produktionstechnik hatte, dann kommt man sehr schnell zu der Erkenntnis, dass die Brauerei unter marktwirtschaftlichen Bedingungen keine Überlebenschance hatte. Vielleicht hätte man mit neuester Technik und deutlich weniger Beschäftigten wettbewerbsfähig werden und weiter brauen können...

Die schnelle Stilllegung des Atomkraftwerks in Lubmin war für viele der rund zehntausend dort Beschäftigten aufgrund des Arbeitsplatzverlustes eine persönliche Katastrophe. Viele vertreten auch heute noch die Auffassung, dass die Stilllegung wohl eher an der westdeutschen Anti-Atombewegung lag, als dass sie aus Sicherheitsgründen erfolgte. Ich denke, der ganz überwiegende Teil der Greifswalder hatte zur Wende kaum Bedenken oder Ängste wegen des Atomkraftwerks. Im Westen dagegen war man gegenüber Atomkraftwerken, die hier im Osten lagen, wohl noch skeptischer als gegenüber den westdeutschen KKW. Der GAU in Tschernobyl lag noch nicht sehr lange zurück. Häufig wurde ich von Kollegen im Westen gefragt: „Was, ihr wollt in den Osten und dann auch noch nach Greifswald. Die haben doch ein Atomkraftwerk!" Greifswald war damals in der Wendezeit bei vielen fast ein Synonym für Tschernobyl. Wenn man etwas über Greifswald hörte, wurde häufig über das Atomkraftwerk berichtet. Ich persönlich hatte keine Ängste oder Bedenken. In meiner alten Heimat, im Emsland, gab es auch ein Atomkraftwerk.

Die DDR war im Westen völlig geschönt dargestellt worden. Sie galt in den Statistiken als zehntgrößte Industrienation. Ich hatte in der Schule zwar Unterricht über Marxismus und sozialistische Wirtschafts- und Gesellschaftsverhältnisse. Wie viele andere Jugendliche hatte auch ich zeitweise idealisierte marxistische Vorstellungen. Teilweise träumte man sogar, dass in den sogenannten sozialistischen Staaten alles besser sei und gerechter zugehe. Dass es Mangelwirtschaft gab, dass es bestimmte Dinge gar nicht gab und die Bevölkerung teilweise stundenlang nach Waren des täglichen Bedarfs suchen und beim Einkaufen Schlange stehen musste, das ist mir erst hier bewusst geworden. Zwar wurde im Westen gelegentlich über die Umweltverschmutzung berichtet und Gerhard Löwenthal hat im ZDF-Magazin über die politischen Verhältnisse in der DDR berichtet. Der galt aber als ziemlich rechts und teilweise sogar als reaktionär. Da waren auch viele im Westen sich nicht sicher, ob das alles stimmte. Unsere Vorstellungen, als die Mauer aufgemacht wurde, waren: Die sind preußisch diszipliniert, die sind fleißig. Das größte Problem, das die in der DDR haben, ist: Sie haben die neuen Techniken nicht, weil sie ja wirtschaftlich abgeschottet wurden. Wenn die das alles kriegen – mit ihrem Fleiß und ihrer preußischen Disziplin –, dann boomt das ganz schnell! Nur wenige meiner Freunde meinten, die DDR werde auf Jahre vom Westen abhängig sein. Die Mehrheit dachte aber, das wird alles ganz schnell gehen. Der Schock kam hinterher, man kannte die DDR nicht.

In den meisten Stasiberichten steht nur belangloses

Über das innere Ausspionieren in der DDR wurde im Westen wenig berichtet. Das betraf einen ja selbst nicht. Ich habe hier in Greifswald jedoch erlebt, wie Leute entlassen oder zu Unrecht bestraft wurden. Da gab es im Rahmen der Überprüfungen einige Leute, die gehen mussten oder auch von selbst gegangen sind, und wiederum einige, denen zu Unrecht gekündigt wurde, die sich dann wieder eingeklagt haben. Da gibt es eine makabre, ja im nach hinein kann man sagen, sogar lustige Geschichte. Ein leitender Mitarbeiter eines städtischen Betriebes galt als zuverlässiger und gewissenhafter Mitarbeiter. Im Rahmen der sogenannten Stasibefragungen bekam jeder einen Fragebogen, in dem sinngemäß gefragt wurde: „Haben sie jemals mit dem Staatsicherheitsdienst zusammen gearbeitet?" Die meisten haben „Nein" angekreuzt. Dieser Mitarbeiter hat als einer von wenigen jedoch „Ja" angekreuzt, weil er als IM tätig gewesen war. Auf die Frage: „Haben Sie Leuten geschadet?" hat er „Nein" angekreuzt. Jetzt kommt ein Jahr nach diesen Befragungen die Stasi-Akte von der Gauck-Behörde. Eine Kommission im Rathaus entschied, dem Mitarbeiter fristlos zu kündigen. Als mir dann die Kündigungsschutzklage und die Stasiakte vorgelegt wurden, habe ich gedacht, das darf nicht wahr sein. Der Mann war in den fünfziger Jahren LPG-Vorsitzender gewesen und hat in dieser Zeit eine Verpflichtungserklärung als IM unterschrieben. Einen Decknamen hatte er auch. Er sollte Berichte schreiben, das hat er in aller Regel nur auf wiederholte Ermahnung getan. Er wurde auf Reisen in den Westen geschickt, um auszukundschaften, und kam ohne nennenswerte Ergebnisse zurück. Der hatte in einem seiner Berichte geschrieben, dass die Schaufenster im Westen so wunderbar dekoriert seien, dass es im Westen alles, was im Osten Mangelware sei, im Überfluss gebe. Dann hatte er in diesem Bericht noch empfohlen, die Versorgung der Bevölkerung im Osten auch so zu organisieren, wie im Westen. Die Stasiakte enthielt noch einige ähnliche Berichte und keinen Hinweis darauf, dass der Mann jemals mit seiner IM-Tätigkeit einem anderen geschadet hätte. Die Akte endete 1975, als der Führeroffizier des Stasi vermerkte: Der IM habe offenbar nie die richtige innere Einstellung zur Zusammenarbeit mit dem Staatssicherheitsdienst gehabt und sei in seiner gesamten Zeit als IM für den Staatssicherheitsdienst unbrauchbar gewesen. Die Tätigkeit als IM endete wie schon gesagt, 1975 und mehr als 15 Jahre später wollte man das Arbeitsverhältnis wegen dieser Sache fristlos kündigen. Ich empfand das als zutiefst ungerecht. Das Arbeitsgericht vertrat die gleiche Auffassung und gab dann der Kündigungsschutzklage statt.

Der Umgang mit den ehemaligen Mitgliedern der SED und Mitarbeitern des Staatssicherheitsdienstes ist nach meiner Auffassung kritisch zu hinterfragen. Ich denke, dass dies eine wesentliche Ursache dafür ist, dass ein großer Teil der DDR-Bürger die Deutsche Einheit mental immer noch ablehnt. Egon Bahr hat bei seinem vor einigen Monaten hier in der Universität gehaltenen Vortrag u. a. erklärt: Kohl, Brandt und Genscher hätten wegen der Frage des Umgangs mit ehemaligen SED-Mitgliedern und Stasi-Mitarbeitern die Auffassung vertreten, diesen Personen generell Generalpardon zu geben, die Sache als erledigt zu betrachten. Es sei erledigt, es sei denn, die Leute hätten Blut an den Händen, seien also kriminell. Nach seiner Kenntnis sei es insbesondere die Bürgerrechtsbewegung in der DDR gewesen, die gesagt hätte: „Nein, wir wollen das alles aufarbeiten, das muss auch Konsequenzen haben." Die Schlussfolgerung von Bahr war, man hätte diese Leute mehr verfolgt als wirkliche Kriminelle, selbst als die Naziverbrecher nach 1945. Damit hätte man einen Teil der Elite der DDR in die schlechte Ecke gestellt. Das war die Aussage von Bahr und ich muss sagen, ich habe dieses Gefühl manchmal auch.

Ich kann allerdings auch jene verstehen, die unter dem System gelitten haben und eine Aufklärung als Wiedergutmachung ansehen. Aber wie viele waren das?! Für den Einzelfall finde ich das ganz schlimm, das kann ich sehr gut nachvollziehen. Die Menschen, die persönlich daran beteiligt waren, andere Menschen fertig zu machen, da hätte ich auch so meine Bedenken. Die hätten jedenfalls nicht mehr im öffentlichen Dienst tätig sein dürfen. Da geht es aber um Sachverhalte, die auch nach DDR-Strafrecht strafbar waren. Das dürften aber eher Ausnahmefälle gewesen sein. Also in den Stasi-Berichten, die ich gelesen habe, wurde fast nur über belanglose Vorgänge berichtet, die niemandem geschadet haben.

Interview: Julia Ender und Johannes Schulz

Eine skeptische Haltung. Aber hier lässt es sich leben

James Fanning
1989: Anglistik-Dozent, 33 Jahre

Dr. phil. James Fanning, geboren 1956 in Kingston (Jamaika) ist der Sohn von Briten, die in der Karibik lebten. Seit er zehn Jahre alt war, besuchte er Internatsschulen in England. Nachdem er die Schule verlassen hatte, setzte sich sein Vater in Schottland zur Ruhe. Fanning studierte an der Universität Durham Deutsch und Französisch und machte seinen Abschluss als Bachelor of Arts. Nach dem Studium kam er nach Greifswald. Ab 1978 unterrichtete er an der Universität Greifswald englische Sprachpraxis, heiratete dann eine Greifswalderin und wurde Vater von zwei Söhnen. 1990 erfolgte seine Promotion. Dr. Fanning ist jetzt als Dozent in verschiedenen Bereichen der Anglistik tätig.

Ich hatte vorher nie den Namen Greifswald gehört

Ich bin sofort nach dem Studium aus Neugierde hergekommen. Ich hatte in England Französisch und Deutsch studiert und habe im Laufe des Studiums ein Jahr als Assistent an einer französischen Schule verbracht. Ich hatte zwar schon vor dem Studium ein paar Monate in Westberlin verbracht und Ostberlin ein paar Mal besucht, aber ich wusste doch sehr wenig über die DDR. Wir hatten auch im Studium keine einzige Stunde zur Geschichte oder Landeskunde Deutschlands. Wir machten ein ziemlich altmodisches, reines Literaturstudium.

Nach dem Jahr in Frankreich habe ich dann jedenfalls den Sommer vor meinem letzten Studienjahr wieder in Westberlin verbracht und wieder Ostberlin tageweise besucht und zum ersten Mal gedacht: „Es könnte interessant sein, die DDR besser kennen zu lernen." Aber der Gedanke war noch nicht ausgereift. Ich habe nach diesem Auslandsjahr dem Chef der Germanistik in Durham gesagt, dass ich gerne ein Jahr an einer deutschen Uni als Lektor arbeiten würde. Er teilte mir mit, dass man in der Bundesrepublik dabei sei, solche Stellen zu reduzieren. Ich solle lieber Österreich oder die DDR probieren. Er kannte eine Frau, die jemanden an der Humboldt-Uni in Ostberlin kannte. Über diesen indirekten Kontakt erfuhr ich Monate später, in Berlin sei keine Stelle für mich frei, aber in Greifswald würde man dringend einen *native speaker*[16] für Englisch brauchen, da sei jemand im Begriff in

---

[16]   *native speaker* = Englisch-Muttersprachler.

Rente zu gehen, der ein paar Jahre hier gewesen war. Ich sollte mich um die Stelle bewerben.

Ich hatte nie vorher den Namen Greifswald gehört. Ich bin sofort in die Bibliothek und habe im Brockhaus nachgeguckt, wo Greifswald liegt. Also, dann habe ich mich beworben. Ich wusste nicht, was mich erwartet. Man las in der westlichen Presse alles Mögliche über die Kommunisten, und ich wusste, ich lasse mich auf ein Abenteuer ein. Als ich meinen Eltern gesagt habe, dass ich hierher komme, drehte sich meine Mutter um und starrte lange aus dem Fenster und hat kein Wort gesagt. Ich dachte mir, für ein Jahr wird es bestimmt interessant sein. Vor allem wusste ich überhaupt nicht, was ich mit meinem Leben anfangen wollte. Ich wusste nur, ich will nicht Lehrer werden und nicht – wie mein Vater und mein Bruder – in einer Bank arbeiten.

Ein Außerirdischer, der ein Hotelzimmer sucht

Ich kam Ende August, Anfang September 1978 in Greifswald an, also um den ersten September herum, vielleicht ein, zwei Tage früher. Es war dunkel, es war ein bisschen regnerisch, es war ein unangenehmer Abend, wie man das so in Greifswald kennt. Ich fragte jemanden auf dem Bahnsteig: „Wo finde ich hier ein Hotel?" Und dann waren die Reaktionen ein bisschen seltsam: „Wie, ein Hotel? Was für ein Hotel?" In Greifswald gab es nur ein Hotel damals, und ich konnte es nicht wissen: Das war immer ausgebucht für Monate. Da hatten sich die Leute schon um mich gesammelt und bestaunten diesen Außerirdischen, der in Greifswald ein Hotelzimmer sucht. Irgendwann kam eine Frau in einer Uniform des Roten Kreuzes vorbei und fragte, was denn hier los sei. Sie sagte: „Hören Sie, ich hab' in zehn Minuten Dienstschluss. Warten Sie hier auf mich." Dann kam sie in Zivil wieder. Es stellte sich heraus, sie war die Frau des Hausmeisters in diesem Haus.[17] Hier oben waren Wohnungen und sie wohnte dort, und die hinteren Räume waren die Gästeräume der Uni, und das war die Frau mit dem Schlüssel dazu. Sie war wohl die einzige Person in Greifswald, die mir so ziemlich ohne Probleme ein Zimmer für die Nacht geben konnte – besonders da ich westlicher Ausländer war.

Am nächsten Tag habe ich mich in der Sektionsleitung gemeldet, und man war entsetzt. Man fragte mich, warum ich mich nicht vorher angekündigt hätte. Die wussten nicht, ob ich überhaupt komme. Aber gut, letztendlich war ich hier. Der Anfang war gemacht. Ich wurde ganz freundlich aufgenommen. Ich hatte etwas Bammel, ich wusste

---

[17] Gemeint ist die jetzige Abteilung Anglistik/Amerikanistik in der Steinbeckerstraße.

wenig über die DDR. Ich war gefühlsmäßig links, deswegen interessierte ich mich ein bisschen für die DDR, aber ich war politisch total naiv und unbeleckt, sonst wäre ich wahrscheinlich nicht hergekommen. Aber nach und nach merkte ich, dass die meisten Leute mir nichts Böses wollten.

Als Bürger eines westlichen Staates hatte ich einen Sonderstatus. Ich hatte einen britischen Pass. Als ich kam, war ein älterer Engländer, der mein Vorgänger war, noch mit seiner Frau hier. Dieser ältere Herr, der direkt vor der Rente stand, war ein alter Kommunist. Er war hierher gekommen, um die letzten Jahre seines Berufslebens im ‚gelobten Land' zu verbringen. Er und seine Frau konnten kein Wort Deutsch, und die haben wirklich nur ein sehr gefiltertes Bild vom Land bekommen.

Es gab so eine Organisation der Leute, die an den verschiedenen Hochschulen der DDR als Muttersprachler bzw. Muttersprachlerinnen Englisch unterrichteten. Diese nannte sich *BAUT – British and American University Teachers*. Die haben sich zweimal im Jahr meistens in der Wohnung von einem Mitglied getroffen. So lernte ich andere Leute aus englischsprachigen Ländern kennen, die in der DDR waren. Ich bin von 1979 bis etwa Mitte der achtziger Jahre relativ regelmäßig dahin gegangen. Ich sah – ich vereinfache, aber für die Analyse ist es manchmal sinnvoll zu vereinfachen – drei Altersgruppen unter den englischen Muttersprachlern, die hier an Unis und Hochschulen unterrichteten. Die meisten waren Briten, auch Amerikaner, aber auch z. B. eine Südafrikanerin und ein Inder. Da gab es die Leute, die älter, die wesentlich älter waren als ich, die in den fünfziger, sechziger Jahren her kamen. Das waren die Leute, die hergekommen sind, weil sie Kommunisten waren und in die kommunistische DDR wollten. Etwa in meinem Alter waren Leute, die gekommen sind, weil sie Germanisten waren – weil sie Deutsch studiert hatten und offen waren: „Ich kenne Westdeutschland, mal sehen wie es hier ist." Manche haben sich abgewendet, manche haben sich eingelebt. Dann, einige Jahre nach mir, die Leute, die so fünf Jahre jünger als ich waren. Teilweise waren das Leute, die überhaupt kein Interesse hatten. Die waren wohl hier, nur damit sie nicht in England arbeitslos sind. Und die haben nur genörgelt und gestichelt. Heutzutage muss ich ihnen zum großen Teil Recht geben. Ich sehe vieles anders als damals.

Ich war offen, im guten wie im schlechten Sinne

Als ich hierher kam, war ich 22 Jahre alt. Ich hatte nur den Bachelor in England gemacht. Manche meiner Studenten – die Männer, die gedient hatten – waren älter als ich. Viele kannte ich aus dem Wohnheim (Beimlerstraße 9). Viele meiner Studenten waren auf dem gleichen Flur wie ich. Ich kriegte eine Sonderbehandlung in dem Wohnheim, das habe ich mir aber erst später zusammengereimt. Ich bin zur Heimleiterin gegangen und wollte wissen, wo die Duschen seien. Sie meinte, im Keller sind Duschen, und sie hat mir dann bestimmte Zeiten genannt, in denen ich duschen konnte. Ich habe dort nie einen anderen Menschen gesehen, das heißt, in diesen Zeiten wurde offensichtlich der Duschraum für mich freigehalten. Ich suchte mir dort die Duschkabine mit den wenigsten Regenwürmern an den Wänden aus, um zu duschen.

Als mein Vorgänger nach einigen Monaten als Rentner mit seiner Frau nach England zurückgefahren ist, kriegte ich ihre Wohnung in Schönwalde, eine Zweiraumwohnung. Meine Miete betrug damals etwa 78 Mark im Monat. Strom inklusive, zumindest anfangs. Rein finanziell kannte ich das natürlich ganz, ganz anders. Ich kam aus dem Westen und musste mich an die anderen Umstände gewöhnen. Ich weiß noch, ich war so zwei Tage hier und wollte eine Flasche Tinte für meinen Füllfederhalter kaufen. Ich ging also 'rein ins Papierhaus und fragte die Frau: „Haben Sie Tinte?" Sie nuschelte: „Zweiundzwanzig". Ich hab gefragt: „Zwei Mark zwanzig?" – „Nein! Zweiundzwanzig Pfennige." Sie war entsetzt, dass ich denken könnte, dass Tinte über zwei Mark kostet. Und als ich dann das erste Mal zum Arzt gegangen bin, ging ich mit meinem Rezept in die Apotheke, man gab mir das Medikament, und ich stand da und die Frau guckte mich an und ich fragte: „Was muss ich zahlen?" Und sie fragte zurück: „Zahlen? Wieso zahlen?" Ich kannte Rezeptgebühren aus Großbritannien. Das hier war mir anfangs unbegreiflich. Für jemanden, der aus dem Westen kam, war das beinahe ein Kulturschock.

Ich wurde in das Unterrichten eingeführt. Es war natürlich ganz anders als heute, denn der Unterricht war damals sehr verschult. Ich habe angefangen mit englischer Sprachpraxis, und da gab es für die vier Jahre vier Bücher; das war ein integrierter Kurs, wie Schullehrbücher, didaktisch wunderbar aufgebaut, teilweise ideologisch, teilweise nicht. Mir wurde relativ freie Hand gelassen, wie ich damit umgehe. Die Leute schienen zu mir großes Vertrauen zu haben. Ich habe so ungefähr das gemacht, was man von mir erwartete. Wie gesagt, ich war emotional links und neugierig, und manches sah ich schon so wie die Leute hier. Wenn ich zurückblicke, vielleicht war ich besonders am Anfang zu bereit, die Sachen so zu sehen, wie die Leute hier, aber ich war einfach so offen, im guten wie im schlechten Sinne. Mein Chef, Professor Arnold, hat sich sehr fürsorglich um mich gekümmert, hat mich zu sich nach Hause eingeladen, hat mich im Auto mitgenommen, hat mit mir in der Mensa gesessen. Er erzählte mir über die Wirtschaft, über die Landschaft, über die ökologischen Probleme und so weiter. Er hat auch die Probleme benannt.

Ich hatte anfangs tatsächlich Schwierigkeiten, mich als Lehrkraft zu etablieren. Gleich in der ersten Stunde im Sprachpraxiskurs habe ich gesagt, dass wir uns außerhalb des Unterrichts duzen können. Das kannte ich von unseren Deutschlektoren in England. Im Unterricht haben wir hier natürlich Englisch geredet, und im Englischen gibt es kein ‚Du‘ und ‚Sie‘, aber außerhalb des Unterrichts, auf Deutsch dann Du. Ich hab‘ nicht geahnt, was für ein Fauxpas das war. Eine Kollegin hat mir gesagt, ich werde nie Disziplin halten können, wenn ich die Studenten duze. Und irgendwann lernte ich, gerade in dieser ersten Gruppe, die haben mich deswegen z. T. lange nicht ernst genommen.

Wenn ich Bulgare oder Russe gewesen wäre…

In dieser Zeit hat eine Studentin interessante Fragen zur englischen Sprache und zur britischen Kultur gestellt. Die hat gleich aus der Hüfte geschossen mit einer Frage zum Altenglischen, und das war etwas, wovon ich nicht die geringste Ahnung hatte, auch heute nicht. Das war ein anderes Niveau als bei allen anderen hier im Hause. Damals gab es noch keine Mediävistik. Literaturunterricht begann mit Shakespeare und Sprachgeschichte gab es im normalen Studium überhaupt nicht. Und irgendwie haben wir uns angefreundet. Als ich meine Wohnung hatte, lernten wir uns besser kennen. Sie war Urgreifswalderin, wohnte noch bei ihrer Mutter, nicht weit weg von dem Wohnheim, wo ich gelebt hatte, und zog dann zu mir.

Dann haben wir irgendwann beschlossen zu heiraten. Und das führte zu einem Problem. Ich würde sagen, das war das einzige wirklich große Problem, das ich jemals hier hatte. Denn sie musste eine Genehmigung bekommen, einen Ausländer zu heiraten. Wenn ich Bulgare oder Russe gewesen wäre, wäre es wahrscheinlich kein Problem gewesen, aber als westlicher Ausländer… Für den Fall, dass sie die Genehmigung bekommt mich zu heiraten, musste sie nämlich entscheiden, ob sie hier bleiben wollte oder ausreisen. Ich musste die Genehmigung bekommen, für den Fall, dass wir hier leben wollten, hier den ständigen Wohnsitz zu nehmen. Das waren unterschiedliche Anträge, die parallel liefen und unterschiedlich bearbeitet werden mussten. Das Ganze hat zwei Jahre gedauert. Bestimmte Seiten davon habe ich erst später erfahren. Sie hat mir zum Beispiel erst viel später gesagt, dass Sie unterschreiben musste, dass sie, solange sie mit mir verheiratet ist, jeglichen Kontakt mir ihrem Bruder abbricht. Der war Offizier in der NVA. Meine Frau, ihr Bruder und ihre Mutter waren alle Mitglieder der SED und sie waren alle überzeugt, dass die DDR an sich gut war. Irgendwann erzählte sie mir, dass ihr Bruder mich nicht kennen darf, sonst würde er Probleme kriegen. Und später hat sie mir gesagt, es war klar, wenn sie einen Ausreiseantrag stellt, ist die Laufbahn ihres Bruders zu Ende.

Eine Weile haben wir nichts gehört und dann wurde ich vorgeladen zum Volkspolizeikreisamt, „zur Klärung eines Sachverhaltes". Es gab verschiedene Interviews mit diesem einen Mann. Mir ist heutzutage klar, was seine Funktion wohl war. Da ich vorgeladen wurde, musste der sich überhaupt nicht ausweisen. Dann hat er mit meiner Frau und mit mir geredet, er hat uns zuhause aufgesucht, und so weiter. Und irgendwann sagte er: „Die Sache ist eigentlich durch, wann wollen Sie heiraten?" Und meine Frau sagte: „Ja, ich habe gehofft, dass es bald sein würde. Wir hätten gerne zum Frühlingsanfang, 20. März, das ist ein Freitag." Und er sagte: „Alles klar. Wir haben Sie so lange hingehalten, ich lasse den Termin für Sie im Standesamt reservieren. Sie kriegen dann die Dokumente, die sie brauchen." Als wir zum Standesamt gingen, wusste man dort von nichts. An der Stelle hatte meine Verlobte einen Zusammenbruch. Da bin ich zum Direktorat für Internationale Beziehungen gegangen, habe einfach den kürzesten Weg gewählt. Und irgendwie hat der Mensch dort etwas geregelt, und so konnten wir am 20. März heiraten. Ich weiß nicht, was da passiert ist, es war alles sehr mysteriös, aber für uns war es ein gutes Ende für ein böses Spiel.

Was haben diese unfähigen Leute aus einer eigentlich guten Sache gemacht?

Meine Haltung gegenüber dem Staat generell war: Ich hatte Phasen, wo ich begeistert war, und Phasen, wo ich die Nase voll hatte. Irgendwann pegelte es sich so ein: Eine relativ skeptische Haltung, aber hier lässt es sich leben. So war es wirklich. Ich bin Mitglied des FDGB geworden, in der FDGB-Gruppe war ich Kulturobmann. Man hat aber nie versucht mich in die SED 'rein zu kriegen. Das hätte man nie. Irgendwann, als unser Großer etwa fünf war, das muss so '89 gewesen sein, guckten wir die Nachrichten und da sagte er: „Erich Honecker. Die sagen immerzu Erich Honecker. Ich will nicht immerzu Erich Honecker hören." Er hatte sozusagen eine gewisse politische Reife. Denn ich war zwar nicht gegen den Staat, aber ich fand Honecker unmöglich. Was haben diese unfähigen Leute aus einer eigentlich guten Sache gemacht?

Nach meiner Stasi-Akte habe ich nie geguckt. Ich will da nicht 'rein lesen. Ich habe heute eine gewisse Vorstellung, wer vielleicht was gesagt haben könnte. Aber ich habe nicht das Bedürfnis da 'rein zu gucken. Ich habe auch nicht viel von der Überwachung mitbekommen. Man las zwar in der deutschen Presse oder man sah in Spionagefilmen, dass es eine *secret police*[18] gibt, aber die Art wie es hier war, darüber wurde nicht geredet. Ich hatte keine Ahnung – ich war ahnungslos.

Ich habe gemerkt, dass manches in der DDR im Argen lag. Man konnte nicht hier leben, ohne das wahrzunehmen. Allerdings, wenn man selbst nicht unbedingt ein ideologisches Problem mit dem Staat hatte, merkte man nicht, wie viel im Argen lag. Der Normalbürger konnte ja hier normal leben. Okay, der Normalbürger konnte nicht ins westliche Ausland. Allerdings habe ich Ende der siebziger Jahre in einer großbürgerlichen britischen Zeitung gelesen, dass das Lebensniveau in der DDR etwa gleich sei wie in Großbritannien. Auch meine Frau hat mir erzählt: „Als ich Kind war, war es materiell teilweise viel, viel besser." Das habe ich bestätigt gesehen. Es war noch relativ gut, als ich kam, und man merkte, wie es Anfang der achtziger Jahre schlechter wurde. Ich weiß noch, wie seltsam ich das fand: Ein Student kam ins Wohnheim, klopfte an die Tür und sagte: „In der Kaufhalle gibt es Bienenhonig." – „Hä?" Das war ein Aha-Erlebnis für mich. Greifswald war Intelligenzstadt und die Zuteilung erfolgte auf der Basis der Einwohnerzahl und die ganzen Studierenden zählten dazu nicht, zumindest wurde es mir so erklärt. Zu einigen Zeiten ging man bei Dienstreisen nach Rostock in den Schnapsladen und deckte sich mit gutem Schnaps und Wein ein, und man ging gute Wurst kaufen, weil es das in Greifswald nicht gab.

Ich hatte einen Rhythmus: So ungefähr zwei Mal in drei Jahren bin ich zu meinen Eltern nach Schottland gefahren. 1984 durfte meine Frau mitfahren, aber sie hatte gleich im Antrag gesagt, dass unser Sohn – er war drei Monate alt zur Zeit der Reise – bei seiner Großmutter bleiben würde. Vier Jahre später durften wir mit beiden Kindern in Großbritannien Urlaub machen: Die Regeln waren inzwischen wohl entschärft worden für die Familien westlicher Ausländer. Sonst bin ich immer allein „nach Hause" gefahren. Abgesehen von einem kurzen Zwischenstopp in Paris bei einer Rückreise aus England, habe ich darauf verzichtet, z. B. andere westeuropäische Länder wie Frankreich zu besuchen, weil es mir unfair gegenüber meiner Familie vorgekommen wäre, die nicht hätte mitfahren dürfen. In der Anglistikbibliothek in Westberlin habe ich ab und zu Texte für die Arbeit an meiner Disserta-

---

[18]   *secret-police* = Geheimpolizei.

tion kopiert und musste dann an der Grenze erklären, was ich denn da habe. Probleme gab es da zwar nicht, aber ich hatte immer Angst: Komm ich durch damit? Hatte ich Geld für Bücher ausgegeben: Komm ich 'rein mit den Büchern? Ich hatte einmal einen Klassiker der modernen englischen Literatur, aber die Ausgabe, die ich gekauft habe, war reißerisch aufgemacht. Es sah aus, als ob es ein Trivialroman sei, und der Zöllner fragte mich: „Was ist das für ein Buch?" Trivialliteratur war in der DDR verboten. Und ich sagte: „Die deutsche Übersetzung ist hier in der DDR letztes Jahr herausgekommen." Er hat es mir geglaubt und ich durfte durch. Ich habe aufgepasst, dass ich nicht irgendwas, was hier verboten ist, mitnehme. Also ich hätte nie ein Buch von Orwell mitgebracht. Ich wollte es nicht herausfordern. Ich fand es nicht gut, aber wenn ich hier leben wollte, musste ich Kompromisse machen.

Durch meine Arbeit hatte ich keine Zeit für die Demonstrationen

Peking war weit weg. Ich dachte... ja, was dachte ich damals? Ich glaube, ich dachte, das kann hier nicht passieren. Und es ist ja auch hier nicht passiert. Die Flüchtlingswellen an der ungarischen Grenze, das war etwas schwierig einzuordnen, was da geschieht, aber ich habe geahnt, dass die DDR, wie ich sie kannte, irgendwie nicht mehr so weiter gehen konnte. Aber was kommt, konnte man nicht ahnen. Im Laufe des Herbstes wurde bald klar, dass es in Richtung Vereinigung geht. Anfangs war ich nicht dafür. Wie es geschehen ist, bin ich auch nicht der Meinung, dass es so sein musste. Ich war der Meinung, dass es am besten wäre, die DDR im Sinne der Perestroika zu reformieren. In der Zeit der Perestroika, etwa Ende 1988, Anfang 1989, erschien ein Schild im Fenster eines Ladens für Tapeten und Farben hier in Greifswald: „Tapetenwechsel tut Not." Kennen sie noch den Spruch von – ich glaube – Kurt Hager – ein ganz berühmter Spruch: „Bloß weil der Nachbar renoviert, müssen wir nicht die Tapete wechseln." Im Sinne von „Keine Perestroika in Greifswald", und die sagten: „Tapetenwechsel tut Not."

Aber gerade im Herbst '89 hatte ich keinen Nerv dafür. Ich hatte den Termin Dezember '89, um meine Dissertation einzureichen, und ich hab' promoviert bei vollem Unterricht. Damals hatte ich 20 Stunden die Woche Unterricht und in den vorlesungsfreien Zeiten wurde man beschäftigt. Es gab Kurse, es gab Weiterbildungen, es gab Intensivkurse für die Studierenden, unsere eigenen Weiterbildungen und Dieses und Jenes. Ich hatte mir zu viel aufgeladen, so dass ich auch Dezember '89 den Abgabetermin für das Manuskript für ein Literaturwissenschaftliches Wörterbuch Deutsch-Englisch, Englisch-

Deutsch hatte. Ich hatte keine Zeit für meine Familie. Ich wohnte im Arbeitzimmer, und meine Frau hat sich um unsere kleinen Kinder gekümmert.

Ich war nicht auf einer einzigen Demonstration. Ich hatte durch diese Arbeit keine Zeit dazu. Meine Haltung war auch unklar. Ich war nicht gegen den Staat. Ich hatte nicht gelitten – okay, abgesehen von dieser komischen Sache mit der Genehmigung zu heiraten – und meine Frau hatte nicht gelitten. Zu meiner Schande muss ich sagen: Ich bin nicht zu einer einzigen Demonstration gegangen. In der Mensa habe ich immer am nächsten Tag davon gehört. Da kriegte ich mit, was hier passiert, aber ich war nicht wirklich dafür und auch nach der Vereinigung war ich ziemlich skeptisch.

Greifswald hat sich verändert

Meine Frau und ich waren im Sommer 1990 im Urlaub in England als die Währungsunion stattfand, sodass wir bei der Bank nicht anstehen mussten. Wir kamen wieder und dachten: „Oh! Greifswald hat sich verändert." Wir waren drei Wochen weg und in der Zeit hatte die Währungsunion stattgefunden und es war plötzlich eine andere Stadt geworden – nach drei Wochen. Man sah Westautos auf der Straße und in der Kaufhalle gab es Kiwis und Coca Cola und es gab Videorecorder zu kaufen. Das gab es vor dem Urlaub nicht, nach dem Urlaub gab es das. Das erinnerte mich an die Geschichte von Rip van Winkle: der Mann, der zwanzig Jahre schläft und aufwacht, und es ist eine andere Welt. Ich war erstaunt, wie sehr sich Greifswald in den drei Wochen geändert hatte. Es war ein Schock. Und ich wurde skeptisch. Ich war aus dem Westen gekommen. Ich kannte den Kapitalismus. Meine Haltung war: Die Leute haben ein falsches Bild vom Kapitalismus. Sie wünschen das herbei, weil sie es nicht kennen. Ich, der ich aus dem Westen kam, wusste, dass das, was über den Westen berichtet wurde, im Wesentlichen richtig war. Zwar einseitig, das Gute wurde weg gelassen, aber das Böse, was da über den Westen stand, war richtig. Aber das haben die Leute hier nicht geglaubt, vielleicht, weil sie gesehen haben, dass vieles, was über das eigene Land in den Medien berichtete, nicht stimmt, und diese Erkenntnis haben sie dann auf die Berichterstattung über den Westen übertragen, den sie nicht aus eigner Erfahrung kannten. Und deswegen waren viele Leute entsetzt, als der Kapitalismus kam und es war nicht ganz so rosig, wie sie erwartet hatten. Man merkte, wie in den ersten Monaten auf der Straße, im Bus und so weiter immer mehr zu hören war: „Lange nicht gesehen. Hast du noch Arbeit?"

Manche haben direkt an der DDR gelitten. Es gibt DDR-Opfer hier, und die werden das anders sehen. Ich habe volles Verständnis dafür, dass sie es anders sehen. Aber es gibt andere Leute, die leider ein sehr utopisches Bild – immer noch – vom Westen haben, aber vor allem in den neunziger Jahren hatten. Es gab Leute, die da dachten, wir kommen ins Paradies, und manche hatten ein böses Erwachen. Was man so hört über die Jämmerlichkeit der Ossis... Was die meisten Leute in den alten Bundesländern nicht begreifen, ist: Es war nicht nur, dass man einem demokratischen Staatssystem beigetreten ist – das war gut. Aber alles änderte sich: die Art und Weise der medizinischen Versorgung, die Art und Weise der Finanzierung - also auch sämtliche Versicherungen –, die Art und Weise, wie man mit den öffentlichen Verkehrsmitteln umging, die Art und Weise der Schulbildung – wie man die Kinder anmeldet zur Schule. Alles hat sich geändert! Die Leute im Westen können sich kaum vorstellen, wie traumatisch das ist. Ich nenne ganz bewusst diese ganz trivialen Sachen, denn Kleinvieh macht auch Mist. Das hat kein Mensch im Westen seit 1945 mitmachen müssen, dass alles sich geändert hat! Auch wenn es objektiv eine Verbesserung war – was nicht in jedem Fall so war.

Die Sauerei ist eine andere geworden

1992 wurde die Uni umgestaltet – radikal umgestaltet. Unsere Fakultät sollte, wie es so schön hieß, „abgewickelt" werden und neu aufgebaut werden. Damals waren wir ziemlich sicher, wenn das passiert, kriegt kaum jemand aus dem Osten eine Stelle. Dann kommen nur Leute aus dem Westen. Es wurde gekämpft, es wurde protestiert, es wurde laut öffentlich geschimpft. Im Senat hat man dafür gestimmt, unsere Fakultät abzuwickeln. 1992 kam es zu einem Kompromiss: Die Stellen sollten radikal reduziert werden. Alle Stellen wurden neu ausgeschrieben und die Leute, die hier waren, hatten das Recht, sich auf die Stellen zu bewerben, und es gab dann ein Besetzungsverfahren und was unbesetzt blieb, wurde dann bundesweit ausgeschrieben. Ein Stellenplan wurde aufgestellt. Jeder hatte das Recht, sich auf drei Stellen zu bewerben – bis zu drei Stellen. Aber vom neuen Stellenplan her war es klar, dass manche leer ausgehen würden, weil sie z. B. zu den vier oder sechs oder zehn gehörten, die für eine einzige neue Stelle geeignet gewesen wären. Ich war Vertreter unseres Instituts im Fakultätsrat und ich wurde auch delegiert in diese Funktion und wir mussten die Anträge angucken. Die Leute mussten durch die Ehrenkommission und so weiter. Wer das nicht bestanden hat, der wurde sowieso aussortiert. Wir mussten dem Rektor Vorschläge unterbreiten, wer welche Stelle kriegt. In so fern war es ein richtiger Umbruch. Für mich war das sehr belastend. Man wusste, hier sind gute Leute, aber die haben kaum eine Chance eine Stelle zu bekommen oder sie bekommen nur eine halbe Stelle befristet auf zwei Jahre. Womit haben sie das verdient? Die ersten Jahre, so ab '91: Fakultätsratsitzungen waren fast jede Woche, manchmal zweimal die Woche und manchmal saß man von 14 Uhr bis 22 Uhr und dann vertagte man sich auf den Freitagnachmittag. Ich weiß nicht, wann ich meinen Unterricht vorbereitet habe. In so fern: Es war eine sehr bewegte Zeit, eine aufregende Zeit, viel Schlechtes und viel Gutes.

Ich war nicht der Meinung, dass die DDR sich selbst aufgeben und der Bundesrepublik beitreten sollte. Ich war wirklich der Meinung, die könne sich reformieren. Es war einfach überstürzt. Ich dachte, wir machen eine Vereinigung – wir nehmen das, was gut ist an der Bundesrepublik und das, was gut ist an der DDR, vielleicht gibt es ja die Möglichkeit zusammenzumischen. Aber es war objektiv ein Anschluss. Übrigens. Wer einwendet, dass der Begriff „Anschluss" vorbelastet ist, sollte bedenken, dass dieser Begriff 1938 eigentlich nicht zutraf, sondern ein verlogener Euphemismus war. Anfangs war ich sehr skeptisch. Meine Meinung hat sich jedoch nach einer Dienstreise nach Tallin geändert. In Estland gab es ganz analoge Probleme wie hier in den östlichen Bundesländern, bloß viel schlimmere. Und es gab keinen großen reichen Bruder, der hilft. Und da merkte ich, wie schlecht es denen dort geht. Auch wenn man meckern konnte über die Art und Weise, wie hier die Vereinigung durchgeführt wurde, war es trotzdem viel, viel besser, als wie die Leute zurecht kommen mussten in Estland. Das ist die Stelle, wo meine Haltung zur Vereinigung sich wesentlich geändert hat.

Nehmen Sie mich nicht zu ernst, aber ich würde sagen, ich bin ein ziemlich zynischer Mensch. Aber es gab einen größeren Zyniker hier. Er gehörte in den fünfziger Jahren zu den brillanten jungen Literaturwissenschaftlern in der DDR, und dann soll er quasi nach Greifswald verbannt worden sein. Als absoluter Zyniker hatte er ein paar wunderbare Sprüche drauf, und an einen Spruch von ihm muss ich immer wieder denken. Er pflegte zu sagen: „Diese Sauerei muss eine andere werden." Bei bestimmten Erscheinungen nach der Wende hab ich immer wieder gedacht: „Ja, die Sauerei ist eine andere geworden." Man darf nicht sagen: Weil die DDR schlecht war, ist alles andere gut.

Interview: Annegret Jerratsch und Eva Hohm

Es war ein Geschenk, dass ich so etwas miterleben durfte

Thomas Fuhrmann
1989: Geschäftsführer der Greifswalder Diakonie, 35 Jahre

Thomas Fuhrmann wurde 1954 in Halberstadt geboren und lebt seit seinem zwölften Lebensjahr in Greifswald. Er wuchs in einem christlichen Umfeld als Sohn eines Pfarrers auf und nahm 1970 eine Lehre als Zerspanungstechniker im VEB Nachrichtenelektronik Greifswald auf. Nach seinem Dienst in der NVA folgte u. a. bis 1979 eine Diakon-Ausbildung. 1987 wurde Fuhrmann Abteilungsleiter im Bereich „Einrichtungen" in der Greifswalder Diakonie. 1989 übernahm er die Geschäftsführung der Greifswalder Diakonie. Während der Wende war er Mitbegründer und erster Vorsitzender der Greifswalder SDP sowie langjähriges Mitglied der Bürgerschaft. Heute lebt er Greifswald, arbeitet jedoch mit körperlich behinderten Menschen in Köln.

Ich war kein Revoluzzer, sondern ein Normalbürger

Ich war nicht bei den Pionieren und ich habe auch keine Jugendweihe gehabt. Als ich meinen Eltern beweisen wollte, dass ich selbstständig bin, trat ich jedoch für kurze Zeit in der 10. Klasse in die FDJ ein. Allerdings bin ich dann sofort im ersten Lehrjahr wieder ausgetreten, weil ich gemerkt habe, dass das nichts für mich war. All diese Jubelfeiern, die da abgehalten wurden, waren wir ja gewohnt. Ich habe mal als junger Mann ein Schlüsselerlebnis gehabt: Da habe ich in einem Pflegeheim gearbeitet, wo wir einen über neunzigjährigen Mann hatten, der sonst immer auf alles schimpfte, aber wenn die Paraden zum 1. Mai stattfanden oder auch die Umzüge zum 7. Oktober, dann saß der wie eine Eins vor dem Fernseher. Da habe ich immer gefragt: „Warum machen Sie das?" und er antwortete: „Da kommt mein altes Deutschland. Da sitzt man, das hat man gern." Obwohl er sonst vieles abgelehnt hat. Der Normalbürger wie ich, so will ich mich bezeichnen, hat das aber mehr oder weniger über sich ergehen lassen. Man merkte, es wurden Fahnen gehisst vor dem Rathaus und an allen öffentlichen Gebäuden, da wusste man, dass irgendwie Erich Honecker etwas zu sagen hatte, oder vorher Walter Ulbricht. Aber das war es. Man hat es nicht verinnerlicht. Während des Studiums, als das alles angefangen hatte oder überhaupt bei den staatlichen Ausbildungen, die ich genossen habe, spielten solche Sachen wie Parteitage immer eine besondere Rolle. Da wurden die Parteitagsdokumente ausgewertet – das war furchtbar langweilig!

Dabei war ich zuerst froh, dass ich diesen Schritt in die FDJ gemacht hatte. Aber wir sind durch unser Elternhaus so erzogen worden, dass wir trotzdem immer das sagten, was wir für richtig hielten. Gleichzeitig distanzierten wir uns von denen, die meinten, sie müssten immer mitlaufen. Als wir unseren ältesten Sohn in der Schule anmeldeten, da haben wir deshalb gesagt, dass er nicht in die Pionierorganisation soll. Der Schuldirektor, ein SED-Mitglied, war für die damaligen Verhältnisse sehr nett. Der sagte zu mir immer: „Herr Fuhrmann, meine Quote ist schon erfüllt, ich habe schon so viele, die nicht bei den Pionieren sind!" Da sagte ich: „Dafür kann ich nichts!" Als ich dann ein Jahr später hinkam, weil unsere älteste Tochter in die Schule sollte, da sagte er: „Ich weiß schon Herr Fuhrmann, nicht Pioniere!" Das waren so unsere Zeichen, wo wir gesagt haben, wir wollen eigentlich versuchen, dass unsere Kinder ein Stück der Freiheit erleben, die möglich war.

Manchmal knackte es im Telefon

Da zwei meiner Brüder ausgereist waren, gab es auch von uns die Überlegung, ob wir nicht auch ausreisen sollten. Letztlich haben wir das aber nie vollzogen, weil wir auch immer Aufgaben und Arbeiten hatten, die uns ausfüllten. Außerdem hatte ich dienstlich, das muss man auch sagen, die Möglichkeit, ab und zu reisen zu dürfen, was viele ja leider nicht hatten. Als junger Mann, ich glaube 1981 oder 1982, hatte ich meine erste Dienstreise in die BRD, da war ich in einer Altenpflegeeinrichtung und stellte mich dann dem Kuratorium vor. Da sagte eine Frau: „Ich habe Verwandte in Sachsen und die haben gesagt, wenn so ein junger Mann reisen darf, dann gehört der zur Stasi!" Da habe ich deutlich zu machen versucht, dass es trotzdem solche Ausnahmen gibt. Von daher hatte ich eigentlich beruflich gute Kontakte sowohl vor Ort als auch nach drüben, das wusste man auch. Wir merkten das an den Telefongesprächen. Manchmal knackte es im Telefon und dann hat man ab und zu schon gesagt: „Ich grüße Sie, hören Sie gut mit!"

Ich selbst habe zwar nie Einsicht in meine Stasi-Akte genommen, aber mittlerweile kenne ich auch drei Leute, die aufgeflogen sind. Allerdings hat die Staatssicherheit bei mir sehr wenig gefunden, denn durch meine Arbeit wussten die, dass ich enge Kontakte in den Westen hatte. Also von daher wurde ich, glaube ich, gut beobachtet. Als wir noch in Sachsenhausen gewohnt hatten, wurden beispielsweise immer, wenn ich in die BRD gefahren bin, unsere Freunde gefragt, ob denn der Herr Fuhrmann wiederkäme? Und die haben dann immer geantwortet: „Ja, der kommt schon wieder!"

In der Friedensbewegung zeigte sich die Aufbruchstimmung zuerst

Dass Ende der achtziger Jahre eine Aufbruchstimmung entstand, merkte ich daran, dass die kirchliche Friedensbewegung immer aktiver wurde. Auch in der Gesellschaft registrierte man, dass es doch viel mehr Leute gab, die sich deutlicher artikulieren wollten. Sonst war ja jeder mehr auf seinen Garten und auf seine Wohngemeinschaft ausgerichtet. Aber wir sahen auf einmal, dass auch andere Leute in die Kirche drängten und uns fragten: „Was macht ihr eigentlich?"

Auch an den Montagsdemonstrationen in Leipzig, das waren ja die ersten, merkte man, dass etwas in Bewegung kam, ohne dass das jetzt an einem genauen Datum festzumachen ist. Zusätzlich nahm man ja auch in der Parteiführung die wachsende Unsicherheit wahr. Die Botschaftsbesetzungen im Sommer zeigten, dass auch die DDR verhältnismäßig zögerlich war. Warum machte die Tschechei nichts? Warum machte Ungarn nichts? Dann kam es ja in Greifswald zur Domeinweihung, bei der auch im Vorfeld viele Greifswalder ausgewiesen wurden, die schon länger einen Ausreiseantrag gestellt hatten. Im Umfeld der Domeinweihung stellte man sich als Kirche die Frage: „Welches Verhältnis dürfen wir als Kirche zum Staat einnehmen?" Es gab ja den Spruch, dass man „Kirche im Sozialismus" sei. Das war für eine gewisse Zeit bestimmt richtig und wichtig, aber als dann auch aus der Gesellschaft die Forderung kam: „Ihr müsst euch auch artikulieren und zu denen positionieren, die in die Botschaften gehen!" Das war dann so das, wo ich gespürt habe, hier lohnt es sich, sich mit einzubringen. Und dann hat man das mit den Mitteln, die einem zur Verfügung standen, auch getan.

Als Aktiver im Herbst 1989

Ich habe damals im Oktober 1989 die SDP in Greifswald mitbegründet und war auch mit Norbert Meyer bei dem für Inneres zuständigen Stadtrat Dr. Schulze und habe die SDP angemeldet. Da sind wir mit klopfenden Herzen hingegangen. Er hat uns aber einen Termin gegeben und dann haben wir unsere Urkunde abgegeben. Dann kam natürlich die Grundsatzdiskussion: „Warum macht ihr das eigentlich? Ihr könnt ja auch bei uns eintreten. Wir haben ja dieselben Ziele." Das war verhältnismäßig interessant, denn wir hielten es für nötig, dass wir uns registrieren ließen. Das wurde erst einmal formal angenommen, aber eine wirkliche Registrierung als solche gab es nicht. Das war dann Ende Oktober. Ich glaube, wir waren der zweite Verein.

Später habe ich mich dann auch aktiv bei der Stasibesetzung beteiligt. Wir waren nur drei bis vier Leute, die rein durften und einer von denen war ich. An den ersten Tag, als wir versuchten, die Stasi-Akten sicherzustellen und hinterher, als wir uns dann sagten: „Mensch guck mal, die laufen ja noch mit Waffen 'rum und wir sind da auch mit drin", da denke ich manchmal heute noch dran. Das war schon spannend. Das kam auch alles sehr plötzlich. Ich ging ins Büro und da kam ein Anruf: „Mensch, haste nicht Zeit, kannste nicht heute mal alles liegen lassen und mitmachen? Darauf habe ich gesagt: „Na gut, dann komme ich!" Da war ja auch ein Staatsanwalt mit, der dann noch alles, was zu versiegeln ging, versiegelt hat. Gleichzeitig haben wir aufgepasst, dass nichts verbrannt wurde.

Wir haben es in Greifswald nachher so gemacht, dass wir unsere Akten nicht herausgegeben haben. Da gab es eine Arbeitsgruppe unter der Leitung von Thomas Meyer, die ja auch noch eine eigene Broschüre herausgebracht hat, in der dann auch deutlich wurde, wie viele Leute doch in den Fängen der Stasi steckten. Und das war eigentlich auch das Erschreckende, dass das manchmal auch Menschen waren, von denen man das nicht erwartet hätte. Wobei man immer dazu sagen muss, ich kenne manche Ursachen nicht und man muss da auch sehr vorsichtig mit seinem Urteil sein. Es gab ja auch gewisse Erpressungen, das darf man alles nicht vergessen.

Dann habe ich mich natürlich mit der SDP an den ganzen Umzügen und Märschen beteiligt. Es gab schließlich auch in der Mensa unter der Leitung von Herrn Dr. Glöckner Foren unterschiedlichster Art, wo auch jemand von der Staatssicherheit aus Rostock anwesend war. Das gab es neben den Friedensgebeten und es wurde dort am deutlichsten sichtbar, wo der Schuh drückte und wo auch die Unzufriedenheit war. Auf einmal trauten sich Menschen mit ihrer Meinung heraus und das war gut. Und natürlich war es auch gut, dass das alles immer noch so ein bisschen unter dem Schutz der Kirche stand. Es gab ja einen Freiraum dort und in den konnte der Staat nicht ohne weiteres hinein. Auch wenn wir es in öffentlichen Räumen gemacht haben, wie zum Beispiel in der Mensa.

Zusätzlich gab es nachher die Bildung des Runden Tisches, zu dem ich auch von Anfang an gehörte. Bis zur ersten Kommunalwahl war das noch mit dem damaligen Greifswalder Oberbürgermeister. Das war hochinteressant, weil ich mit Leuten zusammen kam, die ich vorher noch nie persönlich kennen gelernt hatte. Für die war es ja auch gewöhnungsbedürftig, sich im Dialog zu üben. Das war ein hochinteressanter Prozess.

Den Mauerfall habe ich leider buchstäblich verschlafen

Als Geschäftsführer des diakonischen Werkes gab es regelmäßige Treffen der Geschäftsführer auf DDR-Ebene. Ich bin hierfür immer sehr früh losgefahren, weil ich ungern in Berlin schlafen wollte. Und das war genau an dem Abend als die Mauer geöffnet wurde. Ich habe das gar nicht mitgekriegt, ich habe geschlafen! Und als ich dann auf der Fahrt nach Berlin war, habe ich gehört, dass die Grenze geöffnet worden sei. Das war dann natürlich auch das Thema auf der Tagung und als ich dann nach Hause gefahren bin, habe ich gedacht: „Ich fahre einfach mal rüber!" Wenn man das an der Friedrichstraße oder Bornholmer Straße erlebt hat, kann man das kaum wiedergeben. Es war eigenartig und hat einen doch ziemlich stark berührt. Ich bin es sonst gewohnt gewesen, bei Dienstreisen an den Grenzübergängen nicht groß anzustehen, das lief alles 'mal besser und 'mal schlechter. Auch mit den Kontrollen hatte ich selten Probleme. Ich hatte eigentlich vor 'rüber zu gehen, bin aber letztlich nicht, weil ich das nicht konnte. Ich habe mir schließlich gesagt: „Ich bin sonst immer nur allein gefahren, jetzt mache ich die nächste Fahrt nur mit meiner Frau oder den Kindern." Ich bin dann verhältnismäßig bewegt zurück nach Hause gefahren.

Im Vorfeld des zweiten Advents bin ich dann mit meinen Kindern und meiner Frau nach Lübeck gefahren, weil ich dort einen dienstlichen Termin hatte. Da haben wir die Freude gehabt, stundenlang im Stau zu stehen und bei Selmsdorf das erste Mal das Grenzgebiet zu sehen. Und dann sah man so die Häuser rechts und links und dachte: „Mensch, die sehen da die Leute fahren." Das war unser erstes Erlebnis und als mein ältester Sohn gefragt wurde, wie er das empfunden hat, da sagte er: „Mich hat am meisten die Sauberkeit in Lübeck überrascht." Da waren wir alle überrascht, denn wir dachten, dass er sich vor allem freuen würde, schneller etwas kaufen zu können, aber nein, die Sauberkeit. Und das für einen Neunjährigen, das fanden wir schon enorm.

Eine gewisse Eigenständigkeit zu wahren, hätte mich damals gereizt

Beim Jahreswechsel 1989/90 war ich eigentlich immer noch der Auffassung, dass möglichst eine Konföderation entstehen sollte. Also das man sagt: Wir versuchen in der DDR einen Weg zu gehen, der uns vielleicht auch vor Fehlern bewahrt, die in der alten Bundesrepublik entstanden sind. Da war das Thema „Einheit" also noch nicht so vorherrschend. Ich hätte nie etwas dagegen gehabt, aber es hätte mich auch ein Stück gereizt, zu sagen, dass wir versuchen einen Weg zu gehen, der uns nicht weiter trennt von der Bundesrepublik, wo man miteinander einen ganz anderen Kontakt und Offenheit pflegt, aber, dass man doch die Eigenständigkeit bewahrt. Ich glaube, das lag auch daran, dass einem noch gar nicht so bewusst war, wie wirtschaftlich kaputt die DDR eigentlich war. Der Ruf „Wir sind ein Volk" oder die Sehnsucht nach der D-Mark waren ja eigentlich nur Symptome davon. Meiner Meinung nach war die DDR nicht ideologisch kaputt, was man ja immer gerne so dahin stellt. Ich denke, wir waren wirtschaftlich am Ende. Wir waren zwar der stärkste Staat im RGW, aber wir mussten diese Dinge dann auch abgeben. Dadurch war die DDR auch ein Stück weit ausgeblutet.

Abb. 6: Willy Brandt auf dem Greifswalder Marktplatz, 17. März 1990.

Parteipolitisch haben wir uns dahingehend eingebracht, dass wir damals als SDP den Hinrich Kuessner aufgestellt haben. Und zu dem Zeitpunkt hatten wir noch das Glück, dass unmittelbar vor der Volkskammerwahl Willy Brandt nach Greifswald kam und im „Boddenhus" residierte. Das war hochinteressant. Wir haben mit ihm gemeinsam einen Abend verbracht und dann habe ich noch mit ihm und Tilo Braune am anderen Tag vor der Veranstaltung einen Spaziergang in Ludwigsburg gemacht. Was unangenehm war: Er war nie alleine, er war immer von seinen Sicherheitskräften umgeben. Auch das war eine neue Erfahrung. Ich bin noch nie in meinem Leben so beschützt Spazieren gegangen. Aber es war gut, es war angenehm und wir waren ja als SDP-Leute alle euphorisch, weil der Markt wirklich voll war. Kein

anderer Politiker hat den Markt voller bekommen als Willy Brandt.
Auch Helmut Kohl nicht.

1. Die SDP bekennt sich zur E I N H E I T der deutschen
Nation! Diese muß von beiden deutschen Staaten gestaltet
werden!

2. Eine schnelle Wiedervereinigung gefährdet die einzigarti-
ge Möglichkeit der Selbstbestimmung nach 40 Jahren SED-
Diktatur! Sie würde unverantwortbare soziale und politische Lasten für die DDR-Bevölkerung mit sich bringen!

3. Die Gestaltung der deutschen Einheit ist keine rein deutsche Angelegenheit! Wir wollen mit der Bundesrepublik
Deutschland auf die vier ehemaligen Siegermächte zuge-
hen, um einen Friedensvertrag auszuhandeln, der uns volle
Souveränität für die Deutschen gibt!

4. Wirtschaftliche Sanierung der DDR bedeutet nicht schnelle Wiedervereinigung, sondern erfordert schnell den Einsatz einer demokratisch gewählten Regierung!

Darum wählt bei den ersten freien Wahlen 1990 in der DDR

S O Z I A L D E M O K R A T I S C H

Mit der S P D in die Zukunft!
Für Frieden, Freiheit und soziale Gerechtigkeit!

SDP-Kontaktadresse: Arndt Noack
K.-Marx-Platz 15
Greifswald - 2200

Abb. 7: Flugblatt der SDP, Frühjahr 1990.

Und trotzdem haben wir die Wahl verloren. Mit Pauken und
Trompeten. Und das lag zum einen daran, dass dann kurz vor der
Wahl herauskam, dass der Ibrahim Böhme, der damalige SDP-
Vorsitzende auf DDR-Ebene, eventuell doch bei der Stasi war. Unser
zweites Problem war, dass wir es vielleicht doch nie ganz klar zu sagen
hinbekommen haben: Wir sind nicht irgendein Ableger der SED. Es
gab ja in der SDP immer den Streit: Wen dürfen wir aufnehmen und

wen nicht. Das war furchtbar manchmal. Es gab Leute, denen blieb nichts anderes übrig, als in die SED einzutreten, sonst hätten sie Berufsverbot bekommen. Wir haben ja gesehen, dass die anderen bei den Blockparteien viel offensiver damit umgegangen sind.

Heute hat man mehr Gestaltungsmöglichkeiten

Man muss natürlich ehrlich sagen, dass man manches, was sich seit der Wiedervereinigung noch entwickelt hat, nicht vorhergesehen hat. Und es gab eben leider viele Menschen, die dem Herrn Kohl geglaubt haben, dass es in fünf Jahren blühende Landschaften gäbe. Ich denke, was wir lernen mussten, war, dass wir uns auf einmal auch stärker inhaltlich auseinander setzen mussten, was ja früher nie gefordert war. Wenn man es getan hat, dann in einem kleinen Kreis, dem man vertraut hat, und nun auf einmal hat sich die Gesellschaft geöffnet.

Mir persönlich ist es aber wichtig, dass ich heute ganz andere Gestaltungsmöglichkeiten als früher habe. Das ist eine Chance, die wir alle wirklich sehen sollten und von daher möchte ich nicht mehr zur DDR zurück und es tut mir auch weh, wenn manchmal solche Äußerungen fallen. Natürlich gibt es heutzutage mit der Arbeitslosigkeit ein Phänomen, das wir nur aus der Schule kannten. Obwohl es die hier auch gab. In den großen Betrieben gab es beispielsweise Hofkolonnen, die sich dann von morgens bis abends an einer Schippe oder an einem Besen festhielten. Wer wirklich keine Arbeit hatte, den gab es ja im Straßenbild gar nicht, der war weg. Und von daher kann ich nur sagen, dass diese Gesellschaft große Möglichkeiten bietet. Wenn es aber auf der einen Seite große Möglichkeiten gibt, dann gibt es auf der anderen Seite auch große Gefahren. Und ich glaube, da müssen wir miteinander dran arbeiten und das macht mir eben an der Arbeit, die ich zurzeit mache, Spaß. Ich habe keinen getroffen, mit dem ich damals Kontakt hatte, der sagen würde: Es hat sich nicht gelohnt. Der Eine oder Andere hat die und die Enttäuschung erlebt – unsereins ja auch – aber unter dem Strich gesehen muss ich sagen: Es war gut, es war richtig und vor allem war es ein Geschenk, dass ich selbst so etwas miterleben durfte.

Interview: Julian Dunz und Eric Ladenthin

Das große Ziel ist weg, es lohnt nicht mehr

Werner Kipp
1989: Lehrer, 36 Jahre

Werner Kipp wurde 1953 in Stralsund geboren. Besonders der ursprünglich parteinahe Vater prägte sein politisches Bewusstsein, so dass er 1972 in die SED eintrat. Nach drei Jahren bei der NVA nahm er das Mathematik-Studium in Greifswald auf, wechselte dann aber die Fachrichtung und beendete hier 1980 sein Lehrerstudium für die Fächer Deutsch und Geschichte. Wegen eines Parteiverfahrens konnte er das angefangene Forschungsstudium nicht beenden, so dass er 1981 als Lehrer an der POS Pablo Neruda in Schönwalde anfing. Herr Kipp erlebte die Wendezeit mit seiner Frau und seinen drei Kindern auf dem Riems. Er engagierte sich bis zu seinem Parteiaustritt 1998 für die PDS. Von 1991 bis 2009 unterrichtete Werner Kipp am Friedrich-Ludwig-Jahn-Gymnasium Greifswald.

Die Idee ist nicht falsch

Ich bin ein knallharter Materialist, knallharter orthodoxer Kommunist. Da mache ich keinen Hehl daraus, das wird sich auch nicht mehr ändern. Mein Vater ist immer ein tapferer Parteisoldat gewesen, 20 Jahre lang, bis er sein Parteibuch hingeworfen hat, weil er sich über die ärztliche Behandlung meiner Mutter bei der Kreisleitung beschwert hatte. Und dann wurde der Spieß umgedreht und ihm Verunglimpfung der medizinischen Intelligenz vorgeworfen. Insofern ist mir das Kommunistische Manifest in die Wiege gelegt worden. Ich kann mich daran entsinnen, wie mein Vater, als ich acht Jahre alt war, mit uns Söhnen darüber redete, dass die KPdSU den Kommunismus ansteuert, eine Zeit, wo es kein Geld mehr geben wird, sondern alle Menschen nach ihren Bedürfnissen leben. Den „Kurzen Lehrgang der Geschichte der KPdSU" habe ich mit 13 Jahren gelesen, war also sehr früh politisch interessiert. Aber dann diese Enttäuschung und auch eine gewisse Sippenhaftung. Man ließ mich erst nicht zur Erweiterten Oberschule (EOS). Das war dann natürlich auch eine gewisse Umkehr und das hatte für mich den Vorteil, dass ich mein Parteibuch nicht geerbt habe, sondern ganz bewusst über den Kopf zu der Idee gekommen bin. Nach dem Motto: Auch wenn sich manche Leute in der Partei so unmöglich benehmen, die Idee ist nicht falsch. In der Zeit zwischen Schule und Armeezeit war ich Postbote und damit Prolet – da durfte ich in die Partei eintreten.

Ich habe meine Frau 1976 im Studium kennen gelernt. Wir haben '77 geheiratet. Ich selbst war noch bis 1980 im Studium, sie hatte ihr Studium 1979 abgeschlossen und arbeitete schon als wissenschaftliche Mitarbeiterin auf dem Riems, diplomierte aber noch. Sie erhielt ihr Diplom 1980, also im gleichen Jahr wie ich. Ich bin dann ins Forschungsstudium gegangen, habe mich allerdings wegen einer Sache, die zwar politischen Inhalts war, aber nicht eine wirkliche Meinungsverschiedenheit war, mit der Parteileitung angelegt, ein Parteiverfahren bekommen und bin exmatrikuliert worden. Damals ging es natürlich an die Substanz. Parteiverfahren und Exmatrikulation sind ja nun tatsächlich keine Kleinigkeiten. Es war in der Partei immer so, dass man am besten weg kommt, wenn man Asche aufs Haupt streut, bereut und sich bewährt, so war's in der SED. Dafür bin ich nicht der Typ. Ich hätte letztendlich zurück gekonnt an die Uni, wenn ich zur Bewährung ein Jahr lang Heimleiter geworden wäre. Also bin ich statt dessen zu Silvester zum Schulrat in Greifswald gegangen, Arbeitskräfte wurden ja gesucht, und hab' gesagt: „So, ich brauche ab 1. Februar Arbeit, ich bin gelernter Lehrer, ich brauche keine Wohnung." Und da damals Lehrermangel herrschte, war natürlich der Schulrat hellauf begeistert. Er bekam einen Lehrer, dann noch einen Mann, außer der Reihe. Auf diese Weise bin ich dann tatsächlich 1981 in den Lehrerberuf hineingekommen. Das war eine dramatische Zeit. In der Rückschau sage ich immer, das Beste, was mir in meinem Leben passiert ist, ist der Rausschmiss von der Uni gewesen. Letztendlich bin ich dadurch Lehrer geworden, ich bin dann gerne Lehrer gewesen. Sonst wäre ich an der Uni gelandet.

Das war also '81 mein Start ins Lehrer-Dasein. 1989 war ich ein gestandener Lehrer. Als Historiker wusste man manches, wenn man es wissen wollte, früher und genauer, und wenn man ein hellwacher Mensch ist, dann ist man auch entsprechend kritisch. Ich muss sagen, ich habe sehr gute Hochschullehrer gehabt, die für eine seriöse Historikerausbildung eingetreten sind. Zum Beispiel kannte ich den Wortlaut des geheimen Zusatzprotokolls zum Hitler-Stalin-Pakt von 1939 aus der Vorlesung. Mein damaliger Dozent, später Professor, hat das wirklich verlesen. Etwas, was es eigentlich nicht hätte geben können, denn die Existenz dieses Protokolls hat selbst Gorbatschow noch bestritten. Insofern kann ich mich bei einigen meiner Hochschullehrer nur bedanken. Das habe ich auch weitergegeben, dass ich nicht wider besseres Wissen gelehrt habe. Natürlich konnte man ein Problem wegen mangelnder Lehrplantreue oder Ähnlichem kriegen. Da durfte man sich also nicht ohne weiteres erwischen lassen, aber ich denke schon, das hat sich auch in der Wende gezeigt, dass sich die Schüler von mir nicht belogen oder betrogen fühlten, auch meine Kollegen nicht.

Die Chance, etwas zu verändern

Mit der Reform in der UdSSR hoffte man, dass sich in der DDR auch etwas bewegen muss, dass es einfach so nicht weiter gehen konnte. Der entscheidende Impuls, wo für mich dann der Riemen herunter war, war das Verbot der Zeitschrift *Sputnik*. Ich hatte mich vorher schon mit der Kreisleitung angelegt, auch mit der Pädagogischen Akademie der Wissenschaften, weil ich diese Geschichtsverfälschung einfach nicht ertragen konnte. Nicht etwa, dass ich die DDR weg haben wollte, aber einfach aus Berufsehre: Wie soll man Schüler erziehen, wenn sie alles das, was wirklich war, in der Schule nicht lernen können, aber es dann hinten herum doch erfahren? Ich hab' meinen Protest gegen diese Geschichtsverfälschung an den Kreissekretär der SED geschickt, dass das so nicht weitergeht und er sich bitte auch dahinter klemmen möge, dass wir ordentliche Geschichtsbücher kriegen. Er hat es auf dem kurzen Dienstweg an seine Stellvertreterin für politische Arbeit weitergereicht und sie hat es dann an ihren Mann weitergereicht. Der war Offizier bei der Staatssicherheit. So kam es dann, dass sich die Staatssicherheit für mich interessierte.

Ich habe meine Akte nie eingesehen, das interessiert mich auch nicht. Wenn ich mal viel Zeit habe, dann mache ich es noch. Der Kollege, der auf mich angesetzt war, hat es mir nach der Wende gesagt. Den hat man eben auch unter Druck gesetzt. Und außerdem: Was sollte die Staatssicherheit gegen mich haben? Ich habe keinen Ärger bekommen, außer dass die SED-Kreisleitung meine Wahl blockiert hat, die dann aber von den Kollegen '88 doch nachgeholt wurde. Vorher hatte ich während des Studiums schon mal Berührung mit der Staatssicherheit, weil man einen Kommilitonen von mir, einen sehr befähigten jungen Mann, zum Forschungsstudium gar nicht erst zugelassen hat, weil die Staatssicherheit Einspruch erhoben hat. Dagegen haben wir, die Seminargruppe, bei der Universitätsleitung protestiert und da kam dann vom Rektor zurück: Wenn die Staatssicherheit Einspruch erhebt, also einen Mann ablehnt, gibt es keine Berufungsmöglichkeit – also keine Rechtsstaatlichkeit! Das waren meine Kontakte, also direkten Kontakt mit der Staatssicherheit hatte ich eigentlich gar keinen, aber ich weiß eben, dass die Staatssicherheit sich in diesen zwei Fällen für mich interessiert hat. Ansonsten: Man wusste, dass sie existierte und man wusste natürlich auch, mit wem man worüber reden konnte.

Zu der Aufgabe der Partei gehört es auch, ein so genanntes Stimmungs- und Meinungsbild aufzunehmen. Also wir Genossen sollten gewissermaßen das Ohr an der Masse haben. Nicht im Sinne von Spionage, sondern um die Stimmung der Masse zu erfassen und weiterzugeben. Da kann ich noch ein paar Sachen heraussuchen, womit die Leute unzufrieden waren. Es war diese ständige Erfolgspropaganda, wo die Wirklichkeit so ganz anders aussah. Das stand den meisten Leuten bis hier! Versorgungsprobleme spielten auch eine Rolle. Aber es ist ja nicht so, dass die Leute große Ansprüche hatten, dass sie wirklich wie im Westen leben wollten. Die Leute waren ja schon froh, wenn es das, was es eigentlich in der DDR hätte geben müssen, wenigstens regelmäßig gegeben hätte.

Es gab ein Ereignis, das einigermaßen Wellen geschlagen hat: Eine Schicht des KKW hat sich tatsächlich direkt an Honecker gewandt und auf die Missstände hingewiesen. Das hat man natürlich aufgeblasen: Wenn solche Leute Kritik an der Parteiführung üben, ist das sicherheitsrelevant. Dann kam die geballte Ladung von oben zurück, obwohl die Kritik letztendlich durchaus auf dem Boden der DDR formuliert war. Das war keine staatsfeindliche Aktion. Das KKW ist ja in der Hinsicht auch noch bevorzugt bedient worden, aber die kritischen Stimmen und der Protest gegenüber der Erfolgspropaganda sind ja nicht unbedingt vom Einkommen und vom eigenen Wohlstand abhängig. Das waren ja hellwache Leute auf dem KKW. Und dann hat man die große Keule geschwungen und zum Beispiel den Schichtleiter abgelöst und selbst dem Kreissekretär wegen mangelnder revolutionärer Wachsamkeit eine Parteistrafe verpasst. Das waren die Ereignisse im Vorfeld in Greifswald. Besonders penetrant bei der Erfolgspropaganda waren die *Potjomkinschen Dörfer*. Am schlimmsten war es übrigens beim Besuch Honeckers zur Greifswalder Domeröffnung, Da sind tatsächlich die Häuser, die eigentlich Ruinen waren, von außen gemalert worden. Es wurden Gardinen hineingehängt und sie wurden bis zur Sichthöhe dessen, was man vom Auto her sehen konnte, gestrichen. Das war ja unerträglich.

Für mich ging der entscheidende Impuls aber von Gorbatschow aus. Das war für uns die Chance, etwas zu verändern. Doch erst mit dem Verbot des *Sputniks*, da wurde man auch wirklich rebellisch. Vor Gorbatschow war der *Sputnik* einfach nur lustig. Kein Mensch hat das Blättchen ernst genommen. Aber die Kollegen haben es abgenommen, weil man ja auch in der *Deutsch-Sowjetischen Freundschaft* war und da gehörte das Abonnement einfach dazu. Das war eine schlechte Ausgabe von *Readers Digest*, völlig unernst, nicht seriös in seinen Ansichten. Aber dann kamen mit Gorbatschow da andere Artikel hinein. Ein Kollege von mir, ein Spezialist für Stalinismus-Forschung, der war einerseits naiv und andererseits sehr klug. Dieser sagte: „Ich sammle alles, aber ich sammle nur das, was in der Sowjetunion oder der DDR erschienen ist, dann können sie mir nichts." Was natürlich nicht stimmte, denn das, was er da gesammelt hatte, war eine Bombe. Damit reiste er umher und hielt Vorträge. Damit hat man ihn dann auch unter Druck gesetzt. Beim *Sputnik*-Verbot hatten wir dann wirklich den Willen zu einem Protest, wir haben mit der uralten Maschine Handzettel gedruckt, aber die dann doch nicht geklebt. Der Zettel lautete: Paragraph sowieso, DDR-Verfassung, Pressefreiheit, Bürger der DDR, fordert die Wiederzulassung des Sputniks, das war der Wortlaut. Da sagte meine Frau zu mir: „Das machst du dann ein, zwei Tage, und was hast du dann gekonnt? Dann kannst du anschließend die Kakerlaken im Knast agitieren." Das ist der Punkt in meinem Leben, wo ich sage: einmal habe ich nachgegeben, nicht unbedingt aus Feigheit, sondern gewissermaßen aus Berechnung, und das passiert mir nicht wieder.

Es war eine Revolution!

Ich habe selbst in der Wende nicht daran geglaubt, dass diese Protestbewegung eventuell soweit geht, dass der Staat DDR danach nicht mehr existiert. Ich bin niemals ein Gegner der DDR gewesen, ich wollte immer eine bessere DDR, auch in der Wende noch. Wir haben dann erst in der Wende erkennen müssen, da war nichts mehr zu retten. Dass auch die Gorbatschowsche Reform eigentlich nichts mehr reformieren konnte, das sind alles Einsichten späterer Zeit, das konnten wir damals nicht wissen. Als eine Kollegin dann unmittelbar in der Wende gesagt hat: „Ja, was kommt jetzt? Jetzt kommt die Vereinigung!", habe ich bloß gesagt: „Du spinnst!" Das weiß ich noch. Der Streit der Historiker jetzt, ob es sich um eine Revolution gehandelt hat, war für uns keine Frage. Dass das eine Revolution ist, das war uns im November 1989 klar.

Meine Schwiegereltern wohnten in Gartz an der Oder, das ist bei Schwedt. Und wenn wir also mit den Kindern auf Reise gingen, mit drei kleinen Kindern, dann muss man schon einiges an Gepäck mitnehmen. Wenn man aber in Schwedt aus dem Bus stieg, beziehungsweise aus dem Zug, und dann auf den Anschlussbus wartete, wenn man dann in Schwedt auf die Oderbrücke ging, dann durfte man schon nicht mal mehr auf die Brücke, weil die Grenzer glaubten, man will mit den Gepäck und den Kindern nach Warschau in die Botschaft. Und da hat man sich dann natürlich auch an den Kopf gefasst… Wir bleiben doch hier, wir wollen doch gar nicht weg! Das war eine Erfahrung vom Sommer '89, das weiß ich noch.

Gewalt in Revolutionen entsteht meist, weil irgendeiner die Nerven verliert. Dann kommt es zu Gewalt und das Gefühl hatte man damals auch. Die '89er Revolution in der DDR war nicht immer unbedingt eine friedliche Revolution. Insgesamt ist sie friedlich verlaufen, aber sie war nicht in allen Teilen friedlich. Am 3. Oktober wurde ich zum Wehrkreiskommando bestellt. Dann bekam ich einen neuen M-Befehl, das heißt Mobilisierungsbefehl. Mein Einsatzbefehl lautete: Wenn ich gebraucht würde, wenn eine Mobilisierung wäre, dann wäre ich der Polit-Offizier eines Mot.-Schützen-Bataillons. Da war klar, dass man auf die Konfrontation hinzielte. Wo ich hinkomme, fällt entweder kein Schuss oder in die richtige Richtung. Die Bereitschaft, die Sache flach zu halten und keine Gewalt anzuwenden, war jedoch auf beiden Seiten da. Das muss man deutlich sagen, denn sonst hätte das auch anders enden können. Vielleicht war auch das Auftreten bestimmter örtlicher Funktionäre nicht so provokant, nicht so selbstsicher, nicht so selbstherrlich. Ich habe den letzten Kreissekretär zum Beispiel als durchaus klugen und einsichtsvollen Menschen in Erinnerung, vorher wie nachher. Also über den Mann konnte man sich nicht einmal ärgern. Es gab natürlich auch andere.

Abb. 8: Demonstrationszug durch die Greifswalder Innenstadt. U. a. sind die Parolen „Ziviler Ersatzdienst" und „Stoppt die Kahlschlagsanierung unserer Stadt" zu lesen, Oktober 1989.

Bei der ersten Demonstration in Greifswald war ich dabei, aber gewissermaßen als Demonstrant der SED-Linken, der SED-Reformer. Wir wollten das, was in der Verfassung stand: „Alle Macht dem Volk", dass Führungsanspruch nicht erhoben, sondern erworben wird. Dass das Volk sich seine Führer wählt. Dass das Volkseigentum nicht nur formell existiert. Wir hatten die Auffassung damals, dass das, was die DDR und der Staatssozialismus überhaupt war, dass das letztendlich kein Sozialismus war, sondern Okkupation der Macht. Dass das also von Volksherrschaft himmelweit entfernt war. Eine Parteibürokratie an Stelle eines wirklichen Sozialismus.

Über Achim Jonas – in solchen Städten ist das ja auch immer persönlich, der ist studierter Mathematiker, daher kannten wir uns – lernte ich das Bürgerkomitee kennen. Tatsächlich steckte dahinter der Versuch, den geforderten Dialog irgendwie zu kanalisieren, ihn nicht nur den Bürgerbewegungen zu überlassen. Also wurden interessierte Bürger aufgerufen, mitzumachen. Auf diese Weise bin ich in das Mensa-Komitee hineingekommen. Seitdem kenne ich auch Hinrich Kuessner. Wir haben auch lange gebraucht, bis wir die unterschiedlichen Biographien einigermaßen respektiert haben. Ich verstehe ihn völlig, aber trotzdem kommen wir aus unterschiedlichen Ecken.

Die Modrow-Regierung machte jedoch nur weiter wie davor. Man hatte das Gefühl, dass sie die Leute nur hinhielt, dass sich nichts wirklich bewegte. Da haben die Leute vom *Neuen Forum* dann auch gesagt: Moment mal, Dialog gut und schön, aber wir fühlen uns veralbert. Und dann hat das *Neue Forum* mit einem Flugblatt zur Besetzung der Staatssicherheit aufgerufen. Ich bekam bloß einen Anruf vom Bürgerkomitee, da trafen wir uns dann. Ich hab dann Herrn Kuessner gefragt: „Und wie stellt ihr euch das vor?" – „Na, wir haben doch ein Flugblatt heraus gegeben!" – „Ja, und?" – „Na dann werden wir sehen, wie viele Leute kommen und dann werden wir die Staatssicherheit besetzen." Und da hab' ich auch gesagt: „Und, wollt ihr es drauf ankommen lassen, dass es knallt?" – „Wir sagen: Keine Gewalt!" Das ist auch ein bisschen das Lustige an der Sache: Das Volkspolizeikreisamt war der Patenbetrieb meiner Schule, daher kannte man sich. Daraufhin bin ich mit Achim Jonas hingefahren und habe den VPKA-Chef gefragt: „Wo steht die Volkspolizei?" Der Chef hat sich kurz beraten mit seinen Stabsoffizieren und hat gesagt: „So, wir stellen euch die *Toniwagen*[19]

---

[19]   Die Funkstreifenwagen der Polizei wurden in der DDR *Toniwagen* genannt. Der Begriff entstand aus dem realen Funknamen der Berliner Polizei, der durch Fernsehsendungen verbreitet wurde.

zur Verfügung. Wenn die Demonstranten vor der Staatssicherheit auftauchen, ist die Polizei dabei und zwar auf derer Seite!"

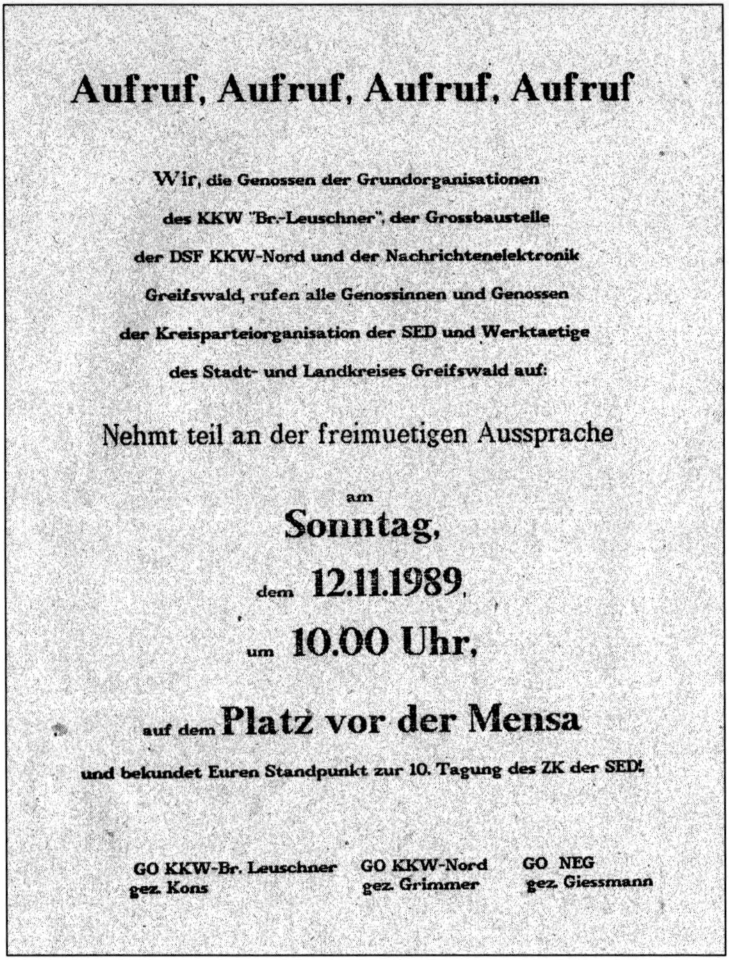

Aufruf, Aufruf, Aufruf, Aufruf

Wir, die Genossen der Grundorganisationen

des KKW "Br.-Leuschner", der Grossbaustelle

der DSF KKW-Nord und der Nachrichtenelektronik

Greifswald, rufen alle Genossinnen und Genossen

der Kreisparteiorganisation der SED und Werktaetige

des Stadt- und Landkreises Greifswald auf:

Nehmt teil an der freimuetigen Aussprache

am

Sonntag,

dem **12.11.1989,**

um **10.00 Uhr,**

auf dem **Platz vor der Mensa**

und bekundet Euren Standpunkt zur 10. Tagung des ZK der SED!

GO KKW-Br. Leuschner	GO KKW-Nord	GO NEG
gez. Kons	gez. Grimmer	gez. Giessmann

Abb. 9: Aufruf der SED zu einer Demonstration vor der Greifswalder Mensa am 12. November 1989. Am gleichen Tag tritt das Sekretariat der Greifswalder SED-Kreisleitung geschlossen zurück.

Dann bin ich also bei der Staatssicherheitsbesetzung dabei gewesen, die anderen haben in der Zwischenzeit die SED-Kreisleitung besetzt. Lubmin hat ja nicht geklappt. In Greifswald sollten wir de facto ja auch verladen werden: Der Chef der Staatssicherheit begrüßte einen freundlich und war bereit, sich mit uns zu unterhalten: „Ja, wie viele Bürger würden Sie denn...?" Und: „Wir bitten Sie hier zum Gespräch!" Aber unten im Keller waren die Öfen noch an und oben aus dem Schornstein flogen noch die Glutfetzen raus, weil unten immer noch verbrannt wurde. Ich habe dann später von Offizieren der Staatssicherheit im Nachhinein auch erfahren, dass die Besetzung natürlich dort bekannt war und eine gewaltige Diskussion ausgelöst hat. Dort gab es einige Hardliner, so dass die dort ihre eigenen Leute zur Ruhe gebracht, entwaffnet und eingesperrt haben, während die Demonstranten noch drin waren, damit es nicht zum Konflikt kommt.

Es war eine Konsumfrage

Mit der Maueröffnung habe ich gerechnet. Es war ja ein Reisegesetz angekündigt worden. Und am 9. November war grade eines der Mensa-Foren, und dann kam jemand herein: Die Mauer ist offen! Das glaubte natürlich erst kein Mensch. Als sich das dann bestätigte, konnten wir das Mensa-Forum abbrechen. Dann war das natürlich die wichtigste Meldung. Ich bin nach Hause gefahren, habe das Fernsehen angestellt und ich muss sagen: Ich habe geheult. Nicht über die Öffnung selber, sondern über diese... ich sag's mal so: über diese gewisse Würdelosigkeit, mit der die DDR-Bürger hinüber gingen. Anders war es, als Leute gesagt haben: Wir wollen ja gar nicht gehen, wir kommen ja zurück! Das gefiel einem dann schon eher. Dass man mal gucken wollte, war vollkommen klar. Aber, dass man da jubelt ... Da fing es dann an zu dämmern bei mir, dass die DDR nicht mehr zu halten ist, dass die Zeit für eine bessere DDR schon vertan ist. Es ist mir noch in Erinnerung geblieben, wie die Tränen liefen. Und ich bin kein besonders sentimentaler Mensch! Natürlich kann ich auch verstehen, was die Menschen bewegt hat, so dringend in den Westen zu wollen. Wenn sie die ganze Zeit nur gezwungen sind, sich die Nase am Schaufenster platt zu drücken, wo es drinnen alles gibt, was sie sich wünschen – und sie kommen nicht rein... Es war eine Konsumfrage, das hat sich dann auch gezeigt. Diejenigen, denen es um Bürgerrechte und Demokratierechte ging, die sind doch dermaßen vereinzelt gewesen.

Mein erster Besuch war dann in Lübeck, kurz vor Weihnachten. Da habe ich mich auch gefreut. Ich bin als Historiker ein besonderer Fan für Hansegeschichte, hatte mir natürlich schon die Hansestädte Stralsund, Greifswald, Rostock und Wismar angeguckt, habe mir Danzig angesehen. Und ich habe gedacht, nach Lübeck kommst du vielleicht höchstens mal, wenn du 65 Jahre alt bist. Das hatte sich natürlich dann schneller erledigt. Vom Begrüßungsgeld habe ich auch eine Kinderbibel gekauft, ein schönes Exemplar. Als Geschichtslehrer muss man die

Bibel kennen. Zitat meines Dozenten für Alte Geschichte: „Ein Historiker, der die Bibel nicht kennt, sollte seinen Beruf an den Nagel hängen." Und ich war auch der Meinung, auch die Kinder sollten es kennen. So, ich glaube, das war eine der ersten Anschaffungen, ich glaube, auch noch 'nen Taschenrechner. Und dann hat man sich auch gewundert, dass ein Brötchen 35 Pfennig kostete oder ähnlich. Muss ja ein tolles Brötchen sein, dachte man – es war bloß aus Luft. Solche aufgeblasenen Dinger kannten wir ja auch nicht.

Abb. 10: Die FDJ-Kreisleitung in der Domstraße, Ende der achtziger Jahre.

Man brauchte auch nur über die Grenze zu fahren und man wusste, man war im Westen. Schaute man sich die Häuser an… Sicherlich haben sich die DDR-Bürger auch Mühe gegeben, ihre Häuser zu pflegen. Aber ich weiß das ja selber, ich hab' ja auch mit der Renovierung ständig zu tun gehabt. Zum Schluss bestand die Vorstreichfarbe nur noch aus Kreide. So kann das natürlich nicht halten. Wenn man da mit Latex streicht. Dass das immer wieder abblättert, das merkt man. Ganz andere Anstrichstoffe, ganz andere Pflege, da war Geld und Wohlstand dahinter.

Die ersten politischen Gespräche nach der Wende mit Westdeutschen waren mit jungen Leuten von der *Spartakist-Arbeiterpartei*. Das waren die ersten, die hier in Greifswald als Wessis auftauchten, mit uns redeten und meinten, dass jetzt die Zeit für den richtigen Sozialismus sei. Die Spartakisten sind für mich hoffnungslos veraltet gewesen, auch damals schon. Was ich an Trotzki und den Spartakisten schätze: Dass sie die Geschichte im Nachhinein richtig beurteilen: Dass unter Stalin der Sozialismus entartet ist, das entspricht ungefähr meinem Denken. Die Revolutionsromantik der Spartakisten, die konnten wir aber schon nicht mehr teilen. Solchen Enthusiasmus mag man ja, aber man schmunzelt auch. Man ist ein bisschen älter und als Historiker weiß man ja auch manches genauer.

Abb. 11: Die FDJ-Kreisleitung nach ihrer Entrümpelung, Anfang 1990.

Nicht alle waren für einen fairen Wahlkampf

Der Frühling/Sommer 1990 war durchaus dramatisch, auch hier. Die einen bedauerten die Wende. Die Betonköpfe waren noch bereit die DDR zu verteidigen. Selbst da zeigte sich, dass es hätte passieren können, dass man in den Novembertagen auf verschiedenen Seiten einer Barrikade gestanden hätte, obwohl man letztendlich politisch nicht so weit auseinander war. Bei den Wahlen zum Beispiel wurde es dann auch wieder etwas abenteuerlich. Die PDS führte den Wahlkampf unter der Losung „Keine Beerdigung der DDR!", also „Kein

Anschluss nach Artikel 23!" Ich habe ja für die PDS energisch Wahlkampf gemacht und dann auch bei den Kommunalwahlen im Mai für die PDS in Greifswald kandidiert. Ich habe kein Mandat gewonnen, wäre aber später als Nachrücker in die Bürgerschaft gekommen. Da war jedoch ein Kollege von mir, den ich schon längere Zeit kannte, der zu DDR-Zeiten ein ziemlicher Betonkopf war, aber im Unterschied zu anderen Betonköpfen kein Wendehals, sondern ein Steher: Peter Multhauf. Der ist in Greifswald sicherlich nicht unbekannt. Er ist jetzt außer Dienst gegangen, war auch Lehrer. Der ist so das Enfant Terrible der PDS. Und als ich dann hätte nachrücken müssen in die Bürgerschaft, habe ich gesagt: „Nee Leute, ein Multhauf genügt!" Wir sind uns nämlich durchaus ähnlich.

Dass ich noch eine DDR-Fahne hier oben auf dem Schornstein auf Riems aufgehängt habe, das war so, wie wir das als kleine Jungen früher in den Lesebüchern gelesen hatten. Am nächsten Tag musste einer hoch, der mächtig Bammel hatte, als er die Fahne wieder herunterholen musste. Und ich einen Tag später in der Nacht wieder hoch, eine Losung auf den Schornstein gemalt. Das waren so Aktionen der Wendezeit, wo heute noch eine Kollegin sagte: „Da war wenigstens noch was los!" Ja, da sage ich: „Aber nicht wieder!" Bei mir ging es so weit, dass man mir vom Motorrad die Bremsseile durchgeschnitten hat. Gott sei Dank habe ich das rechtzeitig mitbekommen. Das sind die Punkte, wo man sagt: Moment mal, schön aufpassen! Nicht alle sind hier für einen fairen Wahlkampf. Da fing natürlich auch das Problem in der Familie an. Meine Frau sagte: „Wenn die Bedrohung auf die Familie geht und die Kinder darunter zu leiden haben…" Ich verstehe den Frust ja, habe ihn auch damals schon verstanden: Ich, eine knallrote Socke, bleibe Lehrer, behalte meinen Beruf. Hier auf dem Riems glaubten die Arbeiter in der Wendezeit, sie könnten etwas bewegen! Man könnte Betriebsräte zur Rechenschaft ziehen, man könnte Betriebsdirektoren purzeln lassen. Aber siehe da: die Fachleute blieben. Viele aus der Zeit sind ja noch heute dabei, und die Leute, die die DDR-Arbeitsmoral nicht ablegen konnten, das heißt mit Sauferei im Dienst und Gammelei, die flogen. Dass sich da Frust aufbaut, das war mir vollkommen klar. Nur habe ich geglaubt, ich setze mich für die Unterprivilegierten ein, aber die wussten das wenig zu schätzen. Oft auf dem Motorrad unterwegs gewesen, manchmal hat man mir auch Prügel angeboten, beim Plakatieren und ähnlichem, da musste man auch schnell sein. Und dann natürlich immer noch der Kampf um die Reform in der Partei.

Abb. 12: Wahlplakat der „Allianz für Deutschland" zur Volkskammerwahl im März 1990.

Man wollte ja auch endlich die SED auf Reformkurs kriegen. Ähnlich, wie es in Berlin passiert ist. Das war ja de facto ein Putsch, was Gysi mit Markus Wolf im Hintergrund gemacht hat. Die haben ja das ZK de facto entmachtet und diese SED auf Reformkurs gebracht, sonst wäre es auch nicht zum Außerordentlichen Parteitag gekommen. Das haben wir ähnlich in Greifswald dann auch versucht: Ein Komitee gebildet, in dem die reformbereiten Kräfte in der SED zusammengefasst werden sollten, die die Kreisleitung zwingen wollten, auf Reformkurs zu gehen. Das war eine Initiative, die dann auch akzeptiert wurde, zum Teil aber auch ins Leere lief. Ich hatte meine Frau da auch noch sehr an meiner Seite, z. B. als Krenz den Vorsitz im Politbüro übernahm, haben wir ihm dann einen Brief geschrieben : „Die Wende ist nicht von der SED eingeleitet worden. Wenn er als Nachfolger von

Honecker seine Tätigkeit mit einer Lüge beginnt, ist mit ihm kein Staat zu machen." Da hat man viel geschrieben, viel diskutiert und letztendlich doch nichts bewegen können. Man fühlte sich die nächsten Monate wie Kassandra. Man sagte immer voraus, was passieren wird, und was notwendig wäre, überzeugte auch einen Teil der Genossen, aber man kriegte keine Mehrheiten. Und vier Wochen später war dann die Entwicklung soweit, dass sich das von selbst ergab. Es macht keinen Spaß, auf diese Weise Recht zu haben. Aber offenbar wurde das doch noch ernst genommen, denn letztendlich hat ja die Reformbewegung in der SED die eigentliche Führung in der Partei übernommen. Es gab dann auch Treffen der Reformer, zu denen man hinzugezogen wurde, zur Bestimmung des Kurses innerhalb der SED, damals ja SED-PDS. Und das war die Gelegenheit, wo ich Gysi auf der Klausurtagung des Parteivorstandes kennen lernte.

Schlüsselerlebnis, Epochenumbruch, auch Befreiung

In der Familie war es sehr dramatisch und das hatte sicherlich auch mit der Wende zu tun. Meine Frau hat ihre Arbeit verloren und ist tatsächlich sehr depressiv geworden. Ohne die Wende hätte sich die Krankheit sicher nicht in dem Maße ausgewirkt. Diese Depression ist mir besonders aufgefallen im Jahr 1993 und hat die neunziger Jahre sehr überschattet, so dass sie sich 1996 das Leben genommen hat. Da muss auf jeden Fall auch eine psychische Disposition sein. Aber ohne solche Erschütterungen im Leben, ohne den Verlust der Arbeit, wäre das sicher so nicht gelaufen. Meine Frau hat sich ihr Studium sehr schwer erkämpfen müssen, durch Krankheit, Kinder und so weiter belastet, und hat sich sehr über die Arbeit definiert. Wenn man die Arbeit, die man so wichtig nimmt, verliert und plötzlich das Leben entwertet ist, dann hat man sicherlich auch Probleme mit sich selber. Ich glaube, wenn man mir die Arbeit weggenommen hätte, wäre es mir nicht viel besser gegangen. Ich war sicherlich auch depressiv nach der Wende, es zeigt sich noch in den lyrischen Texten jener Zeit. Man meinte, das große Ziel ist weg, es lohnt nichts mehr.

Ich habe mich fürs Gymnasium beworben, bekam dann auch noch von der Universität meine Rehabilitierung, dass meine Exmatrikulation – selbst zu DDR-Zeiten – unrechtmäßig war. Dann kam der Tag, da war ich zur Personalversammlung am Jahngymnasium eingeladen, wo ich bis jetzt noch arbeite. Plötzlich kam die Ausladung. Da sagte der neue Schulrat zu mir: „Es gibt sehr starke Vorbehalte gegen Ihren Einsatz am Gymnasium." Und er hat nicht verstanden, warum ich ihn ausgelacht habe: Weil nämlich vor der Wende im gleichen Zimmer das gleiche gesagt wurde, nur waren es andere Leute. Der Einspruch 1991

kam offenbar von einem etwas überschießenden Mann, einem Rechts-
außen der CDU. Der kannte mich gar nicht und meinte, es kann ja
nicht sein, dass so eine rote Socke am Gymnasium lehrt. Es hieß, dass
der Bildungsausschuss Protest eingelegt hätte – was so nicht stimmte,
der Bildungsausschuss war damit gar nicht befasst – es war also der
Protest eines einzelnen älteren Herren. Daher hat sich das dann auch
geklärt und ich bin 1991 hier ans Gymnasium gekommen. Es hatte sich
ja viel verändert in der Bildungslandschaft: Jetzt konnten auch Schüler
zum Gymnasium, die vorher nicht zur EOS zugelassen wurden. Meine
erste 11. Klasse habe ich 1991 übernommen, 1993 zum Abitur geführt
und seitdem weitere Klassen... Also die Arbeit hat sich insofern nicht
wesentlich verändert, und ich musste mich nicht wesentlich korrigie-
ren, dass ich etwas Falsches gelehrt hätte, zumindest nicht wider besseres Wissen. Dass man manches nicht gewusst hat, das bestreite ich ja
nicht, aber die Glaubwürdigkeit bei den Schülern und auch bei den
Kollegen, die hatte ich vorher und nachher.

Die Wende ist für mich Schlüsselerlebnis, Epochenumbruch, in
gewisser Weise auch Befreiung. Ich möchte die DDR ganz gewiss nicht
wieder haben, aber ich mache auch keinen Hehl daraus: Ich werde
mich mit der jetzigen Politik niemals anfreunden und abfinden. Die
Bundesrepublik ist eine bürgerliche Demokratie, und das ist etwas
wert. Man kann ganz entsprechend der Meinungsfreiheit für seine
Ziele eintreten und mit allen gebotenen Möglichkeiten andere zu über-
zeugen versuchen. Aber von meiner Grundüberzeugung gehe ich nicht
ab, dass die Welt mehr oder weniger aus ökologischen Gründen nicht
um etwas Ähnliches wie den Sozialismus herum kommt, wenn sie
weiter existieren will. Dass das zu meinen Lebzeiten noch passiert,
daran glaube ich nicht. Und ich möchte auch die ökologische Katastrophe nicht mehr erleben.

Interview: Olga Klassen und Luise Maschmeier

Man hatte das Gefühl, man kann gar nicht soviel schubsen, wie das in sich zusammenfiel

Christoph Poldrack
1989: Hochschulassistent in der Greifswalder Theologie, 37 Jahre

Dr. theol. Christoph Poldrack wurde 1952 in Neustadt in Sachsen geboren. Da er nicht Mitglied in der FDJ war, wurde ihm das Abitur verwehrt. Nach einer Ausbildung zum Elektromaschinenbauer war es ihm möglich, sein kirchliches Abitur abzulegen, das nur zum Theologiestudium berechtigte. 1974 bis 1979 studierte er in Greifswald Theologie. 1979 wurde er Assistent und wissenschaftlicher Sekretär an der Sektion Theologie, 1983 erfolgte seine Promotion. 1989 war er einer der Gründungsmitglieder des Neuen Forums und einer der Mitinitiatoren des Runden Tisches in Greifswald. Beruflich war Poldrack bis 1995 weiter an der Theologischen Fakultät beschäftigt. Daraufhin arbeitete er als Pfarrer in Anklam und seit 2008 in Leegebruch (bei Oranienburg) und Velten. Er ist jetzt das zweite Mal verheiratet und hat sechs Kinder.

Die Resignation hat sich bis zu den Kommunalwahlen verstärkt

Nachdem ich nach Greifswald gekommen war, bin ich ziemlich schnell mit allen möglichen Leuten der verschiedensten Fachrichtungen bekannt geworden. Die Studentengemeinde war einer der Orte, an dem man eine ganze Menge Leute traf, die ähnliche Vorstellungen wie man selbst hatten. Vor allem in der Mensa bekam man vieles auch über den kleinen Rahmen der theologischen Sektion hinaus mit. 1974 gab es noch die alte Mensa in der Bahnhofstraße. Dort war es sehr eng und man stolperte eigentlich permanent über irgendwelche Leute, mit denen man ins Gespräch kam. Ein wirkliches Interesse an Greifswald als Kommune ergab sich jedoch bei mir erst, nachdem ich Assistent geworden war und mich hier auch familiär eingerichtet hatte. Solange ich jedoch Student war, hat mich das alles noch ziemlich wenig interessiert.

Zu Beginn des Studiums habe ich in der Fleischerwiese gewohnt, dann in der Steinstraße im Theologie-Studienhaus. Als ich und meine Frau unsere vier Kinder hatten, haben wir auch eine größere Wohnung gekriegt und 1989 sind wir dann noch einmal umgezogen. Da hatten Freunde von uns 'ne ganz große Wohnung in der Fleischerstraße. Und als die über einen Ausreiseantrag kurz vor der Domeinweihung 'raus gesetzt worden sind, damit sie nicht irgendwie noch demonstrieren, habe ich, um die Wohnung zu bekommen, ein Gerücht gestreut: „Wenn diese Wohnung wieder ein Genosse kriegt und wir nicht drankommen, dann weiß ich schon, wie ich dem Herrn Honecker eine Petition übergebe." Zwei Tage vor der Einweihung bekamen wir dann die Nachricht, dass die Wohnung für uns vorgesehen war.

Meine Frau und ich wir waren schon frühzeitig in einem Gesprächskreis bei Herrn Glöckner, der in der Mariengemeinde Pfarrer war. Dort haben wir uns ziemlich intensiv darüber unterhalten, was man in dieser desolaten DDR-Situation eigentlich machen kann. Dabei kam das Projekt aus Berlin zur Sprache, dass man die Kommunalwahl beobachten solle. Ich war dann 1989 in dem Wahllokal in der Arndtschule bei der Auszählung anwesend. Bei der Beobachtung der Wahl wurde ich natürlich auf Distanz gehalten. Als das offizielle Ergebnis verkündet wurde, habe ich gefragt: „Wie viele sind denn überhaupt wahlberechtigt gewesen?" – „Darüber gibt es keine Auskunft!" Ich sagte: „Das gehört doch zu einer Wahl dazu, dass man erstmal weiß, wie viele Personen überhaupt hätten wählen dürfen." – „Nein! Das steht Ihnen nicht zu, das zu erfahren." Das sagte mir damals die stellvertretende SED-Kreisleitungssekretärin, die Frau Hoth, in einem für sie typischen Ton. Darauf drehten sich ein, zwei Herren, die eindeutig von der Stasi gewesen sein mussten, ostentativ herum und drängten uns nach draußen, so dass klar war, dass wir dort nichts mehr erreichen würden. Bei diesen ganzen Aktionen im Mai '89 wurde aber deutlich, dass das Wahlergebnis der Greifswalder Kommunalwahl mit Sicherheit gefälscht war. Außerdem wurde klar, dass jede Protestaktion als Verleumdung dargestellt werden würde. Wir sahen also, dass sich nichts änderte und das hat die Resignation noch mal deutlich verstärkt.

Dann kam der Juni '89 mit der Domeinweihung, wo wir das Gefühl bekamen, dass Teile aus dem Konsistorium ab jetzt verstärkt mit der staatlichen Parteiführung auf Schmusekurs gingen. Man hatte den Eindruck, dass innerhalb der Kirche sehr schnell eine Polarisierung voranschritt, aber dass man selbst eigentlich ziemlich machtlos war. Was konnte man angesichts dieser Situation noch machen? Ich bin in dieser Zeit im Gemeindekirchenrat im Dom gewesen und habe dadurch eine Reihe von Entscheidungsprozessen ziemlich hautnah miterlebt. Ich war dann bei der Domeinweihung selber auch mit im Dom drin. Wir haben mit dem Domchor den Festgottesdienst musikalisch gestaltet. Die Sicherheitsvorkehrungen haben wir damals als sehr rigide empfunden, aber wenn ich das mit dem vergleiche, was heute passiert, wenn der Bundeskanzler oder der Bundespräsident ankommt, waren die eher läppisch. Honecker ist ja bis zum Rathaus gefahren, ist von dort mit dem Bürgermeister durch die Lappstraße, die damals extra noch neu gepflastert worden war, damit er sich nicht auf dem sehr in Mitleidenschaft gezogenen Pflaster noch den Fuß bricht, oder so. Aber sonst waren das eigentlich Vorkehrungen, die, so wie ich es heute sehe, nicht übertrieben waren.

Dann kamen die Sommerferien und da war, wie das in Greifswald ja so immer war, erstmal „tote Hose". In den Semesterferien und Schulferien waren viele weg und es passierte erst einmal nichts weiter. Trotzdem hatte man das Gefühl, dass irgendwas in der Luft liegt. Und das wurde dann, denke ich, so in der zweiten Augusthälfte, als die Zahl derer, die sich in den Botschaften in Prag und Warschau einquartiert hatten und dann über Ungarn 'raus gelassen wurden, immer deutlicher. Es spitzte sich zu, es eskalierte. Für mich war klar, dass mit Sicherheit in diesem Herbst irgendwas passieren würde.

Die Gründung des Neuen Forums war relativ blauäugig

Dann wurde es Mitte September. Aus Berlin erreichte uns via Westmedien die Nachricht, dass ein paar Leute das so genannte *Neue Forum* gegründet hatten, und da haben wir den einen der Mitgründer kontaktiert. Bei ihm haben meine Frau und ich dann die Papiere besorgt und haben dann mit drei, vier Leuten ein *Neues Forum* in Greifswald gegründet. Das war alles relativ blauäugig, weil wir selber noch nicht so genau wussten, wohin es eigentlich gehen soll. An eine große Bürgerbewegung hat zu diesem Zeitpunkt noch niemand gedacht. Auch nicht daran, dass es in Greifswald zu großen Demonstrationen kommen könnte. Im Nachhinein war es aber für uns ein Stück Selbstbestätigung: „Wir bleiben hier nicht tatenlos und wir warten nicht ab, bis es über uns hinweg rollt. Stattdessen versuchen wir, uns aktiv einzuschalten!" Allerdings eben ohne zu wissen, wie das im Einzelnen aussehen würde. Dann haben wir im Freundeskreis bei verschiedenen Leuten angefangen, dafür zu werben, Listen abzutippen und weiterzugeben. Letzten Endes haben wir eine Art Zelle gebildet.

Ab da trafen und berieten wir uns und haben uns mit Interessierten getroffen, die sich über unsere Aktivitäten informieren wollten, um eventuell selbst teilzunehmen. Darunter waren viele aus dem Unibereich, eine Reihe von Studenten, einige Leute, die damals im Nachrichtenelektronikwerk gearbeitet haben. Es gab auch Vereinzelte, die im KKW beschäftigt waren, aber kaum Leute, die man nach DDR-Definition als Arbeiterklasse bezeichnen könnte. Bei diesen Treffen versuchten wir nun das *Neue Forum* in Greifswald zu etablieren und ein paar Leute zur Mitarbeit zu gewinnen.

1.   Greifswald, den 25. Okt. 1989

Rat der Stadt Greifswald
Abt. Innere Angelegenheiten
Baderstraße
Greifswald
2200

Betr.: Gründung einer Vereinigung

Hiermit melden wir die beabsichtigte Gründung der Vereinigung
NEUES FORUM in Greifswald an. Wir berufen uns dabei auf Artikel 29
der Verfassung der DDR und auf die Verordnung über die Gründung
von Vereinigungen Gbl. I 44 vom 26.11.1975. Wir nehmen unser Recht
auf Vereinigung in Anspruch, um durch gemeinsames Handeln unsere
Interessen in Übereinstimmung mit den Grundsätzen und Zielen der
Verfassung zu verwirklichen.

Begründung:

Die gesellschaftliche Situation in der DDR erfordert einen umfassenden und effektiven Dialog aller Bürger. Wir wollen eine politische Plattform sein, wo Bürger mit unterschiedlicher politischer
Auffassung, Weltanschauung und sozialer Herkunft im Dialog Kompromisse des gesellschaftlichen Lebens erstreiten.

Im NEUEN FORUM sollen gesellschaftliche Modelle für die DDR erarbeitet und Antworten auf offene Fragen gesucht werden. Es geht uns
um die Erlangung einer breiten Akzeptanz der sozialistischen Gesellschaft. Wir wollen den Dialog in unserer Stadt und in unserem
Staat durch sachliche Überlegungen und Mitarbeit fördern.

Für Bürger Greifswalds: Unterschriften

2.   Greifswald, den 28. Oktober 1989

Rat der Stadt Greifswald
Abt. Innere Angelegenheiten
Baderstraße
Greifswald
2200

Betr.: Ergänzung zu unserem Schreiben "Gründung einer Vereinigung"
       vom 25. Oktober 1989

In Präzisierung unserer Anmeldung der beabsichtigten Gründung der
Vereinigung NEUES FORUM in Greifswald erklären wir:

1. Der Tätigkeitsbereich der geplanten Vereinigung NEUES FORUM er-
   streckt sich auf das Gebiet der Stadt Greifswald.
2. Wir betrachten uns als organisatorisch und inhaltlich unabhängig von Personen, die in Berlin beim Ministerium des Inneren
   die beabsichtigte Gründung der Vereinigung NEUES FORUM angemeldet haben. Wir stellen deshalb keine Gliederung oder Grund-
   organisation der in Berlin angemeldeten Vereinigung NEUES FORUM
   dar.
Unterschriften

Abb. 13: Zeitgenössische Abschrift der offiziellen Anmeldung des
Neuen Forums beim Rat der Stadt Greifswald, Oktober 1989.

Zuerst wurde ein provisorischer Sprecherrat gewählt, der als Leitung die Aufgaben in die Hand nehmen sollte. Das waren dann 15
Leute, darunter auch ich. Daran sieht man auch, wie spontan und letztendlich unorganisiert die ganze Sache begann. Wir haben dann etwa

zwei, drei mal bei uns getagt, weil wir ja nun eine richtig schöne große Wohnung hatten.

Dann wurde von dem damaligen Superintendenten hier zum 18. Oktober zum ersten Mal zum Friedensgebet in den Dom eingeladen. In dem Zusammenhang haben ein paar Leute aus dem Sprecherrat gesagt, dass diese Chance genutzt werden müsse. Wir wollten den Aufruf und die wichtigsten Statements des *Neuen Forums*, die bis dahin im Wesentlichen nur durch Abschreiben verbreitet, aber ansonsten eigentlich kaum bekannt waren, publik machen. Dazu wurde ich ausgesucht. Ich wusste, dass Leute vom Theater mit dem Superintendenten darüber geredet hatten, ob sie im Anschluss an dieses Friedensgebet eine Art politische Deklaration verlesen dürften. Da hat er nach einigem hin- und her überlegen gesagt: „Lasst das mal. Ich weiß nicht, was hieraus wird heute Abend." Und da haben wir uns gesagt, wir sagen ihm von vorne weg überhaupt nichts. Dann kann er, wenn irgendwas völlig aus dem Ruder läuft, immer noch sagen: „Ich wusste davon nichts." Als das Friedensgebet zu Ende war – der Dom war proppenvoll – bin ich schließlich ans Mikrofon gegangen und habe gesagt, dass ich im Auftrag des *Neuen Forums* für alle, die noch bleiben wollen, im Anschluss die wichtigsten Statements und Aufrufe des *Neuen Forums* verlesen werde. Wen das nicht interessiere, der brauche nicht zu bleiben, aber es blieben alle! Es ist nicht einer aus dem Dom 'rausgegangen. Und hinterher kamen etliche Zuhörer zu mir und wollten sich auf die Listen eintragen oder sich informieren, weil sie Mitglied werden wollten.

Wir haben unsere Flugblätter auf dem Kopierer der Uniparteileitung kopiert

Etwas, das bestimmt eine Greifswalder Besonderheit darstellte, war nun folgendes: Da war auch der stellvertretende Universitätsparteisekretär anwesend. Den kannte ich schon lange ganz gut, weil ich bei ihm auch ML hatte, und das war ein Mann, der überhaupt kein Funktionärstyp war, wie man das sonst auch kannte, sondern einer, der ziemlich genau beobachtete, was läuft und wie die Situation mit uns Theologen war. Der kam zu mir und fragte mich: „Kann ich ein Exemplar haben? Das sind Argumentationssachen, die brauche ich doch bei uns in der Partei. Wir haben nichts, wir kriegen vom ZK überhaupt nichts." Ich überließ ihm also zwei Exemplare und ich sagte: „Ich mache Ihnen einen Vorschlag. Sie haben da doch in der ML-Sektion einen Kopierer." Das war ja zu DDR-Zeiten ganz behütet. Jede Kopie, die man machte, wurde in ein Buch eingetragen, genau mit Verwendungszweck und allem, damit man nicht irgendwelche Flugblätter oder sonst was verbreiten konnte. Wir haben uns dann für den nächsten Morgen um halb sieben verabredet, weil da noch niemand anderes da war. Und dann haben wir tatsächlich auf dem Kopierer der Parteileitung die Papiere des *Neuen Forums* vervielfältigt! Auf diese Weise hatte ich erstmal einen ordentlichen Nachschub und die andere Hälfte der Kopien bekam er.

Abb. 14: Demonstrationszug durch Greifswald, Oktober 1989.

Was an diesem Abend draußen passierte, habe ich allerdings kaum mitbekommen. Ich habe erst am nächsten Morgen erfahren, dass sich eine kleine spontane Demo gebildet hatte, die sich aber mangels Erfahrung und mangels irgendeiner Leitfigur relativ fix wieder aufgelöst hat. Was ich dann toll fand, und damit hatte ich überhaupt nicht gerechnet, war, dass Pfarrer Glöckner an dem Abend dafür gesorgt hat, dass zwei Leute mit mir zusammen nach Hause gehen. Er sagte: „Ich weiß nicht, ob der sicher nach Hause gelangt oder ob er unterwegs in ein Auto gesetzt und mitgenommen wird." Ich war mir dieser Bedrohung gar nicht bewusst. Dass es völlig unsicher war, was nun mit einem passiert, das war uns schon deutlich, aber die Möglichkeit, dass die mich einfach von der Straße weg verhaften könnten, hatte ich für mich selber ausgeschlossen, so dass ich im Nachhinein an dieser Stelle sagen muss, ein Stück Blauäugigkeit spielte da wirklich immer eine erhebliche Rolle. Na ja, von da an überschlugen sich auch in Greifswald die Ereignisse.

Bei den ersten Demonstrationen haben wir noch jemandem eine Vollmacht geschrieben, um unsere Kinder im Zweifelsfall, wenn wir tatsächlich verhaftet werden sollten, in Empfang zu nehmen und für die Unterbringung bei der Verwandtschaft zu sorgen. Da haben wir eine Vorsorge getroffen, die sich zum Glück als überflüssig erwies, aber da war uns schon bewusst, dass was passieren könnte, was man nicht kalkulieren kann. Ob das Politbüro in seiner Angst irgendwann die chinesische Karte ziehen würde, ist immer wieder in unseren Diskussionen erörtert worden. Aber so ab Ende Oktober waren dann auch unsere Kinder bei den Demos dabei.

Das Friedensgebet eine Woche darauf war dann auch so, dass sich hinterher eine relativ geordnete und ein Stück auch organisierte Demo bildete. Es war uns bewusst, dass es viele Leute geben würde, die demonstrieren wollten und, dass wir die Sache irgendwie kanalisieren mussten. Das war abends so um sechs Uhr. Was passierte nun? Wir wussten, dass um Greifswald einiges an Kampfgruppen zusammengezogen worden sind. Die Leute vom KKW, die in der Kampfgruppe waren, hatten beispielsweise Alarmbereitschaft. Wir wussten aber noch nicht: Wie beendet man überhaupt eine Demonstration? Wie kriegt man die Leute am Schluss dazu, dass es sich ohne Zwischenfälle auflöst? Da hat Pfarrer Glöckner gesagt: „Wir müssen einfach einen Erschöpfungsmarsch machen." Es ging also wirklich durch ganz Schönwalde I und II, dann durch die Pappelallee und die Petershagenallee wieder zurück. Und in dem Maße, wie es wieder auf die Innenstadt zuging, blieben tatsächlich diejenigen, die im Neubaugebiet wohnten – und das war ja die deutliche Mehrheit der Leute – sukzessive zurück und gingen nach Hause. Am Schluss war es vielleicht noch eine Zahl von 200 bis maximal 300 Leuten, die bis zum Rathaus zurückgegangen sind. Dort stand dann der stellvertretende Bürgermeister, Herr Jonas, vor der Rathaustür. Und, es wäre übertrieben, zu sagen, er empfing uns. Aber er war wohl darauf vorbereitet worden, dass noch heute Abend irgendwas passieren müsse. Also wurde dann in einer schnellen, kurzen Ansprache den Versammelten per Megafon mitgeteilt bzw. vereinbart, dass am nächsten Abend in der Mensa ein erstes Gesprächsforum veranstaltet wird. Dies hat sich bis zum nächsten Abend wie ein Lauffeuer in Greifswald verbreitet.

Die Leute waren jahrzehntelange nicht als Bittsteller zum Zuge gekommen

Jedenfalls war die Mensa am nächsten Abend proppenvoll, ohne dass das über irgendwelche Medien – die Ostseezeitung war gar nicht in der Lage das noch zu drucken – irgendwie verbreitet worden wäre. Die Leute stellten zum Teil sehr provozierende Fragen, die sie sich wahrscheinlich drei, vier Wochen vorher nie getraut hätten, in der Öffentlichkeit zu äußern. Die Leute von der Stadt, ich glaube, es war auch einer von der Kreisleitung oder vom Rat des Kreises dabei, die versuchten, mehr oder weniger unbeholfen, beruhigende und versöhnliche Antworten zu geben. Die beschwichtigten auch ein Stück weit das, was da an gravierenden Problemen einzelner Leute angesprochen wurde.

Wir haben uns letztendlich zu den verschiedensten Sachen geäußert: Machtmonopol der SED oder die Frage des Verfalls und Abrisses in Greifswald, dieses ganze Vorgaukeln von dem intakten Greifswald bei der Domeinweihung... Und ziemlich bald ging es natürlich auch um die Frage der Reisefreiheit und die offizielle Zulassung der neu entstandenen Organisationen und Parteien. Daneben wurden auch viele Alltagsprobleme thematisiert, wo man merkte, dass die Leute jahrzehntelang nicht als Bittsteller zum Zuge gekommen waren und nun das erste Mal eine Gelegenheit hatten, das 'raus lassen zu können. Die Leute tatsächlich zu stellen, die sich jetzt nicht hinter einem Schreibtisch oder einer Vorzimmerdame dem entziehen konnten, war für viele ein wichtiges Anliegen.

Am 23. November gab es ein Forum, was direkt mit der Maßgabe angesetzt worden war: „Wir wollen wissen, was mit der Staatssicherheit hier los ist". Und da waren der Chef der Kreisdienststelle und der stellvertretende Leiter der Rostocker Bezirksdienststelle anwesend. Es gab bei diesem Forum Leute, die selber zumindest schon mal in Untersuchungshaft gewesen waren und die gesagt haben: „Es gibt in Greifswald in der Kreisdienststelle Folterzellen!" Und das hat die Stasi natürlich vehement bestritten: „So was gibt es bei der Stasi überhaupt nicht, geschweige denn in Greifswald." Da man sich an der Stelle wirklich richtig hochschaukelte, gab es dann den Vermittlungsvorschlag: „Zeigt es uns! Wenn ihr nichts zu verbergen habt, ist die Sache ja auf die Weise schon mal aus der Welt zu schaffen." Und dann wurde das irgendwie vereinbart. Ob die dann wirklich alles gesehen haben, ist im Nachhinein zweifelhaft, weil sie ja erst bei der Stasibesetzung einen besseren Überblick über das bekommen hatten, was noch an verzweigten Nebenräumlichkeiten existierte, die vermutlich in diesem Rahmen nicht alle gezeigt worden sind.

Wo das Honeckerbild hing, war nun ein leerer Fleck

Anfang November lud die SED-Kreisleitung dann drei Vertreter des *Neuen Forums* zu sich ein. Jeweils zu dritt saßen wir uns in einem riesigen Sitzungssaal der Kreisleitung gegenüber, an einem langen Tisch, links und rechts ganz viel Luft. Von der Kreisleitung waren der Sekretär und seine beiden Stellvertreter anwesend. Das war schon komisch. Man sah noch an der Stirnseite den dunkeln Fleck an der Tapete, wo das Honeckerbild gehangen hatte. Sie hatten von Krenz noch keins bekommen, was sie dort hätten hinhängen können. Im Grunde dokumentierte das die ganze Führungslosigkeit dieses Apparates und auch dessen Hilflosigkeit. Die wussten einfach nicht mehr, wie sie mit der ganzen Situation umgehen sollten. Es war nur noch ein reines Buhlen um Verständnis und Kooperation. Am brillantesten war dabei noch die zweite Stellvertreterin, die Frau Hoth, die ich im Mai selber das letzte Mal offiziell bei der Wahlauszählung erlebt hatte.

Sie war damals wohl die meistgehasste Frau in Greifswald. Sie war im Grunde der Kurt Hager, also der ideologische Aufpasser, auf Kreisebene. Und die fing dann an: „Also, Herr Poldrack, ich habe mir das im Nachhinein mit diesem Wahlabend nochmal überlegt. Damals habe ich einfach falsch gelegen. Ich hätte Ihnen das doch mit der Wahlbeteiligung sagen müssen. Also, da habe ich einfach irgendwas durcheinander gebracht und das tut mir Leid." Sie machte also auf Entschuldigung und Mitleid heischend. Ich habe ihr dann jedoch gesagt: „Wissen Sie, Frau Hoth, Sie haben fast ein halbes Jahr Zeit gehabt. Sie wissen, dass ich ein Telefon besitze und Sie hätten mir das jederzeit sagen können. Jetzt glaub' ich Ihnen das jedoch nicht mehr."

Es wurde dann gesagt, dass man sich doch über alles verständigen könne. Dass es ganz viele Möglichkeiten gäbe, miteinander zusammenzuarbeiten. Nur, dass natürlich die Machtfrage in der DDR entschieden sei. Da sagte dann Hinrich Kuessner, der einer von uns Dreien war: „Gucken sie doch mal da hin." Er zeigte auf den leeren Fleck an der Tapete: „Sie als führungslose Partei wollen uns sagen, die Machtfrage ist entschieden? Die fängt gerade erst an, wieder interessant zu werden!" Da wurden die drei aschgrau im Gesicht. Offensichtlich hatte ihnen das in dieser drastischen Deutlichkeit noch niemand gesagt, dass ihr Machtmonopol nun wirklich in Frage stand oder sie hatten sich zumindest bis dahin geschickt um diese Einsicht gedrückt. Von den dreien sind dann auch zwei ganz schnell abserviert worden.

Die besagte Frau Hoth und der andere Stellvertreter sind noch im Dezember aus der SED ausgeschlossen worden. Da hat sich dann die eigene Basis dagegen gewehrt, dass die weiter das Sagen hatten.

Am 9. November öffnete sich ein Ventil

Den Abend des 9. Novembers habe ich dann als einen ganz wichtigen Einschnitt empfunden. Es gab abends ein Mensagespräch über das zu erwartende Reisegesetz. Und mitten in dieses Forum hinein, wo die Stimmung wirklich sehr angeheizt war, weil alle sagten: „Kapieren die Leute immer noch nicht, dass die denken, uns so verschaukeln zu können?", da platzte die Nachricht „Die Mauer ist auf!", der berühmte Satz von Schabowski mit allen Folgen. Das bedeutete dann, dass ein großer Teil sofort aufbrach: „Wir fahren nach Berlin!"

Am nächsten Morgen bildeten sich schnell die großen Schlangen vor der Staatsbank, weil die Leute Reisegeld abholen wollten. Da waren auf einmal Leute, die man bei keiner Demo gesehen hatte, die sich sonst bis dahin nirgendwo öffentlich exponiert hatten. Das waren teilweise die Ersten, die nun anstanden, um ihre 15 Ostmark in Westgeld umzutauschen, damit sie am Wochenende nach „drüben" fahren können, wie man immer so schön sagte.

Hier wurde nun klar, dass bei ganz vielen der Dampf schon wieder 'raus war. Ich habe das später für mich einmal versucht mit der Formel zu beschreiben: „Wir haben die Unzufriedenheit der Leute hinter uns gehabt, aber nicht die Unzufriedenen." In dem Augenblick, als sich mit der Öffnung der Mauer ein ganz anderes Ventil öffnete, eine ganz andere Möglichkeit, sich aus der für sie als unangenehm empfundenen Situation entfernen zu können, da hatten die auch kein Interesse mehr am *Neuen Forum*, an politischen Diskussionen und an irgendwelchen Mitgestaltungssachen. Es blieb aber der alte Kern. Und das Verblüffende war eigentlich, dass wir selbst mit unserer überschaubaren Gruppe trotzdem noch eine ganze Menge bewirken konnten.

Ein letzter Höhepunkt, wo es noch einmal zu einer Mobilisierung der Leute kam, die nicht so unbedingt zum inneren Zirkel gehörten, stellte die Besetzung der Staatssicherheit und der SED-Kreisleitung am 4./5. Dezember dar. Bei der Stasi rauchten die Schornsteine so sehr, dass deutlich wurde, dass dort offensichtlich Akten vernichtet werden. Wir bekamen dann von Leuten vom *Neuen Forum* aus Rostock die Nachricht, dass die dort die Bezirksdienststelle besetzen wollten. Um zu verhindern, dass von einer Stelle zur anderen irgendwas hin- und hergeschoben wird, dachten wir, dass es das beste sei, diese überall zu besetzen.

Am späten Nachmittag des 4. Dezember begann die Besetzung. Das war das einzige Mal, wo ich wirklich Angst und Beklemmungen hatte. Das war so eine Situation, wo man nicht wusste, was passieren würde. Es musste nur einer durchdrehen und dann konnte das innerhalb weniger Minuten eskalieren. Ich weiß jetzt nicht mehr genau, ob das Hinrich Kuessner hier von uns war, oder ob das irgendeiner von den Physikern gewesen ist, der dann jedoch sagte: „Wir brauchen unbedingt einen Staatsanwalt dazu." Irgendjemand hat tatsächlich den Kreisstaatsanwalt aufgetrieben. Der hat sich in seiner Rolle allerdings mehr als unwohl gefühlt. Es war ziemlich deutlich, dass er sich zwischen allen Fronten sah, loyal gegenüber dem Staatsapparat und der Staatssicherheit auf der einen Seite, aber gegenüber der Menge von den ungefähr 50 bis 80 Leuten, die sich da vor der Kreisdienststelle versammelt hatten, war er auch irgendwie hilflos. Er wollte dann verhandeln: „Können wir das nicht auf morgen verschieben, ich muss mich erstmal vergewissern." Es wurde jedoch gleich gerufen: „Jetzt oder nie!" und „Jetzt machen Sie das!" Er hat letzten Endes mitgespielt und nach einigem Hin und Her wurden er und eine Reihe von Leuten ins Dienstgebäude hereingelassen. Dort wurden alle aufzufindenden Panzerschränke versiegelt. Außerdem wurde vereinbart, dass rund um die Uhr mindestens zwei Leute von den Besetzern als Wachen im Gebäude sein sollten, damit keine Akten vernichtet werden oder der Versuch unternommen wird, was abzutransportieren.

Ein Detail, was vielleicht die Art deutlich macht, wie die Stasi denn intern war: Es war noch im Dezember '89, ein genaues Datum kann ich leider nicht mehr sagen. Ich hatte sozusagen Nachtschicht. Von abends um zehn bis früh um sieben saß ich da also zusammen mit noch einem und dem Diensthabenden von der Staatssicherheit an der Pforte. Es war ja klar, dass sie das Gebäude immer noch nutzen mussten und das von denen noch irgendjemand Telefondienst hatte, aber nur in unserem Beisein telefonieren durfte. Jedenfalls hatte derjenige früh um sechs Uhr Dienstschluss und dann kam seine Ablösung. Der kam zu mir, machte seinen Nylonbeutel auf, zeigte mir seine Brotbüchse und seine Thermoskanne und sagte: „Hier." – „Was soll denn das?" – „Na, ich wollte es Ihnen zeigen." – „Wieso?" – „Na ja, sie sind doch jetzt hier die Bestimmer." Da ist mir erstmal deutlich geworden, unter welchem internen Druck die gearbeitet haben müssen, wenn die sich derart devot gegenüber den Leuten zeigten, die sie jetzt plötzlich als Vorgesetzte empfanden, bzw. die ihnen jetzt selbstbewusst gegenübertraten! Das hätte ich im Vorfeld nicht für möglich gehalten.

Im Nachhinein ist es mir deshalb ein Stück weit erklärlich, wieso dieses System wie ein Kartenhaus in sich zusammenstürzen konnte.

Wenn die Spitze nicht mehr funktioniert und die Befehlskette von oben nach unten plötzlich unterbrochen wird oder nur noch punktuell funktioniert, waren die so was von hilflos und einfach nicht entscheidungsfähig. Das hatten sie schließlich nie gelernt.

Abb. 15: „Volkssiegel auf Panzerschränke" – Die Besetzung der Staatssicherheit in der Domstraße, 4. Dezember 1989.

Wegen den Stasi-Akten gab es schließlich noch erhebliche Auseinandersetzungen mit der Modrow-Regierung. Die wollten unbedingt, dass die Akten schnellstmöglich zur Bezirksdienststelle nach Rostock gebracht werden, während wir die natürlich erst haben durchsehen wollen. Es war sogar ein Abgesandter vom Ministerrat geschickt worden, der mit Verhaftung und Prozess drohte, wenn wir das nicht machen würden. Wir sagten aber: „Drohen Sie ruhig. Wir geben die nicht raus. Das müssen Sie schon mit Gewalt machen, und die Gewalt haben Sie nicht, denn die Polizei unterstützt uns." Jedenfalls sind die Akten dann erst nach Rostock gebracht worden, als wir vom Untersuchungsausschuss fertig waren.

Mein Telefon war verwanzt

Eine indirekte Folge der Stasibesetzung war übrigens, dass einige Tage danach plötzlich mein Telefon nicht mehr funktionierte. Ich bin dann zur Post, zur Fernmeldeabteilung: „Ja, müssen wir mal sehen, in drei Wochen kriegen wir das hin." – „Wie, drei Wochen? Heute! Ich bin hier vom *Neuen Forum*!" – „Ach so. Ja, natürlich, selbstverständlich." Da habe ich ein bisschen gepokert. Jedenfalls kam dann auch ganz fix ein Fernmeldemonteur, guckte sich das Telefon an, machte eine Telefondose auf: „Oh, Sie haben aber einen interessanten Anschluss." Nahm die Kombizange, knackte einen Draht durch und sagte: „Jetzt geht es wieder." Damit war klar, wo das hingeführt hatte und, dass da irgendwie eine Schaltung gewesen ist, die sich, als hier in der Kreisdienststelle alles weg war, irgendwo in das Nirwana begeben hat. Deswegen weiß ich, dass wir verwanzt waren. Zu mindestens diese Dose!

Vorher hatten wir natürlich auch immer so unsere Vermutungen gehabt. Wenn wir mit Freunden zusammensaßen und Diskussionen geführt haben, die nicht unbedingt nach außen dringen sollten, haben wir beispielsweise häufiger in unserem Wohnzimmer gesagt: „Hallo, Stasi, sitzen wir gut, oder müssen wir uns anders platzieren, damit Ihr Stereoempfang gut ist?" Wir waren uns aber nie sicher, ob da tatsächlich abgehört wird. Wir hatten natürlich hin und wieder schon ins Telefon 'reingeguckt, die Hörmuschel aufgemacht, mal die Verkleidung, aber nie etwas entdeckt. Das waren aber auch Sachen, wo man im Grunde auch auf Vermutungen oder aus Neugierde nachgesehen hat. Ansonsten hat in der Zeit, wo wir im Studienhaus in der Steinstraße gewohnt haben, auch über mehrere Monate hinweg ein Wartburg mit wechselnder Besetzung vor dem Haus geparkt. Das sollte aber ganz offensichtlich eher der Einschüchterung als dem Abhören dienen, denn das war so demonstrativ, dass man genau merkte, die wollen uns zeigen: „Wir sind hier präsent."

Wir hatten manchmal wegen der Überwachung auch Codeworte verwendet, aber da habe ich dann im Nachhinein auch gemerkt, wie blöd die Stasi gewesen ist. 1978 war ich beispielsweise bei einem Theologiestudententreffen in Ostberlin, was paritätisch Ost-West besetzt war. Mit denen, mit welchen wir uns näher angefreundet hatten, machten wir aus, dass wir, wenn wir beim Schreiben auf dieses Treffen Bezug nehmen, das Codewort „Familientreffen" verwenden. Später habe ich dann in meiner Stasi-Akte gelesen, dass die tatsächlich darauf angesprungen sind und einen riesigen Suchvorgang in Bewegung setzten. Ich hatte ja keine Westverwandtschaft, aber die Stasi hat bei meinen sämtlichen Geschwistern gegengeprüft: „Wo sind die uns unbekannten Verwandten vom Poldrack, die in der Bundesrepublik leben? Er hat doch von einem Familientreffen geschrieben." Irgendwann, Monate später, schrieb dann der Führungsoffizier: „War wohl ein *Fake*." Und ich dachte mir beim Lesen: „Wenn die so lange gebraucht haben, um dieses wirklich ganz billige Tarnwort als solches zu entdecken, dann ist das eigentlich ein Armutszeugnis."

Der damalige SED-Oberbürgermeister hat eine konstruktive Rolle gespielt

Beim schließlich in Gang kommenden Umbruch hat der damalige SED-Oberbürgermeister, Udo Wellner, der relativ neu im Amt war, eine ausgesprochen konstruktive Rolle gespielt. Der hat gesagt: „Ja, das ist okay, das ist notwendig und richtig. Ich werde diese Leute, die hier die Besetzung machen und das untersuchen wollen, offiziell legitimieren. Gebt mir eine Liste, wer beteiligt ist. Ich werde nichts nachprüfen. Wenn Ihr euch untereinander einig seid, ist das für mich okay." Letztendlich bekam dann jeder von uns ein offizielles Schreiben, wo er als vom Oberbürgermeister autorisiertes Mitglied des Untersuchungsausschusses bestätigt wurde. Ich glaube, das ist etwas, was es auch nur in Greifswald gegeben hat. Jedenfalls ist mir nicht bekannt, dass es in irgendeiner anderen Stadt ein solches Miteinander gegeben hat. Ich denke, wenn man sich bewusst macht, dass seine Panzerschränke vorneweg wenige Stunden zuvor versiegelt worden sind, ist das etwas, wo er ganz schnell über seinen Schatten gesprungen ist.

Bis in den April 1990 haben wir dann häufig bis nach Feierabend an den Akten gesessen. Im Grunde war es ja sowieso eine Freizeitrevolution, wenn man das so nennen kann. Selbst als zwischendurch mal kurzzeitig überlegt worden ist, ob man einen Generalstreik in der DDR ausrufen solle, ist das ja wieder abgeblasen worden. Eigentlich haben alle normal gearbeitet und nach Feierabend wurde Revolution gemacht, wenn man das so sagen kann.

Die nächste Etappe für Greifswald war dann die Bildung des Runden Tischs. Das war am 11. Dezember, als der Oberbürgermeister gesagt hat: „Wir brauchen hier ein Gremium, was analog zu dem zentralen Runden Tisch zusammenkommt und sich für die Geschicke Greifswalds verantwortlich fühlt." Der Oberbürgermeister lud hierzu Vertreter aller neu entstandenen Gruppen sowie die Vertreter der in der Bürgerschaft vertretenen Parteien ein. 50:50, alte und neue Kräfte. Nach ein paar Startschwierigkeiten und einigen Reibereien, die notwendigerweise entstehen mussten, kam es hierbei ziemlich schnell zu einem sehr konstruktiven Klima. Dann wurden auch eine ganze Reihe von Untergruppen und Sektorentischen, wenn man das so nennen kann, gebildet.

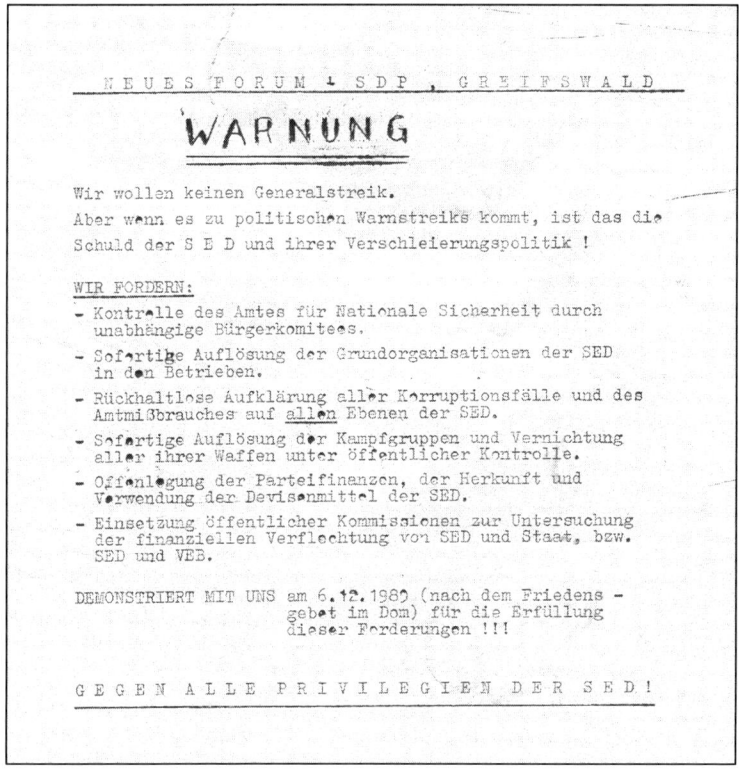

Abb. 16: Gemeinsames Flugblatt des *Neuen Forums* und der SDP, 6. Dezember 1989.

Schnell war für mich und eigentlich auch für die noch bestehende und ja noch nominell entscheidungsbefugte Bürgerschaft klar, dass das autorisierte Gremium dieser Runde Tisch ist. Dass der im Prinzip für die Zeit in Greifswald Autorität hatte, lässt sich an folgender Kleinigkeit ganz gut beschreiben: Es war Ende Januar/Anfang Februar 1990, als draußen an der Schule in Wieck ein Erzieher gebraucht wurde. Der dortige Schuldirektor wollte jemanden einstellen, der als Offizier der Staatssicherheit gerade aus seiner Funktion entlassen worden war. Das hatte sich ganz schnell bis zum Runden Tisch „Bildung" durchgesprochen. Die haben das zentral geregelt, und es war klar, dass das nicht ging.

Da musste einer von uns hin und denen mal erklären, warum das undenkbar wäre. Jedenfalls wurde ich zu dieser Versammlung hingeschickt. Ich kam also dahin und sagte: „Ich bin hier der offizielle Vertreter vom Runden Tisch, ich bin von denen delegiert, hier an dieser Versammlung teilzunehmen und..." Darauf wurde ich vom Direktor unterbrochen: „Sie haben hier nichts zu suchen. Sie kommen hier nicht rein!" Es war dann wirklich so, dass ich nicht teilnehmen durfte. Man hat mir einfach den Stuhl vor die Tür gesetzt. Ich habe dann aber hinterher einfach ein paar Eltern, die das nicht mitgekriegt hatten und am nächsten Morgen das Präsidium, also Pfarrer Glöckner, informiert. Bei der nächsten Sitzung des Runden Tisches, wo das mitgeteilt wurde, löste das einen Sturm der Entrüstung aus. Auch die von der PDS sagten: „Den knöpfen wir uns vor! Was bildet der sich eigentlich ein?" Schließlich wurde dieser Direktor zum Runden Tisch zitiert und sollte dort Rede und Antwort stehen. Er meinte, es sei eine Bagatelle und ein Missverständnis, alles halb so schlimm. Und überhaupt, was der Runde Tisch sich eigentlich einbilde. Der hätte doch überhaupt nichts für Greifswald zu sagen, sein Vorgesetzter sei der Stadtschulrat. Dieser hatte aber zu dem Zeitpunkt bereits abgedankt, weil er soviel Dreck am Stecken hatte. Das Ergebnis war dann, dass dieser Direktor nicht mehr lange in seinem Amt blieb. Ich will damit nur deutlich machen: Da waren sich eigentlich alle einig. Wenn in dieser Stadt noch irgendwas sinnvoll miteinander geschah, dann über dieses Gremium.

Es ist fast zu hochgestochen, hier von einer Revolution zu sprechen

Meiner Meinung nach war es in Greifswald vergleichsweise konstruktiv und harmonisch, so dass man kaum das Gefühl hatte, dass hier so etwas wie eine Revolution stattgefunden hat. Stattdessen war es eher so, dass alle, die sich verantwortlich fühlten, fanden, dass wir für diese Stadt irgendwas machen müssten, was unter den momentanen Bedingungen erreichbar war. Wir setzten uns also zusammen und suchten nach der für alle akzeptablen besten Lösung. Das klingt sicherlich ein Stück desillusionierend, wenn man jetzt die schönen Vokabeln „friedliche Revolution" oder „Wende" oder so was immer hört, aber der gesamte Machtwechsel auf der kommunalen Ebene war so was von friedlich und konstruktiv und unkompliziert, dass es fast zu hoch gestochen ist, in Greifswald von einer Revolution zu reden.

Die Arbeit am Runden Tisch ging noch bis Anfang Mai 1990, bis zur Kommunalwahl. Dann gab es die Konstituierung der neuen Bürgerschaft mit den neu gewählten Leuten. Wenn man so will, lief es seitdem in rechtlich schon mehr oder weniger abgesicherten Bahnen. Wir mussten natürlich anfangs eine Menge improvisieren. Man musste sich beispielsweise erstmal eine eigene Hauptsatzung schaffen. Da bekamen wir aber von den Leuten aus der Partnerstadt Osnabrück ein Stück weit Unterstützung. Es war jedoch noch vieles so, dass man merkte, wir tasten uns da selber erstmal in den neuen parlamentarischen Gepflogenheiten und den rechtlichen Möglichkeiten, die man auf kommunaler Ebene hat, vorwärts. Im Nachhinein muss ich sagen, dass die ersten Monate eigentlich die Besten waren. Denn mit jedem neuen Gesetz und mit jeder Verordnung, merkte man, wie sich der Handlungsspielraum einschränkte, wie die Vorgaben, was alles zu beachten ist, strenger wurden.

Verblüfft war ich im Nachhinein vor allem, wie schnell die DDR schließlich in sich zusammenbrach. Man hatte das Gefühl, dass man gar nicht soviel schubsen kann, wie das in sich zusammenfiel. Das lag aber auch an der Verfassung der Partei- und Staatsführung. Wie senil und konfus die wirklich gewesen sind, das hat man ja erst in dem Augenblick so richtig gespürt, als sie abtraten. Im Nachhinein ist es eigentlich ernüchternd zu sagen: „Auf solche Leute haben wir uns Jahrzehntelang verlassen müssen."

Letztendlich hatte ich im gesamten Prozess oft das Empfinden, dass wir nur mit Mühe den Ereignissen hinterher hechelten und lediglich so taten, als würden wir diese gestalten. So viel an eigener Gestaltungskraft hatten wir dann aber gar nicht. Deswegen bin ich auch immer sehr skeptisch, wenn Leute sich als große Helden oder als heroische Kämpfer darstellen. Ich denke, spätestens ab Mitte Oktober gehörte nicht mehr sehr viel dazu, aktiv mitzumachen. Das einzige Mal, wo es kritisch war, war – wie gesagt – bei der Stasibesetzung.

Wenn ich versuche, meine Erwartungen und das Ergebnis zu vergleichen, dann würde ich sagen, dass wir es binnen kurzer Zeit geschafft haben, ein Unrechtssystem zu überwinden. Allerdings ist der Rechtsstaat, wie er uns danach aufoktroyiert worden ist, und wie die Wiedervereinigung passierte, noch nicht das, was ich mir als Ergebnis gewünscht hätte. Also basisdemokratische Dinge zum Beispiel, oder dass die Politik nicht nur über die Gesellschaft, sondern auch ein Stück weit über die Wirtschaft mitentscheidet. Jetzt haben wir zwar ein demokratisches Staatssystem, aber es hat ein mehr oder weniger oligarchisches oder gar anarchistisches Wirtschaftssystem das eigentliche Sagen. Das sind Dinge, wo ich merke, da hatten wir entweder nicht die Kraft oder nicht die Zeit, in den wenigen Monaten etwas als Modell zu entwickeln, was eine wirkliche Alternative hätte sein können. Die Tatsache, dass der Verfassungsentwurf des zentralen Runden Tischs von Berlin sang- und klanglos in der Versenkung verschwunden ist, ist so für meine Begriffe ein ganz typisches Zeichen dafür, dass dann eben ganz fix andere Leute das Sagen bekamen. Wenn ich vorhin gesagt habe, wir hatten die Unzufriedenheit, aber nicht die Unzufriedenen hinter uns, wird das durch solche Dinge auch noch mal ein Stück weit illustriert.

Es war eine Sternstunde der Geschichte

Heute ist es für mich aber auf alle Fälle positiv, dass man die Möglichkeit hat, etwas zu sagen, ohne ständig zu überlegen, wie formulierst du jetzt was, damit es nicht in der Weise falsch verstanden wird, dass du für irgendwas verhaftet wirst. Das empfinde ich als eine große Bereicherung. Ich muss sagen, dass ich nicht zu den „Verlierern" der Wende gehöre. Ich habe weder Arbeitslosigkeit noch einen sozialen Abstieg erlebt. Von daher bin ich persönlich sehr zufrieden. Ohne '89/'90 hätte ich wahrscheinlich zu manchen für mich heute noch wichtigen Leuten hier in Greifswald nie Kontakt bekommen, wenn wir uns nicht plötzlich in solchen Gremien, wie im *Neuen Forum*, im Untersuchungsausschuss, am Runden Tisch oder so begegnet wären und gemerkt hätten, dass wir gut miteinander können. Ich kann also froh sein, dass ich dabei gewesen bin. Das war, denke ich, die spannendste Phase meiner Biographie. Das war eine Sternstunde der Geschichte. Ich glaube nicht, dass ich noch einmal eine so aufregende Zeit erleben werde. Dass sich aber alle meine Erwartungen erfüllt hätten, kann ich nicht sagen.

Interview: Eva Hohm und Annegret Jerratsch

Ich habe keinen Tag bereut im ersten Leben und ich bereue keinen Tag im zweiten Leben

Bernd Haase
1989: Leiter des Volkspolizeikreisamtes Greifswald, 39 Jahre

Bernd Haase wurde 1950 als Sohn eines Bergmannes, der bei der Wismut SDAG arbeitete, geboren. 1967 erlernte er den Beruf des Matrosen im Fischkombinat Sassnitz, leistete von 1969 bis 1973 den Wehrdienst bei der 6. Grenzbrigade Küste und war dort Bootsführer auf einem Grenzboot. Während dieser Zeit lernte er seine Frau kennen. 1973 fing er, um Kommandant auf einem Feuerlöschboot zu werden, bei der Berufsfeuerwehr in Stralsund an. Nach einem dreijährigen Fachschulstudium in Heyrothsberge bei Magdeburg kehrte er 1978 zurück und wurde Kommandoleiter der Feuerlöschboote. 1979 begann er ein Studium an der Hochschule der Volkspolizei. Nach Beendigung des Studiums kam Haase 1981 nach Greifswald, wurde dort Stellvertreter des Leiters Volkspolizeikreisamt (VPKA) und im April 1987 schließlich selbst Leiter des VPKA. Nach der Wende wurde er als Leiter der Polizeiinspektion Greifswald übernommen, war von 1994 bis 2004 Leiter der Polizeiinspektion Zentrale Dienste in Anklam und ist seit 2004 Leiter der Polizeiinspektion Anklam.

Die Aufgabenstellung wurde immer extremer

Der spannendste Teil meines Lebens war natürlich der Zeitraum als Leiter VPKA, einmal unter dem Gesichtspunkt, dass ich Leiter VPKA wurde und unter dem Gesichtspunkt, dass es eben die Wendezeit war. – Ich war von Haus aus von der sozialistisch-kommunistischen Weltanschauung geprägt. Ich habe am Parlament der FDJ in Karl-Marx-Stadt teilgenommen. Das war so was wie die Generalversammlung der FDJ, und das höchste, was man im FDJler Leben miterleben konnte. Ich habe auch an den Weltfestspielen 1973 teilgenommen. Ich war also von der Sache überzeugt, denn sonst hätte ich das alles auch gar nicht werden können. Aber ich habe, und das hat sich durch meine Armeezeit, meine ganze Jugend und auch durch mein Erwachsenensein gezogen, einen Gerechtigkeitssinn entwickelt. Das hatte aber nichts mit Systemtreue zu tun. Ich war also von der Sache überzeugt und habe mich auch dafür eingesetzt, sonst hätte ich das Studium nie gemacht und wäre nicht das geworden, was ich dann geworden bin.

Diese Überzeugung hielt bei mir bis zu der Zeit, in der ich dann Leiter VPKA wurde, an. Als ich das geworden war, gab es dann bestimmte Dinge, die mit meinem inneren Gerechtigkeitssinn kollidierten. Zwar nicht so, dass ich jetzt gesagt hätte: „Jetzt musst du hier in die Opposition oder so", aber die mich dann in bestimmten Situationen gestört haben. Zum Beispiel, dass immer überall ein anderer die Hand mit drin hatte, sprich das Ministerium für Staatssicherheit. Das war mir in dem Sinne vorher gar nicht bewusst und wurde mir eigentlich erst in dem Zeitraum des Hochschulstudiums und nachher insbesondere als Stellvertreter und Leiter des VPKA deutlich. Die Probleme verschärften sich dann und die Aufgabenstellung für uns als Volkspolizei wurde zum Teil auch immer extremer und manches Mal auch kurioser. Zum Beispiel wurde etwa 1988 die Aufgabe an die Verkehrspolizei erteilt, überall die weißen Fähnchen, die das Erkennungszeichen der Ausreisewilligen waren, von den Antennen der Autos abzunehmen. Das sollte damit begründet werden, dass das verkehrswidrig sei. Das war eine Angelegenheit, da stand ich nicht dahinter. Nicht, weil ich nicht überzeugt war, aber ich empfand das als Quatsch, wenn wir jedem 10 Mark wegnehmen, nur weil er ein weißes Bändchen an der Antenne hatte.

Abb. 17: Erich Honecker und der Greifswalder Bischof Horst Gienke am 11. Juni 1989 in Greifswald.

Den Höhepunkt meiner Karriere als Leiter des VPKA hatte ich beim Besuch von Erich Honecker in Greifswald zur Domweihe. Ich bin eigentlich ein sehr ruhiger Mensch und habe das alles gelassen gesehen. In der Vorbereitung auf diesen Besuch wurde aber eine Hektik hinein getragen, bei der man merkte, dass die vor bestimmten Dingen Angst hatten. Sicherlich ist ein Staatsoberhaupt eine andere Geschichte als irgendein Anderer und es war ja auch viel Prominenz da, aber man hat bestimmte Dinge übertrieben. Ein Beispiel: Von der Domstraße in Greifswald gibt es diesen Gang vom Markt aus zum Dom und dort ist Honecker durchgegangen. Da wurde alles angestrichen, da ja dort nur Ruinen standen. Es gab einen Beamten, der ist heute noch bei der Greifswalder Polizei, der hat in der Parteiversammlung die Frage gestellt: „Wieso malen wir hier diese alten Ruinen an? Das verstehe ich nicht." Er hat dann einen Brief geschrieben an den Erste Sekretär der Kreisleitung, dass er die Geldvergeudung nicht einsehe. Daraufhin fand in meinem Beisein mit dem Vertreter der damaligen Kreisleitung eine Aussprache mit dem Kollegen statt. Dabei habe ich gedacht: „Der hat doch im Prinzip Recht." Wenn Besuch kommt, macht man sauber, wurde es dann versucht, zu begründen.

Wir hatten ja das riesige Wohnungsbauprogramm der DDR. Wir hätten die ganze Altstadt Greifswalds platt gemacht und alles Plattenbauten hingesetzt und das mit Überzeugung. Ich muss sagen, heute sieht das viel schöner aus mit den alten Häusern, aber das wäre so gekommen, schlicht und einfach. Das wäre alles weggerissen worden. Der Bereich von der Knopfstraße bis zur Weißgerberstraße und bis 'runter zu den Kliniken war schon alles überplant. Vielleicht hätten sie auch mal wie in der Knopfstraße oder in der Brüggstraße einen Giebel bekommen, aber es wäre „Platte" geworden. Ich habe mir damals darüber keine Gedanken gemacht, ich habe mir gesagt: „Wohnungsbauprogramm: Schön! Wird alles neu gebaut, jeder bekommt eine Wohnung mit Bad und Toilette innen, muss nicht nach draußen usw." In Stralsund hatte ich eine 5-Raumwohnung ohne Bad, mit der Toilette auf halber Treppe. Deshalb hätte mich das gar nicht so erschüttert.

Zum Honecker-Besuch hatten wir dann, wie gesagt, plötzlich viele Ruinen, die auf einmal Fenster bekamen und angestrichen wurden. Aber eben nur in diesem Bereich, um irgendetwas darzustellen, was eigentlich gar nicht da war. Also im Prinzip *Potjomkinsche Dörfer*! Das war schon ein Widerspruch in sich. Dann kam also der Besuch und morgens gab es die Anweisung, dass in die Domstraße bis zu diesem Gang Eisenstangen eingehauen und ein Seil gespannt werden soll. Das wurde natürlich pflichtgemäß ausgeführt. Eine Stunde später kam dann der vom Bezirk an: „Die Stäbe, das muss alles wieder 'raus, alles wieder 'raus, die Seile müssen weg! Die werden in die Hand genommen!" Jedenfalls gab es viel Trubel und viel Aufregung. Na gut, Sicherheit muss sein, aber das musste nicht sein. Das waren kleine Dinge, die Anstöße waren, bei denen ich in Widerspruch mit meinem Gewissen gekommen bin, ohne dass ich jetzt Widerstand leisten wollte oder geleistet hätte.

Ich habe nicht die Überzeugung gehabt, dass das System stürzt

Ab Mai/Juni 1989 merkte ich, dass sich irgendetwas tat. Es gab viele Widersprüche auch innerhalb der Partei. Ich sah auch, dass immer mehr Leute verschwanden, damals war das ja schon mit Ungarn gewesen. Die Wachtmeister waren auch nicht mehr mit allem einverstanden. Man merkte es an den teilweise aggressiven Reaktionen bei irgendwelchen Besprechungen, bei denen man eine bestimmte Motivation erzeugen wollte: „Also wir ziehen das durch wie '53, oder wie China!" Von dem damaligen Ersten Sekretär der Bezirksleitung Rostock wurde etwa die Aussage getroffen: „Und wenn sich unsere Opposition das richtig angeguckt hat, dann wissen die, was ihnen blüht!" Das war bei einer Kommandeurssitzung. Ich habe dann gedacht: „Das geht so nicht." Ich konnte ja mit keinem Amtsbruder darüber diskutieren, weil ich nicht wusste, wie es in dessen Kopf tickte. Das war ein bisschen schwierig mit dem Austausch, aber an dem einen oder anderen Gesicht hat man schon gesehen: Der geht auch nicht mit, der macht das nicht. Ich hatte damals einen sehr zuverlässigen Stellvertreter operativ. Mit dem war ich in dieser Situation sehr vertraut und wir hatten beide die Einschätzung, dass bei den Mannschaften keine Motivation vorhanden ist, gegen die Bürger vorzugehen. Das waren alles so sinnlose Aufforderungen, die man dann auch nicht mehr befolgt hat. Ich habe die Überzeugung gehabt, dass was passieren muss, aber ich habe nicht die Überzeugung gehabt, dass das System stürzt.

Ein Schlüsselerlebnis war mein Urlaub im Juli 1989 in Polen. Ich hatte das Glück, einen Austauschferienplatz zu bekommen in einem Polizeiferienheim in Poznań. In diesem Polizeiferienheim waren damals schon Franzosen, Holländer und viele aus Westeuropa anwesend. Ich habe damals mit einem Kollegen auf einem Zimmer gewohnt. Wir haben uns dann abends immer hingesetzt und einmal kam ein Ehepaar an unseren Tisch, die sprachen deutsch. Es können ja noch so viele Leute aufpassen, wenn man ins Gespräch kommt, kommt man ins Gespräch. Wir haben uns dann unterhalten. „Wir sind ja hier nun alle von der Polizei, da sind Sie ja sicher auch von der Polizei?" – „Ja, ja." – „Wo sind Sie denn bei der Polizei?" – „Wir kommen aus Den Haag." Wir haben uns unterhalten und da habe ich diese Lockerheit, die wir ja überhaupt nicht hatten, bemerkt. Wir waren schließlich Klassenfeinde, da musste man erst mal einen Gang zurückschalten.

Die Holländer hatten auch eine ganz andere Einstellung zu uns. Die waren viel lockerer. Die haben das nicht so verbissen gesehen, die haben eigentlich gesagt: „Jawohl, ihr macht da Polizei und wir machen hier Polizei." Es standen mehr die technischen und Detailfragen im Vordergrund. Rechtsfragen sicherlich auch, wobei das wieder so ein kleines Politikum war, denn man muss sich vorstellen: In einer Demokratie muss man über alles irgendwann Rechenschaft ablegen und da muss auch alles eine Begründung haben. In der DDR gab es auch ein Gesetz über die öffentliche Sicherheit und Ordnung, nur da waren Generalklauseln drin und die ließen eigentlich jeden Wachtmeister das tun, was er wollte, ohne dass er es begründen musste. Der konnte im Prinzip alles machen. Zum Beispiel darf ich heute bei einer ganz normalen Verkehrskontrolle oder bei einer Personenkontrolle nicht in Sachen hineinsehen. Zur Fähnchenjagd: Damals gab es in der DDR die Verordnung über Ordnungswidrigkeiten. Darin gab es einen Absatz im Paragraphen 14, dass der Beamte im Prinzip festlegen kann, was ordnungswidrig ist. Deshalb waren dann diese Fähnchen ordnungswidrig und konnten mit 10 Mark beanstandet werden. Das waren Dinge, die gibt es in einer Demokratie nicht. Das war eigentlich Willkür. Über solche Dinge haben wir uns dann unterhalten. Da hat der Holländer auch in dem Sinne gesagt: „Das geht ja gar nicht, ihr könnt ja nicht festlegen, was eine Ordnungswidrigkeit ist. Das muss doch im Gesetz stehen, was ordnungswidrig ist."

Dann haben wir in Poznań und Umgebung Warnstreiks und Demonstrationen der *Solidarność* gesehen. Das waren prägende Dinge. Dazu kam, dass ein Kollege von der damaligen Bezirksbehörde Rostock von Poznań aus über die Tschechei und Ungarn abgehauen ist. Ich kannte ihn von der Hochschule. Das waren alles Dinge, bei denen man gesagt hat: „Na ja also, da gibt es noch ein paar Dinge, die doch noch anders in der Welt sind." Ich habe wahrgenommen, dass der Kollege weg war, als ich wieder zurück war. Wir waren dann in der Bezirksdirektion der Volkspolizei (BDVP) zur Dienstbesprechung und dieser Kollege wurde von unserem damaligen Bezirkschef ausgeschimpft als „Verräter", „Klassenfeind" und „der hat sich korrumpieren lassen" und all so was.

Zu diesem Zeitpunkt, es war schon fast September, habe ich eigentlich auch viele Dinge hingenommen, ohne sie zu bewerten. So nach dem Motto: „Ach guck, der ist auch weg." Denn es gingen ja zu diesem Zeitpunkt schon viele Leute. Nicht nur die normalen Bürger, es gingen auch viele aus den bewaffneten Organen, Armee, Polizei und so. Sicherlich habe ich zu bestimmten Dingen gesagt: „Ja, warum der? Dem hätte ich das gar nicht zugetraut. Der war ja so was von überzeugt."

Aber dass ich mir darüber tief Gedanken gemacht habe, das kann ich nicht sagen. Als es dann so extrem wurde, also in Berlin, Leipzig usw., da habe ich eigentlich weniger an die anderen Kollegen gedacht. Sondern ich habe mehr an mich gedacht und daran, was ich jetzt eigentlich hier in Greifswald tue. Es hat mich nicht interessiert, was der in Rostock oder was der in Stralsund tut, sondern was ich in Greifswald mache. Ich war damals noch keine 40 Jahre alt. Für mich ging es auf der einen Seite ums Überleben, ganz persönlich, und auf der anderen Seite natürlich auch darum, was insgesamt in der Polizei, was in Greifswald passiert. Es gab auch Zeiten, in denen ich gesagt habe: „Ja was machst du jetzt eigentlich, wenn das jetzt hier alles gelaufen ist? Was? Zur See fahren kannst du nicht mehr. Das funktioniert nicht. Einen anderen Job ausüben? Ja, wo brauchen die dich denn?"

Die Zweifel waren schon ganz schön erheblich

Im September bekamen wir ein Programm vom *Neuen Forum* in die Hände. Ich habe mir das dann mal durchgelesen, Greifswald war ja „Tal der Ahnungslosen". Im Oktober ging es dann auch ein bisschen in Greifswald los. Das hat mich dann wirklich viele, viele Stunden, viele Nachmittage und Abende gekostet. Ich bin mit meinem Hund am Ryck entlang in Richtung Wackerow spazieren gegangen, damals konnte man oben auf dem Damm noch entlang. Da habe ich über all das ein bisschen nachgedacht. Dabei ging es mir nicht in erster Linie um Sozialismus oder Nicht-Sozialismus, sondern in erster Linie ging es immer darum: „Was machst du? Ganz persönlich, was machst du? Was passiert hier? Wie beeinflusst du das in Greifswald?"

Das Vertrauen richtiggehend verloren habe ich dann eigentlich in dem Zeitraum September/Oktober. Ein krasses Beispiel: Ich war ja Mitglied der Kreiseinsatzleitung und der Erste Sekretär hatte gesagt: „Also jedes Mitglied der Kreiseinsatzleitung geht in einen Betrieb, in eine Betriebsversammlung." Ich war in zwei Versammlungen: Einmal bei der HO, also im Handel, und einmal im Volkswerft-Teilbetrieb. In beiden Versammlungen wurde relativ deutlich, dass die Mitarbeiter mit vielen Dingen nicht einverstanden waren und dass es überall immer wieder Probleme gab. Wir mussten nach diesen Besuchen einen Bericht für die Kreisleitung über den Eindruck, den wir hatten, und die Probleme, die dort aufgetreten sind, schreiben. Wir kamen dann zusammen und der Erste Sekretär stellte sich hin und sagte: „Also ich war in ein paar Betrieben und da sind die Werktätigen motiviert und wollen den Plan erfüllen." – „Häh?" habe ich mir gesagt: „Warst der irgendwo in den falschen Betrieben oder geht der nur in Betriebe, in denen was funktioniert?" Ein Mitarbeiter der Staatssicherheit saß neben mir und der sagte: „Warum erzählen wir uns so einen Scheiß untereinander? Kann der nicht sagen, wie es wirklich aussieht?" Aber es hat keiner was laut gesagt. Manche Dinge waren so völlig weltfremd, als ob man nicht draußen gewesen wäre. Als ob man die Leute auf der Straße nicht gesehen und gesprochen hätte. Und das hat mir dann immer mehr das Gefühl gegeben: Nun musst du dein Ding machen. Jetzt musst du dein Ding machen. Du glaubst zwar immer noch an die Theorie, aber irgendwas muss passieren, irgendwas muss kommen – und das kam eben nicht.

Ganz extrem wurde es nach der 40-Jahrfeier der DDR in Berlin am 7. Oktober. Da gab es dann auch Schwierigkeiten mit dem Chef des BDVP. Ich hatte mich mit ihm auseinandergesetzt, was ich ja vorher nie getan hätte. Einen General anzugehen, also das war schon Selbstmord. Aber das habe ich dann getan. Dann kam später auch diese ganze Sache mit Wandlitz.[20] Dieses Abgeschottete, dieses Hinterhältige... Die hatten alle Westprodukte. Die hatten Büchsenbier, die haben Bananen und Apfelsinen gegessen, die haben alles hinter dieser Schranke gehabt und vor dieser Schranke gab es nichts. Das war eigentlich das Problem, dass man sich so abgekapselt hat und so getan hat, als ob es rundherum ebenfalls so ist. Dass man das nicht sehen wollte. – Was auch ganz schlimm war, und mich und andere hat zweifeln lassen, war der Preis für den Wartburg 1.3 und die dazu gehörige Argumentation, warum der so teuer sei. So einen Schwachsinn, dass das Ding 32.800 Mark kosten sollte, habe ich auch nie wieder gesehen.

Ich konnte aber nicht aus der SED austreten. Als Leiter VPKA konnte ich nicht austreten. Das wäre mein Tod gewesen, da wäre ich nicht mehr Leiter VPKA gewesen. Und der Job ging ja doch noch ein bisschen vor. Die Zweifel waren aber schon ganz schön erheblich. Nicht an der Idee, sondern an dem, wie es gemacht wurde. Ich werde auch nie vergessen: Wir mussten dann nach Rostock – Egon Krenz war gerade neuer Chef geworden – und dann stellte sich der Leiter BDVP hin und sagte: „Egon Krenz, da geht es aufwärts!" Dann haben wir ihm gesagt: „Ja, wenn es denn so ist, ist gut, wenn nicht, müssen wir jetzt sehen, wie wir von einem Tag zum anderen kommen." Das konnte er gar nicht verstehen, dass wir mit ihm nicht diese Euphorie teilten. Und je weiter ich in diese ganze Geschichte 'reinrutschte, vertiefte sich im-

---

20 Am 23. November 1989 lief im DDR-Fernsehen in der Jugendsendung „Elf 99" eine Reportage über die Funktionärssiedlung in Wandlitz, die ein erhebliches – negatives – Echo bei der Bevölkerung gegenüber den Privilegien der SED-Funktionäre hervorrief.

mer mehr die Überzeugung, dass der Weg, den wir gegangen sind, falsch war. Nicht vielleicht das Ziel, aber der Weg.

Wir gehen auf Sicherheitspartnerschaft

Bei den ersten Demos gab es dann einen Anruf, bei dem gesagt wurde: „So, jetzt lasst ihr sie nicht in die Innenstadt zurück." Ich habe dann geantwortet: „Solange nirgendwo Gewalt angewendet wird, bleiben alle Polizisten auf dem Hof. Wir werden nichts tun. Wenn Gewalt gegen irgendetwas ausgeübt wird, dann ja, aber nicht solange wir eine friedliche Demonstration haben." Das war schon beeindruckend, wenn 7.000 bis 8.000 Menschen durch die Brinkstraße[21] ziehen und „Stasi 'raus!" rufen. Das war schon gewaltig, weil ich zu diesem Zeitpunkt das nach wie vor von einer ganz anderen Seite betrachtet habe. Es war ja der Gegner. Es war ja nicht der, dem ich jetzt vertraute, sondern es war ja der Gegner.

Abb. 18: Demonstration im Januar 1990. Auf dem Schild die Parole: „Dank der V.P. der Sicherheitspartner des Volkes + nicht der Partei der SED. Wir sind das Volk!!"

---

21   In der Brinkstraße befindet sich bis heute die Greifswalder Polizeidienststelle.

Wir haben also die ersten zwei oder drei Demonstrationen unter diesem Gesichtspunkt betrachtet, und dann habe ich mit meiner Leitung beschlossen: „Wir gehen jetzt auf Sicherheitspartnerschaft." Das heißt, ich bin zu Dr. Glöckner gegangen und habe zu ihm gesagt: „Wir schützen eure Demonstration. Wir können uns zwar nicht beteiligen, aber wir schützen die Demonstration. Wir werden nicht einschreiten, wenn keine Gewalt auf andere ausgeübt wird oder Objekte oder dergleichen angegriffen werden." Nachdem wir Kontakt zueinander aufgenommen hatten, folgte bald der Runde Tisch. Der erste Runde Tisch brachte mich in eine eigenartige Situation. Ich war noch Mitglied der SED, saß aber dort als Sicherheitsorgan und nicht als Vertreter der Partei. Das war bei der ersten Sitzung, bei der zweiten war ich nicht mehr Mitglied der SED, weil jetzt viele Dinge aufgedeckt worden waren: Zum Beispiel das Verhalten der Führung um Honecker. Die Aussagen, die getroffen wurden, die Mielke-Rede. Das waren alles Dinge, bei denen ich dann gesagt habe: „Also die haben uns beschissen von hinten bis vorne." Ich bin dann Ende November aus der SED ausgetreten.

Neben dem Runden Tisch wurde ich bald auch von Dr. Glöckner in das ständige Präsidium der Mensa-Diskussion berufen. Ich habe nachher an allen Mensa-Diskussionen teilgenommen und bin dadurch natürlich auch in engeren Kontakt mit Dr. Glöckner, Hinrich Kuessner und den anderen Aktivisten in Greifswald gekommen. Ich habe dadurch auch ein bisschen mehr Verständnis für bestimmte Dinge bekommen, die sie vertreten haben. Dieses kollegiale Verhalten untereinander hat dazu beigetragen, dass wir in relativ kurzer Zeit ein gutes Vertrauensverhältnis aufbauen konnten. Bei den Runden Tisch-Gesprächen und auch den Podiumsdiskussionen wurden Probleme angesprochen, von denen ich damals gesagt habe: „Das kannst du dir gar nicht vorstellen, dass es so ist." Gerade was die Stasi anging, die Methoden etc. Aber man hat ja Leute vor sich sitzen gehabt, die mit Überzeugung berichteten. Und dann kam dazu, dass auf einer dieser Podiumsrunden speziell die Sicherheitsorgane dran waren und der damalige Stasi-Kreisdienststellenleiter, der sich Verstärkung von dem Chef der Bezirksverwaltung geholt hatte, anwesend war. Was die dort zelebriert haben, das war so ähnlich wie die Mielke-Rede: „Ich liebe euch ja alle!" Man hat gemerkt, dass sie total hilflos waren. Dass das, was sie da erzählten, sie überhaupt nicht überzeugt hat, oder dass sie den Leuten irgendetwas erzählen wollten. Je tiefer die Gegenreaktion war, je tiefer die Fragen gestellt wurden, je konkreter die Leute wurden, umso ausweichender wurden die Stasi-Leute. Versuchten wegzukommen von dem Thema oder haben irgendwelchen Müll erzählt. Das war eigentlich die Stelle, an der ich gesagt habe: „Na ja, dann wird da wohl doch was dran sein."

Letztendlich habe ich mich dann aufgrund der Kontakte zu Glöckner, Kuessner, Gomolka usw. im Rahmen des Runden Tisches und der Mensagespräche entschieden und gesagt: „Wenn sie dich als Polizist nehmen, vielleicht kannst du damit auch ein bisschen dazu beitragen, dass bestimmte Dinge anders gesehen werden, als sie zum Teil in dieser Phase gesehen wurden." Man darf nicht davon ausgehen, dass in dieser Phase die, die auf der anderen Seite waren, alles Gute waren, die nur rein politische Motive hatten. Da war eine ganze Reihe von Spitzbuben dabei, die auf den Zug aufgesprungen sind. Es war dann auch schwierig dem einen oder anderen im Gremium klar zu machen, dass du denen nichts Böses willst, sondern dass das wirklich Ganoven waren, die mit Revolution nichts am Hut hatten, sondern schlicht und einfach irgendwo unterkommen wollten. Als wir die Stasi-Unterlagen aus der Kreisdienststelle geholt haben, war beispielsweise einer dabei, der bei uns bekannt war wie ein bunter Hund. Der war ein Ganove. Der war so was von aktiv im Untersuchungsausschuss, der hat nur seine eigene Akte gesucht. Aber die Anderen haben es dann ganz schnell gemerkt und nach einem Vierteljahr war der dann weg.

Der blanke Wahnsinn

Die Maueröffnung war natürlich spannend. An diesem Tag saßen wir in der Mensa, es gab eine Podiumsdiskussion und ich hatte den Auftrag erhalten, etwas zum neuen DDR-Reisegesetz zu sagen, das angekündigt worden war. Im Prinzip kannte ich vor Beginn der Veranstaltung den Inhalt des neuen Reisegesetzes noch gar nicht. Ich hatte mir aber ein paar Notizen gemacht. Jedenfalls ging dann die Diskussion los und da wurden erst noch ein paar andere Dinge besprochen. Es stand dann auf einmal einer auf und brüllte in den Saal rein: „Die Grenze ist offen." So, und da war es erledigt. Es war eigentlich alles erledigt, wobei nachher Dr. Glöckner noch die Frage stellte: „Und wie stehen Sie denn jetzt zu diesem Reisegesetz?" Und da habe ich gesagt: „Das ist nicht mal mehr das Papier wert, worauf es steht. Wir brauchen es nicht mehr." Also das war schon eine sehr spannende Situation.

Und was dann an Arbeit auf uns zu kam im VPKA, das war ja der größte Wahnsinn. Die Leute haben angestanden, weil jeder ein Visum haben wollte. Es wurde ja zuerst gesagt, dass jeder ein Visum, Reisepass etc. haben muss. Dann gab es noch diese 15 Westmark, die jeder mitnehmen konnte. Da haben unsere Frauen oben im Pass- und Meldewesen mit Unterstützung zwölf, 13 Stunden gearbeitet, durchgängig, um all das zu realisieren. Und die Leute standen von der Brinkstraße bis um die Ecke herum, fast bis dort, wo der Netto heute ist. Und dann hatte die Staatsbank kein Geld mehr. Die saßen hinten in einer Baracke auf dem Hof und haben die 15 D-Mark ausgezahlt.[22] Ich muss aber dazu sagen, dass die Leute auch relativ ruhig waren. Es gab eigentlich keine Hektik in dem Sinne. Es war der blanke Wahnsinn, das muss ich ehrlich sagen. Die Situation Grenzöffnung war eigentlich so nicht erwartet worden, sie war völlig überraschend. Ich sage heute noch, Schabowski hat sich verquatscht. Ob er es gewollt hat, weiß keiner. Jedenfalls war das zu diesem Zeitpunkt nicht mehr rückgängig zu machen, es war damit erledigt. Also, es war schon eine schlimme Sache. – Also was heißt „schlimme", eine schöne Sache!

Abb. 19: An den ersten Tagen nach dem Mauerfall bildeten sich vor der Greifswalder Passstelle in der Brinkstraße lange Schlangen, 10. November 1989.

Meine persönliche erste Reise in den Westen, die war zwei Wochen nach der Grenzöffnung. Da war ich in Lübeck. Es war spannend. Die Leiter durften ja erst noch nicht. Wir hatten ja die höchste Geheimhaltungsstufe: „gKdos". Das war das höchste, was es überhaupt gab, war eigentlich vorm Lesen zu vernichten. Dann gab es an einem Tag vier Fernschreiben zur Reise der Mitarbeiter in den Westen: Die Wacht-

---

22   Für genehmigte Reisen in das westliche Ausland konnten DDR-Bürger 15 D-Mark pro Tag bar erhalten.

meister dürfen, die Unterführer dürfen nicht, die Offiziere dürfen gleich gar nicht und wir Leiter dürfen erst recht nicht. Zwei Stunden später kam das nächste Fernschreiben: Die Wachtmeister und Unterführer dürfen. Dann kam wieder ein Fernschreiben: Wachtmeister, Unterführer und Offiziere dürfen, wenn sie nicht GVS verpflichtet sind. Abends kam wieder ein Fernschreiben: Alle dürfen. Zum Schluss hat niemand mehr die Fernschreiben gelesen, weil es sowieso niemand mehr interessierte.

Mein Amtsbruder vom Kernkraftwerk und ich sind dann mit unseren Frauen 'rüber gefahren. Von unserem ersten Westgeld haben wir uns bei Karstadt, es war ja Herbst/Winter, einen Rollkragenpullover für 10 D-Mark gekauft. Dann sind wir beide los und haben uns eine Stereoanlage mit Plattenspieler, Doppelkassettendeck und Radio gekauft. Dann haben wir noch Bananen und Apfelsinen gekauft, aber das haben sie uns nachher dann auch alles ins Auto geschmissen, als wir die Straße lang gefahren sind. Diese Menschen, Lübeck hatte wahrscheinlich bis dato nie so einen Andrang erlebt, wie damals. Alle sind die Geschäftsstraße auf einer Seite hoch, 'rein in die Läden, 'raus aus den Läden, alle in einer Schlange lang, und auf der anderen Seite wieder 'runter. Ja, das war eine äußerst spannende Geschichte.

Überall saßen einer oder zwei, die aufgepasst haben

Im Prinzip wussten wir zu DDR-Zeiten, dass überall jemand ist, der für die Staatssicherheit die Ohren aufhält. Das wussten wir spätestens von der Berufsschule an. Auf jedem Schiff, auf jedem Fischkutter war einer, der die Ohren aufgehalten hat. Das setzte sich natürlich bei der Armee auch fort. Man wusste aber nicht immer, wer es war und wie viele. Es gab ein paar offizielle Mitarbeiter, zum Beispiel im Bereich Pass- und Meldewesen, wo auch die Anträge für Reisen usw. abgegeben wurden. Dort war einer, der war ganz offiziell – natürlich nicht für die Bürger offiziell, aber für uns. Wir wussten, dass der nicht zum VPKA gehörte, sondern zur Stasi-Kreisdienststelle. Und dann gab es bestimmte Mitarbeiter in der Dienststelle, die eben alles das, was sie meinten, sagen zu müssen, weitergetragen haben. Damals in der DDR gab es ja sogar eine Festlegung, dass ein Leiter nicht alleine Auto fahren darf. Ich hatte also immer einen Kraftfahrer. Von den drei Kraftfahrern, die mir zugeteilt waren, waren zwei, die das, worüber wir im Auto sprachen, weitererzählt haben. Das war mir allerdings nicht bewusst.

Mein damaliger Leiter Verkehrspolizei hat nach der Wende in seine Akte Einsicht genommen. Auf den waren zu Spitzenzeiten bis zu

27 Mann angesetzt, im dienstlichen und im privaten Bereich. Er hatte auch Wanzen in der Wohnung, das hat er aber alles erst nach der Wende herausbekommen. Natürlich hatte er auch welche in der Dienststelle, die Berichte über ihn abgegeben haben. Ich habe in meine Akte nicht Einsicht genommen und werde das auch nicht tun. Das ist mir jetzt eigentlich völlig egal, weil dadurch natürlich auch einige Freundschaften kaputt gegangen sind. Ich halte davon nichts, muss ich ehrlich sagen, weil es nichts mehr bringt. Es ist vorbei, Gott sei Dank.

Man muss sich auf der Zunge zergehen lassen, dass das, was wir im Dienstgespräch mit den Leitern der einzelnen Fachbereiche – Leiter Schutzpolizei, Verkehrspolizei, Kriminalpolizei usw. – besprochen haben, wortwörtlich gleich wieder weitergetragen wurde. Wenn man das im Nachhinein betrachtet, ist das ein Irrsinn. Ein Irrsinn, weil dort nichts dabei war, was dem Staat geschadet hätte. Ich habe ja diesem Staat mit Überzeugung gedient, sodass ich mir gar nicht vorstellen konnte, dass einer, der an diesem Tisch sitzt, gegen den Staat arbeitet. Die waren ja auch alle überprüft, die waren ja auch alle, ich sage jetzt mal, „lastenfrei". Und dazwischen saß dann einer, der dann aus dem Zimmer ging und telefoniert hat! Das war eigentlich das, was mich hinterher am meisten geärgert hat. Dass man kein Vertrauen hatte, dass man niemandem getraut hat. Und so war das im Polizeirevier und in der Kriminalpolizei und überall – überall waren welche. Überall saßen wenigstens einer oder zwei, die aufgepasst haben. Das war nicht schön.

Ich habe aber auch viel Glück gehabt, vor allen Dingen in der Phase von der Lehrzeit bis zum Studium, dass sie an mir kein Interesse hatten, dass ich Mitarbeiter oder inoffizieller Mitarbeiter werde. Wäre zu diesem Zeitpunkt jemand zu mir gekommen, da bin ich ganz ehrlich, da hätte ich wahrscheinlich unterschrieben. Dann wäre ich vielleicht sogar aktiv geworden, ich weiß es nicht. Aber nach Beginn des Studiums und während des Studiums in Magdeburg hätte ich auf keinen Fall mehr unterschrieben, weil ich dann eine andere Zielrichtung hatte und Feuerwehrmann werden wollte. Dann hätte ich wahrscheinlich gesagt: „Nee."

Die Polizisten sind mit Bravur 'reingegangen

Ein Höhepunkt war 1989 die Besetzung der Stasi-Kreisdienststelle. Der Anlass dafür war eigentlich folgender: Damals grenzte die Untersuchungshaftanstalt (UHA) genau an das Gebäude der Staatssicherheit. Unten auf UHA Seite war die Heizungsanlage und dem Leiter der UHA wurde auf einmal gesagt, er solle bitte die Tür aufschließen, die

Stasi-Mitarbeiter wollten in die Heizungsanlage. Da hat der Leiter UHA mich angerufen und mir gesagt: „Die wollen da rein, soll ich denen den Schlüssel rausgeben?" Ich antwortete: „Der Schlüssel wird nicht 'rausgegeben, die Tür bleibt zu." Und das war eigentlich der Anlass für die Besetzung der Kreisdienststelle. Wir konnten ja nicht verhindern, dass die noch im Haus waren, da gab es damals so ein *gentleman-agreement* zwischen der Modrow-Regierung und dem Runden Tisch in Berlin, dass das MfS aufgelöst wird, aber es ein Amt für nationale Sicherheit gibt. In diesem Amt für nationale Sicherheit waren jedoch eigentlich die gleichen drin, die vorher auch bei der Stasi waren.

Ich weiß noch, dass der Ausschuss unter der Führung von Herrn Kuessner kam und sagte: „Wir wollen jetzt da rein." Und: „Unterstützen sie uns?" Man musste selbst entscheiden. Es war alles kopflos, was die Führung anging. Klar habe ich den obersten in Rostock angerufen und nachgefragt. Die Antwort war: „Na, musst du wissen, was du machst." Es gab in dem Sinne nichts Bindendes mehr. Dann sind wir eben 'rein. Es waren ja auch schon nicht mehr viele Mitarbeiter da. Und dann haben wir das Gebäude besetzt, also der Ausschuss und die Polizei. Da war die Situation schon so weit, dass wir keine Angst mehr hatten. Sicherlich hat man irgendwo ein Gefühl gehabt: Wie reagierst du jetzt, wenn etwas passiert? Es sind ja Polizisten 'reingegangen, die bewaffnet waren. Sicher hätte auch etwas passieren können, dass einer durchdreht oder so was, aber in dem Moment habe ich eigentlich konkret nicht daran gedacht. Die wussten ja auch, dass es im Prinzip nichts bringt. Das wäre ihr absoluter Untergang gewesen, wenn noch einer zur Waffe gegriffen hätte. Die Polizisten, die da 'reingegangen sind, die sind bewusst hineingegangen, das waren keine, die geschwankt haben. Das waren Freiwillige, die schon auf der anderen Seite waren. Die sind auch mit Bravour 'reingegangen, also nicht mit anklopfen oder so. Die haben ziemlich konsequent gehandelt, sodass bei den anderen nicht der Eindruck entstehen konnte, dass sie Angst hätten oder nicht überzeugt wären, dass sie jetzt das richtige machen. Dazu kam, dass auch der Untersuchungsausschuss relativ überzeugend auftrat. Also denen war ebenfalls nicht mehr bange. Die ersten Tage wurden noch in der Domstraße, also im Gebäude selbst, Unterlagen gesichtet. Da die Mitarbeiter, die noch im Haus waren, versuchten, alles zu behindern, bin ich dann dorthin gefahren und habe gesagt: „So, nun kommt das ganze Zeug ins VPKA." Ähnlich lief es später auch mit der Entwaffnung, das ging dann ebenfalls relativ reibungslos.

Es wird wahrscheinlich ein anderes System werden

Im Februar 1990 wurden schließlich aus den Volkspolizeikreisämtern die Kreispolizeiämter und es begann die Umstrukturierung. Das hieß, alles was nicht zur Polizei gehörte, fiel weg: Erlaubniswesen, Pass- und Meldewesen, Betriebsschutz etc. Die Feuerwehr wurde selbstständig und ging an die Kommunen, auch der Strafvollzug wurde eigenständig. Damit war klar, dass es auf alle Fälle eine andere Polizei und wahrscheinlich auch ein anderes System werden wird. Als dann verkündet wurde, dass wir ab Juni oder Juli eine Währungsunion machen, war das Ding eigentlich gegessen. Damit war klar: Jetzt muss man sich neu orientieren. Diese Neuorientierung hatte aber eigentlich bei uns schon angefangen. Wir hatten engen Kontakt nach Osnabrück aufgebaut und hatten uns gegenseitig schon ein paar Mal besucht.

Die Währungsunion war eigentlich nur noch eine Folge. Für uns war natürlich spannend, dass am Abend vor der Einführung der D-Mark alle Schaufenster verhangen waren. In Greifswald war alles zu, alles war dicht. Ein Haufen Menschen war in der Stadt unterwegs, viele Familien gingen spazieren. Und wir haben versucht, irgendwo an den Vorhängen vorbei hinein zu gucken, was da in dem Laden ist. Am nächsten Tag waren auf einmal die Vorhänge weg und dann standen da die guten Sachen und wir bekamen ein neues Problem und das war das Verkehrsproblem in der Grimmer Straße. Denn dort wurde der ALDI in der ehemaligen Halle der ZBO, der zwischengenossenschaftlichen Bauorganisation, eröffnet. Eine Zufahrt zu dieser Halle gab es nur über eine einspurige Fahrbahn von der Grimmer Straße. Nun muss man sich vorstellen: Morgens um acht oder um neun Uhr machte der ALDI auf. Bis aus Stralsund kamen die Autokolonnen angefahren und wollten zum ALDI. Bald stand die ganze Grimmer Straße voller Autos. Wir haben dann versucht Ordnung 'rein zubringen, haben die dann am Friedhof vorbei zu dieser Halle geleitet. Stunden haben die Leute gestanden, bis die auf den Parkplatz gekommen sind, um einkaufen zu können. Das ging so eine Woche. Das war schon ein ganz, ganz tolles Erlebnis.

Vielleicht noch eine Anekdote zur Währungsunion, weil ich gerade von den Autokolonnen spreche: Es stürzte auch auf den Zulassungsbereich viel Arbeit ein. Alles fuhr in den Westen, um Autos zu kaufen. Na ja, manche haben es ja gerade so zum Grenzübergang geschafft, dann war das Ding kaputt. Jeden Tag wurden 100 bis 200 Autos registriert. Das benötigte immer eine gewisse Zeit. Also standen die Leute an, denn es musste ja alles, Fahrzeugscheine, Kfz-Briefe usw. gemacht werden. – Ich persönlich auch. Ich hatte einen Wartburg. Kleine Episode dazu: Als wir damals das erste Mal nach Lübeck kamen, wurde ich auf der Straße von einem freundlichen jungen Mann angesprochen. Ich dachte: „Hä? Irgendwie kennst du das Gesicht." Er war mir aus Greifswald bekannt. „Ich arbeite jetzt in Lübeck bei Citroën. Ich bin über Ungarn." – „Ach so" sagte ich. „Ja, wenn Sie ein Auto haben wollen, ich besorg Ihnen eins." Ich sagte: „Ja, dann besorgen Sie mir mal eins." Zur Währungsunion rief er dann an: „Herr Haase. Ich hab ein Auto für Sie." – „Ja, was haben Sie denn?" – „Ja, einen Citroën". Dann haben wir einen Preis ausgehandelt und ich bin 'rübergefahren und habe mir schon im Juli einen Citroën BX 19 TRD gekauft, etwas ganz tolles. Ja, das war dann mein erstes Westauto.

Danach ging das mit der Weiterbildung los. Ich war zum Beobachten eine Woche in Münster in der damaligen Polizeiführungsakademie. Im September war dann der erste richtige Lehrgang in Ratzeburg bei der damaligen Bundesgrenzschutzschule. Da hat man uns ganz komisch angeguckt. Da stand eine junge Polizistin am Einlass und die hat unsere Dienstausweise kontrolliert. Sie fand das ganz spannend und hat sich immer über die Dienstgrade amüsiert. Da standen ja Oberstleutnant und solche lustigen Dienstgrade drin. Später erfolgte die Umbenennung von diesen militärischen Dienstgraden in die Polizeidienstgrade.

Schließlich kam der 10. Oktober, an dem der Bundeskanzler Helmut Kohl in Greifswald war und ich den Einsatz leiten durfte. Das war spannend, auch die Vorbereitung des Einsatzes: Das erste Mal hatten wir eine engere Zusammenarbeit mit dem Bundeskriminalamt und dem Personenschutz aus den Altländern. Das war auch eine Erfahrung, bei der ich nachher gesagt habe: „Na ja, also soweit liegen wir doch nicht in unseren Auffassungen, was Sicherheitsfragen angeht, auseinander." Damals waren 10.000 Menschen auf dem Markt, das hat Greifswald nie wieder erlebt. Wir hatten mit heute verglichen ein relativ geringes Polizeiaufgebot. Um die 100 Polizisten waren da vertreten.

Es ist besser nur dem Recht und Gesetz verpflichtet zu sein

Was ich heute für mich aus dieser ganzen Zeit persönlich mitgenommen habe ist, dass es besser ist, nur dem Recht und Gesetz verpflichtet zu sein, als einer Partei zu dienen. Wenn ich die verschiedenen Führungsstile betrachte, ist das heute eine ganz offene Sache. Damals war es militärisch, also nur Weisung und Befehl. Wenn ich so wollte, war ich im Prinzip als Leiter VPKA der Alleinherrscher für rund 400 Mitarbeiter. Aber über mir saß noch ein Alleinherrscher und über dem saß wieder ein Alleinherrscher und über dem saß noch ein ganz großer Alleinherrscher. Das ist eigentlich das, was einen damals geprägt hat.

Die Frage war: „Was bringt die Zukunft, was passiert?" Es war schon ein recht schwieriger Zeitabschnitt, auch von den geistigen Vorgängen im Kopf her. Ich bin manchen Abend vier Stunden mit dem Hund spazieren gegangen oder war draußen, um von bestimmten Dingen wegzukommen. Dazu kam nachher auch die Sorge um meine Kinder. Meine Tochter hatte damals schon ausgelernt und mein Sohn 1990 gerade die Lehre beendet. Ich habe dann auch gedacht: „Was wird jetzt eigentlich? Was bringt das alles?" Es war also eine spannende Zeit, aber auch eine sehr schwierige. Die persönlichen Wünsche waren daher, den Job zu behalten, und Arbeit für die Kinder und die Frau. Das waren so meine Wünsche. Man hat sich natürlich auch gleich ein paar kleine Wünsche erfüllt, z. B. das Auto oder neue Möbel. Im Gegensatz zu Anderen ging es uns ja nicht schlecht. Wir bekamen einen relativ günstigen Start. Meine Frau hat ihren Job behalten. Sie hat im Rat des Kreises gearbeitet und ist dann auch in die Kreisverwaltung übernommen worden. Bei uns lief das eigentlich gut, wir können nicht klagen.

Ich möchte nicht zurück. Ich habe keinen Tag bereut im ersten Leben und ich bereue keinen Tag im zweiten Leben. Im ersten Leben ist eine persönliche Situation eingetreten, die eine Zeit lang für mich recht kompliziert war, die Kraft gekostet hat und auch viele innere Widersprüche aufgerissen hat, die zum Teil bis heute nicht gekittet sind. Aber das sind Sachen, die mit Beziehungen zu anderen zusammenhängen. Ich habe eine Zeit erlebt, die wahrscheinlich so schnell nie wieder jemand erleben wird. Das war das spannende daran. Und ich muss auch sagen, ich habe das Glück gehabt, 20 Jahre dem Sozialismus zu dienen und 20 Jahre in einer Demokratie. Das war eine spannende Zeit.

Interview: Astrid Müller und Conrad Starick

Und „la normalité" ist gekommen!

Jean-Pierre Pané-Farré
1989: Koch, 39 Jahre

Jean-Pierre Pané-Farré wurde 1950 in Sens/Yonne in der Bourgogne geboren. Nachdem er in seiner Jugend viel Zeit in Kreisen junger Kommunisten und Sozialisten verbracht und sich gegen den Vietnam-Krieg eingesetzt hatte, absolvierte er eine chemisch-technische Ausbildung zum Chemiefacharbeiter. Während eines Ferienbesuches in der DDR lernte er seine zukünftige Frau kennen, eine Greifswalderin, die er 1977 heiratete. Pané-Farré zog in die DDR und gründete in Greifswald eine Familie. Nach kurzer Tätigkeit für den VEB Nachrichtenelektronik als Galvaniseur schulte er zum Koch um. Er ist Vater von zwei erwachsenen Söhnen und arbeitet heute als Koch im Café Caspar.

Wie kam ich in die DDR?

Mein Name ist Jean-Pierre, ich bin Franzose, lebte als Franzose in der DDR und lebe jetzt in der Bundesrepublik Deutschland. Wie kam ich nun in die DDR? – Ich kam eigentlich hierher, um Urlaub zu machen. Es gab in Frankreich eine Jugendzeitschrift, in der für Urlaubsreisen nach Bulgarien, Rumänien, Kuba und in die Deutsche Demokratische Republik geworben wurde. Billigurlaub – für mein Portemonnaie genau das Richtige. Als junger Franzose im Frankreich von 1968, man denke nur an Paris in diesem Jahr, wollte ich wissen: Was ist Sozialismus? Schließlich diskutierte man die neuen, revolutionären, sozialistischen Ideen à la Che Guevara etc. und für viele Jugendliche meiner Generation war es auch wichtig, neue Erfahrungen zu sammeln. Das hieß für mich: Urlaub machen und trotzdem sehen, was die „andere Seite" ist. Denn für uns war es möglich, mit Visum und Passport die Mauer in Berlin zu durchqueren.

Das erste Mal bin ich mit der Eisenbahn gekommen. Es gab da einen Zug – *le train de l'amitié.*[23] Das war ein Zug von Paris nach Berlin über Warschau bis nach Moskau. Mit diesem Zug sind natürlich auch Franzosen in den Urlaub gefahren, für drei Wochen oder auch einen Monat. Klar, dass es Urlaub war, jedoch merkte ich bald, dass es sich um eine besondere Situation handelte. Es war der Raum dieser Grenze in Berlin; einerseits sprach man auf beiden Seiten deutsch, doch andererseits sah man beispielsweise den Unterschied zwischen einem Obst- und Gemüseladen im Westen und einem im Osten, wo es Kohl, Rüben,

---

[23]   *train de l'amitié* = Zug der Freundschaft.

Sellerie, Apfelsinen aus Kuba und manchmal Bananen gab. Das war natürlich ein starker Kontrast – genauso wie die Politik. Ebenso verhielt es sich mit der Atmosphäre zwischen Ost und West. In Ostdeutschland war es ein wenig ruhiger, da das Leben einen anderen Rhythmus hatte. Der sozialistische Rhythmus war anders. Da waren Brigaden, die Gewerkschaft, die Partei... Ich bin nirgends eingetreten, obwohl man wollte, dass ich zumindest in den FDGB eintrete.

Aber nun zurück zu meinem ersten privaten Besuch 1972. Da gibt es eine kleine Anekdote am Bahnhof Friedrichstraße, die mir in Erinnerung geblieben ist. Bei mir ist das nämlich so: Ich bin als Franzose temperamentvoll und da müssen gewisse Dinge schnell gehen. Also, Bahnhof Friedrichstraße in Berlin und ich wollte nach Paris zurück. Dort habe ich gesehen, wie ein Hund unter dem Zug etwas suchte. Der ganze Zug, er kam vom Ostbahnhof, wurde kontrolliert, das heißt vom Militär abgesperrt und gefilzt. Auf diesem Bahnhof war die höchste Sicherheit, besser als in Israel! Und da war eine Linie, eine weiße Linie. Ich sprach damals noch kaum Deutsch und stieg ein. Da riefen mir einige Leute zu: „Junger Mann – zurück, zurück, zurück!" Ich hatte aber nichts verstanden und in dem Moment bemerkte mich die Polizei: „HALT!!!" Ich war inzwischen bereits im Zug und da forderte man mich deutlich auf: RAUS!!!" Dann sollte ich mich hinter diese weiße Linie stellen und ich habe versucht, mich zu erkundigen, was es damit auf sich habe. Jemand sprach ein wenig Französisch und sagte: „Sie müssen warten, wenn sie in Richtung Paris einsteigen wollen, müssen Sie hier warten." Ich bemerkte schließlich, dass die Kontrolle des Zuges noch nicht abgeschlossen war und man sehr genau nach Flüchtlingen suchte. Ich erfuhr, dass der Zug immer im Ostbahnhof hielt und dass man stets DDR-Bürger vermutete, die flüchten wollen. Einige hatten es über diesen Weg versucht. Das war für mich ein Ereignis, bei dem du siehst – aha, du bist in einem Land mit einem anderen System. Allerdings konnte ich natürlich immer hin und her mit einem Visum. Das Beste jedoch war, dass ich recht schnell meine Frau kennen lernte und so pendelte ich allein zwischen Frankreich und der DDR bis zu unserer Hochzeit.

Ich bin aus Liebe zu meiner Frau in die DDR gekommen

Ich musste jedoch feststellen, dass das Übersiedeln keine einfache Sache war. Ich klopfte in der DDR-Botschaft in Paris und traf den Botschafter: „Eminenz, Monsieur..., bla-bla-bla, bla-bla-bla, negativ!" Dann habe ich einen kommunistischen Abgeordneten, keinen Minister, aber einen Abgeordneten, ins Spiel gebracht: „Lieber Herr Abgeordneter..." Ich erklärte ihm mein Anliegen und fragte, ob er nicht Kontakt zur verantwortlichen DDR-Autorität aufnehmen könne. Er tat dies auch, jedoch wiederum mit negativem Ergebnis. Schließlich war ich auch in der entsprechenden französischen Behörde – ohne Erfolg. Doch plötzlich bewegte sich im Sommer 1977 etwas. Auf einmal! Vielleicht weil unser erster Sohn im Juli geboren war. Ich war in Frankreich und saß in einem Café, da sagte der Patron des Cafés, ein Freund: „Guck Jean-Pierre, hier steht was Interessantes in der Zeitung für dich," und das stimmte! Es war möglich, bis zum 15. Oktober 1977 offiziell zu heiraten und alle beide bekämen die erforderlichen Papiere. Meine Frau und ich hatten also auf einmal unser Hochzeitsdatum: 15. Oktober 1977. Gesagt, getan.

Bevor ich allerdings dauerhaft in der DDR bleiben durfte, musste ich für einige Zeit in ein Lager bei Frankfurt an der Oder, nach Fürstenwalde. Da gab es eine Villa und ich sollte mich im Juli 1978 dort melden. Meine erforderlichen Papiere hatte ich und da wir uns inmitten der Sommerferien befanden, die ja bekanntlich bis Ende August dauerten, entschied ich mich jedoch, mich erst zum Schulanfang in diesem Lager einzufinden: Meine Frau begann wieder mit der Schule und ich ging in das Lager. Ich nahm also den Zug nach Fürstenwalde und fuhr zu der angegebenen Adresse. In Fürstenwalde zeigte ich einem Taxi-Fahrer die Adresse, da mein Deutsch noch nicht so gut war. „Ah!", sagte er und wusste offenbar genau, wohin ich wollte. Es handelte sich um ein Lager für Ausländer. Da waren Franzosen, Leute aus dem Libanon etc. Eine alte Villa. Nun, ich gehe auf den Eingang zu und treffe auf den ersten Wachmann, einen Polizisten: „Guten Tag, was möchten Sie?", fragte er mich. „Ich bin hier eingeladen bei Ihnen" und er guckt und guckt und sieht: Juli! Der Mann ging zum Telefon, ohne mir gegenüber etwas zu äußern und schließlich kam einer in Zivil: „Kommen Sie mit!" Ich weiß noch, dass es abends war und ich in ein kleines Zimmer geführt wurde. Eine Frau kam und brachte mir Abendbrot. „Wow, nicht schlecht," dachte ich und begann meinen Tee zu trinken. Doch als ich in meine Stulle beißen wollte, da betrat ein Kerl, ein Riese, das kleine Zimmer: „Kommen Sie mit, kommen Sie mit und geben Sie mir Ihr Portemonnaie, Geld und Ihren Fotoapparat!" Das war ein Zimmer mit einer Doppeltür wie im Gefängnis und ich wurde kontrolliert und fotografiert. Das war die Staatssicherheit. Ich hatte trotz dessen keine Angst. „Warum kommen Sie so spät?" fragte mich der Mann in Zivil. Ich antwortete: „Das ist so, ich bin nicht so pünktlich, wir Franzosen haben eine andere Art, aber – wir kommen trotzdem!" Ein bisschen wurde gelacht, doch die wollten seriös sein. Dann habe ich Kontakt zu Anderen bekommen und ein Zimmer bezogen. Am nächsten Tag frühstückten wir gemeinsam und danach wurde ich wieder fotografiert und es wurden Fingerabdrücke gemacht. Ich weiß noch, dass ich beim Fotografieren stets ein bisschen in Bewegung war, so etwas wie Katz und Maus mit der Kamera, das war lustig. Sie kamen dann einmal in der Woche, auch jemand aus Berlin und fragten: „Wieso, weshalb, warum möchten Sie hier wohnen? Wo haben Sie geklopft in Frankreich, um zu melden, dass Sie Frankreich verlassen wollen?" Immer und immer wieder wiederholte er diese Fragen und es nervte mich ein wenig. Stets antwortete ich: „Ich komme hierher in die DDR, weil ich will, weil ich hier meine Frau habe und wir verheiratet sind!" Außerdem sagte ich ihm, dass man in Frankreich niemandem Bescheid geben muss, wohin man gehen möchte. Man brauche nur ein Visum. Wenn man nach Kuba gehen wollte, musste man sich lediglich ein Visum für Kuba holen und man konnte fahren, so wie heute. Ich bräuchte nicht zu fragen, ob ich gehen dürfe. Das war damals solchen Leuten schwer zu erklären. Das war also die Ankunft in diesem Lager, wo ich zwei Monate eingesperrt bleiben musste. Kontakte zu meiner Familie in Greifswald aufzunehmen, war mir verboten.

Wir durften das Lager nicht verlassen, einmal in der Woche konnten wir duschen und manchmal gab es Kino. Alkohol gab es natürlich nicht, obwohl wir in der Küchenfrau eine Verbündete fanden. Wenn wir erkältet waren, hat sie uns draußen etwas besorgt und „Hopp!" in den Kaffee. Ich hatte auch die Idee, dass meine Frau eine Spritze Wodka oder ähnliches in Apfelsinen hätte spritzen können. Da hätte man schöne Weihnachten! Jedoch wurden sämtliche Briefe und Pakete geöffnet und das war zu gefährlich. Arbeiten konnten wir auch und dadurch ein bisschen Geld verdienen, weil es uns sonst zu langweilig geworden wäre. Nur lesen, fernsehen, Tischtennis spielen… Ich hatte mir durch Kohlen schippen eine zweite Dusche dazu verdient. Man konnte aber auch Fenster lackieren oder Blätter zusammen fegen. Nach acht Wochen durfte ich dann endlich wieder zu meiner Frau und meinen Sohn zurück.

In Greifswald habe ich mich dann nach einer Arbeit umgesehen und begann beim NEG – VEB Nachrichtenelektronik Greifswald. Eigentlich wollte ich etwas im Theater machen, was aber nicht ging. Von meinen Kollegen bin ich sehr gut aufgenommen worden. Ich gab einen Einstand, spendierte ein Glas Wein etc., wie man das eben in Deutschland so macht. Dabei habe ich ein wenig erklärt, woher ich komme und wer ich bin, denn das war für die Leute schon merkwürdig. 1978, ein Franzose, überleg' mal, aus dem Westen, ehrlich oder will er spionieren? Allerdings verging dies schnell und ich habe später von so etwas nichts mehr gehört. Trotzdem gab es im Laufe der Zeit immer mal wieder Ärger mit dem Meister. Das ist überall das Gleiche. Ich hatte zeitweise für Kollegen Partei ergriffen oder mich über den Arbeitsablauf beschwert. Das brachte mir sogar einen Verweis durch meinen Meister ein, der stolz war darauf war, die Berliner Mauer miterrichtet zu haben. Man arbeitete zwei Stunden effektiv und dann gab es sechs Stunden nichts mehr zu tun. Ich hatte ihn beispielsweise auch darauf hingewiesen, mehr Material in Stralsund zu bestellen... Am Ende des Jahres war der Plan aber trotzdem immer erfüllt.

Übrigens, auch in Frankreich hat man mich gefragt: „Jean-Pierre, wie bist du darauf gekommen in die DDR zu gehen?" Ich antwortete dann: „Ganz einfach, hör zu, wenn du Arbeit möchtest, ist das dort kein Problem, du hast immer einen Panzer mit Russen vor der Tür und die klopfen. Die kommen mit Kalaschnikow und du musst arbeiten gehen. Nur am Sonntag, sonntags kommen sie nicht!" Die Leute hatten Schwierigkeiten meinen Schritt zu verstehen. Den Job im NEG habe ich dann übrigens gegen eine Umschulung zum Koch an den Nagel gehängt. Ich mag es zu kochen und wollte auch immer kochen. An einer Koch-Akademie habe ich dann ein Diplom gemacht und koche seitdem beruflich und aus Berufung.

Die DDR war 1989 längst verblüht

Das erste Mal, dass wir oder ich etwas von gewissen Entwicklungen gehört haben, war, als Freunde aus Neuruppin in Brandenburg bei uns waren. Die waren viel besser informiert als wir hier oben in Greifswald. Wahrscheinlich wussten die auch mehr, weil immerhin 20.000 Russen dort stationiert waren. Gorbatschow hat letztlich gut entschieden, so dass nichts Schlimmes passiert ist. Wenn so einer wie Stalin da gewesen wäre... Auch hat man von den Leuten gehört, die versucht hatten über Ungarn oder die Tschechei zu fliehen. Das hat man im deutschen und auch im französischen Fernsehen gesehen, denn ich weiß gar nicht mehr, ob ich davon zuerst dort oder hier in Greifswald hörte. Welches Ereignis mir stark in Erinnerung geblieben ist, war die Rede des Dirigenten Kurt Masur in Leipzig. Er hat im Rahmen eines Konzertes eine große Rede gehalten. Diese Rede war sehr ergreifend und beeindruckend, so konnte die Bevölkerung in der Folge nur noch mit relativer Ruhe handeln. Im Französischen gibt es das Wort *concerter* und das bedeutet so viel wie „sich miteinander absprechen", so wie die Musiker Kurt Masurs es taten, um zu musizieren. Er hatte also dazu aufgefordert, nicht zu streiten oder gar anzugreifen, sondern sich abzusprechen und bedacht zu handeln. Für mich war das ein prägender Augenblick in dieser Zeit einer Gratwanderung.

Dann habe ich 1989 die Einweihung des Greifswalder Doms noch vor Augen. Damals wohnte ich in der Bachstraße, also nicht weit weg. Im Übrigen weiß ich das so genau, weil das auch der Geburtstag meiner Frau war. Die Bachstraße war an diesem Tag ganz leer und man konnte beobachten: Da ein Zivilist, dort ein Zivilist, hier ein Zivilist – das bekannte Staatsorgan war da. Erich Honecker war angekündigt und man hatte zwei Wochen vorher die Stadt renoviert, das war sehr interessant, dass an allen Fassaden frische Farbe aufgetragen wurde, die der nächste Regen wieder abgespült hat. Häufig hat man hören können: „Oh guck, Honecker kommt!" Ja, das war zur Domeinweihung, aber ich selbst war nicht dort, denn da waren nur prominente Leute. Ich glaube, ich habe es dann im Fernsehen gesehen.

Überhaupt konnte man in Greifswald eine gewisse Freiheitsbewegung spüren. Es gab eine riesige Motivation und man merkte peu à peu, da ist etwas Neues hier oben. Die Diktatur begann zu bröckeln. Anders gesagt, der Käfig, das ist ein Bild von mir für die DDR, hatte nicht nur noch ein Tor, das immer zu ist. Es ist wie mit einem Bambus, ein Bambus lebt vierzig Jahre, mehr oder weniger. Das bedeutet, wenn er einmal geblüht hat, kann er nicht mehr. Die Bambusblätter sind immer grün, die der DDR waren immer rot und nachdem es einmal rot geblüht hatte, ging es nicht mehr weiter mit dem Sozialismus. Die Leute haben lange daran geglaubt, aber nur mit „Rationalisierung" kommt man nicht weit. Erst hieß es „verbessern" und dann „rationalisieren". Verbesserung heißt Entwicklung, doch in dem Augenblick, in dem man zu rationalisieren beginnt, ist keine Entwicklung mehr möglich. Das Niveau ist im Sozialismus irgendwann nicht mehr gestiegen, obwohl die Bevölkerung gearbeitet hat. Leider hatte sie keinen direkten Einfluss, um das Niveau zu steigern. Man half sich dann gegenseitig und es gab viele Tricks dafür. Das war menschlich gesehen sehr positiv, doch das reicht nicht, wenn ein Land bestehen bleiben möchte. Man hatte doch gewusst, dass im Westen die Leute Autos, Fernseher und Waschmaschinen hatten, ohne lange darauf warten zu müssen. Und das ging bei Fragen wie der Wohnungslage in der damaligen Zeit weiter. Erst nachdem ich *terreur* bei der KWV und der Stadtverwaltung gemacht hatte, bekam ich nach zehn Jahren meine erste Wohnung. Vorher sollte ich mit Studenten in einer WG wohnen, da ich mich weigerte, musste ich eine Unterkunftswohnung der NEG akzeptieren. Beim Thema Telefon war es das gleiche.

Für mich persönlich war vor allem eins vorbei: Die Zeremonie der Bürokratie! Für mich ist das viel wert

Der 9. November 1989 war für mich eine Sensation, eine wirkliche Sensation! Das war unglaublich, als man gehört hat und gesehen hat, was da passiert ist. Die Mauer ist gefallen, kaputt, explodiert! Trotzdem, für mich als Franzosen war es so, dass ich mich nie eingesperrt gefühlt habe oder vielleicht liegt es auch daran, dass ich ein wenig speziell bin und nie alles kritiklos akzeptiert habe. Als Franzose bin ich das Kämpfen gewohnt. Für die DDR-Bürger war dies wie ein Befreiungsschlag. Sie durften lange Zeit nicht in den Westen reisen, sondern nur nach Ungarn, Bulgarien etc. Allerdings gibt es auch in Frankreich Leute, die die Normandie oder das Meer noch nie gesehen haben und das aus den verschiedensten Gründen. Ich habe diese Entwicklung mehr beobachtet. Es gab die Perestroika, es gab Ungarn und Tschechien und es gab die Demonstrationen. Das alles klappte gut und keiner konnte mehr zurück. All das konnte nur in dem Moment passieren, wo die Sowjetunion, die DDR und die Bundesrepublik zusammen gearbeitet haben, wie Musiker in einem Konzert. Und *la normalité* ist gekommen!

Abb. 20: Demonstrationszug durch die Greifswalder Innenstadt, 25. Oktober 1989.

151

Sorgen wegen eines neuen, großen Deutschlands habe ich mir nie gemacht. Im Gegenteil, dieses Glück, diese Euphorie und die Freude der Leute, aller DDR-Bürger, die sehr engagiert an diesem Prozess teilnahmen, war der Lohn für diesen auch stellenweise heimlichen und gefährlichen Kampf. Wie viele haben es riskiert, nach Westdeutschland zu flüchten, weil sie sich hier nicht hatten weiterentwickeln können. Nein, Sorgen habe ich mir keine gemacht. In der Erinnerung fühlt es sich wie ein Traum an, weil diese Geschichte, die Entwicklung dieses Phänomens nicht gewaltsam war. Nicht zuletzt hat das Volk der DDR das Seinige dazu beigetragen. Wenn man hier demonstrierte, dann immer sehr leise. Falls sich doch etwas anzubahnen schien, ich glaube, am Markt gab es einmal eine solche Situation, ist die Polizei trotzdem ruhig geblieben. Für mich persönlich war vor allem eins vorbei: Die Zeremonie der Bürokratie! Für mich ist das viel wert. Wie oft habe ich Probleme mit dem Visum gehabt. Einmal durfte ich nicht in die DDR zurück. Wir kamen nämlich aus der CSSR, wo wir uns mit Freunden getroffen haben und ich benötigte wiederum eine neue Genehmigung, um in die DDR einreisen zu dürfen. Nur mit Hilfe von Devisen konnte man Angelegenheiten wie diese regeln. Oder auch an den Grenzübergängen in Berlin, die Schlangen an der Passkontrolle waren furchtbar. Einmal habe ich mich mit meinem damals noch kleinen Sohn am Diplomatenschalter angestellt und man fragte mich, ob ich Diplomat sei. Ich antwortete: „Noch nicht, noch nicht mein Herr!" Schließlich argumentierte ich, mein Sohn hätte Fieber und wenn er auch Vater sei... Ich habe gut eine halbe Stunde gewonnen! Aber all dies war mit dem November 1989 vorbei und man konnte von nun an täglich entscheiden, wohin man fahren will – ohne zu warten, ohne Visum! *La normalité* ist gekommen!

Ich erinnere mich auch noch gut an den ersten Besuch des damaligen französischen Staatspräsidenten François Mitterand nach dem Fall der Mauer in Berlin. Meine Frau und ich hatten damals die Gelegenheit, ihn zu treffen. Er war gerade aus Leipzig gekommen, wo er vor Studenten gesprochen hatte und dort dann 1.000 Jugendliche aus der DDR nach Frankreich einlud. Meine Frau war von seiner Offerte so begeistert, dass wir zusammen alles daran setzten mit ihren Französischschülern vom Alexander-von-Humoldt-Gymnasium unter diesem Personenkreis zu sein. Es war ein tolles Erlebnis für diese Schüler. Zum ersten Mal konnte eine Gruppe von 15 Jugendlichen aus Greifswald nach Frankreich, in die Franche-Comté reisen! Was für westdeutsche Schüler schon ewig Normalität war, wurde endlich auch für ostdeutsche Schüler eine Normalität: Nach Frankreich reisen zu können, in das Land, dessen Sprache sie in der Schule lernten.

Sorgen wegen eines neuen, großen Deutschlands habe ich mir nie gemacht

Es gab immer ein deutsches Volk. Hier sind deutsche Familien und dort sind deutsche Familien gewesen, getrennt durch zwei verschiedene Systeme. Hier gab es eine soziale und politische Diktatur, die „Entwicklung" irgendwann nicht mehr ermöglichte. Militär war hier, man weiß, wie viele Russen hier waren. Wenn es zu Auseinandersetzungen gekommen wäre, dann wäre dies kein Krieg, sondern Mord gewesen. Deswegen kann man heute sagen: „Gut reagiert!" Alles andere wäre eine Katastrophe geworden. Man kann froh sein, wenn man sich die Geschehnisse in Afghanistan oder im Irak anschaut. Jeden Tag gibt es Blut. Wir in Europa sind zum Glück nicht so extrem in der Politik und nicht in der Religion. Man bemerkt, dass heute besser kommuniziert wird, so wie in der Wendezeit. Man strebte nach Harmonie und schnelle Entscheidungen gab es auch. Auf diese Weise hat man vielleicht auch dem Militär die Möglichkeiten genommen. All das war gut so und heute haben wir ein neues, großes Deutschland, aber auch nach zwanzig Jahren gibt es bei uns positive und negative Sachen, denn nicht alles ist rosa.

Wichtig ist, dass man immer der nächsten jungen Generation neue Chancen bietet und sie nicht finanziell hängen lässt. Die Senkung des Alters bei der Vergabe des Kindergeldes in Bezug auf Studenten, von 27 auf 25 Jahre, finde ich negativ. Das ist sozialpolitisch nicht gut. Da muss man eben Geld von anderer Stelle herholen, um den jungen Leuten auf ihrem Weg der Ausbildung zu helfen. Ich entdecke dabei gewisse Ähnlichkeiten, wenn der Sozialist „rationalisieren" gesagt hat, dann sagt der Kapitalist heute „sparen". Ich sehe das als äquivalent an. Ich glaube, man kann das so sagen. Das heißt aber nicht, dass ich für ein „Zurück" plädiere. Wir haben jetzt ein besseres Leben und man kann selber entscheiden. Das ist für viele Leute wichtig. Und ja, ich fühle mich wohl in Deutschland!

Interview: Christian Sorbe und Kolja Wegner

Die Sicherheit ist heute weg

Hans-Joachim Hübler
1989: Bauleiter im KKW Lubmin, 42 Jahre

*Hans-Joachim Hübler wurde 1947 geboren und wuchs in Plau am See auf.
Sein Ausbildungsbetrieb, die Wismarer Werft, delegierte ihn zum Studium
der Luft- und Kältetechnik in das sächsische Glauchau. Seit 1972 arbeitete
Hübler am Bau des Kernkraftwerks Lubmin. Während der achtziger Jahre war
er lange Zeit in der Sowjetunion auf Montage. Den Umbruch von 1989/90
erlebte Hübler passiv. Die Stilllegung des Kernkraftwerks zwang ihn zur
beruflichen Neuorientierung, die bis heute nicht endgültig gelang. Nach zahl-
reichen Weiterbildungsmaßnahmen lebt Hans-Joachim Hübler heute von
Arbeitslosengeld II.*

Oben drin saß unsere Schlapphut-Gang

Ich hatte in der Zeitung einen Artikel über den Kernkraftwerksbau in
Greifswald-Lubmin gelesen und mich daraufhin dort beworben. Ich
fing dort 1972 an und war im Prinzip auf Montage. Es gab so einen
Rhythmus: neun Tage Arbeit, fünf Tage frei. Ich habe die erste Zeit
über in der Hans-Beimler-Straße in der Zwischenbelegung gewohnt.
Das ging aber nicht lange, weil ich Glück hatte. In der Abteilung Ma-
schinentechnik, wo ich gearbeitet hatte, saß mir einer gegenüber, der in
Greifswald eine neue Wohnung bekam und der sagte zu mir: „Du
Achim, ich kenne einen, der will von Stralsund nach Greifswald zie-
hen. Und, sag' mal, willst Du den nicht fragen, ob seine Wohnung in
Stralsund frei wird?" Habe ich natürlich gemacht und dann hat das
geklappt auf Umwegen mit Tricks. Und dann habe ich über 20 Jahre in
Stralsund am Knieperdamm gewohnt.

Ich bin dann von Stralsund aus jeden Tag mit dem Werksbus 'rüber
zur Arbeit gefahren. Werksbus sage ich deshalb, weil dieser Bus vom
Kraftverkehr eingesetzt wurde, um die Arbeitskräfte aus der ganzen
DDR nach Lubmin zu holen. Es wurde dort ein riesiger Busbahnhof
aufgebaut. Da hielten dann jeden Tag mindestens 15 Busse und karrten
die Bauarbeiter und die KKW-Angehörigen in ihre Wohnorte bis Rostock. Und am Wochenende fuhren die sogar bis runter nach Leipzig
und Dresden. Das heißt, dass ich von '72 bis '82 jeden Tag früh um
5.30 Uhr in den Bus gestiegen bin. Der war dann eine Stunde später in
Lubmin und abends ging es um 16.30 Uhr wieder zurück und um
17.30 Uhr war ich wieder zu Hause. Das ging zehn Jahre lang und lief
eigentlich immer unterm Montageabkommen. Und zu diesem Monta-

geabkommen gehörte eine relativ gute Bezahlung, ein Wegegeld. Das heißt, ich bekam jeden Tag neun Ostmark dafür, dass ich von Stralsund geholt und wieder zurückgefahren wurde. Das Gehalt selber war nicht so viel, es waren zuerst 720 Mark brutto.

Ich habe dort im Lubmin also den Bauleiter für Maschinentechnik gemacht und war für die thermische Wasseraufbereitung und die Rohrleitungen zuständig. Später war ich auch einige Zeit im ersten Kreislauf, Reaktormontage, Hauptumwälzleitung, Dampferzeuger und was alles so dazugehört. In dieser Zeit wurde der Block 1 gebaut, der ging '73 in Betrieb, den hat Erich Honecker am 17. Dezember 1973 eingeweiht. Da haben sie noch Wiesen und Rosen blühen lassen. Wir haben damals gesagt: „Wenn jetzt noch Rauch aus dem Abluftschornstein kommt…" Aber da waren die schlau genug, da kam kein Rauch raus. Bei den Kohlekraftwerken haben sie das aber so gemacht. 1974 ging der Block 2 in Betrieb und dann hat es noch mehrere Jahre gedauert, bis der Block 3 und dann nachher noch der Block 4 in Betrieb ging.

1975 gab es auch mal einen Brand im KKW. Da ist ein Trafo abgefackelt. Aber das war kein nuklearer Unfall, weil der außerhalb des nuklearen Kreislaufes war. Dieser Zwischenfall wurde aber nicht veröffentlicht. Nur in der Fachpresse. Das war ja in der DDR gang und gäbe, dass irgendwelche unvorhergesehenen, kriminellen oder auch andere Vorkommnisse verheimlicht wurden. Aus dem Grund hatten wir in der DDR ja auch weniger Verkehrsunfälle, weniger Morde, weniger Kindesentführungen und, und, und. Parallel wurde schon am Block 5 gearbeitet. Aber seit '78 ging es nicht mehr weiter. Die Russen, die ja die Ausrüstung geliefert haben, hatten plötzlich Probleme mit ihrer Projektierung.

Lubmin war ja damals das größte KKW der DDR. Wenn alle acht Blöcke angelaufen wären, dann hätten wir 3.200 Megawatt installierte Leistung gehabt und das wäre dann in etwa 20% des gesamten Energiebedarfs der DDR gewesen. Das war auch von der Sicherheitspolitik her von Bedeutung. Zum Beispiel gab es eine große Mauer um das ganze Gelände 'rum und an den zwei Haupteingängen standen immer zwei Posten, die die Ausweise kontrollierten. Man bekam alle halben Jahre einen neuen Ausweis. Und man musste auch vor Antritt der Arbeitsstelle entsprechende Erstbelehrungen durchmachen. Da musste man die Sicherheitsbelehrungen unterschreiben, wie es auch heutzutage im staatlichen Dienst ist. Von politischer Kontrolle hat man aber außer den Einlasskontrollen selber nicht viel gemerkt. Es gab aber auf dem Gelände des KKW ein großes Gebäude. Das war ungefähr so groß wie unser Verwaltungsgebäude 1, wo wir zuerst drin waren. Nachher

ging es dann in das zweite Verwaltungsgebäude, das war das Sicher-
heitsgebäude. Da war unten die Feuerwehr und oben drin saß unsere
Sicherheit (Stasi). Ein regelrechter Bereich der Staatssicherheit, die auch
fest angestellt waren. Da war beispielsweise auch einer von uns aus
der Maschinentechnik drin. Das waren ausgebildete Spezialisten, die
für die Sicherheit des Kraftwerks und des Umfeldes zuständig waren.

Mit der Staatssicherheit direkt habe ich allerdings keine Erfahrungen gemacht, ich bin ja auch nicht straffällig geworden. Indirekt sah
man sie aber über die Baustelle spazieren. Aber Kontakte selber gab es
nicht. Höchstens, dass man den ehemals bei uns in der Abteilung Beschäftigten grüßte. Der hat aber von sich aus nichts erzählt. Man kam
zwar, weil ja unten die Feuerwehr war, durchaus 'rein. Man musste in
den Fahrstuhl und dann konnte man die ersten zwei Etagen normal
'rauskommen, aber ganz oben war ein Gitter und da kam man nicht
weiter. Da saßen dann die Herrschaften.

Dazu hatten wir noch die Betriebs- und die Abteilungsparteilei-
tung. In jeder Abteilung, in jeder Etage saß hinten immer die „Vierer-
kopfbande", so haben wir die genannt: Die Parteileitung, die Gewerk-
schaftsleitung, die FDJ und die Betriebsleitungsabteilung. Wenn zum
Beispiel in der Parteigruppe oder auch in der APO, das ist die Abtei-
lungsparteiorganisation, wenn da einer irgendwie über die Stränge
geschlagen hat, bekam der ein Parteiverfahren. Beispiel: Wir hatten
einen in der APO-Leitung, der hat sich was zu Schulden kommen
lassen. Und zwar ging der fremd und den hat dann die APO-Leitung
'runter gewatscht. Du hattest also im Prinzip als Leiter kein unkontrol-
liertes Privatleben. Die Frau hatte sich bei der Partei beschwert... Das
war bloß ein Beispiel.

Da ich ja nun auch Genosse war, war bei mir fast jeder Montag-
abend im Monat verplant. Einen Montag Parteischule, zweiter Montag
Schule der sozialistischen Arbeit... Ich bin mit 18 Jahren in die SED
eingetreten. Ich bin damals als junger Mensch überzeugt worden. Da
war ich Facharbeiter in der Abteilung und da hat mich einer belat-
schert. Der hat mich so lange nicht in Ruhe gelassen, bis ich gesagt
habe: „Scheiß drauf!" Ehrlich. Das muss ich jetzt so sagen.

„Sie sind Ingenieur, Sie können das!"

1982 kam dann die große Kampagne. Oder einleitend gesagt: Die DDR
hatte sich ja dazu verpflichtet, mehrere Rohrleitungstrassen in der
Sowjetunion zu bauen. Die Erdölleitung „Freundschaft", die Erdgasleitung „Drushba" und dann die Erdgasleitung „Urengoi-Ushgorod".
Urengoi ganz im Norden und Ushgorot an der tschechischen Grenze.

157

Und da suchten die natürlich Arbeitskräfte und leitendes Personal. Bei uns ging es mit dem Block 5 nicht weiter, das ruhte im Prinzip. Die hatten zwar das Druckgefäß eingesetzt und die beiden Turbinen montiert, aber das war's schon. Als es hieß: „Wer will an die Trasse?", da habe ich nicht lange überlegt. Sie haben uns dann alle 40 Mann zusammengeholt und uns gefragt: „Wer will da mitmachen?" Und Hübler machte den Arm hoch und wurde notiert. Dann haben sie ein Vierteljahr wieder nichts von sich hören lassen und da wurden wir schon unruhig. Dann zog sich das bis Dezember hin. Dann ging's zum Flugplatz Schönefeld. Da war der Treffpunkt. „Hübler: Bauleiter? Sie machen Reiseleiter!" – „Was? Ich habe das noch nie gemacht." – „Sie sind Ingenieur, Sie können das!" Und dann bekam ich dann meine Listen und habe meine Leute zusammengesucht und dann ging´s ins Flugzeug und Richtung Lwow in der Ukraine.

Von den Demonstrationen habe ich eigentlich nicht viel mitbekommen

Gott sei Dank bin ich dann Ende 1988 nach Hause und da ging es dann ja schon los, mit der ganzen DDR-Problematik. Von dieser Sache habe ich aber wenig gemerkt. Und zwar, weil ich meine Arbeit gemacht habe. Die Demonstrationen und die Reformbewegung habe ich eigentlich nur nebenbei wahrgenommen. Dadurch, dass ich Arbeit hatte und dadurch, dass es in Lubmin schon genug Probleme mit der Stilllegung von Block 1 und der Geschichte mit Block 5 gab. Das hat mich mehr beschäftigt, so dass ich das andere mehr bei Seite geschoben habe. Ich habe das eigentlich nur im Fernsehen registriert. Auch an den 40. Jahrestag der DDR kann ich mich nicht mehr entsinnen. Ich hatte den Kopf voll mit Lubmin, weil ich mit dort an leitender Stelle saß. Ich habe mir Gedanken und Sorgen gemacht und bin damals auch oft abends länger geblieben.

Als aber am 9. November die Mauer fiel, habe ich zu meiner Frau gesagt: „Jetzt müssen wir uns warm anziehen!" Ich habe damals geahnt, dass es nicht mehr so weiter geht: „Die Mauer ist auf, dann kommt die Wiedervereinigung und dann haben wir den Kapitalismus!" Das war eindeutig für mich klar. Das ist ja nicht schlecht gewesen für manch einen. Man konnte endlich nach drüben. Da meine Oma inzwischen gestorben war, hatte ich jedoch keinen Grund mehr 'rüber zu fahren. Ich habe aber gedacht, dass irgendwann unsere berufliche Sicherheit nicht mehr da sein würde. Was Marx über den Kapitalismus sagte, ist ja dann auch im Prinzip eingetreten. Das Ergebnis sehen wir heute. Meine Ahnung war das schon damals. Deshalb bin ich nicht auf die Straße gegangen. Ich bin auch nicht gleich im November nach Berlin gefahren, um meine 100 D-Mark zu holen. Die habe ich erst später geholt. Ich verstehe natürlich, was die Leute bewegt hat: Die wollten in den Westen, die wollten endlich mal in die USA, die wollten mal was anderes sehen. Die wollten – mal übertrieben – endlich Bananen kaufen gehen, ohne anzustehen! Ist so, das habe ich gedacht, und ich glaube, dass ich damit nicht falsch lag. Es gab damals natürlich auch politisch Engagierte. Ich frage mich zum Beispiel, warum sich eigentlich die Kirchen generell dazu hergegeben haben? Sich dazu hergegeben, die Tore für die Demonstranten aufzumachen? Die Kirche war ja in der DDR nicht unterdrückt. Sie war Staat im Staate! Was alleine die Stralsunder Kirchengemeinde für Grundstücke hatte, hier oben... Auf Rügen und so weiter. Ich habe das erst später durch meine Arbeit nach der Wende erfahren, als ich auf Rügen das Wegerecht für eine Erdgastrasse gemacht habe. Was dort alles Kirchenland war! Wir hatten ja die Einsicht in die Grundbücher, da standen die Eigentümer drauf: Kirche St. Marien, Kirche St. Annen und so weiter. Auch heute gehören der Kirche noch riesen Flächen.

In der Sowjetunion wurden mir die Illusionen genommen

Ich bin dann noch '89 aus der Partei ausgetreten. Während der sechs Jahre, die ich in der Sowjetunion gewesen bin, hatte ich gesehen, was zwischen Traum und Wahrheit lag. Die entscheidende Voraussetzung dafür, dass ich mein Parteibuch hinlegte, hatte in den Lebensbedingungen der Russen dort gelegen und dem, was sie uns dazu zu DDR-Zeiten erzählt hatten. Wir mussten zum Beispiel als Kinder einen Film ansehen. „Das russische Wunder" hieß der Film. Da wurde das Leben der Russen während der Zarenzeit und nach der Oktoberrevolution gezeigt: Der große Aufbau, das Wunder. Da draußen habe ich dann aber persönlich das russische Wunder gesehen: 50 km von Moskau entfernt war der Sozialismus zu Ende, da gab es keine Straßen mehr. Man muss sich das so vorstellen: Eine Stadt mit 20.000 Einwohnern, da gab es eine befestigte Straße und alle anderen Straßen waren unbefestigt. Rechts und links standen Blockhäuser. Es gab keine Zäune. Der Dreck, den die Fahrzeuge wegspritzten, verfing sich in den Sträuchern. Das, was ich da gesehen habe, hat mir die Illusionen genommen. 50 km von Moskau hörte die Sowjetunion auf und es fing wieder die Zarenzeit an. Das hat alles eine Rolle gespielt, warum ich dann '89 den Lappen hingeschmissen habe, das war regelrecht eine Erlösung. Ich bin aber erst 1989 ausgetreten, weil das sonst für mich vorher problematisch gewesen wäre: Da hätten die mich vom KKW nach Hause geschickt. Das war mir klar. In Lubmin stand die Baustelle unter Ministerratskontrolle, unter Geheimhaltungskontrolle und da hätte man mich sofort weggeschickt.

Im Westen war's schon anders

Ich war dann erst im Januar 1990 das erste Mal drüben. Ich wusste, wie voll die Züge sind. Ich wollte das nicht mitmachen. Die vollen Züge, dann im Stehen... Wir sind dann alle im Januar gefahren. Wie waren in Berlin auf dem Ku'damm. Geguckt, 'rübergeschlendert. Meine Frau hat eine Uhr gekauft, eine goldene mit Drehlaufwerk. Die wird immer noch von mir kontrolliert und geölt. Die läuft immer noch. Meine 100 D-Mark habe ich aber festgehalten, die habe ich erst in Stralsund ausgeben. Ich habe dann relativ billig für 87 D-Mark einen Walkman mit Radio gekauft. Das Ding liegt noch immer bei mir im Nachtschrank. Und wenn meine Frau schlafen will und ich kann noch nicht, dann hole ich das Ding 'raus, Kopfhörer auf und dann höre ich Radio. Geht immer noch. Im Westen war's sonst aber schon anders. Es gab beispielsweise nicht so einen Straßenlärm. Bei uns war es ja immer sehr laut. Nun hörte man kaum die Autos und man musste höllisch aufpassen. Auch die Flut der Schaufenster, was es alles gab, das hat einem natürlich imponiert.

1991 wurde dann die Bauleitung in Lubmin reduziert. Beim Betrieb der Reaktoranlage des Blocks 5 hatte man festgestellt, dass die Kontrollrelais für die Hauptumwälzpumpen nicht funktionierten. Das heißt, dass die Relais das Abschalten der Umwälzpumpen nicht mehr anzeigen. Man hat dann festgestellt, dass die Kontakte dieser Relais verschmort waren. Die waren zusammen geklebt. Warum? Weil der Steuerstromkreis mit 220 V über die Kontakte lief und weil bei dieser Spannung durch Vibrationen die Kontakte verschmorten. Und wenn das Relais eigentlich abfallen sollte, zeigte es weiterhin den Betrieb der Pumpe an. Das erforderte natürlich eine Überprüfung und da hat man festgestellt, dass die Umstellung auf eine geringere Spannung zu viel kosten würde. Und dann wurde entschieden, den Block 5 ganz abzuschalten.

Hinzu kam, dass in ganz Deutschland nun genug Strom da war. Also hat der Umweltminister Töpfer „Stopp" gesagt. In diesem Zusammenhang kann ich mich auch noch an einen Artikel im Magazin *Der Spiegel* erinnern, in dem über das „marode Kernkraftwerk Lubmin" hergezogen wurde. Da hat man Bilder von rostenden Entleerungsleitungen gezeigt. Das waren aber ganz normale Wasserleitungen, die an irgendeiner Rohrtrasse auf der Straße entlang liefen. So wurde das damals gemacht. Also KKW Lubmin gleich „marode" und „rostig"– „das Kraftwerk muss also weg!" Als dann die Montage des Blocks 5 eingestellt wurde, war natürlich auch die Bauleitung nicht mehr notwendig. Daraufhin hat man nach und nach die Leute in Kurzarbeit geschickt. Das ging bis Kurzarbeit „null". Kurzarbeit „null" war zwar finanziell kein Problem. Die Frage war aber, was danach kommen sollte. Ich habe dann bis ´92 in Offenbach und Erlangen gearbeitet. Dort habe ich mich aber nicht richtig wohl gefühlt. Man hat es doch irgendwie zu spüren gekriegt. Nicht direkt, aber die Wertigkeit war was anderes. Man wurde zwar eingeladen, aber nach der Devise: „Kommen Sie heute Abend mit auf ein Bier?" – „Na klar." Ich meine, wir waren als Baustellenleute das Du gewöhnt. Dieser Umschwung auf Sie, das fiel mir schwer. Man spürte die Distanz. In der Baustellenzeit in Lubmin oder bei der Erdgastrasse hatte man dagegen sogar den größten Chef geduzt. Mit dem Baustellenleiter war ich beispielsweise per Du gewesen. Und als Genosse war man sowieso immer per Du, da gab es kein Problem.

Abb. 21: Zur ersten gesamtdeutschen Bundestagswahl besuchte Helmut Kohl am 10. Oktober 1990 die Hansestadt. Rechts auf der Rednertribüne auf dem Greifswalder Markt sind u. a. Herbert Kautz, Hans Jürgen Zobel, Reinhard Glöckner, Johannes Görlich und Günther Krause zu sehen.

Bei der ersten Bundestagswahl 1990 weiß ich gar nicht mehr, wen ich gewählt habe. Die PDS war damals die Nachfolgepartei der SED. Mit denen wollte ich nichts mehr zu tun haben. Die habe ich garantiert nicht gewählt. Aber eine CDU habe ich auch nicht gewählt. Wen, weiß ich nicht mehr. Es gab ja noch so viele andere. Es gab sogar ein Jahr, da habe ich die *Biertrinker-Union* gewählt. Nur aus Blödsinn, weil ich nicht wusste, wen sonst. Ich dachte mir: „Na, wählen gehste ruhig, um zu sehen, wie das nun so gemacht wird und überhaupt." Und da ich schon alle Parteien und Kandidaten gesehen hatte, dachte ich mir: „Wen wählste denn jetzt? Ach, Bier schmeckt jetzt ja viel besser als früher…"

Abb. 22: Neben Plakaten, die sich mit dem Kernkraftwerk in Lubmin auseinandersetzen und einigen Deutschlandfahnen ist bei den Zuhörern der CDU-Wahlkampfveranstaltung im Hintergrund auch die vor allem von Rechtsradikalen verwendete Reichskriegsflagge zu sehen, 10. Oktober 1990.

Die Sicherheit ist heute weg

Lubmin lief schließlich aus, das war im Prinzip offiziell die erste Entlassung. Dann gab es die INCOS. Dann lief das auch aus… Und dann musste ich mich das erste Mal beim Arbeitsamt melden. Oh Gott, oh Gott! Das war mir ein Graus. Das muss 1992 gewesen sein. Dann war ich 1993 bis 1995 Projektleiter bei einer Erdgasmontagefirma, bei der Projektierung und Projektbetreuung. Dann habe ich hier im Bezirk die Erdgasversorgung, die ganze Erdgasumstellung als Projektleiter betreut. Nach 1995 war ich dann erstmals arbeitslos und habe meine erste

Fortbildungsmaßnahme absolviert. Ich habe mich wie ein Wahnsinniger beworben, aber aus irgendeinem Grund – vielleicht war ich zu alt oder zu teuer – keinen Job bekommen. Drei Weiterbildungen habe ich dann nach 1995 gemacht. Aber ich habe mich seit der ersten Entlassung nicht mehr wohl gefühlt. Immer hing über allem das Damokles-Schwert. Auch bei den anderen Jobs, die ich später noch hatte. Immer dachte ich: „Wie lange geht es noch gut? Wie lange wirst du noch gebraucht?"

Ich fühlte mich voll und ganz bestätigt, mit dem, wovor ich mich am 9. November gefürchtet habe. Die Sicherheit war weg. Als wir in Lubmin in den siebziger Jahren den Block 4 fertig gemacht haben, da haben wir gesagt: „Wenn das in diesem Tempo weitergeht, haben wir bis zur Rente Arbeit." So haben wir das damals gesehen. Zwar weniger Geld, aber Arbeit und damit auch Sicherheit. Ich vermisse diese Sicherheit und spüre auch keinen Zugewinn an individueller Freiheit. Ich könnte zwar theoretisch dort hinfahren, wohin ich will, aber ich kann es ja nicht bezahlen. Dazu kommt, dass meine Kinder auch nicht mehr hier wohnen. Die sind beide weg und ich kann nicht zu denen hinfahren! Ich kann es einfach nicht mit Hartz IV bezahlen und die früheren Ersparnisse sind auch aufgebraucht.

Das ist die Einschränkung meiner Freiheit. Ansonsten würde ich „Hurra!" schreien. Das ist das Problem heutzutage. Wenn ich jetzt Plus und Minus gegenüberstellen und gegeneinander abwägen würde, würde bei mir persönlich das Minus überwiegen. Ich will die DDR aber auch nicht wieder haben. Weil ich weiß, dass sie nicht existieren kann. Es geht nicht mehr. Es geht unter den weltwirtschaftlichen Bedingungen nicht mehr. Kuba und so, denen geht es schlecht. Denn als wirtschaftliches System muss man sich in der Weltwirtschaft behaupten können, sonst wird man erdrückt. Und als DDR würden wir heute wirtschaftlich nicht überleben können. Aber dass das KKW jetzt abgerissen wird, dass das alles umsonst war, die zehn Jahre, das ärgert mich schon gewaltig.

Interview: Luise Maschmeier

Man ging ja immer mit einem Nylonbeutel los

Berndt Frisch
1989: Gesellschaftswissenschaftler und Mitglied der SED-Hochschulleitung, 46 Jahre

Dr. phil. Berndt Frisch wurde 1943 in Tetschen (Děčín) geboren. Infolge der Vertreibung aus seiner Heimatstadt verschlug es ihn mitsamt seiner Familie ins thüringische Kölleda. Nachdem er 1961 sein Abitur absolviert hatte, diente er in der NVA. Später studierte er Geschichte und Germanistik auf Lehramt an der Ernst-Moritz-Arndt-Universität Greifswald. Nach der Beendigung des Studiums und der 1975 erfolgten Promotion arbeitete Frisch im Fachbereich „Geschichte der Arbeiterbewegung" an der Sektion „Marxismus-Leninismus". Bereits als Student Mitglied der FDJ-Hochschulleitung wurde er 1980 Mitglied der Universitätsparteileitung mit Zuständigkeit für den gesellschaftswissenschaftlichen Bereich. Im Dezember 1989 schied Frisch aus der Parteileitung aus. Nach Schließung der Sektion ML wurde er bis 1992 an der Sektion Nordeuropawissenschaften weiterbeschäftigt. Nach Absolvierung einer Arbeitsbeschaffungsmaßnahme war Frisch seit 1996 für verschiedene Bildungsträger tätig. Politisch hat er seine Heimat nun in der FDP gefunden. In den neunziger Jahren trat Frisch der Pommerschen Landeskirche bei, konvertierte jedoch bald zum Katholizismus. Er ist verheiratet und hat zwei erwachsene Söhne.

Die Wende begann für mich 1988 in Vilnius

Für mich begann die Wende von 1989/90 eigentlich schon 1988. Ich war sehr oft in Vilnius; das erste Mal als Student 1967, dann mehrfach als Gastlektor an der Universität in Vilnius. Ich habe noch heute freundschaftliche Beziehungen zu dortigen Kollegen und Bekannten und reise öfters privat nach Litauen. Der Einschnitt ist dort der Oktober 1988 gewesen. Zu dieser Zeit fuhr ich mit meiner Frau und unserem jüngeren Sohn, der damals in die vierte Klasse ging, nach Vilnius. Für unseren Sohn war der Grenzübergang zunächst ein Schock, den man sich heute gar nicht mehr vorstellen kann. Wenn man mit dem Zug nach Litauen fuhr, wie wir es meist taten, dann wurde der Zug an der sowjetischen, heute weißrussischen, Grenzstation angehalten. Der Zug wurde dann umgespurt, kam also auf eine andere Spurweite. Da erfolgte dann die sowjetische Zoll- und Grenzkontrolle, in deren Zusammenhang einem der Reisepass abgenommen wurde und man erst einmal stundenlang das Zugabteil nicht verlassen konnte. Es wurde außer der Zoll- und Grenzkontrolle auch noch eine Sanitätskontrolle durchgeführt. Und bei dieser Fahrt mit unserem Jungen wurde es uns zum Verhängnis, dass meine Frau eine Kühltasche mit Nahrungsmitteln mitgenommen hat, so dass man versorgt war, da ich Diabetiker bin. Und dann kam die Sanitätskontrolle: „Die Pampelmusen müssen Sie sofort aufessen! Das geht nicht! Früchte dürfen nicht eingeführt werden!" Dann hatten wir Wurst mit, die die Kontrolleure mit so einem rostigen Messer aufschnitten, so dass man diese dann auch wegwerfen musste. Ich hätte ja nichts gegen diese Maßnahmen einzuwenden gehabt, wenn es dort ein gutes Angebot oder überhaupt ein Angebot gegeben hätte, aber man musste sich ja praktisch seine Verpflegung mitnehmen. Das war zunächst einmal für den Jungen ein schockierendes Erlebnis.

Und dann kamen wir nach Vilnius. Während unseres Aufenthaltes dort fand der Gründungskongress von *Sąjūdis*, der litauischen Unabhängigkeitsbewegung, statt. Dann gab es dort Hunger- und Sitzstreiks, um nochmal an die sowjetischen Deportationen zu erinnern. Das Entscheidende, was ich nachher auch für 1989 bei uns sah, war folgendes: Noch am 7. Oktober 1988 ließ der damalige Erste Sekretär des ZK der KP Litauens Demonstrationen blutig niederschlagen. Und jetzt muss man sich vorstellen: Am 22. Oktober wurde *Sąjūdis* dann offiziell gegründet und der inzwischen neu gewählte Erste Sekretär der KP Litauens gab symbolisch die Kathedrale von Vilnius, die dort als Kunstgalerie genutzt wurde, an die Katholische Kirche zurück. Innerhalb von drei Wochen ein solcher Stimmungsumschwung! 1989 sagte ein Kollege, der der Kampfgruppe angehörte, zu mir: „Naja, das werden wir schon sehen. Wenn es bei uns solche Demonstrationen gibt, dann marschiert die Kampfgruppe auf." Ich erwiderte ihm dann: „Ich glaube aber nicht, dass das etwas nützen wird, denn in Litauen nutzte das auch nichts. Die haben dort ihre Unabhängigkeitsbewegung zu Ende gebracht."

Nach meiner Rückkehr aus Vilnius erzählte ich bei verschiedensten Gelegenheiten über diese Erlebnisse in Litauen. Da wurde mir gesagt: „Also, sag mal, spinnen die da, die Litauer? Das kann doch nicht wahr sein!" Die Leute, die das damals sagten, wollen heute sicher nicht mehr daran erinnert werden. Die einzigen Personen, die das sachlich gut analysierten, traf ich in einer Gesprächsrunde mit Professoren und Dozenten der Theologie. Sie verfolgten die Ereignisse in Litauen sehr genau und interessiert. Also für mich begann die Wende etwas früher. Ich ahnte damals aber nicht, dass ein Jahr später schon in der DDR die Wende eingeleitet werden würde.

Trotzdem wurden die Meinungen auch in der DDR seit 1987 kritischer. In Greifswald herrschte vor allem an der Universität eine sehr kritische Stimmung, wobei es den Kritikern – wie wir das alle wahrnahmen – darum ging, den Sozialismus in der DDR zu verbessern. Ich mache es an einem Beispiel deutlich: Es muss 1988 gewesen sein. Da gab es eine Universitätsdelegiertenkonferenz der SED und der Rechenschaftsbericht, den die Parteileitung der Universität Greifswald gab, musste vorher bei der übergeordneten SED-Kreisleitung vorgelegt werden. Und nachdem wir unseren Bericht eingereicht hatten, wurden wir vier Hauptamtlichen von der SED an der Universität zu dem damaligen Erste Kreissekretär, Günter Köhler, zitiert und dann sahen wir schon, dass er ganz rot wurde: „Seid ihr denn verrückt? Das kann doch wohl nicht wahr sein!" Wir hatten im Bericht nur geschildert, was die Leute an der Universität wirklich dachten. Aber Kritik durfte nicht sein. Dann haben wir zu ihm gesagt: „Wenn das so ist, dann können wir auch nicht wieder kandidieren." Dann ruderte der Erste Sekretär zurück: „Ich habe Vertrauen in euch und werde das schon in Ordnung bringen." Der Rechenschaftsbericht wurde schließlich umgeschrieben und die Delegierten der Konferenz sagten, nachdem „unser" neuer Bericht gegeben worden war, anschließend zu uns: „Wir haben gar nicht gewusst, was ihr wolltet. Uns ist erst aufgegangen, was sich da hinter den Kulissen abgespielt haben muss, als der Erste Kreissekretär gesprochen und die Universitätsparteiorganisation so beschimpft hatte." Also wenn man das miterlebt hat, musste sich in vielerlei Hinsicht das Verhältnis zwischen der Universität und der SED-Kreisleitung ändern.

Ökonomische Probleme schürten die Unzufriedenheit

Diese kritische Stimmung wurde gemehrt durch die vielen ökonomischen Probleme. Als DDR-Bürger ging man ja immer mit einem Nylonbeutel los, wenn man in die Stadt ging. Es konnte ja sein, es gibt Mangelware zu kaufen. Das war besonders interessant, wenn es Südfrüchte gab oder selbst einheimisches Obst wie Kirschen. Dann bildete sich eine lange Schlange vor dem Geschäft, bei der man sich mit anstellte, und wenn man mittendrin war, dann fragte man erst einmal nach: „Was gibt es denn eigentlich?" Das kann man sich gar nicht vorstellen. Wenn ich das heute meinen Kindern erzähle, dann fragen sie oft, ob das wirklich so war. Wenn man Fleisch für das Wochenende kaufen wollte, dann ging man Freitag früh um 7.30 Uhr dorthin, eine halbe Stunde vor Öffnung des Fleischerladens, damit man etwas für das Wochenende bekam. Wenn ich heute um 21.00 Uhr in einen Supermarkt gehe, dann kann ich ohne Probleme noch Brötchen kaufen.

Damals stellte man sich am Freitag beim Bäcker an, um die Brötchen für das Wochenende zu kaufen. Besonders drastisch wurde es, wenn sehr begehrte Ware verkauft wurde: Die Leute wussten zum Beispiel, wann Farbfernsehgeräte angeliefert wurden. Dann stellten sie sich in der Nacht um halb Eins an und wechselten sich ab, damit sie morgens dann auch noch ein Farbfernsehgerät kaufen konnten.

Das war ja eigentlich das Verrückte: Die Leute hatten Geld, aber sie konnten dafür nichts kaufen. Auf eine Waschmaschine oder einen Kühlschrank mussten sie warten. Wir haben zehn Jahre auf eine Tiefkühltruhe gewartet. Wie viel Geld eigentlich in der DDR vor dem Hintergrund der Mangelwirtschaft war, hat man wahrscheinlich in der Bundesrepublik damals in der Vorbereitung der Währungsunion gar nicht so sehr bedacht. Das macht die Situation deutlich, wie ich glaube. Es war schon klar, dass dies eine desolate und praktisch nicht haltbare Situation war. Und die Leute waren dann eben auch sehr unzufrieden damit.

Ich würde heute nicht mehr in der DDR leben wollen

Aber ich muss sagen, ich stand zu diesem Zeitpunkt noch ganz bewusst hinter der DDR, weil ich in diesem Land etwas werden konnte, obwohl ich aus einfachen Verhältnissen stamme. Das war für mich wichtig. Aber je mehr man sich auch mit den Dingen politisch auseinandersetzte, desto deutlicher wurde, dass der Widerspruch zwischen Anspruch und Realität immer größer wurde. So hat sich bei mir gerade in den achtziger Jahren eine immer kritischere Haltung entwickelt, vor allem als ich merkte, dass ich soviel Kritik, wenn diese denn gestattet war, anbringen konnte, wie ich wollte, aber sich damit nichts änderte. Das hat mich sehr geärgert. Und wenn man mich heute fragt, dann sage ich ganz konsequent: „Ich würde nicht wieder in der DDR leben wollen." Es gibt dafür verschiedene Gründe: Das eine ist zum Beispiel das Recht der freien Meinungsäußerung, das ich in der DDR nicht hatte. Ich gehöre heute wieder einer Partei an, muss aber nicht mehr die Rede des Bundesvorsitzenden lesen, um anschließend verkünden zu können, was meine Meinung ist. Diese Parteidisziplin, die es in der SED gab, gibt es heute nicht mehr. Heute kann ich sagen, was ich will.

Das andere ist die Reisefreiheit. Ich hatte an der Universität früher sehr guten Kontakt zu ausländischen Studenten und die sagten mir: „Lasst eure Leute doch reisen, aber nicht nur in die Bundesrepublik. Lasst sie nach Griechenland oder Portugal fahren und sich dort den Kapitalismus anschauen. Die kommen wieder." Aber nur ganz ausgewählte Leute bekamen Reisen. Mein Traum war immer, meine Silberhochzeit in Jugoslawien zu feiern. Ich war da noch nie, auch in den Nachfolgestaaten nicht. Ich freue mich, wenn ich heute nach Spanien fahren kann. Ich habe jetzt vor Jahren angefangen, Spanisch zu lernen, und fahre dort ganz gerne hin. Ich genieße das. Wenn mir jemand in der DDR gesagt hätte, dass ich einmal nach Spanien fahren kann, dann hätte ich gesagt: „Das ist doch überhaupt nicht möglich!" Meinungsfreiheit und Reisefreiheit sind für mich entscheidende Dinge.

Die Kommunalwahlen von 1989 waren etwas Besonderes

Die Kommunalwahlen 1989 in Greifswald waren insofern etwas Besonderes, weil zum ersten Mal bekannt wurde, dass Mitglieder der SED nicht zur Wahl gegangen sind. Ich habe dazu keine prozentualen Zahlen oder Ähnliches, aber es ist Fakt, dass doch ein Teil von Mitgliedern der SED an der Universität auch nicht zur Wahl gegangen ist. Diesbezüglich gab es dann die Order von oben, dass diese Personen aus der Partei ausgeschlossen werden müssen. Und da nehme ich für die damalige Parteileitung der Universität in Anspruch, dass wir da nicht mitmachten, sondern das aussaßen. Wir von der Universitätsparteileitung wurden in dieser Sache dann wieder in die SED-Kreisleitung zitiert und da sagte die damalige Sekretärin für Agitation und Propaganda zu uns: „Es gibt einen Beschluss der Parteiführung!" Daraufhin fragte ich, ob ich diesen Beschluss einmal sehen könnte. Sie erwiderte: „Ja, hast du denn kein Vertrauen?" Mit Stichwörtern wie „Vertrauen" oder „Disziplin" sind wir damals manipuliert worden, auch wenn man das erst sehr spät gemerkt hat und viele es heute noch nicht wahrhaben wollen.

Bei den Kommunalwahlen 1989 war klar, dass einige Personen diese Wahlen ganz genau beobachtet haben. Dass vielleicht irgendetwas im Gange war oder befürchtet wurde, schloss ich aus folgendem Erlebnis: Ich verließ damals am Wahltag nach 20.00 Uhr das Gebäude in der Domstraße und da begegnete mir der damalige Bischof Gienke der Greifswalder Kirche. Da man sich in einer Stadt wie Greifswald kennt, sprach er mich an und fragte, ob denn alles gut gegangen sei. Da dachte ich mir: „Was veranlasst den Bischof, dich nach so etwas zu fragen?" Ich glaube aber nicht, dass diese Kommunalwahlen hier in Greifswald zu einer Initialzündung geführt haben. Eher denke ich, dass für Greifswald die baufälligen Häuser und der Umstand, dass die Menschen immer mehr in Widerspruch zu dem herrschenden Regime gebracht wurden, letztlich ausschlaggebend für den Beginn der Wende waren.

Im Juni 1989 war der Zusammenbruch der DDR vorauszusehen

Ich hatte im Juni 1989 ein großes Aha-Erlebnis. Da war ich noch einmal zu einem Vierwochenlehrgang an der Akademie für Gesellschaftswissenschaften beim ZK der SED. Und ich sagte dann zu meiner Frau, als ich wieder nach Hause kam: „Das bricht hier alles wie ein Kartenhaus zusammen!" Man muss nämlich wissen, diese Theoretiker, die die SED-Führung beschäftigt hat, hatten die desolate Situation in der DDR genau erfasst und analysiert. In einer Diskussion hatte ich dort kritisiert, dass mit den Mieten, die in der DDR gezahlt werden, kein Haus saniert werden kann, und dass ich es als ungerecht empfinde, dass ein Pflegeheimplatz in der DDR undifferenziert 102 Mark kostet, egal ob der Betreffende eine niedrige oder hohe Rente hat. Der damalige Rektor der Akademie für Gesellschaftswissenschaften hat danach zu mir gesagt: „Ich sehe das genauso wie du, aber die im Politbüro im großen Haus dort drüben entscheiden ja nichts." Wichtig waren für mich auch die ökonomischen Fakten, die in diesem Lehrgang genannt worden sind und deutlich gemacht haben, dass die DDR dem Ende zuging.

Ab Sommer 1989 kam es in Greifswald schon zu einer richtigen Austrittswelle aus der SED. Manche begründeten ihren Austritt schriftlich. Da gab es interessante schriftliche Begründungen. Eine Ärztin schrieb beispielsweise: „Da die SED jetzt nicht mehr die führende Rolle hat, trete ich aus." Das war ehrlich, denn dann wusste man auch, weshalb sie eingetreten war. Andere SED-Mitglieder kamen einfach nur in die Domstraße, legten ihr Parteibuch hin und verschwanden. Ich musste dann mit meiner Aktentasche in die Kreisleitung gehen und die Parteibücher dort abgeben. Dabei wurde ich wiederholt von den Mitarbeitern dort beschimpft. Viele, die aus der SED 1989 austraten, waren mit der Politik der Partei einfach nicht mehr einverstanden, aber es gab auch andere, die meinten, dass ein Verbleib in der SED in Zukunft ihrer Karriere abträglich sein könnte. Und da ist mir eine Aussage wichtig, die der ehemalige Pfarrer von St. Jakobi, Pfarrer Hanke, mir gegenüber tätigte. Er sagte: „Vor den Leuten, die noch bis Mitte der sechziger Jahre in ihre Partei eingetreten sind, habe ich Achtung, weil die aus Überzeugung eingetreten sind." Das nehme ich auch für mich in Anspruch. Aber er sagte auch: „Ihre Partei ist nachher zur reinen Karrierepartei verkommen." Und das war sie eigentlich auch. Wenn ich später fragte, wo es die stärksten studentischen Parteiorganisationen gab, dann sagten alle, dass dies wohl im gesellschaftswissenschaftlichen Bereich der Fall gewesen sein müsste. „Nein", sagte ich dann stets, „das konnte gar nicht sein, weil diese Studenten meist gar nicht in die Partei aufgenommen wurden." Die größte studentische Parteiorganisation gab es in der Medizinischen Fakultät und zwar aus folgendem Grunde: Mädchen oder auch Jungen, die vor ihrem Studium ein praktisches Jahr gemacht haben, wie es viele Medizinstudenten taten, zählten danach weiter, wenn sie Studenten waren, als Arbeiter und konnten in die SED aufgenommen werden, während es für andere äußerst schwierig war. So gab es im Studienjahr Humanmedizin mindestens zu 30% SED-Mitglieder, aber oftmals aus der Intention heraus, dass man mit dem Parteibuch in der DDR Karriere machen konnte. Dort, wo die Partei gerne Mitglieder gehabt hätte, aus dem Kreis der Krankenschwestern zum Beispiel, bekam sie keine. Denn die Schwestern hatten ihren Beruf und wollten meist auch nicht Oberschwester oder so etwas werden, weshalb sie nicht in die SED einzutreten brauchten.

Abb. 23: Die DDR-weite Menschenkette in der Greifswalder Innenstadt, 3. Dezember 1989.

Ich hatte Angst, dass die Proteste eskalieren

Bei den Greifswalder Protesten beteiligte ich mich bis Dezember 1989 nicht und war damals auch nicht zu den Friedensgebeten in der Kirche. Das war nicht mein Weg. Ich beobachtete aber die erste Demonstration, als sie an unserem Haus vorbeimarschierte. Damals hatte ich Angst, dass diese Proteste eskalieren und das Ganze nicht so friedlich über die Bühne geht, wie es nachher ging. Denn bei manchen hatte sich doch eine gewisse Wut aufstaut. Das bemerkte ich auch persönlich: An dem Tag, als die Bürgerbewegung das Gebäude der Kreisleitung der SED, in dem sich heute das Institut für Wirtschaftswissenschaften befindet, besetzte, war ich auch wieder mit meiner Aktentasche unterwegs, um Parteiausweise von Ausgetretenen dort abzugeben. Und als ich dann herauskam, forderte mich jemand auf, meine Aktentasche zu öffnen, weil er sehen wollte, was sich darin befand. Da habe ich ihm gesagt: „Ja, da ist meine Brotbüchse drin." In dieser Situation merkte man, dass sich da auch Wut bei manchen Leuten aufgestaut hat. Bei manchen sicherlich zu Recht, aber es gab auch einige Widerstandskämpfer aus dieser Zeit, die anschließend sagten, dass sie aus politischen Gründen in der DDR keine Karriere machen konnten. Zwei, drei Jahre später sagten mir dann Kollegen, dass bestimmte Leute unter diesen Oppositionellen nichts geworden sind, weil es ihnen an wissenschaftlicher Qualifikation fehlte. Einige von diesen Leuten haben also auch nur vorgeschoben, dass sie aus politischen Gründen keine Karriere machen konnten.

Abb. 24: Die Lichterkette am 3. Dezember 1989.

Diese aufgestaute Wut ließ im Herbst 1989 befürchten, dass die Proteste nicht ohne Gewalt ablaufen könnten. Und nun kann man sich natürlich vorstellen, wenn die Gewalt vom Staat ausgegangen wäre, dann wäre das auch auf die Demonstranten übergesprungen. Deshalb habe ich mich mit meiner Frau auch in die langen Lichterketten eingereiht, die dem Anliegen Ausdruck verleihen wollten, dass das Ganze auch friedlich zu Ende geführt wird. Obwohl ich nicht direkt bei den Protesten und der Wende in Greifswald beteiligt war, bekam ich in anderen Situationen mit, wie sich Dinge hier veränderten. So forderten Parteisekretäre, dass die Universitätsparteileitung aufgelöst und dann ein Sprecherrat gebildet wird.

Die Gründung und Zulassung des Neuen Forums befürwortete ich

Ich bekam dann natürlich auch im Vorfeld die Gründung des *Neuen Forums* mit. Aktivisten vom *Neuen Forum* gab es vor allen Dingen an der damaligen Sektion Physik der Universität; zum Beispiel Thomas Meyer, aber auch andere. Eines Tages kam der Parteisekretär der Sektion Physik zu mir mit dem Gründungsaufruf des *Neuen Forums*. Und da habe ich, weil ich fand, dass in dem Aufruf ganz vernünftige Dinge standen, die auch auf notwendige Veränderungen abzielten, gesagt: „Das müssten wir eigentlich allen unseren Parteisekretären zur Verfügung stellen." Er erwiderte: „Wenn ihr ein gutes Vervielfältigungsgerät habt, können wir das tun." Dann machten wir das, so dass die Parteisekretäre den Aufruf erhielten. Auch die FDJ-Hochschulgruppenleitung bekam diesen. Bei dem, was danach folgte, kann man sehen, welche Wirkung natürlich das Ministerium für Staatssicherheit hatte: Ein FDJ-Mitglied, der damalige Leiter vom Klub Kiste, fragte mich, ob er den Aufruf auch bekommen könnte. Ich bejahte dies selbstverständlich und gab ihm den Aufruf mit. Dieser FDJler hat ihn mitgenommen, andernorts vorgetragen und irgendeiner hat das natürlich sofort dem Ministerium berichtet. Am nächsten Tag marschierte ein hochrangiger Mitarbeiter des MfS bei mir auf und fragte mich, ob ich mir erklären könnte, wie dieser Aufruf dahin gelangt ist. Ich bejahte, war aber froh, dass das damals bei der Kreisleitung kein größeres Aufsehen erregte. Später sagte der Zweite Sekretär der Kreisleitung, Dr. Glawe, zu mir: „Den Gründungsaufruf hatten wir ja hier nicht einmal in der Kreisleitung." Da ich gute Kontakte zur Sektion Theologie hatte, kannte ich auch Initiatoren des *Neuen Forums* wie Dr. Poldrack. Und mit ihm war ich dann auch im Gespräch über diese Dinge. Da war schon mein Eindruck, dass es der größte Fehler ist, den wir machen, wenn immer gesagt wird: „Wir dürfen das *Neue Forum* nicht zulassen." Ich befürwortete diese Zulassung.

Die anderen Oppositionsgruppen waren in Greifswald ja weniger aktiv. Die SDP-Gründung verfolgte ich, hielt sie aber nicht für notwendig, da ich auf eine Reformierung der SED hoffte, von der wirtschaftliche Reformen und dann die Gewährung bürgerlicher Freiheiten in der DDR ausgehen könnten. Ich setzte auf einen Wechsel unter der

Führung Hans Modrows, der damals Erster Sekretär der Bezirkslei-tung in Dresden war. Er war wohl einer der wenigen Funktionäre, die damals den Mut hatten, in diesem oberen Führungszirkel auch einmal Tacheles zu reden. Und viele rechneten damals damit, dass, wenn es zu einem Führungswechsel kommt, Hans Modrow der Nachfolger Honeckers wird. Und es war dann für viele eine Enttäuschung, als es der Krenz wurde, weil damit nicht der notwendige Wechsel vollzogen wurde.

Am Abend des 9. Novembers 1989 war ich auf einer Parteiveran-staltung. Als ich nach Hause kam, erzählte mir meine Frau, dass im Fernsehen über die Maueröffnung berichtet wurde. Der Mauerfall war schon eine Überraschung für uns. Wir hatten zwar alle gehofft, dass sich im Reiseverkehr etwas verändert, aber damit, dass das alles so schnell kommt, hatte ich persönlich nicht gerechnet. Letztendlich war da für mich eigentlich klar, dass dies das Ende der DDR, wie man sie bis dahin kannte, war. Aber an eine Wiedervereinigung glaubte da-mals natürlich noch keiner.

Der erste Ausflug in die Bundesrepublik war ein Schock

In den Westen fuhren wir krankheitsbedingt erst Anfang Dezember 1989 zum Geburtstag eines Verwandten nach Westberlin. Als wir dort dann über den Tempelhofer Damm gingen und wir ein Geschäft nach dem anderen und die helle Weihnachtsbeleuchtung sahen, war ich geschockt! Ich wusste, dass die Bundesrepublik einen wesentlich höhe-ren Lebens- und Technologiestandard hatte. Aber wie er sich dann für mich darstellte – wir waren ja nicht weiter als bis zum Tempelhofer Damm – war für mich ein Schock. So wie meine Reisen in die Sowjet-union ein Schock waren, so war dies ein Schock, aber in die andere Richtung. Das hatte ich mir so nicht vorgestellt. Unser jüngerer Sohn wollte sich damals vom Begrüßungsgeld einen Walkman kaufen. Dann war der Cousin meiner Frau mit uns unterwegs und wir schauten uns ganz verschiedene Modelle an. Wenn es in der DDR einmal einen Walkman gab, gab es stets nur ein Modell und in der Bundesrepublik gab es die verschiedensten auf dem unterschiedlichsten technologi-schen Stand.

Dann war ich Pfingsten 1990 mit meiner Familie bei Verwandten meiner Frau in Dänemark. Da fuhren wir mit dem Zug durch Schles-wig-Holstein, durch Landschaften, in denen alles blühte, durch schöne Dörfer und Städte mit farbenfrohen Häusern. Und als wir zurückka-men, stand ich auf dem Bahnhofsvorplatz in Greifswald, um auf den Bus zu warten, und da habe ich gedacht: „Wo bist du hier wieder hergekommen? Dass du das früher nicht so gemerkt hast!" Das fiel mir dann wie Schuppen von den Augen. Klar, wie schlimm die wirtschaftliche Situation ist, das habe ich vorher schon gemerkt, aber als ich aus Dänemark in diese triste Landschaft mit den verfallenen Häusern, dieses Grau in Grau zurückkam, hatte sich mein Bild von der DDR verändert.

Im wiedervereinigten Deutschland lebt es sich gut

Wenn ich heute auf meine eigene Biographie nach der Wende zurückblicke, bleibt als negativer Aspekt natürlich, dass dadurch meine wissenschaftliche Laufbahn unterbrochen wurde. Wenn ich auch dazu sagen muss, dass ich ganz schnell den Kontakt zur Deutsch-Baltischen-Landsmannschaft der Bundesrepublik fand und kleinere wissenschaftliche Arbeiten weitermachte. Aber, wie gesagt, diese wissenschaftliche Laufbahn wurde abgebrochen. Ansonsten würde ich sagen: „Es lebt sich gut." In der Retrospektive bin ich froh, dass es zu dieser Wiedervereinigung kam. Es war gut, dass wir – wie wir immer gesagt haben – den großen Bruder in der Bundesrepublik hatten, der hier auch wirtschaftliche Unterstützung geben konnte. Denn wenn man sich die Entwicklung in den anderen Ostblockstaaten ansieht, dann ist das, was heute an Kritik in Deutschland geäußert wird, ein Jammern auf einem hohen Niveau. Ich nehme einmal das, was jetzt im Rahmen des Konjunkturpakets gesagt wurde: „Für jedes Kind gibt es 100 Euro." Ich weiß von meinen litauischen Freunden, dass dort das Kindergeld und das kostenlose Mittagessen, was es für die Kinder im ersten Schuljahr gab, abgeschafft wurden. Wenn sich heute Leute und ehemalige Genossen, die eine hohe Rente bekommen oder trotz Arbeitslosigkeit sozial abgesichert sind, beklagen, dann frage ich meistens: „Aber im Kapitalismus lebt ihr ganz gut, nicht?"

Interview: Martin Arndt und Josephine Zabel

Wenn man die SED ablösen wollte, musste sich eine Gruppe gründen, die gezielt darauf hinarbeitet

Hinrich Kuessner
1989: Vorsteher der Johanna-Odebrecht-Stiftung, 46 Jahre

Hinrich Kuessner wurde 1943 in Gerdauen in Ostpreußen geboren. Aufgrund der Kriegsereignisse verschlug es die Familie nach Mecklenburg. Da er sein Wunschstudium Jura aus politischen Gründen nicht aufnehmen konnte, studierte er in Rostock Theologie und absolvierte in Greifswald eine Ausbildung in der kirchlichen Verwaltung. 1975, nach der Unterzeichnung der Schlussakte von Helsinki, stellte er einen Ausreiseantrag. Nachdem ihm die Stelle des Geschäftsführers des Diakonischen Werkes der pommerschen Landeskirche angeboten wurde, nahm er diesen jedoch wieder zurück. 1989 engagierte sich Kuessner frühzeitig im Neuen Forum. Im Dezember wechselte er zur SDP bzw. SPD, für die Kuessner seit 1990 in die erste frei gewählte Volkskammer der DDR, den Bundestag, den Landtag und die Greifswalder Bürgerschaft gewählt wurde. In dieser Zeit übernahm er in Mecklenburg-Vorpommern zeitweilig die Ämter des Sozialministers und des Landtagspräsidenten. 2009 zog sich Kuessner aus der Politik zurück. Heute setzt er sich für soziale Projekte in Westafrika ein. Er ist nunmehr Rentner, verheiratet und hat zwei Söhne.

Mir wurde früh deutlich, dass mit diesem Staat nicht zu spaßen ist

Mich haben viele Ereignisse geprägt, die sicherlich dazu beigetragen haben, mich 1989 zu engagieren. Beispielsweise ist meine Tante schon 1946 in der SBZ eingesperrt worden, weil sie einen Bericht über die Zerstörung von Königsberg weitergegeben hatte. Das hatte irgendjemand angezeigt. Sie ist zunächst einmal völlig verschwunden gewesen. Ihre Mutter, mit der sie zusammenlebte und die schon sehr alt war, wusste gar nicht, wo sie geblieben ist und hat es auch zu Lebzeiten nicht mehr erfahren. Erst meine Mutter hat dann später zu ihr Kontakt aufnehmen können. Sie wurde zu zehn Jahren Zuchthaus verurteilt und hat davon acht Jahre abgesessen. Da habe ich als Kind einiges Schlimmes mitbekommen.

In Rostock, wo ich aufgewachsen bin, war mein Vater Leiter einer Anstalt für geistig behinderte Kinder und Jugendliche geworden. Das war davor eine diakonische Einrichtung für so genannte schwer erziehbare Kinder gewesen. Das spielte für meine Haltung zur DDR insofern eine gewisse Rolle. Denn diese Kinder wurden der Kirche weggenommen, weil sie noch nominell schulbildungsfähig waren und

die Kirche durfte damals nicht mehr schulbildungsfähige Kinder be-
treuen. Darum kamen dann stattdessen Geistigbehinderte. Das habe
ich noch genau in Erinnerung: Die Kinder hatten Tränen in den Augen.
Sie wurden mit Bussen weggefahren und wussten gar nicht genau, wo
sie hinkommen.

Später, Ende der sechziger Jahre, hatte ich einen Freund, der 1968
in der Tschechoslowakei war, als der Prager Frühling niedergeschlagen wurde. Dieser hatte dort an Demonstrationen teilgenommen und
dann versucht, nach Österreich zu gelangen. Er ist aber geschnappt
worden. Er wurde an die DDR ausgeliefert und dann zu sechs Jahren
Zuchthaus verurteilt. Er war damals fünfundzwanzig Jahre alt, keine
bedeutende Persönlichkeit, war Kellner und hatte keine Bezugsperso-
nen. Ich habe ihn deshalb im Gefängnis in Bautzen besucht. Das war
ein fürchterliches Erlebnis. Da ist mir auch deutlich geworden, dass
mit diesem Staat nicht zu spaßen ist und man schon aufpassen muss,
dass man nicht eingesperrt wird.

Das hat natürlich auch sehr stark geprägt. Außerdem war es so,
dass unsere Kinder uns schon ein Stückchen vor der Wende gesagt
haben, dass wir nicht damit rechnen können, dass sie in der DDR blieben. Wenn sich die Möglichkeit böte und sie alt genug wären, würden
sie die DDR verlassen. Wir waren dann natürlich froh, dass sich die
politischen Verhältnisse veränderten und wir als Familie letztlich zusammen bleiben konnten. Wir hatten ja viele Verwandte im Westen
und insofern wussten wir auch, dass es möglich war, dort Fuß zu fassen. Man wäre dann allerdings als Familie zerrissen gewesen. Die DDR
war ja so gestrickt, dass sie dann keine Ausreisen mehr erlaubte. Ich
war schon vor 1989 auf Besuchsreisen im Westen gewesen und daher
waren wir schon stark motiviert, an politischer Veränderung teilzunehmen. Der gemeine DDR-Bürger durfte natürlich eigentlich nicht
einfach so in den Westen reisen. Aber ich hatte mir durch meine berufliche Stellung eine herausgehobene Position erarbeitet. Das hatte aber
auch gedauert und wurde nach 1981 auch wieder komplizierter.

Wir wussten, dass wir abgehört werden

In der Kirche wurden ziemlich offen Gespräche geführt. Da hat man
kein Blatt vor den Mund genommen. Wir wussten aber, dass diese von
der Staatssicherheit abgehört werden. Wir wussten allerdings nicht,
wer es war. Im Diakonischen Werk habe ich zum Beispiel einmal eine
Karte bekommen, da wurde ein Mitarbeiter genannt, der für die Stasi
arbeiten würde. Wir haben ihn dann gefragt, ob es so ist. Er hat das
natürlich verneint. Wir haben uns aber gesagt: „Wenn wir anfangen,

uns gegenseitig zu verdächtigen, dann können wir gleich einpacken. So können wir nicht leben." Wir haben also gewusst, dass welche unter uns sind, weil wir bei Gesprächen mit dem Staat immer wieder bemerkten, dass die vieles wussten, was eigentlich nur im kleinen Kreis besprochen wurde.

Das wurde mir beispielsweise schon 1963 klar. Da hat mir ein Dozent in einer GeWi-Prüfung berichtet, was ich eigentlich nur unter drei Studenten gesagt hatte. Einer von diesen hatte nur im Auftrag des Stasi Theologie studiert! Das habe ich dann letztendlich nach der Wende erfahren. Da gab es ja die schlimmsten Verquerungen. Diese Karte hat sich übrigens nach der Wende als wahr erwiesen. Derjenige hatte tatsächlich für die Stasi gearbeitet. Da dachte ich: Dem habe ich die erste Westreise vermittelt, damit er als gelernter Ingenieur versucht, mit Westmaterial unsere Heime auszubessern. Die Westkirche hat uns nämlich immer ein wenig geschenkt: Duschen, Wasserleitungen, Zentralheizungen, so dass wir Dinge stark verbessern konnten. Und mir lag daran, dass der Bauingenieur in den Westen fährt, damit er das sorgfältig bauen und planen konnte. Ich habe mich dazu verpflichtet, mit ihm zu reisen und ihn wieder zurückzubringen. Wir sind dann mit dem Zug nach Rendsburg gefahren. Ich bin sonst immer über Berlin ausgereist, weil das einfacher war, wenn man etwas schmuggeln wollte. Man konnte aber Pech haben und scharf kontrolliert werden. Aber meine Kinder wollten ja auch einiges an Literatur und Spielen haben. Auch ich wollte gute Bücher haben, die mich selbst interessierten. So bin ich immer über Berlin gefahren, wo ich auch eine Cousine hatte, die ich unbedingt mal besuchen wollte. Aber eigentlich war es so: Wenn man Transit hatte, durfte man sich nicht in Berlin aufhalten. Man musste Westberlin immer sofort verlassen. Da wurden ja auch durch Stempel die Zeiten immer sehr genau eingetragen und so konnten die das nachvollziehen. Ich habe dem Ingenieur jedenfalls gesagt, er solle sofort herüber gehen. Denn das sei seine erste Besuchsreise und wenn er dann Dummheiten mache, bekomme er nie wieder eine genehmigt. Das war so üblich in der DDR. Der sagte jedoch zu mir: „Nee, nee, lass' mal, ich komme mit." Wir sind dann zur Mauer auf der Westseite gegangen und haben uns das angeguckt. Und später hat sich dann herausgestellt, dass er ein Stasimann war.

In der Realität war die DDR kein sozialer Staat

Die Tätigkeit in der Greifswalder Diakonie war für mich immer meine Wunscharbeit gewesen. Wir haben auch einiges bewegen können. Mit einem Kirchenjuristen haben wir beispielsweise über Jahre eine Art Lebensberatung gemacht. Da sind Leute gekommen, die politisch in

Schwierigkeiten geraten waren. Viele von denen hatten ebenfalls Ausreiseanträge gestellt. Mit dieser Maßnahme begannen wir Anfang der achtziger Jahre. Es waren einige Leute dabei, bei denen ich es verstand. Bei anderen jedoch nicht. Diejenigen hatten ausschließlich materielle Gründe, das Land zu verlassen, was ich natürlich auch nachvollziehen konnte. Die waren aber so naiv, die wollten hier nur nicht anecken – nur den Antrag stellen und dann ab ins schöne westliche Leben.

Ich bin dann 1983 das erste Mal im Westen gewesen, dienstlich wie privat. Ich habe dort einen Hamburger Kollegen gebeten, mich mal in Kontakt mit ehemaligen DDR-Bürgern zu bringen. Der hatte allerdings keine Ideen, wie man solche finden könne. Er nahm mich aber später mit in ein Obdachlosenheim, wo verhältnismäßig viele DDR-Bürger lebten, die nicht mit dem westlichen Leben fertig geworden sind, die es nicht gepackt hatten und abgerutscht waren. Damit ist mir klar geworden, dass es gar nicht so einfach ist, in einem anderen System zu leben. Das habe ich versucht, den Leuten klar zumachen, die überall keine Schwierigkeiten wollten. Die meinten dann, ich wolle sie nur von ihrem Ausreiseantrag abbringen. Verständnis habe ich dafür schon gehabt, aber eben differenziert.

Ein Schwerpunkt in unserem Diakonischen Werk war auch die Arbeit mit Alkoholkranken. Das nahm in der DDR zu. Hier in Vorpommern war das schon immer ein Problem. Hier wird mit am meisten in Deutschland „gesoffen". Es waren besonders viele Leute alkoholkrank, die beim Staat angestellt waren: Parteisekretäre, andere Mitarbeiter in Gremien. Einige waren völlig abgesackt, hatten keine Verbindung mehr zur Familie und mussten im Grunde im Krankenhaus behandelt werden, um gerettet zu werden. Die mussten entgiftet werden. In diese Richtung wollten wir unsere Arbeit ausbauen.

Ein dritter Ansatzpunkt war eine Kindertagesstätte für Geistigbehinderte. In der DDR gab es ja auch keine Schulen für Behinderte. Für Körperbehinderte gab es zwar ein paar wenige. Aber für Geistigbehinderte wurde nichts gemacht. Es gab keine Werkstätten und deshalb wollten wir ein Angebot für die Kinder schaffen. Daraus ist letztendlich die Martinsschule entstanden. Auch Körperbehinderte waren im Allgemeinen sehr benachteiligt. Es gab beispielsweise keinen Rollstuhl, der in einen Trabant passte und somit waren sie nicht mal beweglich! Als ich 1981 gemeinsam mit zwei Behinderten einen Körperbehindertentreff gründen wollte, erhielten wir keine Adressen von Behinderten, die waren nicht bekannt. Der Staat gab uns sowieso keine Adressen und die Pastoren hatten auch keine. Wir haben uns auf den Markt gestellt und die Leute direkt angesprochen. So haben wir dann unsere

Kontakte bekommen. Diese Menschen haben fast ausschließlich zu Hause herum gesessen, weil sie keine Hilfsmittel hatten, weil die Bürgersteige für Rollstuhlfahrer katastrophal waren. Es gab beispielsweise einen DDR-Stuhl, welcher vorne ganz kleine Räder hatte. Die blieben am Bordstein hängen. Es gab auch keine Bordsteinabsenkungen. Wir haben dann eine Initiative mit der Kirche und Jugendlichen gestartet, um Bordsteine abzusenken. Das hat der Staat dann mitbekommen und hat daraus eine FDJ-Initiative gemacht, was ja gut war!

An und für sich ist die DDR ein Staat gewesen, der sagte, er sei für alle Menschen da und der sich als sozialer Staat ausgegeben hat. In der Realität war das aber nicht so. Leute, die nicht produktiv waren, galten hier nichts. Das galt auch für Menschen, die in ein Altenheim kamen. Das war richtig schlimm. Das schlimmste Altenheim, was ich kennen lernen musste, war in Ralswiek. Das war ein großes Schloss. Da wurden die Leute zu viert oder zu sechst in einem kleinen Zimmer zusammengepfercht. Das waren mitunter Durchgangszimmer. Am Schluss der DDR kamen dort auch noch körperlich Behinderte hinzu, die nicht mehr alleine mit dem Alltag fertig wurden. Da lagen dann Achtzigjährige mit dreißigjährigen Rollstuhlfahrern in einem Zimmer. Als dritte Gruppe kamen schließlich auch noch Alkoholkranke dazu. Das waren Alkoholkranke, die nicht mehr Herr ihrer Sinne waren. Die sind nachts dort herumgelaufen und haben herumgegrölt, so dass die alten Menschen nicht wirklich zur Ruhe kamen. Da herrschte ein unglaubliches Konfliktpotenzial. Ein junger Körperbehinderter wollte ja auch mal moderne Musik hören, mal laut Musik hören. Auch wenn er sich sonst nicht bewegen konnte, wollte er ja auch am modernen Leben teilnehmen. Ein alter Mensch brauchte aber eben seine Zurückgezogenheit. Wenn alte Menschen nach Ralswiek kamen, dann sind manche schnell gestorben. In diese Heime ist sehr wenig investiert worden. Wer gesund war, wer mit seiner Familie gut leben konnte, der konnte in der DDR durchaus ein Leben ohne Probleme leben. Aber wer alt oder krank war…

Zum Schluss war die DDR ziemlich heruntergewirtschaftet

Wir haben einmal im Diakonischen Werk eine Art Apotheke eröffnet, weil viele Menschen nicht mehr die Medikamente bekamen, die sie für ihre Lebenserhaltung brauchten. Einfach, weil die DDR keine Westmedikamente eingeführt hat. Ich kann da Geschichten erzählen: Zum Beispiel ein SED-Genosse, der schon an einem Parteitag in den Fünfzigern teilgenommen und hier das Kernkraftwerk mit aufgebaut hatte. Er hatte eine schwere Krankheit und ein Bein musste amputiert werden. Jedenfalls kam man eines Tages auf mich zu: „Der liegt jetzt schon seit Wochen im Krankenhaus und kommt seit Wochen nicht raus, weil die Prothese einen Anstrich braucht." Bevor eine Prothese angesetzt wird, braucht sie nämlich einen Anstrich, der hautverträglich ist. Den gab es aber in der DDR nicht. Es musste aus dem Westen eingeführt werden. Die wussten, dass wir Westkontakte hatten und, dass wir hin und wieder dies und jenes beschafften. Ich habe dann unsere Bekannten im Diakonischen Werk in Rendsburg gefragt, was das kostet. Das war ein Pfennig-Artikel, das hat 5 D-Mark gekostet! Da war die DDR nicht bereit, das einzuführen. Sie ließ den Mann stattdessen liegen. Wir haben das dann gemacht. Seine Prothese hat den Anstrich bekommen und er konnte wieder selbstständig werden.

Da war so vieles in den letzten zehn Jahren, was zeigte, dass die DDR abgerutscht war. Darüber hat aber keine Zeitung geschrieben. Ich habe Anfang der achtziger Jahre in einer Kirchenzeitung einen kleinen Artikel mit der Überschrift „Alkoholismus in Greifswald" geschrieben. Das wurde damals verboten. Zu diesem Artikel wurde dem Chefredakteur gesagt, er dürfe nicht erscheinen, obwohl da fast nichts drin stand. Ich wusste ja, wie schwierig es sein wird, wenn man so etwas schreibt. Aber allein die Überschrift war für die staatlichen Vertreter zu viel. Im Text stand drin, dass es Alkoholkranke gibt und wir da was machen. Das war nichts gegen die DDR, keine politische Kritik. Der Artikel war inhaltlich nahezu belanglos.

Dass die DDR zum Schluss ziemlich heruntergewirtschaftet war, zeigt auch ein letztes Beispiel: Einmal hat sich bei uns in der Diakonie ein Hausmeister beworben. Den hätte ich gerne eingestellt, weil wir dringend jemanden für unser Heim benötigten. Da kam jedoch der LPG-Vorsitzende zu mir und sagte, wenn wir den einstellten, das sei der Letzte, der im Kuhstall noch was steuere. Sie bräuchten einen, der noch alle Sinne beisammen habe.

Im Sommer hatte man den Eindruck, auf einem Pulverfass zu sitzen

Ein Umschwung in der politischen Stimmung setzte letztendlich schon früh ein. Als Geschäftsführer des Diakonischen Werkes habe ich die Informationen erhalten, welche die evangelische Kirche hatte. 1988/89 gab es immer wieder Auseinandersetzungen mit dem Staat, weil sich unter dem Dach der Kirche Gruppen befanden, die immer stärker auch ökologische Fragen stellten, die dem Staat natürlich nicht gefielen. Aber es wurden auch andere politische Fragen gestellt. Ausreisewillige fanden sich unter dem Dach der Kirche ein und es war schon zu spüren, dass diese Gruppen stärker wurden. Dass es aber wirklich zu einer politischen Veränderung kommt, daran habe ich erstmals im Sommer

1989 zaghaft gedacht. Wir waren in Ungarn im Urlaub. Dort waren die Grenzen offen und auf den Zeltplätzen wurde diskutiert, ob man geht oder bleibt. Viele wollten die DDR einfach nur verlassen. Im Süden der DDR verschwanden viele Mitarbeiter aus Sozial- und Gesundheitseinrichtungen. Das war bei uns im Norden noch bei weitem nicht der Fall. Es verschwanden Ärzte und Krankenschwestern und damit gab es einen Arbeitskräftemangel.

Im Sommer hatte man den Eindruck, dass man auf einem Pulverfass sitze, vor allem, wenn man auch die Ereignisse von Peking hinzuzieht. Das wurde bei uns diskutiert und es war auch nicht klar, wie sich die sowjetischen Truppen verhalten, wenn absehbar wäre, dass Gorbatschow den Ungarn und den Polen die längere Leine zugesteht. Es war uns nicht klar, ob das auch für die DDR gelten würde. Wir waren ja ein besonderer Staat, weil es noch einen zweiten deutschen Staat gab. Die Grenze war hier politisch doch viel näher im Blickpunkt und insofern war alles sehr unsicher. Dass es wirklich zu einer radikalen politischen Veränderung kommt, das habe ich dann aber erst im Herbst 1989, im Oktober, für realistisch gehalten. Im September ging es ja dann mit dem *Neuen Forum* los. Da wurde es greifbar. Uns ging es damals aber nicht um die Wiedervereinigung, sondern um Reformen für die DDR.

Man konnte nicht einfach als Einzelner losgehen

Sicherlich hat auch die umstrittene Domeinweihung in Greifswald dazu beigetragen, dass der Drang zur Veränderung größer wurde, was auch gut für die Kirche war. Denn die wurde auch kritisiert. Es hieß, die Kirche baue sich ein großes, tolles Gebäude und die Altstadt zerfällt. Viele Leute mussten ja ihre Wohnung räumen. Ich hatte viel mit solchen Leuten zu tun gehabt. Ich besuchte ein altes Ehepaar, welches in einer sehr zerfallenen Straße wohnte. Die Decke von ihrem Wohnzimmer fiel fast zusammen. Es wurden keine Dächer renoviert. Es regnete durch. Die Beiden sollte dann eine Neubauwohnung bekommen, obwohl sie bereits in der Altstadt geboren wurden und immer dort gelebt hatten. Für solche Menschen war es dann fürchterlich, wenn sie ihre Wohnung verlassen mussten. Das war schlimm. Vor allem, da es kein finanzielles Problem war. Denn man hatte das nötige Geld für eine Renovierung. Nur der Staat wollte das nicht. Die ganze Straße sollte einfach abgerissen werden. Das war dann so eine Art negativer Höhepunkt der DDR-Baupolitik. Einige von den Bewohnern dieser Wohnungen haben auch Ausreiseanträge gestellt.

Bei der Domeinweihung selbst war ich nicht. Mich hat das zwar schon interessiert, aber ich wollte nicht mit Margot und Erich Honecker zusammen in der Kirche sitzen. Das hielt ich für eine falsche Botschaft, weil man damit signalisieren würde, dass hier alles stimmt. Aber es hat mich schon sehr verärgert, dass die Kirche in Greifswald oder auch in Thüringen zu den besonders angepassten gehörten. Greifswald und Thüringen waren in dieser Hinsicht für mich negative Vorreiter. Der Bischof Gienke war natürlich auch nicht anders. Wir wären schon viel früher hier in Greifswald auf die Straße gegangen. Aber es gab dagegen Widerstand, dass hier ein Friedensgebet stattfindet. Das wurde in der Kirche nicht gerne gesehen.

Abb. 25: Demonstrationszug durch die Greifswalder Innenstadt. Zu sehen sind die Parolen „*Neues Forum* zulassen" und „Freie Wahlen", 25. Oktober 1989.

Am 18. Oktober fand das Friedensgebet dann statt. In der Odebrecht-Stiftung hatte es aber schon welche gegeben, die sich regelmäßig trafen und anregend diskutierten. Da gab es auch Handwerker, die schon viel eher auf die Straße gehen wollten und die haben dann am 18. Oktober auch die erste Demo in Gang gesetzt. Man konnte ja auch nicht einfach als Einzelner losgehen. Da hatte man keine Chance. Man musste eine Gelegenheit haben. Das Friedensgebet war so eine Gelegenheit. Das wussten wir aus dem Süden. Das war ein Anstoß, wo dann Leute zusammen kamen und wo man demonstrieren konnte.

Wichtig war, dass der Führungsanspruch der SED gekippt wurde

Wir haben dann bald zur Gründung des *Neuen Forums* aufgerufen und mit den Leuten diskutiert. Am 20. Oktober bin ich einer der Sprecher des Greifswalder *Neuen Forums* geworden. Da haben wir in Gruppen gezielt an Veränderungen gearbeitet und mir ist klar gewesen: Wenn wir Veränderungen wollen, dann müssen die Leute es wollen und selber dabei aktiv sein. Manche haben sich gewundert. Aber ich habe immer gesagt, dass ich in die Politik gehen will und etwas aktiv verändern möchte. Andere meinten auch, dass ich Vorteile hätte, weil ich den Westen kannte und vom Osten viel wusste. Denn viele Menschen haben in der DDR manches nicht gewusst, weil die Zeitungen nicht wirklich informierten und wir eben durch unsere Sozialarbeit und eigene Analysen einen weit reichenden Blick in die Gesellschaft gewonnen hatten. Wir kannten die Schwachstellen, dass die Wirtschaft am Ende war und dass das Sozialsystem nicht stimmte. Aber viele Menschen wussten das eben nicht.

Abb. 26: Dr. Jürgen Drenckhan und Hinrich Kuessner auf dem Podium der Greifswalder Mensagespräche, Herbst 1989.

Die dachten, hier würde alles gut laufen, was in der Wirklichkeit eben nicht der Fall war. Deswegen habe ich mich auch schon früh zur

Wahl gestellt und bin dann bald aus dem *Neuen Forum* herausgegangen. Ich fand das *Neue Forum* als Plattform der Diskussion eigentlich sehr gut. Wir wollten auch – was ich richtig fand – die SED-Leute mit einbeziehen. Wir wollten nicht gegen andere Gruppen arbeiten, sondern möglichst viele aus allen Gruppen gewinnen, um auf demokratische Neuerungen hinzuarbeiten. Wichtig war dabei, dass der Führungsanspruch der SED gekippt wurde. Dafür haben wir sehr hart gearbeitet. Das ist ja dann auch am 1. Dezember aus der Verfassung herausgenommen worden. Ich bin dann aber am 6. Dezember in die SDP eingetreten, weil mir im *Neuen Forum* viel zu lange diskutiert wurde. Selbst schon gefasste Beschlüsse wurden wieder diskutiert, weil die Gegensätze der Leute einfach zu groß waren und es auch unsicher war, ob das *Neue Forum* eine Partei wird, ob es überhaupt auch politische Macht übernehmen will. Ich war der Überzeugung, wenn man die SED ablösen wollte, musste sich eine Gruppe mit Leuten gründen, die gezielt darauf hinarbeiten. Die CDU hatte ich in Erwägung gezogen, auch schon früher. Aber letztlich konnte ich ihre Auffassungen nicht mit meinen auf einen Nenner bringen. Bei der SPD hatte ich die Hoffnung, dass sich dort die Menschen sammeln, die die Gesellschaft umkrempeln wollen. Daher war ich auch froh, dass sie sich SDP nannten und somit nicht nur ein Ableger der Westpartei waren.

Vor der Stasi hatten wir die meiste Angst

Für den Verlauf der Wende in Greifswald war die Besetzung der Staatssicherheit in der Domstraße zentral. Da ist im Grunde genommen klar geworden, dass wir die Wende auf jeden Fall zum Laufen kriegen. Das war eben die Organisation, vor der wir am meisten Angst hatten. Als wir damals die Besetzung machten, da hatten wir erst gar nicht vor, die Besetzung überhaupt zu forcieren, weil wir viel zu viel Angst hatten. Ich war vorher schon mal im Stasi-Gebäude gewesen. Wir wussten, dass wir dort nicht ohne weiteres hereinkommen würden. Wir wussten auch, dass die Stasi Waffen hat. Ich kannte sie durch meine Arbeit und hatte da keine guten Erfahrungen gemacht. Außerdem kannte ich Berichte von Menschen, die die Stasi auch am Schluss der DDR negativ erlebt hatten. Insofern wurde der Beschluss nicht leichtfertig getroffen und wir waren froh, dass SED-Vertreter bei der Stasibesetzung mitkamen. Wir sahen das als Garantie, dass nicht geschossen wird. Wir waren damals so selbstbewusst, weil wir wussten, dass die Bevölkerung zum großen, auch aktiven Teil hinter uns steht. Wir hatten die Fäden in der Hand. Insofern war das für mich das wesentliche Ereignis.

Abb. 27: Ein Bürgerkomitee kontrolliert ein NVA-Objekt nach Stasi-Akten, Dezember 1989.

Als wir hereinkamen, saßen die alle noch an ihren Tischen. Die Pforte und alle Büros waren besetzt. Die Stasi-Mitarbeiter hockten allerdings vor leeren Schreibtischen. Da lag nichts drauf – nur unbeschriebenes Papier. Dann sind wir von Zimmer zu Zimmer. Erst hat man versucht, uns abzubringen und wir diskutierten mit ihnen. Wir sind dann aber als erstes in den Heizungskeller gegangen. Da glimmte noch Papierasche. Die paar Schnipsel waren jedoch nicht mehr zu gebrauchen. Wir haben später versucht, sie wieder zusammen zu setzen. Das war aber nicht möglich. Es war einfach schon zu viel verbrannt. Die Stasi-Angestellten haben uns da Vorträge gehalten, dass wir an die höchsten Staatsgeheimnisse heran wollen und, dass das höchst gefährlich für uns sei. Einer hat dann sogar eine Pistole gezogen. Er wurde aber zurückgepfiffen. Dem ging das richtig nahe. Das wurde an seiner Körpersprache deutlich, dass der sich nicht einfach kampflos ergeben wollte. Die Situation wurde aber recht schnell entschärft. Ich habe es als Vorteil empfunden, dass ich mit dem hiesigen Stasi-Chef nicht nur in dieser Nacht zusammen gesessen hatte. Wir hatten uns auch schon ein paar Mal davor getroffen. Für das Mensagespräch am 22. November hatten wir einen Fragenkatalog ausgearbeitet und das mit dem Stasi-Chef schon einmal durchgesprochen. Insofern kannten wir uns da schon. Nach dem Mensadialog sagte er mir beispielsweise, dass er ein bestimmtes Buch lesen wollte und er wusste, dass ich es hatte, was mich ein wenig wunderte. Aber Stasi war eben Stasi. Die mussten ja alles wissen. Er fragte mich dann, ob er das mal haben könne. Und klar konnte er das haben, wenn er es lesen möchte! Bei der Besetzung haben wir die Aktenschränke aber erst einmal nur versiegelt. Es war so: Als DDR-Bürger war man darauf getrimmt, da gab es eine ganze Stufenfolge von Geheimnissen und Geheimnisverrat, dafür hat man die höchsten Strafen bekommen. Insofern waren wir vorsichtig. Wir hatten nicht den Mut zu sagen: „Nun macht da mal die Türen der Schränke auf."

Später haben wir dann noch Telefonanrufe wegen der Stasibesetzung bekommen. Ich habe da regelrechte Morddrohungen erhalten. Es gab eben keine Ordnungsmacht damals. Bis Ende Dezember war man nicht sicher. Wir haben in der Odebrecht-Stiftung gewohnt. Die Haustüren waren immer fest verschlossen. Wir hatten damals auch einen kleinen Hund, der war sehr scharf. Darüber waren wir ganz glücklich, weil wir bemerkt hatten, dass in Abwesenheit auch fremde Leute in unserer Wohnung gewesen sind. Vorher hatten wir in der Mittelstraße gewohnt und sind dann vorübergehend in die Stiftung gezogen. Noch zwischen Weihnachten und Neujahr habe ich einen Anruf von einem von der Regierung Modrow erhalten, dass wir wegen der Stasi vorsichtig sein sollen. Das sei gefährlich. Denn in Greifswald war die einzige Kreisdienststelle, in der solche Akten durchgeguckt wurden.

Bald wollte keiner mehr Ostprodukte kaufen

Später haben wir dann die Ereignisse nicht mehr in der Hand gehabt. Es gab eine kurze Zeit, wo die Menschen die Veränderungen in der DDR mitgemacht haben. Selbst nach dem Mauerfall ist hier in vielen Gruppen noch gearbeitet worden. Das *Neue Forum* und die SPD haben Arbeitsgruppen gebildet. Ich habe eine Gruppe geleitet, die an einem Verfassungstext gearbeitet hat. Aber die Arbeit wurde zunehmend schwerer, weil im Dezember 1989 schon viele in den Westen fuhren und als Kohl in Dresden seine große Rede hielt und der Wunsch nach der Deutschen Einheit begann, wurden die Handlungsmöglichkeiten für eine Umgestaltung immer komplizierter. Anfang des Jahres 1990 waren die Leute schließlich schon so gepusht, dass wir nach Artikel 23 die Einigung verlangen sollten und nur noch darüber wurde diskutiert.

In der Ost-SPD, wo ich inzwischen für den Parteiaufbau zuständig war, hatten wir anfangs noch damit gerechnet, dass der Prozess der Wiedervereinigung zwei, drei Jahre dauert. Wir haben uns darauf eingestellt und haben politisch auch so gearbeitet, sowohl in der Volkskammer als auch in der Partei selbst. Ich bin nie gegen die Einheit gewesen. In der Volkskammer war ich jedoch im Ausschuss für den Haushalt und wir haben da ein Gespräch mit dem Chef der Bundesbank gehabt, der uns sehr klar vor Augen führte, was eine schnelle Währungsunion und eine rasche Wiedervereinigung wirtschaftlich bedeuten würde. Er hat uns deutlich gemacht, dass die volkseigenen Betriebe keine Chance hätten; so wie es dann auch gekommen ist. Insofern habe ich schon mit anderen versucht, frühzeitig dagegen an zu arbeiten. Aber auch uns ist dann sehr bald deutlich geworden, dass wir überhaupt keine Chance hatten. Die Leute waren dann gegen uns, demonstrierten und forderten das Westgeld ein. Zumal Kohl sagte, dass er das gut hinbekäme und, dass da keine echten Probleme geschaffen würden.

Außenpolitisch war die Wiedervereinigung aber wohl nur zu diesem Zeitpunkt möglich. Ob man die Chance gehabt hätte, sie um ein Jahr nach hinten zu verschieben, da würde ich heute daran zweifeln. Aber man muss auch sagen, dass wir alle in Ostdeutschland unseren Beitrag dazu geleistet haben, dass die Dinge so geworden sind. Wer heute jammert, sollte sich überlegen, was er damals gemacht hat. Ich habe hier ein paar Tage nach der Währungsunion erlebt, dass eine Verkaufsstellenleiterin erzählte, dass die Kunden keine Ostprodukte mehr kaufen würden. Die Leute wollten beispielsweise alle diesen gefärbten weißen Zucker statt des natürlichen braunen Zuckers der DDR haben. Die haben ihr das vor die Füße geworfen und gemeint: „Von dem schönen Westgeld werden wir uns doch keine scheiß DDR-Produkte kaufen." Es ist leider erst viel später verstanden worden, dass die Betriebe dadurch kaputt gemacht wurden.

Vieles hatte aber auch sowieso keine Chance, weil die Arbeitsproduktivität auf so einem geringen Niveau war. Jetzt, wo die Löhne eins zu eins gezahlt wurden, musste die Produktivität gesteigert werden. Allerdings wurden dann aber auch die DDR-Produkte, die auch wirklich gut waren, vielleicht nur nicht so gut aussahen, nicht mehr angenommen. Ich habe eine Demonstration in Berlin erlebt, da kamen die ganzen Konsumleute und wollten von uns in der Volkskammer verlangen, dass wir ihre Geschäfte erhalten. Die haben aber überhaupt nicht verstanden, dass wir dazu überhaupt keine Mittel hatten. Es wurde aber auch nicht der Zusammenhang gesehen, dass die auch in ihren Geschäften möglichst Westwaren hinstellten und keine DDR-Produkte mehr! Es ist ja alles so schnell gegangen und für den Einzelnen: Das war ja ein regelrechter Kaufrausch direkt nach der Wende. Diese Waren, das hat die Leute zum Teil besinnungslos gemacht. Das ist eine Phase gewesen, die schwer zu gestalten war und das hatten weder wir noch der Westen im Griff. Darum ist es ja so gekommen, wie es gekommen ist.

Wir leben nicht im Himmel, ich bin aber glücklich

Ich bin aber natürlich froh, dass uns die Wende damals gelungen ist. Trotz aller Unzulänglichkeiten und Schwierigkeiten, die wir jetzt auch hier in Deutschland haben. Wir leben nicht im Himmel, ich bin aber glücklich, dass wir so viel im sozialen Bereich machen können. Da ist soviel besser geworden, was die Heime betrifft, was die soziale Betreuung Behinderter betrifft usw. Es gibt einen gewaltigen Qualitätsunterschied, der überhaupt nicht zu vergleichen ist mit dem in der DDR. Da gibt es eben auch ganz andere Möglichkeiten. Ich hätte damals nie in einem Verein arbeiten können, der in Afrika tätig ist. Denn in der DDR gab es dorthin keine Reisemöglichkeiten und keine entsprechenden Telefonverbindungen. Ich bin natürlich auch glücklich, dass meine Familie weiterhin zusammen ist. Das wäre sie nicht, wenn die Wende nicht gekommen wäre. Meine Frau und ich wären ganz sicher in der DDR geblieben.

Ehrlich gesagt kann ich es nicht verstehen, dass sich zurzeit Leute nach der DDR zurücksehen. Sicher, man hat unterschiedliche Erlebnisse in der DDR gehabt. Aber es fällt mir dennoch schwer, das zu verstehen. Denn heute kann man sich sehr gut über die DDR informieren. Vielleicht haben wir aber zuwenig untereinander das Gespräch geführt.

Interview: André Ehlers und Julia Ender

UNTERSUCHUNGSAUSSCHUSS DER STADT GREIFSWALD

Hinrich Kuessner
Gützkower Landstr. 69
G r e i f s w a l d
2 2 0 0
1. 3. 1990

Ministerrat der DDR
Runder Tisch der DDR

Der Untersuchungsausschuß der Stadt Greifswald hat auf seiner Vollversammlung am 28. Februar 1990 den Abschlußbericht der Untersuchungsgruppe Staatssicherheit (Kreisdienststelle Greifswald) verabschiedet.

Dabei wurde festgestellt, daß die Arbeit der Mitarbeiter des ehemaligen Ministeriums für Staatssicherheit in Greifswald und seiner Informanten verfassungs- und rechtswidrig war. Aus den Untersuchungen geht hervor, daß durch das Ministerium für Staatssicherheit Informanten in alten und neuen Parteien und Gruppen eingeschleust wurden. Sie hatten Beobachtungs-, Disziplinierungs- und Zersetzungsaufträge. In diesem Disziplinierungs- und Zersetzungsauftrag sind auch Ansätze für eine weitere Wirksamkeit der eingeschleusten Informanten trotz der Zerschlagung der ursprünglichen Strukturen des Ministeriums gegeben. Es ist dem Untersuchungsausschuß bekannt, daß Informanten des Staatssicherheitsdienstes in den alten und neuen Parteien und Gruppen in führenden Positionen wirken.

Deshalb gibt der Untersuchungsausschuß folgende Empfehlung an die Regierung:

1. Die Akten der Kreisdienststelle Greifswald des Ministeriums für Staatssicherheit dürfen nicht vor dem 6. Mai 1990, außer durch den Untersuchungsausschuß, eingesehen werden.

2. Die neue Regierung soll die Namen der Informanten des Ministeriums für Staatssicherheit öffentlich machen, die sich als Kandidaten für die Wahlen zu den Volksvertretungen am 18. März und 6. Mai 1990 aufstellen lassen oder sich bereits in exponierten staatlichen und gesellschaftlichen Funktionen befinden.

3. Wenn das Staatsarchiv Greifswald in Rostock die Akten der Bezirksdienststelle und der Kreisdienststellen des Bezirkes übernimmt, dürfen ehemalige Mitarbeiter des Ministeriums für Staatssicherheit in diesem Archiv nicht eingestellt werden. Sie dürfen nur als Berater herangezogen werden.

Mit freundlichem Gruß

K u e s s n e r
Vorsitzender

Abb. 28: Empfehlungen des Untersuchungsausschusses der Stadt Greifswald an den Ministerrat der DDR und den Zentralen Runden Tisch zum weiteren Vorgehen in Betreff der Stasi-Akten, Greifswald vom 1. März 1990.

Ich brauche nicht irgendwas zu sagen, um mich zu beschützen

Dietmar Enderlein
1989: Kommandeur der Militärmedizinischen Sektion, 46 Jahre

Prof. Dr. Dietmar Enderlein wurde 1943 in Plauen im Vogtland geboren. Nach dem Abitur 1962 studierte er als Angehöriger der NVA seit 1963 Humanmedizin an der Militärmedizinischen Sektion an der Ernst-Moritz-Arndt-Universität Greifswald. Auf die Promotion 1969 folgten ein Studium in Leningrad und 1974 die Facharzte für Arbeits- und Sozialmedizin. Nach der Habilitation 1984 wurde Enderlein 1986 Professor. Seit 1988 war er im Rang eines Oberst Kommandeur der Militärmedizinischen Sektion Greifswald und damit einer der drei ranghöchsten Militärärzte der DDR. Am 15. März 1990 gründete er die Medigreif GmbH. Auf dem gepachteten, später gekauften Gelände der Militärmedizinischen Sektion entstand ein Konzern des privaten Gesundheitswesens. Bis heute hat sich daraus die Medigreif Unternehmensgruppe mit (2006) 23 Firmen, neun Kliniken und etwa 1.700 Mitarbeitern entwickelt. Seit 1965 verheiratet, hat Enderlein zwei Kinder, die ebenfalls in seinen Unternehmen arbeiten.

Sehr, sehr viel Subjektives

Im Wesentlichen hat die Thematik sehr, sehr viel Subjektives. Wenn du irgendwas hinter dich gebracht hast, denkst du in fünf Jahren nur noch an das Gute und dann reproduzierst du das aus der Wunschvorstellung. Dann kannst du dich äußern und plötzlich kommt etwas ganz anderes raus, als das was irgendwo mal in der Realität gewesen ist. Auch ich werde die Dinge, so wie ich sie gerne hätte und wie sie aus meiner Sicht zu sehen sind, darstellen.

Ihr seid nicht die ersten, die hier sitzen. Wenn ihr fleißig recherchiert habt, dann habt ihr festgestellt, dass ich schon in der *Zeit* war, im *Focus* habe ich schon mehrere Seiten gefüllt, genauso wie im *Spiegel*. Es sind schon zwei Bücher erschienen, wo ich namentlich drin bin, und, und, und. Ich bin aufgrund bestimmter Ereignisse für den einen oder anderen ein begehrtes Ausfrageobjekt. Und ich habe alle Facetten dieser gesellschaftlichen Probleme von 1970 bis zur Gegenwart live erlebt. Ich habe Dinge erlebt, da träumen andere nur davon. Wenn ihr fleißig recherchiert habt, dann werdet ihr das schon 'rausgekriegt haben. Ich war Kommandeur hier, also eine hohe Dienststellung, ich war Prorektor an der Universität, ich kenne auch die Pappnasen hier, die nach der Wende plötzlich Revolutionäre wurden. Was sie vorher nie gewesen sind. Die haben sich genauso bewegt, wie sie sich heute bewegen. Damals haben sie sich verstellt, heute verstellen sie sich, damals haben sie es gemacht, heute machen sie es. Der Mensch versucht ja immer mit wenig Schmerz, mit wenig Pein angenehm durchzukommen, so ist es. Aber ich habe folgenden Vorteil. Ich brauche nicht irgendwas zu sagen, um mich zu beschützen, weil mich jeder in Greifswald kennt. Ich habe mich auch nie versteckt.

Ein Professor hat mich mal an die Uni zu einem Studentenforum eingeladen. Da hat man mich gefragt: „Was treibt Sie?" Da habe ich gesagt: „Zwei Dinge. Angst und die Gier." Die Angst, dass das, was du dir geschaffen hast, durch irgendeine Situation kaputt gemacht wird. Dann stehst du da, hast du gar nichts. Wenn du so einen richtigen Absturz machst, stehst du zum Schluss in der Unterhose da, barfuß und es regnet. Und die Gier, die treibt. Das geht jedem Unternehmer so, jedem. Der trachtet danach, wie er den Profit weiter steigert. Wenn er das nicht tut, dann würde das sogar gegen ein Gesetz verstoßen. Im Gesetz steht als ein zwingender Geschäftsgrund „Erzielung von Gewinn". Wenn du heute schreibst, „Erzielung von Verlusten", da sagt der Handelsrichter, ist nicht. Natürlich kriegst du was von dem Gewinn ab, das ist ja geregelt im Steuersystem. Aber wer kriegt noch was ab? Der Staat. Das ist das Ziel der Wirtschaft.

Jeder Staat hat das Recht auf Verteidigung

Mein Lebenslauf ist relativ kurz. Grundschule, Oberschule, Studium, Militärarzt, Kommandeur der Militärmedizinische Sektion, das berufliche. Politisch: Junger Pionier, FDJ, SED, parteilos ab dem 15. Dezember 1989. Alle Kommandeure und Generale sind da aus der SED ausgetreten. Ich habe Militärmedizin hier in Greifswald studiert, ich habe '63 angefangen und '69 aufgehört. Ich habe '69 promoviert, wir waren zu dritt im ganzen Studienjahr, die mit Ende des Studiums promoviert hatten. '74 habe ich zwei Fachärzte gemacht, einen für Sozialmedizin und einen für Arbeitsmedizin. Aber ich habe vorher noch als praktischer Arzt gearbeitet, das war damals noch ein anderes System. Da konnte man nach dem Studium sofort als praktischer Arzt arbeiten. Ich bin also nach dem Studium nach Peenemünde, habe als praktischer Arzt in einem Jagdfliegergeschwader gearbeitet. Da haben wir gleichzeitig für Karlshagen und Peenemünde die medizinische Versorgung der Bevölkerung sichergestellt.

Ich war '89 hier Kommandeur der Militärmedizinischen Sektion. Die Militärmedizinische Sektion war Bestandteil der Ernst-Moritz-Arndt-Universität, es war eine Sektion der Uni. Es wurden hier Ärzte für die Nationale Volksarmee, für die Volkspolizei und für das Ministerium für Staatssicherheit ausgebildet. Ich habe Vorlesungen gehalten, die Studenten betreut, Doktoranden betreut, ich habe Diplomanden betreut und wir hatten auch ausländische Militärärzte aus aller Herren Länder. Aus Vietnam, aus Palästina, aus Kuba, aus dem Jemen, aus Ägypten.

Wenn ich zu meinem Verhältnis zur DDR gefragt werde, muss ich immer zwei Dinge sagen. Erstens, mein persönliches Verhältnis zur DDR und dem System und zweitens mein Verhältnis als Soldat. Ich fange mit dem Verhältnis als Soldat an. Jeder Staat hat das Recht auf Verteidigung. Dazu unterhält er eine Armee. Diese Armee wird entweder auf den Staat oder das Staatsoberhaupt vereidigt, das kann ein Präsident sein, das kann ein Kaiser sein, das ist schon Jahrhunderte so. Das heißt, in dieser Funktion bin ich nicht meinen persönlichen Wünschen, sondern ich bin dem Staat verpflichtet. Das war auch zu DDR-Zeiten so. Man hat also als Soldat, als Offizier, als General auf den Staat einen Eid geleistet. 1990, am 18. März waren in der DDR die Neuwahlen und das Volk hat eine andere Regierung gewählt. Die Regierung wurde gewählt. Ob das jemandem gepasst hat oder nicht, spielt hier keine Geige, richtig? Wenn die Mehrheit eine Entscheidung trifft, muss sich die Minderheit der Mehrheit fügen. Die Nationale Volksarmee war also Bestandteil dieses Staates. Mit der Übernahme der Geschäfte durch die Regierung de Maizière gab es auch einen neuen Verteidigungsminister, der hieß Rainer Eppelmann. Also eine ganz andere politische Linie. Und dann hat die Nationale Volksarmee einen Eid auf die neue Regierung abgelegt. Ende der Musik. Ja, denken Sie mal nach. Diese neue Regierung hat den Beitritt nach Artikel 23 des Grundgesetzes beschlossen. Wenn jemand ein Abenteurer gewesen wäre und hätte die Waffen eingesetzt, dann wäre das seine Angelegenheit gewesen, dann muss er dafür zur Rechenschaft gezogen werden. Das neue System hat es nicht gewollt. Diesem System, oder dem Volk, war diese Armee, genau wie die Polizei, neu verpflichtet. Das habe ich gemacht. Ich habe da so einen Film, da ist zu sehen, wie ich in Berlin, auf diese neue Regierung einen Eid leiste. Punkt, Ende der Musik.

Das verkennen viele, die politisch das anders sehen wollen und die versuchen dann da was hineinzuinterpretieren. Auch zur Wendezeit, ich erzähle Ihnen was, ich hatte hier 1.350 Militärstudenten. Jeder Student hatte eine Waffe und jeder Offizier hatte eine Pistole. Ich hatte zwei, eine solche kleine, die hatte ich immer in der Hosentasche und eine Makarov, die ist so ein bisschen größer. Ich war ständiger Waffenträger. Auch wenn ich im Urlaub war, ich hatte immer eine Pistole einstecken. Ich hatte nicht die Aufgabe diese Waffen einzusetzen und Demonstranten niederzuschießen, das haben vielleicht einige gewollt, aber da haben sie eine Riesen-Bauchlandung gemacht. Ich sage gleich, wie. Jeder Sanitäter in jeder Armee hat eine Waffe, jeder Arzt hat eine Waffe. Die ist dafür da, damit er sich persönlich und die ihm anvertrauten Verwundeten verteidigt. So einfach ist das. Dazu muss er aber dafür ausgebildet sein, er muss mit der Waffe umgehen, er muss mit der Waffe auch so umgehen, als ob sie Bestandteil seines Lebens ist, damit er nicht in irgendwelchen krummen Situationen, wo er erschrocken ist oder Chaos ist, anfängt wild um sich zu schießen. Ich habe '89 also die Schlösser aller Maschinenpistolen hier eingeschlossen. Waren zwei Kisten und die Kisten habe ich an einen Ort gebracht, wo keiner hinkam. Das habe ich nicht wegen meinen Leuten gemacht, es konnte ja auch jemand durchdrehen. Es gab ja genügend, die kamen und dachten, jetzt können wir randalieren. Man musste auch damit rechnen, dass sich jemand der Waffen bemächtigt. Es ist nicht ein Schuss gefallen, nicht ein Kommandeur der Nationalen Volksarmee hat irgendwo Waffen eingesetzt. Weil alle, alle, gesagt haben, es ist nicht unsere Aufgabe. Unabhängig von der ganzen kritischen Situation haben sie nicht nur dafür gesorgt, dass sie keinen Schuss abgegeben haben, sondern auch dafür gesorgt, dass die Waffen nicht in verkehrte Hände kommen.

Zum persönlichen Verhältnis zur DDR muss ich euch sagen, ich bin ja in diesem System, im Gegensatz jetzt zu euch, aufgewachsen. Und in jedem System, in dem man aufwächst, kann man drei Dinge wählen. Entweder man identifiziert sich, man ist aus irgendeinem Grund dagegen, weiß der Kuckuck, oder man ist da ambivalent, heute so 'rum oder morgen so. Das ist das erste. Das zweite: Kein Staat der Welt würde es zulassen, dass ein Kommandeur einer solchen Sektion anfängt gegen Staat und Regierung zu meutern. Der Chef der Barmer Versicherung hier hat zu mir nach der Wende gesagt: „Na, Sie hatten ja keine Freiheit, wir hatten Freiheit." Ich sage, na und wie drückte sich das denn aus? „Na, Sie durften nicht sagen, Honecker ist ein Arschloch, aber wir durften das sagen." Ich sage, na klar durften Sie das sagen, Sie waren in einem anderen Staat. Ich sage, nun machen Sie mal folgendes, wenn sie sagen, das ist Freiheit und sie dürfen das, fahren Sie mal nach Wuppertal, da ist der Hauptsitz der Barmer Ersatzkasse, dann gehen Sie zum Chef der Barmer Ersatzkasse, machen die Zimmertüre auf und sagen: „Herr F., Sie sind ein Arschloch", und machen sie wieder zu. Dann setzen Sie sich in den Zug und dann gucken Sie mal, ob Ihre Entlassung eher in Greifswald ist als Sie. Ist es nicht so? Auch die Demokratie hat ihre Grenzen. Ja?

Ich hab hier so einen Satz: „Wie haben Sie die Staatssicherheit erlebt?" Da stell ich euch mal 'ne Frage. Warum konzentrieren sich alle auf die Staatssicherheit? Weil die zum Buhmann der Nation erklärt wurde. Warum konzentriert ihr euch nicht auf den Bundesnachrichtendienst und warum nicht auf die CIA? Was mir weh tut: Wenn die DDR heute mit dem „Dritten Reich" verglichen wird. Dann sage ich mir, wenn die DDR und das Nazi-System gleich waren, kann das Nazi-System nicht so schlecht gewesen sein. Wie ich die Staatssicherheit erlebt habe? Na ich hatte hier eine Abteilung und da waren vier Offiziere der Staatssicherheit, die waren mir unterstellt. Punkt. – Ich kannte seit '86 den Kommandeur des Sanitätsdienstes München. Und als der mich das erste Mal hat abholen lassen, hat er mir einen PKW geschickt und da sage ich zu dem Kraftfahrer: „Na, seit wann sind Sie denn beim Bundesnachrichtendienst?" Er sagt dann: „Ich bin nicht beim Bundesnachrichtendienst, ich bin bei der Militärabwehr." Sowas hatten wir auch. Punkt.

Für eine intelligente Nation unter der Gürtellinie

Das war ja nun nicht so, dass es in der DDR niemanden gab, auch nicht in Militärkreisen, der gesagt hat, Leute, so geht das nicht weiter. Es gab auch niemanden in der Wirtschaft, der nicht schon seit Jahren gesagt hat, Leute, so geht das nicht weiter. Also das fing nicht am 16. Oktober mit der ersten Demo in Leipzig an. Wenn die das für sich akquirieren, naja gut, sollen sie es tun. Ich war '88 in Bulgarien. Da haben die bulgarischen Militärs bereits gesagt, Leute, es wird sich das und das verändern, der Warschauer Vertrag wird aufgelöst, wo ich sage, sagt mal, seid ihr alle verrückt. Natürlich gab es Bewegungen auch unter den Generalen, aber das gibt es ja überall, auch jetzt in der Bundesrepublik gibt es solche Dinge. Das hat man gemerkt, aber so, wie sich das dann entwickelt, das wussten wir nicht. Und es war ja eine gesellschaftliche Umwälzung in erstens einer Form, wie sie sie bisher anderswo nicht gab. Ob das Wort „friedliche Revolution" treffend ist? Von mir aus. Zweitens, sie verlief in einer Form, wie sie niemand voraussagen konnte. Das dritte, es sind dann Dinge im Rahmen der deutschen Einheit passiert, wo ich zu mir sage, selbst bei dem guten Verlauf sind die für eine intelligente Nation, die Deutschen sind eine intelligente Nation, sind die unterhalb der Gürtellinie. Das, was mit der Wirtschaft in der DDR passierte. Die Wirtschaft der DDR wurde aus niederen Beweggründen, nämlich die Umsetzung von Wettbewerbsinteressen, Ausschaltung von Konkurrenz, in Grund und Boden gestampft. Die DDR-Wirtschaft hat zum Beispiel über 90 Prozent der Leichtindustrie exportiert an den Osten. Die Produkte, die wir dort hin geliefert haben, die würden heute noch abgenommen. Die Folge dieser Wirtschaftspolitik waren Niedergang und Verbrechen, Arbeitslosigkeit, Entvölkerung und, und, und. Und jetzt wird mühsam gekämpft, das wieder in Ordnung zu kriegen. Das hätte ich anders gemacht.

Die Maueröffnung war an und für sich in diesem ganzen System gar nicht so bedeutungsvoll. Ob die heute gekommen wäre oder morgen. Fakt war jedenfalls, dass die gesamte gesellschaftliche Situation irgendwann zu einem totalen Umbruch der Verhältnisse führen musste. Nun war es zufällig der 9. November. Das ist diese Euphorie, das ist diese Massensuggestion. Wenige Tage vorher sind die Kleinblöden, die da schreiend über die Mauer gerannt sind, noch auf der Demonstration zum 40. Jahrestag der DDR am 7. Oktober mit FDJ-Bluse und Transparent durch Berlin marschiert. Der Weg zur Wiedervereinigung war mir von der Sache her Wurst. Aber als Soldat, da kriegst du einen Befehl und dann machst du. Ich war nicht dazu da, die gesellschaftliche Verhältnisse zu beurteilen und zu sagen „Das mache ich jetzt aber nicht, ich schieß' in die andere Richtung".

Abb. 29: Parole in der Greifswalder Innenstadt: „Was des Volkes Waffen schaffen, schmeisst ihr raus für Schmuggelwaffen. Gebt uns die Milliarden wieder!", Dezember 1989.

Die Einrichtung, die wir hatten, blieb bestehen auch über die deutsche Einheit hinweg. Ich war also bis zum 31. Dezember 1990, also nach der deutschen Einheit, Chef der Einrichtung, ich hatte nur eine andere Uniform an. Die Bundeswehr hatte ja zurzeit keine Ärzte, sind alle Ärzte 'rüber in die Bundeswehr. Und alle Militärstudenten von hier, die sollten auch weiterstudieren. Da war kein Verbrecher unter meinen Studenten dabei. Der Umgang zwischen Bundeswehr und NVA, der war ja anders als viele das gedacht und erwartet haben. Soldaten haben doch eine andere Mentalität. Als Offizier habe ich eine Pflicht gegenüber meinen Soldaten und als Gewinner eines Krieges habe ich eine Pflicht, bei den Militärs ist das so, gegenüber den Gefangenen. Die schießen zwar aufeinander, aber wenn dann einer besiegt ist, ist das wie im Sport, wie im Boxkampf. Ich hatte dann aus der Bundeswehr einen Oberfeldarzt und etwa 15 Leute, die waren mir unterstellt. Der Oberfeldarzt kam früh zu meinen Dienstbesprechungen und hat Meldung gemacht und dann hat er gestanden, bis ich gesagt habe „Nehmen Sie Platz" und dann haben sie sich erst hingesetzt. Wir haben uns nicht bekriegt.

In der Stadt war dann die politische Spitze weg und der Oberbürgermeister Ewald hatte eine Selbstanzeige wegen Wahlfälschung gemacht, hat die Prozente insgesamt um 0,7%, wie er sagte, selber angehoben. Und dann war er auch weg. Damit war das Ding erledigt. Ich war einmal am runden Tisch hier. Heidewitzka, was wollt ihr von mir. Was wollt ihr eigentlich? Dass ich mich als Sündenbock für Dinge hingebe, die ich nicht zu verantworten hatte, na das passiert mir nicht. Das, was ich verantworten muss, dass mach ich, ok. Also, ich muss sagen, es war nicht meine Aufgabe. Ich war auch keine Greifswalder Einrichtung, ich war eine Einrichtung für die gesamte Volksarmee und nicht nur für Greifswald. Dass ich nun zufällig hier in Greifswald saß, das ist ja was anderes. Natürlich sind wir hier einkaufen gegangen, meine Kinder sind in den Kindergarten und in die Schule, aber ich hatte auch nicht die Aufgabe hier Lokalpolitik zu machen. War nicht mein Ding.

An der Uni gab es ja die Ehrenkommission, auch so eine Art Prüfstand, und dann haben sie die alten Professoren weg und dann kamen, an einigen Kliniken war das so, Assistenten, die hatten gerade den Facharzt gemacht, die wurden dann plötzlich Klinikdirektor, hatten wir hier bei der Medizin auch. Naja, das war klar Übergangszeit, nach vier Wochen waren die dann auch wieder weg. In meiner Funktion als Prorektor muss ich sagen, dass sich viele in eine Rolle begaben, die sie nie gespielt haben. Plötzlich waren alle Opfer. Ich weiß, der Chef der Kinderchirugie, der war zu DDR-Zeiten Direktor Medizinische Betreuung – wurdest du aber nicht, wenn du Staatsgegner warst. Und nach der Wende war der plötzlich Gegner der DDR. Oder der Chef der Anatomie, der rief mich jeden zweiten Tag an und sagte zu mir: „Genosse Kommandeur, können Sie mir nicht mal..." Und nach der Wende treffe ich den auf dem Markt, da guckt der mich an und sagt: „Wer sind Sie denn?" Ich dachte nur, du Idiot. Oder? Das darfst du ihm gar nicht übel nehmen. Das war eine gesellschaftliche Umwälzung, wo ja im Endeffekt immer die Existenz des Einzelnen auf dem Spiel stand. Und wenn damit natürlich deine Existenz, die deiner Familie, deiner Frau und deiner Kinder irgendwo bedroht ist, was machst du? Du gehst immer den Weg des geringsten Widerstands. Der Glöckner zum Beispiel..., ich habe mit dem viele Streitgespräche nach der Wende gehabt, haben wir bis nachts um drei in seiner Wohnung gesessen. Der Glöckner war jahrelang zu DDR-Zeiten Abgeordneter des Stadtparlaments. Und da habe ich zu ihm gesagt: „Herr Glöckner, wenn Sie wirklich dieser absolute Gegner des DDR-Regimes waren, dann müsste ja in jedem Beschluss des Parlaments der Stadt Greifswald eine Gegenstimme sein, mindestens eine." War aber nicht, hat er immer mitgestimmt.

Eine vernünftige DDR

Also ich hätte mir auch eine andere DDR, eine vernünftige, vorgestellt. Ich konnte mir nicht vorstellen, dass die Sowjetunion oder die Amerikaner, Franzosen oder die Briten zustimmen – Thatcher war ja absolut gegen eine Einheit Deutschlands. Aber irgendwann, dass zeigt doch die Historie, dass zeigt doch jetzt wieder Nord- und Südkorea, irgendwann gibt es halt einen Knall und dann sind die wieder zusammen. Irgendwann musste es einen Knall geben. Die Bemühungen 'Einheit Deutschlands', Deutschland, Deutschland, einig Vaterland, die gibt es schon seit 1945. Also das hat sich nicht der Kohl ausgedacht oder irgendjemand. Es hatten nur viele Leute Vorstellungen, wie es anders geht. Und dann hatten wir eine Regierung aus alten Herren, die haben natürlich versucht an der Macht zu bleiben, ist doch klar. Guck mal, ich bin jetzt 66 Jahre alt, fühle mich zwar gut, ich war 30 Jahre nicht krank, aber ich merke doch, wie hinter mir die nächste Generation drückt. Die würden doch sagen: Willst du nicht bald in Rente gehen?

Die Situation in Deutschland war doch nicht in Ordnung. Ich sage euch mal ein Beispiel. Ich bin noch im Beirat der Commerzbank und ich war im Aufsichtsrat der Berliner Bank, bis die den Bach 'runter ist. Und als ich dort 'reinkam, als Professor der Medizin aus den neuen Bundesländern klatschten alle. Und da habe ich meinen Lebenslauf erzählt und dann: Stille. Denn diese Aufsichtsratsmitglieder hatten an die früheren Zeiten nicht die besten Erinnerungen, immer wenn sie an der Grenze waren, wurden denen die Autos auseinandermontiert. Da habe ich überlegt, wie kommst du hier 'raus und du gehst nie mehr in dieses Gremium zurück. Zum Schluss waren dann so Tische, dreißig Leute, drei Tische, überall saßen zehn Mann. Und manche steh'n, Cognac in der Hand, Zigarre, und einer sagt „Wie können Sie das mit Ihrem Gewissen vereinbaren? Früher waren Sie mal ein hoher Militär und jetzt sind Sie plötzlich Kapitalist." Da habe ich zu ihm gesagt: „Passen Sie auf. Wir alle, ihr Vater, ihr Vater, ihr Vater, mein Vater auch, die haben den Zweiten Weltkrieg geführt. Dann hat Deutschland verloren, Deutschland hat als Gesamtes verloren. Nicht die DDR hat verloren und der Westen nicht – Deutschland hat verloren. Dann haben Fremde über das weitere Schicksal Deutschlands entschieden, das waren die Sieger. Dann kriegten wir die Russen und Ihr kriegtet die Amerikaner. Und, ob man es nun wahr haben will oder nicht, wer nicht nach der Pfeife der Besatzungsmacht getanzt hat, der war weg vom Fenster. Und dann haben wir nur die Aufgabe gehabt, aufzupassen, dass die Russen nicht nach dem Westen kommen, damit es euch gut geht und wir bei der Wiedervereinigung davon profitieren können." Da sagt der: „Wissen Sie, so eine dumme Argumentation habe ich noch nie gehört, aber wenn man es sich genau überlegt, das ist so. Die uns aufgezwungene Umwelt hat unser Denken und Handeln geprägt." Punkt. Damit waren ein für alle mal in diesem Aufsichtsrat die Verhältnisse geklärt. Da hat keine Sau mehr was gesagt, nur, was machst du jetzt, was leistest du jetzt.

Ich würde mich nicht für einen Hartz-IV Empfänger eignen

Ich habe dann hier die Medigreif gegründet, mittlerweile sind wir 2.000 Mitarbeiter, haben 150 Millionen Euro Jahresumsatz, 10, 12 Millionen jedes Jahr plus. Das sind zehn Kliniken, Bildungseinrichtungen. Wir sind den Mechanismen des Marktes und der Wirtschaft wie jeder andere unterworfen. Das geht so und so, das Gesundheitswesen ist zur Zeit in der Finanz- und Wirtschaftskrise ein relativ stupider Bereich.

Ich hätte auch nach München gehen können, einen Lehrstuhl an der Sanitätsakademie übernehmen. Auf der anderen Seite war ja klar, dass diese Liegenschaft hier als militärmedizinische Ausbildungseinrichtung dicht gemacht wird. München war nämlich genauso aufgebaut wie hier. 1990 gab es 580.000 Bundeswehrangehörige und etwa knapp 200.000 NVA-Angehörige und die Richtzahl, die wir in Deutschland brauchten, dazu gab es vorher schon Verhandlungen, die lag bei 350.000 für Gesamtdeutschland. Das war das Ziel. Und dann brauchst du nicht so viele Militärärzte, da hat schon München zu viele ausgebildet.

Was mit der Ausbildungseinrichtung in Greifswald passieren soll, wusste keiner. Und dann wollte die Uni das haben. Diese Liegenschaft hier war nach dem Übergang Bundeseigentum, die gehörte nicht der Stadt, die gehörte nicht dem Land, sondern es war Eigentum des Bundes. Und so habe ich es erst gepachtet, dann habe ich das gekauft und nun guckt euch mal um. Nun kaufe ich auch nicht irgendwelche Krankenhäuser dazu, sondern die müssen immer ins Konzept 'reinpassen. Wir haben im Jahr 100.000 Patienten. Der Grund, warum man mir Probleme gemacht hat, war nicht das, was ich gemacht habe. Der Grund war ein ganz anderer. Diese Liegenschaft, die ihr hier seht, war wie so ein Stadtviertel: Da eine Straße, da eine Straße, da eine Straße, das war nochmal so groß, da habe ich schon einen Teil weggegeben. Und das habe ich übernommen.

Ich war zur richtigen Zeit am richtigen Ort. Das habe ich erst gepachtet und dann ganz schnell gekauft. Und jetzt heißt es: Wo hat er das Geld her? Und warum der und nicht ich? – Weißt du, wie viele Häuser ich habe, hast du ein Auto, nein? Aber je größer das Auto, umso mehr Neider hast du. Das ist so. Wenn ich irgendwo hinkomme, dann sagen die als erstes, wo hast du denn den neuen Wagen her. Die fragen nach dem Auto, und jetzt habe ich plötzlich ein ganzes Stadtviertel. Das war der Grund und dann fingen die an. Da habe ich ein Ermittlungsverfahren an der Hacke gehabt, '96 bis '98, und das ging dann so aus, dass ich von der Bundesrepublik eine saftige finanzielle Entschädigung gekriegt habe. Aber das Ermittlungsverfahren war nicht so angenehm, weil da viele gelogen haben, dass das Blaue vom Himmel 'runterkam. Aber die Entschädigung, die war nicht schlecht. Das war eine fünfstellige Summe und ein ordentliches Gerichtsurteil.

Wenn du das materiell vergleichst, dann denke ich, habe ich alles erreicht. Ich werde garantiert kein Sozialfall. Wenn mir jemand sagt: „Willst du die DDR wiederhaben?", dann merke ich schon an der Fragestellung: Du bist ein Idiot, fertig. Es sind jetzt 20 Jahre vorbei und ich bin ja nicht blöder geworden, sondern habe dazu gelernt. Ich mache jetzt Dinge, ich habe die Landesregierung bei der Planung von Krankenhäusern beraten, ich war mal Berater des polnischen Gesundheitsministers, ich habe eine Professur in Stettin, da fahre ich jeden Monat hin und halte da Vorlesungen. Ich kann mich jeden Tag ins Flugzeug setzen und für eine Woche Urlaub machen. Und ich arbeite; ohne Arbeit würde ich nicht auskommen. Also ich kann mir nicht vorstellen Rentner zu sein.

Und da sage ich euch, jede Partei, CDU, SPD, FDP – außer die Linken – wollte mich schon als Mitglied haben. Und dann habe ich denen gesagt: „Ist nicht, ich gehe nicht mehr in die Partei." Als Unternehmer sollst du grundsätzlich nicht in die Partei. Ich kann mit jeder Landesregierung. Der Sellering ist jetzt Greifswalder, ich komme mit dem blendend aus. Ringsdorff war viermal bei mir in der Klinik. Ich kenne den Liskow, der König ist hier im Verein, ich bin der Vorsitzende. Brauch' ich doch nicht in die Partei. Mach' ich mir nicht die Arbeit, brauch' ich nicht.

Persönlich geht es mir gut. Ich habe auch zu DDR-Zeiten meinen Trabbi gefahren, jetzt fahre ich einen Audi W12, 6 Liter-Maschine, zwölf Zylinder, 320 Spitze, den kannst du nicht mit einem Trabant vergleichen. Ich sage, die Bundesrepublik ist ein, wenn man objektiv ist, ein System, das ist okay. Das deutsche Gesundheitswesen ist eines der drei besten, vielleicht sogar das beste Gesundheitswesen. Ich habe beruflich Chancen und Möglichkeiten, das hängt von meiner eigenen Person ab. Wenn ich früh nicht aufstehe und nichts mache, naja gut. Aber wenn ich mich drehe und wende. Ich würde mich beispielsweise nicht für einen Hartz-IV-Empfänger eignen. Also, ich bin ein Schöpfer. Wenn, würde ich morgen Bockwurst verkaufen. Übermorgen hätte ich zwei Angestellte und nach vier Wochen hätte ich etwa zehn solcher Bockwurststände und würde nur noch das Geld kassieren.

Interview: Astrid Müller und Christian Sorbe

Vati, stell wieder den Fernseher an, die Grenze ist offen!

Gerlinde Schnell
1989: Verkäuferin, 47 Jahre

Gerlinde Schnell wurde 1942 als eines von fünf Kindern geboren. Sie stammt ursprünglich aus einem kleinen Ort in Ostpreußen nahe Königsberg. Durch die Flucht am Ende des Zweiten Weltkriegs kam sie mit ihrer Familie nach Greifswald, wo sie bis heute lebt. Sie machte eine Ausbildung zur Verkäuferin und studierte später auf Lehramt. Schnell konnte den Beruf jedoch nicht lange ausüben, da sie berufsunfähig geschrieben wurde. Weil sie keine andere Arbeit fand, musste sie schließlich wieder als Verkäuferin arbeiten. Die Wendeereignisse erlebte Schnell aktiv mit und war unter anderem Mitglied in einer Arbeitsgruppe des Neuen Forums. Später trat sie der SDP bzw. der SPD bei und vertrat die Region von 1990 bis 1998 als Abgeordnete im Schweriner Landtag. 1998 beendete sie ihre Laufbahn als Politikerin und trat aus der SPD aus. Seitdem engagiert sie sich ehrenamtlich in diversen Vereinen.

Für mich war frühzeitig klar, dass in der DDR vieles nicht gut lief

Schon in meiner Jugend haben mich verschiedene Ereignisse geprägt, die mir gezeigt haben, dass es wichtig ist, kritisch zu sein. Mein Vater war zum Beispiel einer der wenigen Bauern, die freiwillig in die LPG gegangen sind, da meine Mutter krank war und er meinte, dass man es gemeinsam besser schaffen könne. Jedoch ergaben sich schon bald für meinen Vater Probleme. Meine Eltern waren sehr fleißige und arbeitsame Leute und meinten, dass es in der Landwirtschaft nicht so sein könne, dass man auf seinen Achtstundentag guckt und dann nach Hause geht, sondern dass man so lange arbeiten muss, wie erforderlich. Das heißt zum Beispiel, wenn die Ernte reif wird, arbeite ich eben bis 22 Uhr, denn am nächsten Tag kann es ja regnen. Auch wenn das Vieh Pflege verlangt, schaut man nicht auf die Uhr, sondern ist rund um die Uhr im Kuhstall. Mein Vater kritisierte, dass bestimmte Leute diese Arbeitseinstellung nicht aufwiesen. Er kritisierte auch einige Dinge, die teilweise von der Sowjetunion unkritisch und nicht an die hiesigen räumlichen Bedingungen angepasst übernommen worden sind. Die Kritik war sachlich begründet, wurde aber so aufgenommen, als ob er westlich beeinflusst wäre und alles negativ sähe. Schon damals sah ich, wie schnell einem das Wort im Munde umgedreht werden kann. Das war für mich der Ausgangspunkt, kritisch zu sein.

Wir hatten Westkontakte, dass war von Anfang an so. Viele Flüchtlingsfamilien sind ja nicht hier geblieben, sondern gleich weiter in den

Westen. So hatten wir von Anfang an Verwandte und Bekannte im Westen wie beispielsweise in Heidelberg. Diesen Kontakt haben wir nicht abgebrochen, gerade weil wir auf der Flucht vieles gemeinsam mit ihnen durchgestanden hatten. Über die Grenze hinweg blieben wir im Kontakt. Das Problem für mich kam dann freilich, als meine ganze Familie in die BRD ging. Es hat alles mit meinem ältesten Bruder angefangen.

Als er 1958 das Abitur machte, mit dem Studienplatz hingehalten wurde und man ihm dann anbot, Offizier zu werden, blieb er nach seiner letzten Westreise bei den Verwandten in Heidelberg. Daraufhin beschlossen meine anderen zwei Brüder auch in den Westen zu gehen, um ihn finanziell zu unterstützen, so dass er sich ein Studium leisten konnte. Die beiden sind 1960 noch vor dem Mauerbau mit einem Faltboot vom Darß nach Dänemark und dann in die BRD geflüchtet. Zu dieser Zeit studierte ich noch am Lehrerbildungsinstitut. Meine Eltern sind dann später als Rentner per Ausreiseantrag 'rüber. Da ich aber meinen Mann kennen gelernt hatte, der Einheimischer und gebürtiger Greifswalder war und wir nun ein junges Ehepaar waren, habe ich nie darüber nachgedacht, auch 'rüber zu gehen. Und so war meine ganze Familie in der BRD, während ich hier war. Das war natürlich schwierig.

Zunächst war das aber für mich kein Problem. Man sagte mir, dass man auf mich achten würde und solange ich die Leistung brächte, wäre alles in Ordnung. Es war auch anfangs alles in Ordnung, ich hatte Klassen und war Unterstufenlehrerin. Nun passierte es aber, dass meine Mutti 1975 einen Schlaganfall hatte und auf der Intensivstation lag. Ich wollte zu ihr reisen, jedoch war es als Lehrerin problematisch und es wurde erst diskutiert, ob das nicht eine Täuschung sei. Letztendlich durfte ich doch hinfahren. Ich war dann vier Tage bei meiner Familie in der BRD. Ein bis zwei Tage nachdem ich wieder zurück in Greifswald war, starb meine Mutter und ich durfte deshalb nochmals vier Tage fahren. Für mich wurde es danach problematisch, weil man, als ich wieder in der Schule war, bei mir in den Stunden tagelang hospitierte. Ich konnte machen, was ich wollte, jede Unterrichtsstunde war schlecht. Die staatsbürgerliche Erziehung war nicht gut, der Stoff wurde nicht gerecht gelehrt, alles was ich machte – ich konnte mich drehen und wenden wie ich wollte – war angeblich schlecht. Ich hatte zum Verkraften des Ganzen keine freie Minute mehr, sondern wurde jeden Tag vier Stunden beobachtet und musste täglich zur Auswertung zum Direktor. Ich konnte das nicht verstehen. Ich bin ja nur einige Tage in der BRD gewesen, habe mich um meinen alten Vater gekümmert, die

Beerdigung organisiert und bin nicht irgendwo gewesen und habe mir die Welt angeguckt!

Wegen meiner Westverwandtschaft bekam ich keinen adäquaten Job

Ich empfand das Ganze als sehr schlimm und ich habe mich gefragt, wie lange ich das noch durchhalten könne. Zumal ich keine Post bekam, weder Nachricht, wie es meinem Vater, noch wie es meinen Geschwistern ging, gar nichts. Jedenfalls bin ich am vierten Tag der Hospitation in der Schule auf dem Schulflur zusammengebrochen, weil ich einfach nicht mehr konnte. Diese Ungewissheit auf der einen Seite und auf der anderen diese Beobachtung... Daraufhin bin ich mit Blaulicht in die medizinische Klinik auf die Intensivstation und die Ärzte haben dann festgestellt, was los war und ich bin in eine Nervenklinik gekommen und sollte dort autogenes Training lernen. Damit ich mich in Dinge nicht so reinsteigere. Dort wurde ich ständig angerufen und es wurde nachgefragt, ob ich denn gesund sei oder krank bliebe und innerhalb von kürzester Zeit wurde mir mitgeteilt, dass ich aus Krankheitsgründen berufsunfähig sei.

So erlebte ich also die Staatsmacht. Ich war aus dem Lehrerberuf 'raus und sollte nun woanders Arbeit nachweisen. „Kein Problem, du hast studiert, dann wirst du schon etwas finden", dachte ich mir. Natürlich habe ich dabei nicht an meine erstgradige Westverwandtschaft gedacht. Ich wollte bei der Datenverarbeitung anfangen und bei der Uni, ich führte auch immer nette Gespräche, aber es kamen immer Absagen. Mir wurde Druck gemacht. Man musste ja Arbeit nachweisen. Die Volksbildung bot mir an, als Reinigungskraft zu arbeiten, aber das habe ich abgelehnt. Letztlich kam ich dann privat in ein Geschäft in meinen alten Job als Verkäuferin zurück.

Ich habe erlebt, wie die Methoden der Stasi sind

Meine Stasiakte habe ich nach der Wende auch eingesehen, denn ich habe die Stasi in einer anderen Situation konkret erlebt, weil ich nach meinem Zusammenbruch verhört worden bin. Das war auch so eine Geschichte. In der Nervenklinik gab es Gruppentherapie. In meiner Gruppe waren nur Leute, die ebenfalls einen Zusammenbruch erlitten hatten, und ich mit meinem Mundwerk wurde Gruppensprecherin. Ich habe in dieser Nervenklinik wirklich schwierige Dinge erlebt und versucht, diese auf meine Art zu regeln. Es ist jedenfalls so gewesen, dass in unserer Gruppe eine junge Frau war, die aus der Nähe Greifswalds kam und deren Schwiegermutter in dieser Therapiezeit starb. Eigentlich sollten wir sechs Wochen durchhalten und nicht zwischen-

durch nach Hause gehen, denn dass würde sonst den Erfolg beein-
trächtigen. Ich meinte aber, dass diese Frau wenigstens zur Beerdigung
gehen müsse, weil dies ein besonderer Fall sei. Sie kam dann auch nach
ein bis zwei Tagen wieder und wir unterhielten uns über Urlaub. Ich
erzählte dann bloß von einem Urlaub in der Tschechoslowakei, den ich
mit meinen beiden ältesten Kindern gemacht hatte, und dass das ja so
nah an der bayerischen Grenze sei. Außerdem gab ich ihr für die Fahrt
ein paar Tipps, zum Beispiel, dass sie Lebensmittel und ein paar Kon-
serven einpacken solle. Ich habe auch erzählt, dass ich es ein bisschen
komisch finde, dass die Tschechen bis da und da hin durften und wir
als DDR-Bürger nicht an die Grenzregion, die zu den Bayern ging. Ich
habe also nur ein bisschen erzählt und dabei nie gedacht, dass diese
Frau bei der Beerdigung ihren Schwager aus der BRD kennen gelernt
hatte und dass sie versuchen wollten abzuhauen.

Sie haben dann dort in der Tschechoslowakei versucht, gewaltsam
durch die Grenze zu kommen. Sie wurden aber natürlich geschnappt
und von den Tschechen ausgeliefert. Daraufhin wurde ich eines Tages
von zwei Männern an der Wohnungstür aufgefordert, den kommenden Montag 10 Uhr in die Domstraße zu kommen. Ich bin dann dahin
gegangen, vorher hatte ich meinen Kindern schon den Schlüssel gegeben und gesagt, dass es später werden kann, aber nicht gesagt, wohin
ich gehe. Dann kam ich dort in ein Zimmer mit Tisch und Stuhl, einem
vergitterten Fenster und die Tür war zu. In diesem Moment kam ich
mir komisch vor und habe überlegt: „Was hast du denn wieder gemacht? Was hast du deinen Brüdern geschrieben und was deinem
Vater?" Ich war ja immer kritisch und habe nie meinen Mund gehalten.
„Irgendetwas musst du doch angestellt haben. Oder ist mit deinem
Mann etwas in Stettin?", dachte ich. Na ja, nachdem ich dann fast anderthalb Stunden gewartet hatte, kam ein Typ rein und sagte, er komme von Rostock.

Dann stand ich da als Fluchttippgeberin und Fluchthelferin. Er sagte mir gleich, dass darauf mindestens drei Jahre Gefängnis stehen. „Oh
Gott", habe ich gedacht. Daraufhin habe ich richtig erlebt, wie so ein
Verhör ist. Ich war natürlich erstaunt, als ich erfuhr, wie ich in die
Situation gekommen war. Das war psychisch belastend. Ich hatte dann
bald überhaupt kein Zeitgefühl mehr. Ich kam nicht mehr raus, denn
die Tür hatte einen Knauf und ich dachte, es wäre eine Ewigkeit. Jedenfalls saß ich da und habe gedacht: „Wie kommst du hier wieder
heil raus?" Nach dem Verhör habe ich das Protokoll unterschrieben.
Dies besagte, dass ich nur über Urlaub erzählt habe. Als ich dann nach
der Wende Rehabilitierung beantragt hatte und in die Akte guckte, sah
ich, dass ihr Mann ausgesagt hat, dass ich seiner Frau während des

Klinikaufenthaltes erzählt hätte, wie das mit der Grenze ginge etc. und dass man dort einfach durch könne. Dadurch habe ich erlebt, wie so die Methoden der Stasi sind und dass man aufpassen musste, was man wo erzählt. Ich konnte ja nicht ahnen, dass da so was bei rauskommt.

Als wir dann im Dezember 1989 die Auseinandersetzung im Bürgerforum mit der Stasidienststelle Greifswald hatten und einer von denen sagte: „Man hat das nicht gemacht und das nicht gemacht..." Da brachte ich mich ein und sagte „Halt! Stopp! Mit mir haben sie es so und so gemacht und Sie haben mich da psychisch in eine richtig schlimme Situation gebracht, wenn man da fast zwei Stunden sitzt und nicht weiß, was los ist."

Wenn irgendetwas war, ich bin vornweg!

Die soziale und wirtschaftliche Situation meines Mannes und mir war zur Wendezeit nicht problematisch, auch wenn ich nicht mehr als Lehrerin arbeiten konnte. Mein Mann war Seemann und hatte immer seine Arbeit und bei mir kamen ja andauernd die Westpakete an. Ich hatte immer Unterstützung und das machte schon viel aus. Ob das Kleidung, ob das Lebensmittel oder ob das andere Dinge waren. Auch unsere Wohnverhältnisse waren sehr gut. Wir hatten unser Haus schon zu DDR-Zeiten.

Als die Stimmung sich langsam veränderte, war mir aber von vorne herein klar: „Überall machst du mit und überall, wo Leute gebraucht werden, bist du dabei." Deshalb bin ich bei den Demos mit auf der Straße gewesen und bei den Mensagesprächen und den Friedensgebeten. Und wenn irgendetwas war, bin ich immer vorneweg! Ich hieß dann schon „die Frau mit der weißen Kutte" im Herbst '89. Ich hatte nämlich immer einen langen weißen Steppmantel an.

Einmal war eine Kundgebung auf dem Markt und da sprach der SED-Kader auf alle ein. Die Masse fing an zu rumoren, die Leute wollten nicht hören, was der Redner sagte und fingen an unruhig zu werden. Und in dieser Situation habe ich mich zur Bühne gedrängt, ich bin 'raufgestürmt und habe gesagt: „Ruhe! Lasst ihn ausreden! Freiheit des Andersdenkenden!" Daraufhin wurde es ruhig. Danach ist dann einer vom *Neuen Forum* aufgetreten. Somit verhinderte ich einen Krawall, bei dem die Staatsmacht hätte eingreifen können. Die Polizei war ja am Anfang noch abwartend, aber wäre es zu einer körperlichen Auseinandersetzung gekommen, hätten sie eingreifen können. Mit welchem Vorwand auch immer und da waren ja viele drauf bedacht, dass dies nicht passiert. So wurden in der SDP immer die Aufgaben verteilt, da machte einer das Transparent, der andere war ein Ordner und so. Diese eben beschriebene Demonstration war nicht die Allererste, sondern das muss so die dritte oder vierte Demo gewesen sein.

Ich war nicht nur überall dabei, sondern ich war auch aktiv und habe mich zu Wort gemeldet und vieles kritisiert. Zum Beispiel kritisierte ich dieses Ja-Sagertum, was in unseren Schulen ausgebildet wurde. Nachdem ich das auch bei dem Mensaforum, bei dem es um Bildung ging, gesagt hatte, stand das sogar in der Zeitung: „Frau Schnell aus Wieck kritisierte, dass sich die Volksbildung schnellstens ändern müsse, um nicht weiterhin Ja-Sager herauszubilden. Wer nicht bei Zeiten lernt, sich mit Problemen auseinander zu setzen, der sieht diese Probleme nicht und kann auch nicht helfen, sie zu beseitigen."

Bei einem anderen Mensaforum, als es um die Staatssicherheit ging, habe ich natürlich auch gesprochen. Außerdem haben wir bei uns zu Hause eine konspirative Druckerei betrieben. Kurz vor und dann vor allem nach dem Mauerfall haben wir hier Flugblätter gedruckt. Die Druckmaschine hatte ich als offizielles Geschenk aus dem Westen mitgebracht, als Patengeschenk für Greifswald sozusagen. Das war im Herbst 1989, da wurde schon vieles toleriert.

In die SDP bin ich durch den Studentenpfarrer Arndt Noack gekommen. Ich hatte es über Umwege erfahren, dass es da auch in Greifswald jemanden gibt, der so etwas in Gang bringt. Ich habe mich ihm dann vorgestellt und von meiner Vorgeschichte erzählt, damit er sich nicht wundert, wer ich bin. Wir waren am Anfang nur eine handvoll Leute und im November 1989 bin ich dann in die SDP, jetzige SPD eingetreten. Ich war zuvor schon einmal zu DDR- Zeiten bei der SPD-Bundestagsfraktion in Bonn zu Gast. Zuvor war ich bei meiner Familie im Westen zu Besuch gewesen und mein ältester Bruder nahm mich mit zu einer Wahlveranstaltung der SPD. Dort hatte ich bei der Tombola die Reise nach Bonn gewonnen. Ich bekam natürlich von der DDR bestimmte Auflagen, aber letzten Endes durfte ich dorthin. Das war 1987, aber bis 1989 war ich immer parteilos.

Als die Mauer fiel, war ich gerade im Westen

Ich war wie gesagt einige Male vor der Wende im Westen, oft wurden mir die Reisen aber auch abgelehnt. Da mein Bruder am 6. November Geburtstag hatte, habe ich mir gedacht: „Die lassen gerade so viele fahren, da beantragst du es auch." Mein Antrag wurde tatsächlich bewilligt und als ich dort war, sagte mein ältester Bruder, der SPD-Mitglied in Pforzheim war: „Mensch, wenn du hierher kommst, dann hältst du einen Vortrag!" Daraufhin bin ich auch in der Zeitung angekündigt worden. Frau Schnell aus der DDR sollte also einen Vortrag über den Aufbruch in der DDR halten. Leider gab es deshalb im Voraus Probleme. Im SPD-Büro gingen sofort anonyme Drohungen ein. Sie lauteten: „Wenn Frau Schnell spricht, fliegt der Raum in die Luft." Deshalb bat ich darum, dass man darüber nicht weiter schreiben möchte. Jedoch wurden diese Vorfälle ebenfalls veröffentlicht und es stand dann in der Zeitung: „Bevor Gerlinde Schnell ihren Vortrag halten konnte, hatte es Aufregung im SPD-Büro in der Lindenstraße gegeben. In einem anonymen Anruf wurde dem Geschäftsführer angedroht, man lasse das Haus hochgehen, wenn Gerlinde Schnell dort spreche. Die Polizei wurde informiert und riegelte das Haus mit einem Personen- und Objektschutz ab." Die Veranstaltung fand statt und es passierte nichts, aber es war schon eine komische Situation und jeder rätselte, ob „unser" Staatssicherheitsdienst dahinter steckte oder nicht.

Am Abend, als ich von der Veranstaltung zurück in die Wohnung meines Vaters kam, rief mich mein anderer Bruder an und berichtete, dass in Berlin die Grenze offen sei. Ich habe diesen Vortrag also am Tag des Mauerfalls gehalten. Wir vier Kinder saßen schließlich bis morgens früh um 2.15 Uhr im Wohnzimmer meines Vaters und feierten. Dadurch weckten wir auch ihn und als er mit seinen 89 Jahren herauskam und fragte, was los sei und was wir um die Zeit täten und warum wir Sekt trinken würden, sagten wir: „Vati, stell wieder den Fernseher an und mach das Hörgerät rein, guck mal die Grenze ist offen!" Daraufhin hat der alte Mann bitterlich geweint, da er wusste, dass von diesem Tag an viele Dinge für die Familie anders werden würden und wir uns besser besuchen können.

Am 11. November sollte ich dann wieder zurückfahren und habe dies auch pflichtgemäß getan. Beim Umsteigen in Hamburg auf dem Bahnhof bin ich dann ausgerufen worden und da stand mein Mann mit den Kindern. Sie waren mir bis Hamburg entgegengekommen. Dadurch haben wir noch die ganzen Massen erlebt. Meine Kinder sagten an diesem Tag: „Siehst du Mutti, wir haben immer gefragt, warum wir nicht mit zu Opi dürfen und jetzt sind wir hier."

Bald wurden die Demonstrationszüge wieder kleiner

Wir haben uns auch das Begrüßungsgeld geholt, aber für mich war das mit dem Westgeld sowieso prinzipiell kein Problem, da ich Geld durch meine Brüder und meinen Vati bekam. Aber natürlich reisten, als das Westgeld kam, viele Menschen los und kauften verschiedene Sachen und waren glücklich. Ich habe dies vor allem daran gemerkt, dass auch die Demonstrationszüge immer kleiner wurden. Wir haben also nichts weiter von dem Begrüßungsgeld gekauft und haben nur etwas getrunken und gegessen. Außerdem hatte ich einige Kleinigkeiten für die Kinder schon in Pforzheim gekauft.

Politisch engagierte ich mich weiter in der SPD. 1990 war schon absehbar, dass ich in den Landtag komme bzw. als Kandidatin auf die Liste gesetzt werde. In die Greifswalder Bürgerschaft wollte ich nicht, denn beides zusammen, das wäre zu viel gewesen. Später bot man mir dann noch an, nach Bonn zu gehen. Dies lehnte ich jedoch ab, weil ich die Dinge, die ich hier begonnen hatte, nicht im Stich lassen wollte.

Während des ersten Wahlkampfes standen wir mit unseren handgedruckten Zettel auf dem Greifswalder Markt und die CDU machte Wahlwerbung mit Wahlgeschenken und Hochglanzbroschüren. Was sollten wir da mit unseren Zetteln? Die Bevölkerung und die Zeit waren irgendwie noch nicht reif. Aber wie gesagt, letztendlich hatte ich mein Ziel erreicht, denn ich kam in den Landtag. Dort setzte ich mich auch dafür ein, dass die vorhandenen Einrichtungen und Institutionen, wie zum Beispiel die Kindergärten, erhalten bleiben und übernommen werden. Denn es gab ja nun mal auch in der DDR positive Dinge. Deshalb habe ich mich sehr aktiv für die Fristenlösung, Paragraph 218 und für die Kindertagesstätten eingesetzt.

Es war nicht alles schlecht

Wir hatten damals die Chance, gesamtdeutsch etwas wirklich Neues zu schaffen. Aus beidem etwas Gutes zu machen. Zum Beispiel war das Schulsystem in der DDR doch gut. Heutzutage werden die Kinder, wenn sie schwach sind, einfach aussortiert. Auch die Arbeitsgemeinschaften und Nachmittagsbeschäftigungen der Kinder waren wichtig. Das kann nicht alles am Geld festgemacht werden, ob sich das die Eltern leisten können oder nicht. Es wären also viele Dinge sehr positiv gewesen bzw. hätten sehr positiv verlaufen können, aber es gab leider Leute, die gesagt haben: „Ach, das gab es in der DDR, das lehnen wir alles ab und das andere übernehmen wir unkritisch." Jetzt im Nachhinein wird es dann, wenn Leute sagen: „Es war nicht alles schlecht" als Nostalgie abgestempelt. Selbst ich, die kritisch war und verschiedene Dinge erlebt hat, sage aber nach wie vor: „Es war nicht alles schlecht, man hätte mehr analysieren müssen!" Wir wollten die Einheit damals schrittweise verwirklichen. Wir wollten Schonfristen und Übergangszeiten und Erhaltenswertes erhalten. Es hätte alles nicht so schnell gehen dürfen, aber wir konnten die Massen nicht halten und beeinflussen. Man hätte damit vieles anders aufarbeiten können. Ich finde, dass das eine vergebene Chance war.

Letztendlich habe ich 1998 mit der Politik aufgehört, da ich gemerkt habe, dass dort kein Platz für mich ist. Ich hatte immer gedacht, dass in der Politik jeder fleißig arbeiten würde und es von der Leistung abhinge, wie weit man es bringt. Und wir waren ja für eine neue politische Kultur angetreten und nicht, dass das, was wir einmal kritisiert hatten, unter einem neuen Kürzel weitergeführt wird. Ich wollte vor allem nicht, dass sich wieder Seilschaften bilden und in Hinterzimmern Mehrheiten organisiert werden. Da war ich nicht der Typ für. Als diese bestimmten Verhaltensweisen, die man als Bürgerbewegung und auf der Straße kritisiert hatte, später wieder auftauchten, war das für mich katastrophal.

An die Wende denke ich aber auch heute noch immer wieder mit viel Freude und Glück zurück. Es waren Erlebnisse, die für mich, im Nachhinein betrachtet, historisch sind. Ich bewerte auch mein Leben nach der Wende positiv. Ich würde das nie zurückdrehen oder anders haben wollen. Ich habe viele Chancen gehabt, im Landtag bestimmte Dinge mitgestalten zu können. Insofern bereue ich nichts. Ich kann aber auch heutzutage nicht ruhig sein, verschaffe mir Gehör und verfolge alles kritisch. So bekomme ich dann manchmal von meiner Familie zu hören, „Du bist doch gar nicht mehr in der Politik!" Was mich freilich sehr stört ist, dass viele Leute nur kurz in der Versenkung verschwunden sind und jetzt schon wieder Karriere machen. Und andererseits jedoch viele Leute, die kritisch und aktiv waren, sich wieder in die private Nische zurückgezogen haben, weil sie ihre Ideale eben nicht verwirklicht sahen.

Interview: Astrid Müller und Conrad Starick

SDP- Was Wollen Wir:

Seit dem 7. Oktober 1989 gibt es in der DDR eine neue politische Partei-
die Sozialdemokratische Partei (SDP)!
Wir wollen den Sozialismus,dessen Sinn und Inhalt durch jahrzehntelange
SED-Herrschaft vergewaltigt wurden an seinen eigentlichen Ursprung,der in
der Errichtung eines gerechten und sozialen Gemeinwesens besteht,zurück-
führen.

U n s e r e   Z i e l e:

1.) Innenpolitik

- Verhinderung jeglichen Totalitarismus einschl. des Stalinismus
- Schutz der Menschenrechte gegen jegliche staatliche und politische
  Macht - demokratischer Sozialismus
- Schaffung eines demokratischen Rechtsstaates auf der Basis strikter
  Gewaltenteilung
- Ausarbeitung einer neuen Verfassung der DDR
- ~~radikale~~ Entmilitarisierung aller Bereiche des gesellschaftlichen
  Lebens
- Verurteilung aller Formen des Rechtsextremismus,~~Radikalismus~~ und ~~Neo-
  faschismus~~

2.) Wirtschaft

- ~~weg von der Planwirtschaft - hin zur sozialen Marktwirtschaft~~
- gemischte Wirtschaftsformen ~~mitxdemokratischerxxKontrolle~~(staatl.,
  private,Genossenschaften,Arbeiterselbstverwaltungen) und demokrat.
  Kontrolle
- Umstrukturierung der Landwirtschaft (gemischte Eigentumsformen,an-
  gepaßte Kleintechnologien,regionale Verflechtung von Erzeugung und
  Vermarktung)
- gutes Geld für gute Arbeit

3.) Außenpolitik

- Anerkennung der Zweistaatlichkeit Deutschlands,ohne künftige Ver-
  änderungen im Rahmen einer europäischen Fiedensordnung auszuschließe
- offene Grenzen und visafreier Verkehr zur BR Deutschland
- Mitarbeit an einer europäischen und Weltfriedensordnung in der die
  Militärbündnisse überflüssig werden
- Mithilfe bei der Schaffung einer gerechten Weltfriedensordnung

Wir wollen für alle ein Hoffnungszeichen setzen! Ein Zeichen des be-
ginnenden Endes einer entmündigenden Herrschaft,die zehntausende Mit-
bürger aus unserem Land trieb.Ein Zeichen des notwendigen Anfangs einer
w a h r h a f t   demokratischen deutschen Republik!

Die SDP steht jedem offen,natürlich auch den SED-Mitgliedern,die nicht
mehr bereit sind,die Politik ihrer Partei weiter mitzuverantworten.

Abb. 30: Flugblatt der Greifswalder SDP, Herbst 1989.

Es war eine friedliche Revolution und keine Revolution als Abrechnung

E.-Hinrich Ballke
1989: Kinderarzt, 48 Jahre

Dr. med. E.-Hinrich Ballke wurde 1941 in Schleswig-Holstein geboren, die Familie zog aber noch während des Zweiten Weltkrieges nach Stettin und später auf die Insel Rügen. Nach der Grundschule auf Rügen wechselte Ballke auf eine städtische Schule in Stralsund. Als Pastorensohn durfte er erst nach langwierigen Auseinandersetzungen auf die Oberschule. Da ihm zuerst ein Studienplatz verweigert wurde, konnte er erst nach zweijähriger praktischer Arbeit ein Studium der Medizin in Berlin beginnen. Nach Studienabschluss im Jahre 1968 arbeitete er als Arzt in der Kinderklinik zu Greifswald. Von 1990 bis 2003 war er für die CDU Abgeordneter in der Bürgerschaft Greifswald.

Eine Wohnung im Plattenbau war sauber und warm

Ich habe seit '68 hier in Greifswald in der Kinderklinik als Arzt gearbeitet. Ich hatte dort einen recht guten Chef, einen alten, sehr humanistisch gebildeten Klinikleiter, den ich sehr geschätzt habe. Er hat die Grundzüge für mein Empfinden als Arzt gelegt. Professor Brieger war eine außergewöhnliche Persönlichkeit, er setzte sich über so einige Dinge hinweg. Ich hatte meine Doktorarbeit fertiggestellt, jedoch bei der Einstellung noch eine Hürde zu nehmen. Ich war nicht bei der FDJ und normalerweise war die Hürde Universität dann nicht überwindbar. Das hat er ganz geschickt gelöst. Als der oberste Parteisekretär der Universität nicht da war, er war gerade im Urlaub, da vollzog er meine Einstellung.

Ich war verheiratet und habe zwei Söhne. Zunächst hatten wir keine eigene Wohnung. Erst durch Tausch haben wir eine Wohnung hier in Greifswald bekommen. Diese mussten wir selbst ausbauen. So wohnten wir mit zwei Familien in einer 2½-Zimmer-Wohnung, das waren wir auch nicht anders gewohnt. Schließlich versuchten wir eine andere Wohnung zu bekommen, auch die andere Familie versuchte dies. Es dauerte ein paar Jahre, bevor man eine neue Wohnung bekam. Es war nicht einfach eine Neubauwohnung zu kriegen und wenn man sie hatte, war man erstmal glücklich. Eine Wohnung im Plattenbau, die war sauber und warm, aber klein. Alle waren stolz, so eine Wohnung zu bekommen, man musste sich auf Wartelisten eintragen, oder in eine Wohnungsgenossenschaft einzahlen. Auch gesellschaftlich war es nicht so einfach da 'rein zu kommen, das ging nur mit großen Schwierigkeiten. Das war eine Situation, die mit dem Zerfall der Innenstadt zusammenhing. Die Hälfte der Innenstadt war zerfallen und musste neu aufgebaut werden. Auch die anderen, angrenzenden Stadtteile verfielen langsam. Ich denke, das war ein Teil des Systems. Man wollte keine Bindung der Menschen an historisch gewachsene Räume. Man wollte Menschen loslösen, damit man sie besser regieren kann.

Ich hatte damals auch „Westkontakte". In den ersten Jahren kam meine Großmutter nach Stralsund zu meinen Eltern. Zu mir selbst kamen Freunde und auch mein Cousin, der hatte in all den Jahren die Verbindung zu uns gehalten. Für mich war das nicht gefährlich, weil ich eine klare Linie fuhr. Ich habe die Westkontakte meiner Familie einfach nicht aufgegeben. Ich wollte die Kontakte nie aufgeben und man hat mich auch nicht unter Druck gesetzt sie aufzugeben. In anderen Berufen war dies womöglich so, aber bei mir nicht. Heikel wurde es nur, wenn die Kontakte Misstrauen bei den Behörden erweckten, dann wurden sie bei der Ein- und Ausreise genau untersucht. Das wusste mein Cousin, aber das hat ihn nicht gejuckt, er hatte keine Angst.

Im Hühnerstall

Neben der ärztlichen Tätigkeit gab es in der DDR sehr viele, so genannte gesellschaftliche Tätigkeiten: Zivildienst, wöchentliche Weiterbildung in Gesellschaftskunde... Das hieß, jeder musste sich in der Geschichte der Arbeiterschaft bilden und die aktuellen politischen Ereignisse verfolgen. Da wurde dann, je nachdem welche Dozenten das vermittelten, sehr viel diskutiert. Bei einigen musste man vorsichtig sein, bei anderen war es offen. Man konnte aber immer davon ausgehen, dass ein Protokoll geschrieben wurde. Das war natürlich zeitraubend. ...Zivilverteidigung, 1. Mai-Demonstrationen, Frauentag, Gewerkschaftstag. Das wurde alles intensiv in der Klinik begangen. Das waren Staatsakte.

Als Parteiloser war ich jedoch in gewisser Weise von den Vorteilen dieser gesellschaftlichen Tätigkeiten ausgeschlossen. Ich durfte arbeiten, mich spezialisieren, aber ich hatte keine weiteren Vorteile. So habe ich erst am Ende der DDR-Zeit eine Habilitation begonnen. Im Bereich der Medizin war einiges anders, man konnte dort, wenn man guter Fachspezialist war, auch gut arbeiten, ohne dass man gestört wurde. Aber die höhere Laufbahn war mir versperrt, es sei denn, man machte Bücklinge und sonstige Verrenkungen. Ich war etwas verzweifelt. Wenn man sich vorstellt, dass das eigene Leben so eingesperrt und abgeschieden ablaufen soll, dass man keine Möglichkeit hat, mehr zu sehen und mehr aus sich herauszukommen, dass das Leben in dieser Form irgendwann zu Ende sein würde, ohne etwas gesehen und erlebt zu haben. Man stelle sich vor, man wäre im Hühnerstall, in einem Käfig. Man bekommt Futter, nicht besonders gutes, aber ausreichend. Nun soll man Eier legen, das ist Pflicht. Wenn man keine Eier mehr legt, dann wird man nicht mehr gebraucht. Man kann auch aus dem Käfig heraus gucken und dann sagt der Aufseher zu einem: „Das ist die böse Welt da draußen! Wir schützen euch, sodass ihr nie in der bösen Welt umkommen werdet. Ihr seid etwas Besonderes! Ihr baut den Sozialismus in eurem Hühnerstall auf." So ungefähr war das Gefühl, so wurde man gewarnt, vor den Schrecken der Welt. Man kann sich vorstellen, wenn man älter wird, dann denkt man: „Das kann es doch jetzt nicht gewesen sein." Das war eine erschreckende Vorstellung.

Dazu gehörte auch die Überwachung. Die Stasi ging auf jeden zu, der irgendwas Besonderes darstellte. Als Student arbeitete ich als Reiseführer. Da ist ein junger Mann zu mir gekommen und wollte wissen, wie die Stimmung unter den Leuten sei. Ich könne doch was in Erfahrung bringen und das wäre zu meinem Vorteil. Daraufhin habe ich erwidert, dass ich so etwas nie machen würde, ich würde niemanden „anscheißen". Der Herr von der Stasi konnte gleich wieder gehen. Ich habe das sehr konsequent gesagt und damit war die Sache auch erledigt. Das passierte häufig und im Nachhinein weiß ich, dass da auch einige zugestimmt haben.

Einmal habe ich Kinder behandelt, die nachts zu mir gebracht worden sind. Der Beamte der Staatssicherheit sagte, dass sie untersucht werden müssen, weil sie in ein Heim kommen sollten, da die Eltern bei einem Fluchtversuch gefasst wurden. Ich fragte dann, warum die Großeltern nicht in Frage kommen würden, denn ich kannte die Kinder. „Nein, das dürfen wir nicht machen, bei den Großeltern dürfen sie nicht bleiben!" – Ich selbst wurde auch bespitzelt. Sogar durch eine Kollegin von mir. Sie hat es mir selbst gesagt, bevor sie Greifswald verließ. In der DDR gab es über eine Million Parteigenossen. Ich habe viele ehrliche, aber auch viele hinterhältige Menschen erlebt.

Natürlich hatte man Freunde, man suchte sich einen Bereich, ein kleines Refugium, wo man nur unter Freunden war und wo man seine Privatsphäre besonders pflegte. Da feierte und diskutierte man über die Probleme, die in der DDR an der Tagesordnung waren. Anfang der achtziger Jahre war es plötzlich zu sehen, dass einiges nicht mehr funktionierte. Auf den ganzen Feldern gab es keinen einzigen Regenwurm mehr. Die ganzen Flüsse und Bäche waren verschmutzt. Alles war hier abgestorben, es gab keine Tiere mehr. Ich habe selbst erlebt und gesehen, wie die Gülle einfach in einen Bach gelassen wurde und die Abwässer der Rinderställe in fließende Gewässer geleitet wurden. Die Umwelt ist massiv kaputt gemacht worden, auf Kosten des Überlebens der DDR. Deswegen habe ich mich für die Umwelt engagiert. Man hat außerdem gesehen, wie in den Betrieben Ingenieure Nachtschichten machen mussten. Dass Kupfer aus Chile von der DDR aufgekauft wurde, um es dann auf dem Weltmarkt billiger zu verkaufen, und zwar im Verhältnis 1 D-Mark zu 5 Ostmark. Damit hätte man noch Gewinn gemacht, glaubte man, aber im Grunde war das System schon kaputt. Und wenn man das an verschiedenen Ecken hört, zum Beispiel, dass die LPGs drei bis viermal entschuldet wurden, dann wusste man, die DDR war völlig pleite. Das konnte man sehen und wissen, wenn man viele Freunde hatte.

Weniger Probleme hatte ich mit dem KKW Lubmin. Dort war praktisch fast jeder zweite Greifswalder beschäftigt. Das war die Lohn und Brotstelle schlechthin. Ich kannte viele aus dem KKW, die waren alle ganz verantwortungsvoll. Denen hab ich auch vertraut, das waren gute Fachleute. Der Umgang mit der Kernenergie war nicht so politisiert wie heute. Leute haben dort gearbeitet, ohne die Gefahren zu kennen, oder sich derer bewusst zu sein. Die Beziehung der Bevölkerung zum KKW war eigentlich nicht schlecht. Man hat später sogar für den Erhalt des Atomkraftwerks demonstriert. Als Arzt habe ich nie Schäden durch das Atomkraftwerk bemerkt. Wir hatten ein gutes Geburtenregister, wir haben nie Strahlenschäden bei Frauen und Kindern gefunden. Als Kinderarzt hätte ich gewusst, wenn wir geschädigte Kinder gehabt hätten. Im Nachhinein kam 'raus, dass es doch Schäden gab, aber das waren junge Leute, die den Arbeitsschutz nicht genau genommen haben. Es gab natürlich einige Beinahe-Katastrophen, die wurden aber geheim gehalten. Das wurde direkt von Berlin aus dirigiert. Man konnte das aber ahnen. Bei einer Stadt wie Greifswald sickert immer irgendwo etwas durch. Die Kühlaggregate waren nicht in Ordnung, oder ähnliches, aber es ist nie etwas „Großes" passiert. Irgendeinen großen Störfall gab es dann doch einmal, wir mussten alle aus Schönwalde 'raus. Ich habe nie herausbekommen, was das war. Es wurde als Übungssache deklariert, aber da war irgendwas „Gefährliches" passiert.

Man kann sich vorstellen, dass langsam eine resignative Stimmung aufkam: „Hier gelingt nichts mehr, es wird kaputt gehen". Man wusste aber auch, dass das Regime nicht mit sich spaßen ließ. Ein Freund von mir weigerte sich, Geld zu spenden für Nord-Vietnam. „Ich spende nicht mehr, dann geht der Krieg dort noch weiter." Das hörte jemand, hat ihn denunziert und dann wollte man ihn von der Universität werfen. Schließlich hat mein Freund seine Meinung dank geschickter Beratung umgeändert und spendete Blut für Vietnam. Überall wurde aufgepasst. Ich kenne weitere Fälle. Ein Schulfreund wurde beim Versuch die Grenze zu überqueren, erschossen. Er hatte den Druck nicht ausgehalten. Das Regime verstand keinen Spaß. Ansonsten, wenn man zu Allem Ja und Amen sagte, konnte man damit leben.

Zur berühmten Nostalgie: Jeder, wenn er überleben wollte in der Mangelgesellschaft und etwas Besonderes haben wollte, musste Kontakte knüpfen. Das sogenannte Kontaktnetz. Wenn man ein Kotelett haben wollte, weil man Besuch erwartete, musste man auch etwas dafür anbieten. Ich hatte nicht viel anzubieten, außer in Notfallsituationen, in meiner Funktion als Arzt. Wenn man eine Autoreparatur brauchte, musste man jemanden kennen, sonst kam man da nicht 'ran. Dieses Netzwerk justierte also alles. Gegenseitige Hilfe war notwendig, um zu überleben. Viele vermissen das heutzutage, weil es natürlich dazu führte, dass man sich gegenseitig begrüßte und respektierte. Aber es war eben ein Netzwerk aus Bedürftigkeit. Dass dies nicht standhielt, sah man nach '89. Da fiel die Bedürftigkeit weg und das Kontaktnetz fiel in sich zusammen.

Der Jubel der oberen Riege

Von den alten Freunden und Leuten aus meiner Straße verschwanden bis 1989 plötzlich immer mehr. Entweder hatten sie einen Ausreiseantrag gestellt, oder sie waren nach Ungarn gefahren. Sie versuchten jedenfalls weg zu kommen. Man hatte das Gefühl, als ob man der letzte ist: Der, der das Licht ausmacht. Alle sind auf einmal weg. Da merkte man natürlich schon, irgendwas geht hier bergab, als ob langsam eine Lawine losgeht. Überall hörte man, dass Kollegen und Bekannte einfach nicht mehr im System mitmachen wollten und einen Ausreiseantrag gestellt hatten. Das war Fakt und hinterließ ein komisches Gefühl. Gleichzeitig war etwas anderes zu merken, die Härte der Parteiredner wurde deutlicher. Die Ereignisse in China habe ich mit Freunden gesehen, wir konnten hier ja kein Westfernsehen empfangen und darum haben wir uns anders informiert, über den sogenannten „Schwarzen Kanal". Der hat nur Ausschnitte gezeigt, aber wir konnten ja Radiosender empfangen, so dass wir uns ein Bild zurechtgelegt haben. Wie ist die Stimmung in China? Wie ist es dort abgelaufen? Die Härte, die Brutalität war ja ganz klar sichtbar.

Aber überall gab es Ökogruppen, ich selbst habe da mitgemacht und mich sehr für den Naturschutz interessiert, mich eingesetzt und Berichte geschrieben. Das Wasser war verseucht, Straßen fielen zusammen, es gab kein Material, um es auszubessern. In den Zeitungen stand die Unwahrheit. Das durfte man natürlich nicht behaupten, obwohl die Diskussionsfreudigkeit enorm zunahm. Man traute sich nun eher etwas zu sagen. Die ganze Situation in der Tschechoslowakei und Ungarn trug dazu bei. Das waren ja alles junge Leute, die weg wollten und keine Lust mehr hatten.

Was mich am meisten beeindruckt hat, war der Jubel der oberen Riege nach der Kommunalwahl im Mai '89. Die Stimmen der Leute, die alles auf dem Wahlschein durchgestrichen hatten, wurden trotzdem mitgezählt. Wir haben ja in Greifswald später herausbekommen, dass es sich um Betrug handelte. Dieses falsche Verhalten hat natürlich das Misstrauen gegen die Regierung unheimlich verstärkt. Die entstandene Situation des Verfalls der Umgebung, die Aussichtslosigkeit und unglaubliche Härte, Lügen, Bevormundung schufen Gefühle von Resignation, Wut und auch Mut. Dies alles erreichte seinen Höhepunkt, als es am 7. Oktober die Feiern zum vierzigjährigen Bestehen der DDR gab. Tausende Menschen, junge Menschen, defilierten vor den Größen aus Politbüro und Zentralkomitee auf den Bildschirmen vorbei und diese ließen sich feiern, das war makaber. Der alte Herr winkte sogar noch mit seinem Hut. Die hatten überhaupt nichts begriffen.

Das Gefühl, dass sich etwas änderte

Ich war zunächst nicht in der Dom-Gemeinde aktiv, nur bei Pfarrer Glöckner. Dieser Kreis ist bei der Wende sehr aktiv geworden. Die Mensa-Gespräche waren natürlich interessant. Das habe ich miterlebt. Wenn ich frei hatte, war ich grundsätzlich immer dort. Ich habe die Stasi-Generäle erlebt, die dort auftraten und die Situation völlig falsch einschätzten. Sie dachten, sie würden alles gut in Griff bekommen und hatten dann aber fürchterlich Angst, zitterten, wollten bloß heil wieder herauskommen. Man merkte, wie Spannung aufkam und sich die Wut steigerte. Je mehr Floskeln sie losließen, umso mehr vergrößerte sich die Wut der 800 Anwesenden. Das wurde geschickt aufgefangen von den Organisatoren, sodass keine tätlichen Übergriffe stattfanden.

Den berühmten 9. November habe ich auch miterlebt in der Mensa. Da ging es zunächst um die Reisefreiheit. Wir diskutierten zwei Stunden, machten Vorschläge für einen Reisepass und ein Reisegesetz und plötzlich sagte einer: „Die Grenze ist auf!" So gegen neun, halb zehn muss das gewesen sein. Da war die Diskussion natürlich zu Ende und jeder ging zum Fernseher und wollte sehen, was vor sich ging. Das war ein echter Höhepunkt. Plötzlich war Hoffnung da. Praktisch konnte man nicht ahnen, wo es hinführte. Ich war kein Vertreter davon, die DDR zu halten, aber es gab einige Leute, die meinten, man könnte die DDR erhalten. Ich habe nie daran geglaubt, dass man so einen Teilstaat in dieser Gesamtsituation halten könnte. Auch mein Vater hat immer gesagt: „Es kann nicht sein, dass wir die Beziehung zum anderen Teil Deutschlands völlig aufgeben." Vielleicht habe ich schon gehofft, dass wir in einen Staat münden, das war aber noch nicht abzusehen. Aber das Gefühl, dass sich etwas änderte, war deutlich da, als die Russen nicht mehr eingreifen wollten. Sonst hätte es ein Blutbad gegeben. Die Stimmung war schon so, dass man nicht mehr zurück wollte, zumindest Ende des Jahres '89 war das abzusehen. Es gab große Teile der Bevölkerung, die nicht mehr zurück wollten. Zunehmend wurden auch Soldaten bei den Demonstrationen sichtbar. Das war eine schwierige Situation und das haben wesentliche Teile des Politbüros auch so gesehen. Zumindest auch große Teile der Armeeführung. Was die Stasi angeht, weiß ich nicht recht. Mielke hätte wahrscheinlich dazwischen gehalten, wenn er gekonnt hätte. Aber große Teile wollten nicht. Ich wusste das auch von jungen Offizieren, die sagten: „Unser Auftrag ist nicht nach innen, sondern nach außen, wir werden nichts machen."

Am 3. Dezember haben wir eine Lichterkette organisiert, die bis Stralsund reichte. Unheimlich beeindruckend, eine Lichterkette aus Menschen, die von Greifswald nach Stralsund ging. Die Demonstrationen wurden von Pfarrer Glöckner geleitet, er war ja mehr oder weniger einer der führenden Leute und wir haben ihn als seine Freunde in allen Dingen unterstützt. Es gab damals Andeutungen von Demonstranten, die SED-Kreisleitung zu stürmen. Dinge dieser Art hat Glöckner unterbunden und gesagt, dass das der falsche Weg sei. Jedenfalls musste man diese losgelösten Typen, die so etwas machen wollten, bremsen. Es legte niemand Wert darauf, gewalttätig zu werden oder Sachen zu zerstören. Das war nicht Sinn der Sache. Es war eine friedliche Revolution und keine Revolution als Abrechnung.

Ich wollte Veränderungen

Als Mitglied der CDU habe ich mich dann bereit erklärt, mich zur Wahl aufstellen zu lassen, und wurde dann auch Abgeordneter im Stadtparlament. Ich wollte etwas tun, ich wollte gesellschaftliche Veränderungen und dazu musste man bessere Kenntnisse davon haben, was sich eigentlich abgespielt hatte. Deswegen bin ich dem Untersuchungsausschuss zur SED beigetreten. Die Schwierigkeit war natürlich, dass wir alle, die die Wende in Greifswald vollzogen haben, keine „Berufsrevolutionäre" waren. Wir haben unsere normale Tätigkeit weiterverfolgt. Wir mussten uns nach unseren Diensten richten, oder uns kurzfristig freistellen lassen, je nachdem, wie man das vereinbaren konnte. Im Untersuchungsausschuss musste man konsequent sein. Funktionäre, die nicht wollten, dass wir Hintergründe kennen lernten, wollten entweder die Unterlagen beiseite geschafft haben, oder haben falsche Fährten gelegt. Die führenden „Kader" ließen sich sowieso nicht sehen. Sie ließen durch Untergebene die Zimmer öffnen und wir konnten dann prüfen, was noch übrig geblieben war. Wir fanden doch noch eine ganze Menge Papiere, denn nicht alles war beiseite geräumt worden. Die Ergebnisse zeigten, dass ein ganz erheblicher Teil der Bevölkerung unter Kontrolle stand.

Anders war es bei der Stasi-Untersuchungskommission, aber da gehörte ich nicht dazu, ich gehörte zum Untersuchungsausschuss SED. Am 4. Dezember wurde die Kreisdienststelle des Amtes für Nationale Sicherheit in Greifswald besetzt. Ich hatte Dienst, hörte später von meinen Söhnen, dass sie das beobachtet hatten. Freunde von uns waren auch dabei und haben mitgemacht, die haben mir dann erzählt, wie es abgelaufen ist. Die Untersuchungsausschüsse kamen immer wieder zu Gesprächen zusammen, die vier Gruppen der Untersuchung zu Partei, Stasi, Stadtverwaltung und Atomkraftwerk Lubmin.

Besonders wichtig finde ich, dass man ehrlich ist und diese Dinge weitergegeben werden. Ich lehne Nostalgie und falsche Erinnerungen ab, die sich mit der Realität vermischen. Ich habe zu meinen Patienten gesagt, dass sie mir vertrauen können. Auch meinen Kindern gegenüber wollte ich ein Vorbild sein, ich war im Elternbeirat und habe diese Dinge auch in dieser Richtung mit begleitet. Ich habe erlebt, wie man mit meinem ältesten Sohn umging, der nicht zur Armee gehen wollte. Er hätte keine Chance auf einen Studienplatz für Medizin gehabt, wenn die DDR nicht pleite gegangen wäre. Genau wie es mir zunächst passiert war, das gleiche drohte nun auch ihm.

Demokratie ist ein Lernprozess

Ich wollte die Wende, deswegen habe ich mich auch eingebracht und in die Bürgerschaft der Stadt wählen lassen. Wenn, dann wollte ich auch mitgestalten und nicht nur am Stammtisch diskutieren. Das war ich meiner Familie und meinen Patienten auch schuldig. Ich fühlte mich ein bisschen als Vorbild und das wollte ich auch weiterhin bleiben. Es war ungewöhnlich, man findet ja sonst kaum Ärzte in einer Bürgschaftsvertretung, weil es eigentlich zeitlich unmöglich ist. Das hat natürlich sehr viel von mir abverlangt, ich war ja sogar in gewählter leitender Position, aber ich wollte nie meinen Beruf aufgeben. Es kostete sehr viel Zeit und Energie, die ja eigentlich für meine wissenschaftliche Qualifikation nicht fehlen durfte. Im Nachhinein weiß ich, dass dies einen unheimlichen Verschleiß gesundheitlicher Art nach sich ziehen sollte. Aber ich habe es gerne gemacht.

Man sieht die Wende ja mit einem Abstand von 20 Jahren. Am Anfang waren einige Ereignisse überhaupt nicht vorauszusehen. Für mich ist eines erstaunlich: Dass wir keine neue Verfassung haben. Mit der Wiedervereinigung war es eigentlich wichtig, eine neue Verfassung zu bekommen. Das Grundgesetz mag gut sein, aber es ist das Grundgesetz des alten Staates, der alten Bundesrepublik. Beim neuen Staat hätte man die wesentlichen Teile übernehmen müssen und man hätte zumindest über den Rest diskutieren können.

In der medizinischen Versorgung etwa war das Niveau früher recht gut, trotz Mangelgesellschaft. In einem totalitären Staat ist eines recht einfach: Anordnen. Wir hatten beispielsweise das Impfgesetz – damit umgingen wir einige Krankheiten. Schwangerschaftsvorsorge, Säuglingsuntersuchungen, das waren sinnvolle Gesundheitspräventionen. Diese hätten übernommen werden können. Über diese Erfahrungen hätte man diskutieren müssen. Der übrigen Bevölkerung in Deutschland hätte man das vorstellen und klar machen sollen. Außerdem wäre es wahrscheinlich vernünftig gewesen, wenn die DDR als Gesamtstaat der BRD beigetreten wäre. Nicht aufgeteilt in fünf kleine Länder, sondern als Gesamtland, weil dann einige Dinge auch vernünftiger umzusetzen gewesen wären.

Ansonsten bin ich zufrieden, dass wir ein vereinigtes Deutschland haben. Dass es viele Diskussionen gibt, welcher Weg der richtige ist, ist sinnvoll. Dass dies in einem großen Land mit über 80 Millionen Einwohnern nicht so einfach geht, das ist verständlich. Wir mussten lernen, mit der Demokratie und den verschiedenen Meinungen umzugehen. Das ist ein Lernprozess und braucht seine Zeit. Dazu braucht man Vorbilder. Die bundesdeutschen Gesetze wirkten erst ab '92/'93, bis dahin konnten wir in Greifswald, auch durch die Hilfe aus Osnabrück, den Übergang mit viel eigenem Spielraum ganz gut gestalten. Wir wollten die Innenstadt revitalisieren und ich denke, das haben wir geschafft. Das ist zurückzuführen auf die Weitsichtigkeit der ersten Jahre. Uns ist viel gelungen in dieser Stadt.

Interview: Lukas Haselhorst, Alina Bakowski

Ein Licht für unser Land

Menschenkette am 1. Advent 1989

Aus einem Greifswalder Friedensgebet kommt die Initiative
am Sonntag, d. 1. Advent (3. Dezm. 1989
von 12.00 - 12.15 Uhr
eine Menschenkette durch die D D R zu bilden.
Sie wird ein Zeichen der Hoffnung und Entschlossenheit für die
dwmikratische Erneuerung in unserem Lande sein.
Die Menschenkette soll an der Fernverkehrsstr. F 96 von Saßnitz
bis Zittau und an der F 2 antlang von Eirschberg bis Schwedt reichen.
Alle Bürger in Städten u. Gemeinden an den bezeichneten werden aufgerufen, sich am 1. Advent mit Lichtern u. Transparenten dort aufzustell
Bürger aus Städten u. Gemeinden, die nicht an der F 96 u. F. 2 liegen,
schliessen sich symbolisch in Richtung dies er beiden Strassen an.
Alle Oragnisa tionen u. Gruppierungen werden gebeten, vor Ort
d ieses große Zeichen der Hoffnung zu unterstützen.
An diesem Tag wollen wir uns die Hände reichen und damit demonstrieren,
daß wir in der gegenwärtigen Krise Verantwortung u. Zuversicht für
unser Land verbinden.
Kette a m R a n d der S t r a s s e bilden
keine Querstrassen u. Eisenbahnübergänge blockieren,
Autos möglichst auf Nebenstraßen u. Seitenwegen abstellen,
k e i n e K e r z e n r e s t e l liegen lassen.
Ist die Kette irgend wie unterbrochen, verbinden uns trotzdem
das zeitgleiche Handeln und das gemeinsame Anliegen.
B ei extremen Wetter- u. Verkehrsbedingungen beschränken wir
uns auf die Ortschaften.

gez. A. Schorlemmer   22 01 Groß-Kiesow /Greifswald

In G r e i f s w a l d arbeitet eine
zentrale Kontaktgruppe
Sie ist zu erreichen über Dorothea Puttkammer, Greifswald,Dom-Str.54
Für Rückfragen im Kreis Greifswald:

M. Sachse, Bahnhof-Str. 48/49, 22 00 Greifswald
P. Michael, Franz Mehring-Str. 9, 22 00 Greifswald

Wir empfehlen:

- In Richtung Stralsund : Bewohner von Wieck, Eldena ,
neues u. altes Ostseeviertel u. Altstadt
- in Richtung Jarmen   : Bewohner von Schönwalde I u. II, Obstbau-
siedlung u. Stadtrandsiedlung

Abb. 31: Greifswalder Aufruf zur Teilnahme an der DDR-weiten
Menschenkette, Dezember 1989.

Das Grau war in der Folge nicht mehr so Grau

Friedrich Krause
1989: Oberassistent an der Greifswalder Theologie, 50 Jahre

Dr. theol. habil. Friedrich Krause wurde 1939 als ältester Sohn von acht Kindern in Leipzig geboren. Sein Vater war Pfarrer und gehörte der Bekennenden Kirche an. Krause absolvierte bis 1963 an der Karl-Marx-Universität Leipzig ein Theologiestudium. Seine erste Pfarrstelle war in Johanngeorgenstadt (Erzgebirge), seine Frau Christa-Renate war dort Apothekenassistentin. 1970 übernahm Krause die Pfarrstelle in Leuben bei Meissen, wo er und seine Familie mit vier Kindern lebte. Nach Abschluss der Promotion A wurde er von seiner Landeskirche für eine Tätigkeit an der Ernst-Moritz-Arndt-Universität in Greifswald freigestellt, wo er sich im Oktober 1989 habilitierte und dort Oberassistent für Praktische Theologie an der Theologischen Fakultät war. 1991 wurde er in die sächsische Landeskirche als Studiendirektor zurückberufen und mit der Umwandlung einer kirchlichen Ausbildungsstätte in Bad Lausick bei Leipzig in eine Sozialpädagogische Fachschule beauftragt. Zuletzt war er 1. Pfarrer der Versöhnungsgemeinde in Leipzig-Gohlis. Er hat als Privatdozent an der Theologischen Fakultät der Universität Leipzig eine Lehrbefugnis.

GBW stand für „Geht bald weg"

Ich kam 1983 nach Greifswald und war dort die erste Zeit noch allein, weil wir so schnell keine Wohnung für die ganze Familie gefunden hatten. Im Jahr des Umbruchs 1989 war dann meine Familie schon einige Zeit mit in Greifswald. Wir erlebten hier die gesamte Wendezeit. In dieser Zeit wohnten wir in einer Wohnung in der Straße der Freundschaft (heute: Langestraße). – Greifswald war etwas Besonderes. Es war eine Kleinstadt, die von Studenten geprägt war, deren Kirche sich von anderen in der DDR unterschied und die vom Zerfall bedroht wurde. Als Außenstehender hatte ich einen besonderen Blick auf diese Dinge.

Dieser Zerfall der Stadt, der war augenscheinlich. Es gab bei den Gebäuden überhaupt keine Alternativen. Nur die Blockbauten. Es gab damals einen hübschen Spruch. Und zwar waren sehr viele Gebäude in Verwaltung, weil sie noch in Privatbesitz waren. „GBW" stand an den Hausnummern und deshalb gab es den Slogan: „Geht bald weg." Und das obwohl in Greifswald, im Krieg nicht eine Bombe gefallen war. Die Fenster sind alle durch die maroden Dächer kaputtgegangen. Reihenweise wurden die Häuser abgerissen und es wurden die neuen

in Blockbauweise hingestellt. Es sind viele schöne Häuser zerstört
worden.

Abb. 32: Abrisshäuser in der Steinbeckervorstadt, Ende der achtziger Jahre.

Das war die eine Seite, wie ich Greifswald wahrgenommen habe.
Eine andere war, wie ich die Universität und meine Arbeit wahrnahm.
Wie ich schon sagte, war Greifswald eine kleine Stadt, dominiert durch
die Studenten und die Universität. Und natürlich hatten die Studenten
ein Gespür dafür, was unnötig und was nötig war. Zum Beispiel hatten
wir als Lehrkräfte und als Einwohner von Greifswald gespürt, dass die
DDR überhaupt keine Identität mehr hatte. Auch die Voraussetzung
für eine freie Lehre ohne Druck und ohne Beobachtung war überhaupt
nicht gegeben. Ich zum Beispiel war ja nach wie vor Pfarrer der Landeskirche Sachsen und war befristet freigestellt. Ich bekam mein Gehalt zwar von der Uni, aber es war jederzeit möglich, dass ich wieder
in meinen Job in Sachsen zurückkommen müsste. Ich habe als Außenstehender erlebt, wie man sich gegenseitig beobachtete in einer anderen Weise als wir es vielleicht heute erleben. Nicht mit diesem Mob-
bing, sondern in dieser furchtbaren, für mich jedenfalls furchtbaren,
Abhängigkeit von einer Einheitspartei, die ihre Beziehungen in alles
hinein hatte. Es war in Greifswald an der Universität kein wirklich
freies Lehren und Arbeiten möglich. Man wurde ständig überwacht
oder man musste sich anpassen.

Eine Situation, die das, was ich meine, verdeutlicht, ist folgende: Ich wurde einmal als Mitarbeiter dieser Universität vor den Dekan gebeten. Es war ein Vieraugengespräch. Ich wusste eigentlich gar nicht, warum ich da hin musste. Als ich bei ihm war, sagte er: „Herr Krause ich muss Sie jetzt informieren, wenn Sie in Ihrem Umfeld jemanden kennen oder von jemanden hören, der Absichten hat, umzuziehen, dann möchten Sie mir das bitte mitteilen!" Das war das Eine und das Andere war: „Wenn in Ihren Umfeld jemand von Selbstmord spricht, dann möchten Sie mir das bitte auch mitteilen!" Also das ist ja eine ganz intime Geschichte. Wenn jemand sagt „Du ich hab es satt und ich will mich umbringen." Ich war verstört, wie man so etwas verlangen konnte. Und dann hat er zum Abschluss noch gesagt: „So, das Gespräch hat stattgefunden. Bitte gehen Sie nun zum wissenschaftlichen Assistenten und teilen Sie ihm mit, dass das Gespräch hier stattgefunden hat!" Aber da bin ich dann nicht hingegangen. Das habe ich für unter meiner Würde gehalten, dass das überhaupt weiterprotokolliert wurde. Er musste also jemand anderem Rechenschaft ablegen, dass er mich unterrichtet hat über diese Dinge, die ins Private und in die Schnüffelei gingen, die Angst verbreiteten. Und das in einer theologischen Fakultät! Diese Situation verdeutlicht, dass die damalige Zeit voller Spannung, voller Ungereimtheiten und voller Unmenschlichkeiten war.

Das Nächste, was mir auffiel, war, dass die Kirche von Greifswald einen Kurs fuhr, der für die damalige Zeit einmalig gewesen ist. Hier fanden Annäherungen zwischen Kirche und Staat statt, die überraschend waren und die man eigentlich nicht verantworten konnte. Das zeigte sich ja beispielsweise in dem bekannten Honecker-Besuch. Ich selbst hatte ebenfalls mit dem Bischof aufgrund meiner Habilitation, die sich mit der Visitation als Element des Gemeindeaufbaus befasste, zu tun. Ich bin für meine Arbeit mit auf Rügen unterwegs gewesen und habe die Visitationen begleitet. Dort habe ich erlebt, dass einfache Pfarrerkollegen versucht haben, dem Bischof Gienke die Augen zu öffnen. Sie wollten, dass er auf dem Teppich bleibt und dass er nicht abhebt. Dass er stattdessen sieht, was die wahren Probleme sind.

In der Studentengemeinde habe ich Freiheit erlebt

Natürlich war für mich die Gemeinde wichtig. Schon zu meinen Studentenzeiten spielte die so genannte Studentengemeinde eine prägende Rolle für mich. Denn dort wurden wir im Denken wach gehalten, auch in der Auseinandersetzung mit Strömungen, die ein anderes Denken schwer verkraften konnten, also dem Marxismus. Ich habe aber auch während meiner Zeit in Johanngeorgenstadt erlebt, wie schwer es war, die Jugend an den christlichen Glauben heranzuführen. Durch meine Aktivität beim Sport war ich volksnah, aber ich bot eine Angriffsfläche für die Stasi.

In Greifswald habe ich dann natürlich an der Universität keinen direkten Bezug mehr zur Jungen Gemeinde gehabt, sondern mehr zur Studentengemeinde. Wenn ich gebeten worden bin, habe ich in der Studentengemeinde Vorträge gehalten. Ein wichtiger Mann war dort Herr Noack. Ein ganz wichtiger Mann. Dort in dieser Studentengemeinde habe ich Freiheit erlebt. Vor allem in den Diskussionen, da wurde offen Klartext gesprochen. Man hat sich sofort verstanden. Natürlich ahnten wir, dass die Stasi auch immer mit anwesend war, aber es war herrlich. Es gab einen Freiraum.

Ich habe zur Stasi „Nein" gesagt

Ich habe aber die DDR und ihre Institutionen des Öfteren negativ erlebt. Entweder, weil sie mich selbst angriffen, oder weil sie meinen Kindern ihr Leben erschwerten. Schon in der Zeit, als wir noch in der Meißener Gegend lebten, suchten mich zwei Männer in den bekannten Lederjacken auf. Die versuchten also mich, diesen „weltoffenen" Pfarrer, der vom christlichen Glauben her dem Sozialismus auch gar nicht abgeneigt war, für ihre Dienste zu gewinnen. Ich konnte diesen Angriff jedoch abweisen und war sehr dankbar, dass sich dies auch in den Unterlagen der Stasi dokumentiert. Es wurde also dokumentiert, dass es möglich war, „Nein" zu sagen. Es war nämlich so, dass sie gefragt haben: „Also wären Sie bereit mit uns zusammenzuarbeiten, wenn es um den Staat geht?" Da habe ich geantwortet: „Wenn jemand kriminell wird, würde ich das dem Staat bzw. der Polizei melden." – „Danke. Wir rufen sie noch mal an." Und da hab ich zu Christel, meiner Frau, gesagt: „Du hier waren zwei, das und das hat stattgefunden und wenn die anrufen, ich bin nicht da!" Und die haben angerufen. – Meine Frau verleugnete mich und in den Stasiunterlagen stand dann: „Wir haben das Gefühl, er lässt sich verleugnen."

Ähnliches haben wir auch in der Greifswalder Zeit erlebt. Wir erlebten, dass plötzlich jemand an unserer Wohnungstür klingelte und sich vorstellte: „Ja ich lese hier den Namen Krause. Kann das sein, dass Ihr Vater, der und der war? Und das wäre doch interessant..." Das kam uns jedenfalls alles sehr erstaunlich und an den Haaren herbeigezogen vor. Wir fragten daraufhin meinen Vater, ob er diesen Herrn kenne und er sagte: „Na, mit dem seid mal vorsichtig!" Wir wussten dann, wer der eigentliche Absender war – die Stasi! Dieser Mann kam uns regelmäßig besuchen und versuchte, uns in Gespräche zu verwickeln.

Später habe ich mir freiwillig meine Akten geben lassen. Da habe ich beispielsweise gelesen, dass ein Kollege von mir konspirativ gearbeitet hätte. Mit dem habe ich nach 1989 das Gespräch gesucht und bin mit ihm auf einen Nenner gekommen. Er hatte damals nicht die Kraft besessen, „Nein" zu sagen. Aber wir haben uns versöhnt.

In Greifswald wurde außerdem unseren Kindern das Leben erschwert. So sind zwei unserer Töchter noch in Greifswald zur Schule gegangen, wobei die eine Tochter aufgrund ihrer Leistung schon in der Klasse 8 auf die EOS hätte wechseln können. Aufgrund von „Kontingentsgründen" ist das aber bei ihr abgelehnt worden. Wir haben das sogar noch schriftlich. Bei unserer anderen Tochter, die noch in Sachsen Abitur gemacht hatte, war klar, dass sie außer Theologie nichts anderes studieren konnte. Alles andere ist ihr abgelehnt worden. Stattdessen bot man ihr mit ihrem Einser-Abitur an, im Konsum Verkäuferin zu werden. Für unseren Sohn war es, nachdem er sein Abitur noch in Sachsen gemacht hatte, auch nicht leicht, in den Norden zu kommen. Man hat es ihm sehr schwer gemacht. Ursprünglich sollte er sein Abitur mit Baufach in Stralsund machen. Er kam dann aber nach Rostock in eine Offiziersanwärterklasse, in der er vom Lehrer unter psychischen Druck gesetzt wurde. Nach einigen Mühen und etwas Glück durfte er dann wieder nach Dresden wechseln. Später wurde er dann 1989 zu den Bausoldaten nach Prora eingezogen. Schon dort war die Umbruchsstimmung bemerkbar. Er meinte damals, als wir ihn besuchten: „Keine Angst, die Offiziere sind ganz freundlich zu uns und behandeln uns mit Samthandschuhen." Danach hätte er nach Stralsund zum Schiffe entrosten, im Käfig mit Tauchglocken unter Wasser gemusst. Dann kam aber die Wende und wir waren froh und befreit.

Mein persönlicher Umbruch fand schon lange vor der Wende statt

Wie also zu sehen ist, fand mein persönlicher Umbruch schon lange vor den Wendeereignissen statt. Dazu trugen natürlich vor allem mein Glauben und das Erleben der Staatsmacht und die Eingriffe dieser in den privaten Bereich bei. Aber mir wurde auch an anderen Ereignissen immer deutlicher, dass es so nicht mehr weiter gehen kann. Wir hatten zum Beispiel an der Theologie Zusammenkünfte zur Weiterbildung und die waren eigentlich sehr schön, da es sehr familiär war. Die Lehrkräfte trafen sich in den Wohnungen der Professoren und da tauschte man sich aus. Promotionsstudenten konnten ebenfalls ihre Arbeit vorstellen. Bei einem solchen Treffen fing plötzlich einmal mein Institutsleiter an, über Gorbatschow zu schimpfen. Das war gleich Mitte der achtziger Jahre, als der Name noch gar nicht so bekannt war. Er hatte eine richtige Panik vor diesem Mann und vor dem, was der bezwecken wollte. Er spürte das schon und hat alle darauf eingestimmt, dass das Schlimmste, was uns jetzt passieren könne, diese Perestroika sei. Und da merkte ich, dass wir hier nur noch in einer Scheinwelt lebten. Meine Frau erlebte ihren innerlichen Umbruch unter anderem auch durch diesen Verfall und den Niedergang in der Apotheke und im Gesundheitswesen. Sie haben dort in den Achtzigern nur noch ganz reglementiert Zuteilungsware bekommen und bei dringenden Arzneimitteln gab es immer Engpässe.

Ansonsten muss man sich die Atmosphäre in der DDR so vorstellen: Man spürte, ob in einer bestimmten Situation Zwang war oder Freiräume existierten, ob da Wahrhaftigkeit war oder nicht. Das war in der DDR immer zu spüren. Wir wurden, ohne dass wir es wussten, beobachtet, und trotzdem waren wir innerlich frei und haben auch unseren Spaß gehabt. Wir konnten uns auch freuen in der DDR! Wir haben beispielsweise Fußball gespielt und an der Ostsee gab es Freikörperkultur. Wir hatten unsere Freiräume und dann waren wir wieder wie in einem Gefängnis. Das war beides in uns. Das hat man immer wieder gespürt.

Abb. 33: Demonstrationszug durch die Greifswalder Innenstadt. Im Vordergrund der spätere Bürgerschaftspräsident Thomas Meyer, Herbst 1989.

230

Abb. 34: Lichterkette vom 3. Dezember 1989 in der Gützkower-
straße.

Es gehörte anfangs viel Mut dazu, auf die Straße zu gehen

Als die erste Demonstration begann, saß ich in der alten Bibliothek
gegenüber des Audimax´ und habe dort gearbeitet. Und auf einmal
ging ein Rufen los. Nicht in der Bibliothek, sondern draußen. In der
Bibliothek entstand eine Unruhe. Ich habe da ebenfalls etwas in mir
gespürt. Ich bin dann hinaus und es kam mir schon meine Tochter
entgegen. Die sagte: „Vati, hier geht was los" und ich sagte: „Ja ich
spüre das auch. Aber geh' du mal bitte nach Hause. Ich geh mit. Sag
der Mutti Bescheid!" Ich hatte ein bisschen Angst um meine Tochter.
Das war für mich der Anfang, der mitten in der Straße begann, bei dem
man von dieser Scheinwelt auf die Straße gebracht wurde. Da war für
mich das erste Mal klar, dass wir diese ganzen Verdrehungen wieder
auf den Kopf stellen könnten. Ich vibrierte innerlich. Ich bin dann vom
Dom aus mitgegangen und wir sind weiter nach Schönwalde losmar-
schiert. Neben mir ging der Sohn von Herrn Dr. Glöckner, Konrad
Glöckner. Dieser war ein Theologiestudent. Wir gingen nebeneinander.
Das weiß ich noch wie heute. Neben dem Sohn von Herrn Glöckner ist
noch ein uns vollkommen fremder Mann, den wir noch nie in Greifswald gesehen hatten, hergelaufen. Der hat sich uns auch nicht weiter

vorgestellt. Alles in allem waren die Teilnehmer ganz durchmischt und viele Studenten waren dabei.

In Schönwalde guckten die Leute vom Balkon und äußerten diese Zweifel: „Dürfen wir runter? Wir haben diese AWG-Wohnung. Was werden die Repressalien sein?" Wir riefen dann: „Schließt euch an! Schließt euch an!" Wir haben versucht, sie runter zu locken. Dann kamen wir zu einer Sporthalle. Dort stand ein Auto, eine grüne Minna. Es war also die Polizei. Aber die Polizisten standen nur da. Und da habe ich gedacht „Alle Achtung, die bleiben ganz ruhig." Die haben tatsächlich nichts gemacht. Die haben uns nicht provoziert, sondern haben sich ruhig verhalten. Überhaupt, dass es ein überdimensionales Polizeiaufgebot während aller Demonstrationen gegeben hat, kann ich nicht sagen. Es war alles friedlich, zumindest im öffentlichen Bild.

Abb. 35: Menschenkette durch Greifswald, 3. Dezember 1989.

Später ist auch meine Familie bei den Demonstrationen mitgegangen. Wir haben einmal eine Lichterkette gebildet, die von der Demonstration aus vom Greifswalder Hafen nach Neuenkirchen ging. Das war ebenfalls so eine Situation, in der wir nicht wussten, ob wir damit durchkommen werden oder nicht. Man sah kilometerweit Kerzen. Ich hatte damals den Eindruck, dass es die ganze Bürgerschaft war, die teilnahm. Diejenigen, die Angst hatten, wurden zurückgedrängt. Es gehörte aber viel Mut dazu, auf die Straße zu gehen. Auf der anderen Seite war man dann aber auch deshalb so mutig, weil es so viele Menschen waren. Wenn ich mich recht entsinne, war es später so, dass zu den Friedensandachten Leute von der Arbeit, sogar aus den umliegenden Ortschaften mit den Zügen, ankamen und sich diesen Demonstrationszügen anschlossen. Das war wie ein richtiger Sog.

Bei den Friedensgebeten im Dom habe ich auch die Stasi erlebt. Dort habe ich einmal zusammen mit Pastorin Göbel, eine der Friedensandachten gestaltet. Und in diesem Dom, der voll war, waren auch Leute mit Koffern. Man wusste aber nicht, was drin war. Ein paar haben uns gesagt: „Passt auf, die haben da Waffen drin!" Jedenfalls habe ich wahrgenommen, dass während der Friedensandacht durchaus auch andere Kräfte da waren. Und wir waren eigentlich danach jedes Mal froh, dass es ohne Gewalt ablief.

Das erste Friedensgebet hat mit größter Wahrscheinlichkeit der damalige erste Superintendent Wackwitz durchgeführt. Dann wurde das aufgeteilt. Meine Friedensandacht fand zusammen mit Pastorin Göbel am 13. Dezember im Dom statt. Wir haben damals eine Art Dialogpredigt gehalten. Das heißt, wir standen unter dem Kreuz, sie stand links und ich rechts, der Dom war wie gesagt voll und es gab eine knisternde Atmosphäre. Nicht nur wegen der Koffer, die ich erwähnte, sondern auch, was das jetzt für eine Demonstration danach geben würde. Wir wussten nie, wie wir da rauskommen.

In den Mensagesprächen haben wir erlebt, dass es ohne Gewalt ging

Auch bei den Mensagesprächen war ich dabei. Aber nicht durchgängig, sondern nur punktuell. Zum Beispiel wurde einmal vom *Neuen Forum* bestimmt: „Leute wir haben jetzt eine Diskussion über die Atomkraft in Lubmin." Das war eigentlich gelenkte Demokratie, was mir auch nicht so ganz recht war, aber es ging ja leider nicht anders. Wir waren davor in einer Versammlung des *Neuen Forums*. Und dort wurde ganz eindeutig gesagt: „Also passt mal auf. Wir haben dort in Thüringen so eine Anhörung. Und wir sind ja prinzipiell gegen Atomkraft." Dann wurde gesagt: „Du pass' mal auf, wenn es soweit ist, dann stellst du die Frage", damit war ich gemeint. Drei oder vier andere hatten auch eine Frage. Ich weiß nicht mehr, welche Frage ich hatte. Aber eines weiß ich noch: Das war gelenkt, aber ich sage, dass das für eine gute Sache war.

Vor dem Mensaraum stand damals das Podium. Und wenn ich mich noch richtig erinnere, war der Leiter vom KKW Lubmin anwesend. Dann einer, den ich überhaupt nicht einordnen konnte. Der war von „Preußen Elektra" und muss irgendetwas mit Energie zu tun gehabt haben. Dann war da noch einer, an dessen Funktion ich mich auch nicht mehr erinnere und hinter dem, also uns dem Zuschauern und den Mitdiskutanten zugewandt und das war mir peinlich, war eine Kamera. Die nahm uns alle auf. Da wusste man auch nicht, für wen nehmen die das auf? – „Dürfen wir jetzt frei sprechen? Wenn wir jetzt frei sprechen, wo kommt denn der Film hin?", waren die Fragen. In diesen Mensagesprächen haben wir erlebt, dass es ohne Gewalt ging. Dass das erste Mal Argumente ausgetauscht wurden und dass man sagen konnte, was man wollte.

Bei der Stasibesetzung brachten uns die Kindergärtnerinnen Thermoskannen, um ihre Solidarität mitzuteilen

Bei der Gründung des *Neuen Forums* gehörte ich nicht zu denen, die im engsten Kreis mit dabei waren, aber ich gehörte mit zu denen, die die Anfangsliste unterzeichneten. Auch bei der Stasibesetzung war ich mit dabei. Ich habe die Stasizentrale in Greifswald bewacht und bin sogar fotografiert worden. Das *Neue Forum* hatte damals Leute gesucht, die bereit waren, diese Zentrale mit zu besetzen. Ich stand dann dort zusammen mit einigen Studenten. An dem Tag war es nicht besonders warm und die Kindergärtnerinnen vom Kindergarten Petershagen sahen uns und brachten uns Thermoskannen mit Tee, um ihre Solidarität mitzuteilen. Da stand ja noch alles auf der Kippe.

Ich bin dann hinein, da ich dort an diesem Tag der Älteste war, der davor stand. Ich bin die Stufen hoch. Dort war so eine Art Pförtner und der brachte seine Ledertasche und öffnete sie unaufgefordert und sagte: „Hier können Sie reingucken." Ich sagte „Guter Mann, mir egal." Ich bin dann weiter in die erste Etage und dort merkte ich schon, dass die Leute zum Teil in ihren Zimmern saßen und demoralisiert waren. Aber was ich nicht registrierte, war, was im Verborgenen geschah. Im Hinterhof haben die Kerle viele Akten verbrannt und die Funken flogen und wir konnten dem leider keinen Einhalt gebieten. Aber wir waren da und hatten erlebt, dass praktisch diese Macht gebrochen war.

Greifswald war wohl nach dem Mauerfall ziemlich entvölkert

Als dann die Mauer fiel und wir 'rüber konnten, habe ich mich riesig gefreut. Am Tag der Maueröffnung war ich bei dem Mensagespräch in Greifswald. Da ging das Gerücht um, dass die Mauer offen sei. Ich habe für mich die Konsequenzen gezogen und bin sofort los. Das war die Wahrheit und die wollte ich sehen. Die Diskussion war mir in dem Moment ganz unwichtig. Das ging alles ganz schnell. Ich wusste ja, was auf uns nun zukommt, die Freiheit! Da habe ich auch die Kinder mitgenommen. Ich war mit zwei Töchtern am zweiten oder dritten Tag gleich drüben. Wir waren glücklich! Das war einzigartig. Ich bin jedenfalls mit den Mädels gleich nach Berlin zur Bornholmer Straße. Und wir sind dann durch. Wir haben dort zuerst angestanden und uns überlegt: „Ist es nun wirklich? Können wir wirklich rüber?" Aber als wir 'rüber waren, war es wirklich so. Da standen auch die Wessis, die Westberliner im Spalier. Und weil sie mich schon umarmt hatten und ich auch ziemlich emotional bin, habe ich die dann aus dem Bauch heraus gefragt: „Na, wollt ihr uns denn überhaupt haben?"

Meine Frau hatte leider Dienst und konnte nicht mit. Sie ist dann später an der Greifswalder Straße über den Grenzübergang, an dem jenseits der Mauer die Kreuze für alle diejenigen standen, die an der Mauer erschossen worden waren. Das hat sie tief berührt. Als sie dort war, war es auch schon wieder eine Weile her. Dass weiß ich, weil sie auch mal durchs Brandenburger Tor wollte. Einfach so, um es auch mal zu erleben und da brauchte sie schon einen Passierschein. Der Personalausweis reichte dann nicht mehr. Na ja, Greifswald muss jedenfalls die ersten Tage nach dem 9. November ziemlich entvölkert gewesen sein.

Wir verstanden uns bewusst als eine Bürgerbewegung

1990 haben wir weiterhin versucht, Einfluss zu nehmen. Einerseits haben meine Frau und ich uns freiwillig als Wahlhelfer zur Verfügung gestellt. Das war anders als heute, damit bezog man klar Stellung. Wir haben dann hierbei diese Parteidisziplin der Alt-SED-Leute erlebt. Da war eine Riesenwahlbeteiligung, weil die streng wählen gegangen sind. Das erleben wir auch heute noch bei den Kommunalwahlen, darum haben wir in Leipzig immer noch so ein hohes Aufkommen der Linken. Das ist diese alte Parteidisziplin. Die gehen zur Wahl und die anderen haben die Freiheit, aber nutzen sie nicht.

Andererseits bin ich zu meiner Überraschung, obwohl ich Sachse bin und an der Uni war, also nicht so in der Öffentlichkeit stand, in die Bürgerschaft gewählt worden. Ich wurde vom *Neuen Forum* aufgestellt. Das war für mich vollkommen überraschend. Ich kannte ja eigentlich gar niemanden. Es hat sich wahrscheinlich 'rumgesprochen: „Der ist Pfarrer aus Sachsen und eigentlich bei uns an der Uni" und da hatte ich einen Vertrauensvorschuss. Ich habe dann die Verantwortung wahrgenommen. Wir verstanden uns bewusst als eine Bürgerbewegung. Wir hatten uns beispielsweise dagegen ausgesprochen, dass die CDU mit Bierwagen kam und so die ersten Wahlen beeinflusste. Aber wir waren ja ganz kleine Lichter. Wir kamen mit der Bürgerbewegung immer mehr an den Rand und viele sind dann, weil es ja um die Macht- bzw. die Regierungsfrage ging, in Parteien eingetreten. Durchschlagskraft, kann man eben nur in einer Partei gewinnen. Das war dann aber für mich das Zeichen zum Stoppen, weil das nicht mehr mein Job war. Da habe ich gemerkt, dass das jetzt lieber Andere machen sollen.

In der Bürgerschaft habe ich dann in den ersten Wochen und Monaten verschiedenen Ausschüssen vorgestanden oder war Mitglied solcher. Ich leitete beispielsweise einen Untersuchungsausschuss über den Krawall bzw. die Revolte vom 9. September 1990 in der Greifswalder Untersuchungshaftanstalt. Dort hatten die Insassen die Durchreichen ihrer Verwahrungsräume gewaltsam geöffnet. Dafür gab es dann einen Ausschuss, bei dem wir den Insassen eine faire Behandlung und eine Existenz in der UHA ohne Gewalt ermöglichten. Darüber wurde sogar in der Zeitung berichtet und auf diese Arbeit bin ich sehr stolz.

Ich war außerdem im Kulturausschuss. Wir mussten beispielsweise bestimmen, wie die Straßen genannt werden bzw., ob die Straßen umbenannt werden soll. Dabei ging der Kleinkrieg los. Da kamen sogar schon aus dem Westen einige Briefe. Wir kamen dann in die Bredouille. Wir mussten unbedingt die Marxisten absetzen, zum Beispiel die Ernst-Thälmannstraße oder Straße der Freundschaft musste umbenannt werden. Aber Straße der Freundschaft, das ist doch ein herrlicher Name! Da kamen wir also ganz schön in Gewissensnöte.

Es geht nicht mehr danach, ob man Arbeiter- oder Bauernkind ist

Der Umbruch, von Wende sprechen wir eigentlich nicht, war für uns resümierend betrachtet sehr wichtig. Vor allem war er gut für die Kinder. Deren Möglichkeiten sind größer geworden. Meine Frau müht sich nun mit ihren 68 Jahren, Englisch zu lernen. Und unser Sohn lebt in einem englischsprachigen Umfeld. So beherrschen unsere Enkelkinder mehr als zwei Sprachen und das war uns doch vorher ein bisschen verstellt. Auch die ganze Geschichtsschreibung! Wir müssen uns jetzt auf unsere alten Tage wenigstens eine halbwegs ordentliche Geschichtsdarstellung anlesen, denn wir haben doch bloß Klassenkampf gelernt. Von den Sklavenaufständen angefangen. Wir haben eine so gefärbte Geschichtsdarstellung gelernt! Und deshalb freuen wir uns jetzt, dass wir das noch ändern können und dass es jetzt anders ist. Auch die Möglichkeiten, die unsere Enkelkinder haben: Dass man ihren Fähigkeiten und ihrem Entwicklungsstand entsprechende, unterschiedliche Schulmöglichkeiten wählen kann. Und das es eben nicht danach geht: „Bist du ein Arbeiter- und Bauernkind? Bist du entsprechend organisiert?" Natürlich steht jetzt oftmals dahinter: „Haben deine Eltern das nötige Kleingeld?" Das ist jetzt der neue Schlüssel. Aber deshalb finde ich auch eine soziale Marktwirtschaft sehr wichtig. Nicht bloß Marktwirtschaft, sondern sozial muss sie sein!

Was uns ansonsten nach der Wende noch rein subjektiv auffiel, war, dass das Licht in Greifswald Einzug hielt. In unserer Straße zum Beispiel, in der Straße der Freundschaft, war das Grau in der Folge nicht mehr so grau. Es wurde hell. Durch das Straßenlicht, durch die Reklame. Es wurde hell. Das hatten wir schon gar nicht mehr so in Erinnerung gehabt. Es wurde hell, es wurde Licht.

Interview: Astrid Müller und Conrad Starick

Abb. 36: Auch bei der Menschenkette vom 3. Dezember 1989 wurden politische Parolen mitgebracht: „SED - Raus aus den Betrieben!" Links im Bild: Thomas Lange, einer der Greifswalder Wendefotographen.

Der Westen ist uns lakritzmäßig überlegen!

Gregor Putensen
1989: Professor für Internationale Beziehungen Nordeuropas, 54 Jahre

Prof. Dr. phil. Gregor Putensen wurde 1935 in Hamburg geboren. Nach dem Krieg siedelte die Familie in die damalige Sowjetzone um. Nach dem Abitur in Greifswald studierte er fünf Jahre in der Sowjetunion und wurde Diplomingenieur für Landtechnik. Er wurde zunächst stellvertretender technischer Leiter einer Maschinen-Traktoren-Station. Seinen persönlichen Interessen und Neigungen folgend, ging er 1968 als Assistent an die Sektion Nordeuropawissenschaften der Ernst-Moritz-Arndt-Universität Greifswald. 1990 wurde Putensen der erste demokratisch gewählte Direktor des Nordischen Institutes, bis er 1992 sein Amt aus Protest gegen die geplanten Entlassungen einiger Kollegen niederlegte. Von 1994 bis 1998 saß Putensen für die PDS im Landtag von Mecklenburg-Vorpommern. Heute lebt er mit seiner Frau, die apl. Professorin für Nordische Geschichte an der Universität Rostock ist, im Ruhestand in Greifswald.

Das hässlich geratene Kind

Wir haben voll und ganz mit der DDR gelebt, wohl wissend, dass es da so einige Knackpunkte gab, die auch bitter waren, wie zum Beispiel die Reisefreiheit. Da gab es schon Situationen, die nicht nur zu persönlichen, sondern auch zu politischen Verstimmungen geführt haben. So wollte mein Vater, als er Rentner war, mit meinem Sohn Jan nach Hamburg fahren. Ihm wollte er als alter Hamburger und als Kommunist die Stätten seiner Jugend zeigen. Das ist ihm versagt worden. Da hat er auf dem Volkspolizeiamt in Ribnitz einen solchen Krawall gemacht, dass sie ihm gesagt haben: „Herr Putensen, sagen Sie mal, Sie ticken wohl nicht mehr ganz richtig! Sie wollen mit ihrem Enkel so einfach nach Hamburg?" Darauf erwiderte er: „Meine Schwiegertochter und mein Sohn sind in Greifswald an der Uni, sie garantieren doch eine Rückkehr." Er hat sich darüber so aufgeregt, dass er ins Krankenhaus eingeliefert wurde und ein paar Tage später gestorben ist. Das Misstrauen der eigenen Obrigkeit war für ihn schlimmer als alles andere.

Ich bin 1958 in die SED eingetreten mit derselben Motivation, mit der meine Eltern zuvor ihr Leben gegen die Nazis riskiert hatten. Das war also auch meine Weltanschauung! Ich kann es ja nicht leugnen, ich bin bis heute ein Roter geblieben, aus Überzeugung aber eben auch mit sehr viel Nachdenklichkeit. Mein Verhältnis zur DDR war so: Den Staat hat man nicht „geliebt"! Obwohl diese Liebe eigentlich immer abgefordert wurde, war es für mich ein Unding! Wie kann man denn einen Staat lieben? Und dann möglicherweise sogar noch die Politbürokraten da oben! Aber man hat doch immer ein Verhältnis dazu gehabt, wie zu einem zunehmend „hässlicher geratenden Kind", wo man auf der einen Seite will, dass es sich vernünftig entwickelt, aber auf der anderen Seite natürlich gemerkt hat: Jetzt kommt das Kind ins Pubertätsalter. Es kamen immer mehr Widersprüche und Verlogenheiten, bei denen man auch als Genosse Ekel empfand und sagte: „Das ist einfach würdelos!"

Ich war ja der Sowjetunion emotional sehr stark verbunden, weil ich dort sehr glückliche Studentenjahre verlebt hatte. Dann, als Gorbatschow das Ruder in der Sowjetunion übernahm, gab es auch zunehmend diese subkutanen Schienbeintritte. Unser Chefideologe Kurt Hager sagte 'mal sinngemäß: „Wenn in der Sowjetunion etwas in den Zimmern neu gemacht wird, dann müssen wir ja nicht auch gleich die Tapeten wechseln!" Glasnost und Perestroika gerieten leider völlig außer Kontrolle. Ich war zu jener Zeit nach Moskau zu einer wissenschaftlichen Konferenz eingeladen worden und habe dort auch gesehen, wie schön das war, dass man nun offen reden konnte. In der Wirtschaft ging es jedoch zunehmend den Berg 'runter, die Chose war schon damals grundlegend verfahren!

Die Hand der Stasi

Zu diesem hässlichen Kind gehörte natürlich auch die Staatssicherheit. Die habe ich sicherlich indirekt erlebt. Und zwar dadurch, dass ich in meiner 21-jährigen Zugehörigkeit zur Greifswalder Universität insgesamt nur dreimal nach Schweden und jeweils nur einmal nach Norwegen, Dänemark sowie einmal nach Finnland fahren konnte. Das hat mich natürlich auch gegenüber den Studenten gekränkt. Ein Hochschullehrer hatte schließlich auch dadurch eine glaubwürdige Reputation, dass er häufig in Skandinavien war. Da habe ich mich klar benachteiligt gefühlt und so habe ich mich 1985 ans Hochschulministerium gewandt, unter Umgehung der hiesigen Instanzen der Universität. Kernpunkt war, dass ich eine Einladung von Friedensbewegten aus Umeå bekommen habe. Bisher hatte ich in derartigen Fällen, wenn ich nicht fahren durfte, immer gesagt: „Es ist jemand in der Familie krank geworden." Diesmal habe ich jedoch – auch bei der Universitätsparteileitung – regelrecht angekündigt, dass ich mich weigern würde, noch weiter für die DDR zu lügen. Das wurde natürlich sehr negativ verzeichnet: „Disziplinbruch!" und „Umgehung der Vorgesetzten!" Dahinter habe ich natürlich die „Hand der Stasi" vermutet. Ich kenne die Personen, die meine Fahrt verhindert haben. Die „kaderpolitische" Begründung war sicherlich, dass ich kein richtig zuverlässiger Genosse sei!

Die ganze Sache bekam dann einen kuriosen Anstrich, als man an der Sektion einen neuen stellvertretenden Direktor für Erziehung, Aus- und Weiterbildung brauchte. Das war jene Funktion, welche die unangenehmste und arbeitsreichste in der ganzen Verwaltungshierarchie war. Sie wurde mir 1986 angetragen und da sagte ich: „Nee, das könnt ihr doch nicht machen! Ein stellvertretender Direktor, der muss doch auch souverän nach Skandinavien fahren können! Wie stehe ich denn da? Das ganze Institut steht dann doch schlecht da!" Nach acht Wochen wurde mir telefonisch mitgeteilt: „Genosse Putensen, du bist jetzt wieder Reisekader! Aber du machst dann auch die Funktion als stellvertretender Direktor für Erziehung, Aus- und Weiterbildung?" Das habe ich dann auch drei Jahre gemacht. Ich durfte auch reisen, aber erst anderthalb Jahre später, weil kein Westgeld da war. Aber ich war auf diese Weise wieder Reisekader geworden.

Dann hatte ich nunmehr ein zweites Mal direkten Kontakt mit der Stasi. Das schwedische Fernsehen plante einen Besuch an der Sektion Nordeuropawissenschaften. Wir hatten ja in Nordeuropa einen guten Ruf. Ich war zu jener Zeit amtierender Direktor des Instituts, weil die Chefin des Hauses in Schweden war. Ich war also für die ganze Sektion verantwortlich und da kam der Genosse der Staatssicherheit und sagte: „Wie sieht es denn aus? Ist alles gut vorbereitet? Und wenn Provokationen kommen und Dinge irgendwie aus dem Lot laufen – man weiß ja wie Reporter und Journalisten so sind –, dann sofort Meldung machen!" Als das schwedische Fernsehen wieder weg war kam der Genosse von der Staatssicherheit und fragte: „Na, hat es denn Probleme gegeben?" Ich sagte: „Nein, ist alles bestens gelaufen und die Fernsehleute aus Schweden waren sogar sehr beeindruckt!"

In der Wendezeit wurden wir dann ja alle vor die westdeutsch dominierte Ehrenkommission geladen. Dort wurde ich recht harsch angegangen, wieso ich denn diesen Herrn nicht des Hauses verwiesen habe! Und da konnte ich nur noch sagen: „Über die Machtverhältnisse wissen Sie anscheinend sehr wenig Bescheid. Wir sind ein Institut der Universität gewesen und einen solchen Mann rauszuschmeißen war einfach irreal." Diese Frage konnte nur ein Weltfremder stellen. Und doch habe ich für diese Evaluierung meines politischen Anstands meinen Minuspunkt bekommen. Und ich muss sagen, dieser „politische

Anstand" blieb – wie ich von einigen „Ehrenüberprüften" hörte – auch manchmal auf Seiten der Ehrenkommission sehr kritikwürdig.

So habe ich also mit der Stasi zu tun gehabt. Es ist nicht so gewesen, dass man bei dem Wort „Stasi" etwa immer sofort eine Gänsehaut bekommen hat. Ich wusste sogar, dass mein früherer Nachbar für die Stasi gearbeitet hat. Die Stasi war bewusstseinsmäßig da, obwohl der Name relativ selten ausgesprochen wurde. Manchmal hat man es auch vornehm umschrieben, in dem man sagte: „Da ist ein Vertreter des Ministeriums des Inneren." Und diese Einschätzung hängt nicht mit meiner heutigen Gesinnung zusammen, ich rede da überhaupt nichts schön. Es sind auch Menschen entwürdigt und misshandelt worden, was in jeder modernen Verfassung verboten ist.

Die Webfehler des Systems

Als der *Sputnik* – ein sowjetisches *Reader´s Digest* – im Spätherbst 1988 verboten wurde, kam der Zeitpunkt,dass wir uns als Parteigenossen endlich mal aufgerafft haben, mutig zu sein. Wir hatten ja auch immer ein ganz bestimmtes Verständnis von Disziplin. Das war das erste Mal, dass ich eine Art von Rütlischwursituation empfunden habe: „So, jetzt sind wir ein einig Volk von Brüdern." Es wurde nämlich mitgeteilt, dass die *Sputniks* nicht geliefert werden konnten, weil in Osteuropa angeblich schwere Schneestürme geweht haben sollten. Und da hat tatsächlich unser Institut, unsere Parteiorganisation, einen Protest bis hin zum Zentralkomitee geschickt. Wir alle waren uns einig, wenn die da oben uns jetzt was wollen, dann müssen wir zusammen stehen wie beim Rütlischwur. Es war plötzlich vielmehr Offenheit da. Die Grenzöffnung in Ungarn haben wir natürlich mit Unruhe wahrgenommen. Zwar war ich der Auffassung, dass die Mauer eine schlimme Erscheinung dieses „Staatssozialismus" ist, aber die Mauer war natürlich nur in der Durchführung ein DDR-Produkt. Es ist vor kurzem wieder bestätigt worden: Sie ist auf Geheiß der SU gebaut worden. Der Bau der Mauer 1961 ist im Bewusstsein der Menschen, die das damals als furchtbar empfunden haben, stets eine offene Wunde geblieben. Aber danach ging es der DDR wirtschaftlich besser. Sie wurde allmählich zu einer Gewohnheitstatsache. Wenn du in Berlin mit der S-Bahn gefahren bist, hast du schon gar nicht mehr hingeguckt, denn die S-Bahn ist ja teilweise haarscharf an diesen Sperranlagen vorbei gefahren. Das ist natürlich ein Anblick gewesen, der bedrückend war.

Ich war durch meinen Erstberuf sehr technikgläubig und habe den Aufbau des Kernkraftwerkes, der Ende der sechziger Jahre losging, als Bereicherung empfunden, nicht nur für die Stadt, sondern auch für die

Energiebilanz der DDR. Wir waren ja einer der größten Braunkohlen-produzenten, mit all seinen negativen Wirkungen. Durch das Kern-kraftwerk sind Investitionen gekommen, die es vorher in Greifswald nie gegeben hat. Greifswald ist 1945 kampflos der Sowjetarmee über-geben worden, dafür waren wir dem Oberst Petershagen zu großem Dank verpflichtet. Aber das „Schlimme" war, dass dadurch die städti-sche Bausubstanz erhalten geblieben war. Das ist zu DDR-Zeiten so zum Bumerang geworden, dass wir schon hinter vorgehaltener Hand gesagt haben: „Mensch, der Oberst Petershagen hätte doch wenigstens ein bisschen Widerstand leisten sollen! Dann wären hier auch neue Bauten hingekommen!" Mit der Kernkraft haben wir jedoch ganz fort-schrittsgläubig auf die Beschwichtigungen der sowjetischen Seite ver-traut. Das wurde mir erst 1986 klar, als ich als Spitzendolmetscher für schwedische und russische Delegationen in Berlin eingesetzt wurde. Da ist mir schon irgendwie unheimlich geworden. Nach der Wende hat mich gestört, dass die westdeutsche Kernkraftindustrie dieses Kraftwerk hat sofort schließen lassen. Und zwar zunächst nicht des-halb, weil die Reaktoren so hinfällig waren, sondern es war einfach primär eine Konkurrenzkalkulation, um den Energiesektor des Ostens in den Griff zu bekommen. Heute ist mir vor allem bewusst, dass diese Technik zu gefährlich für die Zukunft bzw. für die zukünftigen Gene-rationen ist.

Die Weihe des sanierten Greifswalder Doms habe ich über das Fernsehen wahrgenommen. Das hat mich gefreut. Ich habe auch öfters für Honecker bei Staatsbesuchen aus Schweden gedolmetscht. Ich habe ihn auch gedolmetscht, als der schwedische Ministerpräsident Ingvar Carlsson den Staatsrat besuchte und Honecker eine Abrüstungsinitia-tive verkündete. Ich war immer erschüttert darüber, wenn Honecker etwas Abgelesenes gesprochen hatte. Das war akustisch und rhetorisch schwer auszuhalten. Ich habe ihn aber auch in Dialogen unmittelbar dolmetschen müssen. Da war der Mann plötzlich beredt, da staunte man. Wenn man ihn sonst im Fernsehen hörte, war das ein riesiger Unterschied. Hier in Greifswald hat es mich gefreut, dass Kirche und Staat in diesem Fall zusammen gearbeitet haben. Indem der Bischof Honecker zur Domeinweihung eingeladen hat, war dies das vernünf-tigste, was er machen konnte, um das Verhältnis von Staat und Kirche in der Balance zu halten. Honecker zeigte sich bei diesem Greifswalder Rundgang auch so locker, wie ich ihn von anderen Meetings her kann-te. Was mich natürlich ärgerte, waren diese *Potjomkinschen Dörfer* in Gestalt der frisch gestrichenen Hausfassaden, die man nur auf Hone-ckers Blickhöhe aus dem Auto renoviert hatte. Aber die Domweihe selber habe ich als etwas Gutes empfunden, auch weil – obwohl

Atheist –, mein Verhältnis zu etlichen Kirchenleuten sehr gut war. Ich hatte mich nicht gescheut, ihre Einladungen anzunehmen. Sie haben in mir einen Fachmann für Abrüstungsfragen gesehen.

Die Webfehler des Systems im Osten waren in erster Linie hausgemacht, wie zum Beispiel dieser Personenkult. Gerade zum Ende der DDR begannen trotz staatlicher Überwachung, Agonie und Unruhe zu herrschen. Wir haben das u. a. daran gemerkt, dass meine Frau – auch eine Genossin – zu einer Parteischule nach Rostock geschickt werden sollte. Wir haben ohnehin beide diese ganze Parteischulung zunehmend als einen religiösen Kult empfunden. Das hat mein Vater übrigens auch schon gesagt: „Also, das ist ja alles Religion, was hier läuft! Das hat nichts mehr mit marxistisch-leninistischer Philosophie zu tun, es fehlen ja nur noch die Weihrauchschwenker." Plötzlich Ende Oktober 1989 fiel dieser Lehrgang aus. Der war ja bisher immer eigentlich verpflichtend. Naja, meine Frau hat aufgeatmet und wir empfanden den Ausfall eigentlich auch als ganz gut.

Auch diese Aufmarsch-Manifestationen waren so ein Ding, was eher hier und da zunehmend Kopfschütteln hervorgerufen hat. Abends am 7. Oktober 1989 kam zum Beispiel diese Manifestation zum 40. Jahrestag der DDR im Fernsehen. Das wurde natürlich im DDR-Fernsehen gezeigt, aber ich habe mir damals schon das schwedische und das polnische Fernsehen 'reingeholt. Die Aktuelle Kamera war ja in der Tat kaum noch auszuhalten. Da habe ich zu meinem Sohn gesagt: „Guck' dir das an. Genau so darf es nicht sein, wenn sich eine Polizei Volkspolizei nennt." Denn da war zu sehen, wie nach den Umzügen draufgehauen wurde. Das konnte ich meinem Sohn nicht ersparen, da ja auch der Kindergarten und die Schule immer sagten: „Die Polizei, dein Freund und Helfer!"

Niemand wurde verbal misshandelt

Später hieß es, es wird ein Bürgerforum stattfinden. Dort sollte erstmals spontan über die Nöte und die Sorgen diskutiert werden. Anwesend waren: die FDGB-Vorsitzende und der *Demokratische Frauenbund Deutschlands* – also die Massenorganisationen – und der Kreissekretär der SED. Moderator sollte der Rektor der Universität sein. Einen Tag bevor dieses Bürgerforum stattfinden sollte, bekam ich einen Anruf von der Universitätsparteileitung und danach von der Kreisleitung der SED, ob ich wohl den Moderator machen würde. Ich sagte: „Wieso Moderator? Wofür denn?" – „Ja, für das Bürgerforum!" Ich sagte: „Dafür ist doch unsere Magnifizenz vorgesehen. Wieso komme ich denn plötzlich zu dieser Ehre?" – „Ja, der Rektor mag nicht und du wärst da viel besser dabei." Ich sagte: „Wie kommt ihr denn darauf, dass ich viel besser bin?" – „Naja, du hast so Resonanz bei bestimmten Leuten..." Ich dachte: „Guck mal an!" Ich habe also den Moderator gemacht. Es gab ein einziges Mikrofon, das 'rumgereicht werden sollte. Die Mensa war proppenvoll! Ich würde sagen etwa 1.200 Leute, die dicht an dicht standen. Was da aufbrach, war eigentlich nicht mehr zu moderieren.

Abb. 37: 1. Mensagespräch am 19. Oktober 1989. Links im Bild: Prof. Dr. Gregor Putensen. Unter den Wartenden der Redner-schlange sind rechts von Putensen u. a. Hinrich Kuessner, Joachim Wächter und Konrad Glöckner zu sehen.

Ich war der Erste, der den Begriff „Bürgerversammlung" öffentlich benutzte. Ich sagte: „Jawohl, es ist gut, probieren wir doch alle mal den aufrechten Gang!" Ich habe auch keine lange Rede gehalten und es ging los wie ein Sturzbach. Die Sache heizte sich immer weiter auf, weil schon ohne das Mikrofon Zwischenrufe und persönliche Verlet-zungen laut wurden. Zum Beispiel war da eine Lehrerin, die hat Kra-wall gemacht und hat geschimpft. Sie musste als Lehrerin Milchfla-schen sortieren. Das ganze Ding drohte zu einer Katastrophe zu wer-den. Ich dachte: „Sieh zu, dass die Leute hier einigermaßen ruhig und ohne Anwendung von Gewalt 'rauskommen." Es war schon eine ge-reizte Stimmung. Mein Verdienst war, dass auf dieser Bürgerversamm-lung niemand verbal misshandelt wurde. Aber die Stimmung war katastrophal. Ich bin dann in der nächsten Woche noch mal hingegangen, aber da war ich schon nicht mehr gefragt. Dieses Amt hatte schon die Bürgerrechtsbewegung unter Hinrich Kuessner und auch Pastor Glöckner übernommen. Diese haben die nächste Bürgerversammlung geleitet. Ich war zwar noch dort, aber es ging schon weitaus ruhiger zu. Zumal an dem Abend dann mitgeteilt werden konnte, dass Schabowski mit seinem Versprecher bereits die Maueröffnung ausgelöst hatte. Da herrschte natürlich erstmals eine durchweg positive Stimmung in dem ganzen Saal.

Damit war die Struktur des Instituts zerstört

In Jahr 1990 hatte ich schon keine Illusionen mehr, was den Wiedervereinigungsprozess anbelangt. Natürlich war es für mich auch erschütternd zu sehen, wie gläubig der Otto-Normalverbraucher unter den Mitmenschen plötzlich war. Er dachte, es wird jetzt alles wunderbar. Mir war klar, dass das Angebot bunter und schöner wird. Ich bin immer ein großer Freund von Lakritzen gewesen und habe auch zu tiefsten DDR-Zeiten aus Spaß gesagt: „Der Westen ist uns lakritzmäßig überlegen!" Ich habe mich also über die Lakritzen gefreut, hatte aber keine Illusionen, was sich arbeitsmarktpolitisch abspielen wird. Wenn man internationale Beziehungen gelehrt hat, wusste man, dass diese plötzliche Art der Währungsumstellung am 1. Juli 1990 nicht einmal ein moderner westlicher Betrieb ausgehalten hätte. Beim Jubel über die Westmark war für mich von der Ökonomie her klar: Das hat soziale Verwerfungen zur Folge.

Ich bin jedoch auch einer Illusion aufgesessen: Wir haben zu DDR-Zeiten im Institut immer ordentlich gearbeitet. Es gab natürlich auch Kollegen, die in der Partei viel über Staat, Volk und Regierung referiert haben, aber die Arbeit nicht erfunden hatten. Als ich dann in der Wendezeit zwei Jahre lang Direktor des Nordeuropa-Instituts war, fiel es mir nicht sehr schwer, einer Entlassung dieser Kollegen nicht zu widersprechen. Aber ich dachte eigentlich, dass Leute, die ordentlich wissenschaftlich arbeiten können, vor Leistungsanforderungen keine Angst zu haben brauchen. Das hat sich als totale Illusion erwiesen. Das ist auch an Hand der Protokolle nachlesbar: Ein Institut wie unseres wurde innerhalb von 16 Minuten einer Generalevaluierung unterworfen! 16 Minuten! Damit war die deutschlandweit einmalige regionalwissenschaftliche Struktur des Instituts zerstört. Ich mag den Begriff aus der Nazizeit nicht allzu gern verwenden, aber das waren Reichsstatthalter, die mit dem wissenschaftlichen Potenzial der Universität entwürdigend umgegangen sind. Das werde ich nie vergessen. Dies hat hier im Ratssaal der Universität stattgefunden. Dieser Saal ist mir seitdem unvergesslich. Die Beklemmung bleibt. Man ist unfassbar unkollegial vorgegangen. Dazu gehörte leider auch der verstorbene Rektor Zobel, der ja selbst zum 40. Jahrestag der DDR noch einen Ehrenorden erhalten hatte.

Die Ehrenkommission war ja für mich eigentlich ganz okay gelaufen. Aber wie man mit unserem Institut umgegangen ist, war nicht in Ordnung. Ministerpräsident Gomolka, an den wir uns noch einmal wandten, war vor der Wende in Greifswald immerhin Stadtrat der Block-CDU gewesen und stand auf gutem Fuß mit unserem SED-Oberbürgermeister. Und plötzlich ist der ein „gewendeter" Mann geworden, der über „40 Jahre Misswirtschaft" schimpfte. Dabei war er selber in Greifswald einer der Mitverantwortlichen dafür. Mit uns wollte er jedoch plötzlich nichts mehr zu tun haben. Das sei doch alles nur Politik gewesen, was wir an unserem Institut getrieben hätten. Das war die schlimmste Phase im Herbst 1990, der emotionale Tiefpunkt für mich.

Ich habe 1992 unter Protest mein Direktorat niedergelegt. Aus Protest dagegen, dass ich meine Zustimmung zur Entlassung von Kollegen geben sollte, die nun tatsächlich wissenschaftlich in Nordeuropa anerkannt waren und dort Resonanz hatten, auch wenn sie SED-Mitglied gewesen waren. Ich sollte praktisch per Amt die Entscheidung des Rektors rechtfertigen. Das konnte ich nicht. Nach einem halben Jahr bin ich dann betriebsbedingt gekündigt worden und war arbeitslos. Nach arbeitsrechtlichem Prozessgewinn habe ich ein Semester am Institut für Politikwissenschaften Vorlesungen zur Außenpolitik der nordischen Staaten gehalten. Dann bin ich in den Landtag von Mecklenburg-Vorpommern als Abgeordneter gewählt worden, dem ich von 1994 bis 1998 angehörte.

Man hat heute die Möglichkeit sich ordentlich zu streiten

Um mein Leben nach der Wende komplett als positiv zu bewerten, ist meine gesamte Einstellung wohl zu kritisch und kämpferisch. Natürlich empfinde ich es erstens als positiv, dass ich nach Nordeuropa fahren kann, wenn ich will. Schon alleine der Landschaft wegen! Das zweite ist, dass ich mein Leben nach der Wende durchaus auch als angenehm empfinde. Das soll nicht in Abrede gestellt werden. Ich hatte seit der Wende zwei Autos. Ich empfinde diese Zeit keineswegs nur als ermüdende Herausforderung, dass man etwa nur jammern müsste. Man hat heute die Möglichkeit, sich ordentlich zu streiten. Man kann seine Meinung sagen, was man in der DDR nur unter Vorbehalt tun konnte.

Für meine Ansprüche ist aber die allgemeine Einkaufskultur von heute nicht so entscheidend. Die größten „Einkaufserlebnisse" hatte ich in der DDR! Und zwar dann, wenn man 'mal das bekam, wo man wirklich darauf aus war. Heute ist es natürlich beunruhigend, was alles mit welcher Rohstoff- und Materialvergeudung hergestellt wird und dabei überhaupt nicht gebraucht wird. Trotz alledem. Insgesamt bisher ein lebenswertes Dasein!

Meine Lebensmaxime habe ich noch aus der DDR: Zeit ist Glück (Benito Wogatzki). Langeweile kenne ich überhaupt nicht. Das wertvollste, was ich in der DDR bekommen habe, war kostenlose Bildung. Ich habe weder in Moskau, noch in Rostock an der Uni etwas bezahlen müssen. Es war im Grunde genommen für mich ein riesiges Glück, dass man soviel Anregung hat genießen können, dass man auf seine alten Tage keine Langeweile zu fürchten braucht.

Interview: Eric Ladenthin und Julian Dunz

Da kippte der morsche Baum um und wir sorgten dafür, dass er keinen erschlug

Reinhard Glöckner
1989: Pfarrer, 56 Jahre

Dr. theol. Reinhard Glöckner wurde 1933 in Lübeck geboren. Sein Vater war als Pfarrer tätig. Nachdem er in Aue/Erzgebirge sein Abitur abgelegt hatte, studierte er in Greifswald und Leipzig Theologie. Aufgrund der ideologischen Gängelung in der DDR beendete er sein Studium in Hamburg. Nachdem er für kurze Zeit im europäischen Ausland gearbeitet hatte, kehrte er in die DDR zurück und wurde zunächst im Aufnahmelager Fürstenwalde interniert. In dieser Zeit wurde von der Staatssicherheit seine Akte „Missionar im Sozialismus" angelegt, an der bis zum Ende der DDR 53 IMs schreiben sollten. Nachdem Glöckner das Aufnahmelager verlassen konnte, wurde er ins Vikariat in der Evangelischen Kirche Berlin-Brandenburg übernommen. Anschließend wurde er zum Reisesekretär und Leiter der Geschäftsstelle der Evangelischen Studentengemeinde nach Berlin berufen. Nach knapp vier Jahren erhielt er eine Pfarrstelle in Treuenbrietzen. Nachdem er dort sieben Jahre tätig und Mitglied der CDU geworden war, trat Glöckner 1974 eine Pfarrstelle an der Marienkirche in Greifswald an. Hier engagierte er sich in den achtziger Jahren als Mitinitiator der Friedensgebete und bis 1988 als CDU-Stadtverordneter. 1990 wurde Glöckner der erste demokratisch gewählte Bürgermeister Greifswalds. Nach seinem Ende 1992 erfolgten Ausscheiden aus dem Amt wurde er Landespfarrer für Fortbildung. Seit 1996 ist Glöckner im Ruhestand. Er ist verheiratet und hat vier erwachsene Kinder.

Die Wende begann für mich mit den Friedensgottesdiensten von 1982

Die Wende begann für mich damit, dass einer meiner Gesprächskreise sagte: „In Dresden haben Sie sich zu Wort gemeldet. Warum machen wir das nicht auch?" Darauf habe ich gesagt: „Na, dann machen wir es eben." So begannen wir seit 1982 mit den Friedensgottesdiensten immer an dem Erinnerungstag Ende April, an dem 1945 Greifswald kampflos übergeben worden war.

Für die Predigten sagte ich mir: „Es hat überhaupt keinen Sinn, hier rumzuseichen. Jetzt redest du genau das, was du sagen willst." Anderseits bemühte ich mich, nicht unnötig zu provozieren, sondern abgewogen zu sprechen, aber eben Klartext und nicht so „Wischi-waschi". Das machte ich auch. Ich schrieb mir jedes Wort der Predigten auf und las genau ab, so dass mir keiner an den Wagen fahren konnte, jedenfalls nicht zu Unrecht. Diese Predigten erregten in Greifswald viel

Aufsehen. Ich wurde regelmäßig gewarnt, dass ich so offen nicht sprechen dürfte. Der Bischof distanzierte sich auch von mir. Aber die Bevölkerung hörte genau hin. Die Öffentlichkeit in Greifswald war auf mich eingestellt. Alle waren gespannt, was ich mache: die SED, die Leute, die nicht so sehr für den Sozialismus waren, die Gemeindemitglieder und die kirchlichen Funktionsträger. Die Aufmerksamkeit wurde immer größer.

Abb. 38: Greifswalder Friedensgebet, November 1989.

Die Friedensgottesdienste richteten sich jedoch eigentlich nicht gegen die DDR, sondern sie richteten sich gegen dieses waffenstarrende Ost-West-Problem und den Militarismus. Ich meldete mich deshalb einmal in der Stadtverordnetenversammlung bei dem Thema Wehrerziehung zu Wort. Das hatte ich wörtlich vorbereitet. Ich wies darauf hin, dass die Militarisierung dem Klima in der DDR schade und nannte ein Bespiel: In der Schule wurden Kinder aus der Klasse herausgerufen und zum Rektor geholt. Dort wurden dann Zwölf-, Dreizehn- oder Vierzehnjährige von der Volksarmee für die Offizierslaufbahn angeworben. Und wenn der Junge dann zu Hause erzählte, dass er angeworben wurde, und der Vater das ablehnte und die Anwerbung seines unmündigen Sohnes rückgängig machte, dann riskierte der Vater seinen Arbeitsplatz. So war das. So war schon 1982 das Klima, und dagegen ging ich an.

Die Zustände in Greifswald wurden schließlich unerträglich

In den Zeitungen wurde immer geschrieben, wie gut es uns geht. Doch in Wirklichkeit wurde es immer schlimmer. In Greifswald fiel die Altstadt zusammen. Da Greifswald im Krieg nicht zerstört worden war, hat man hier nichts gemacht. Es wurde kaum Material zur Verfügung gestellt und es konnte nur wenig repariert werden, weil die Stadt ja „heil" war. Dadurch, dass man das zu lange durchgehalten hat, ist Greifswald in sich zusammengesackt. Die Leute wohnten zum Teil unter ganz entsetzlichen Bedingungen. Da gab es eine Frau, die mich um Hilfe bat, weil in ihrer Wohnung die Türen kaputt waren und es dort so zog, dass es bitterlich kalt war. Trotz vieler Schreiben an die Wohnungsverwaltung über mehrere Jahre hinweg passierte nichts. Diese Frau besuchte ich und da habe ich gesehen, dass zwischen der Außen- und Innenwand nur noch die Tapete war. Das waren ja zum Teil alte Häuser, die mit Lehm verklebt waren und wenn der heraus bröckelte, dann war da nichts mehr. Da war dann nur noch Tapete.

Die letzte Kommunalwahl der DDR war im Mai 1989. Da war die Auszählung öffentlich. In Greifswald gab es 52 Wahllokale. Am Abend des Wahltages hatte ich von 19 Wahllokalen über Studenten die Ergebnisse auf dem Tisch. Ich hatte sie gar nicht darum gebeten. Die Studenten kamen zu mir aufgrund der Friedensgottesdienste und lieferten ihre Ergebnisse bei mir ab. Wir verglichen die Ergebnisse mit dem offiziellen Ergebnis, das am nächsten Tag verkündet wurde. Ich sagte dann, dass die Wahlen gefälscht seien. Aber das wusste eigentlich jeder schon vorher. Wer wirklich glaubte, dass das offizielle Ergebnis nicht gefälscht war, der war entweder sehr naiv oder aus irgendwelchen existenziellen Gründen so loyal zu diesem Staat, dass er alles geglaubt hat. Aber in Greifswald wohnten Leute, die einen Kopf auf den Schultern hatten. Ich schrieb daraufhin den Oberbürgermeister Ewald an, der für die Wahlen zuständig war: „Bitte prüfen Sie das nochmal. Das ist nicht in Ordnung." Ich gab dann auch die Zahlen an, die ich wusste. Aber darauf kam keine Reaktion. Ich schrieb ihn dann ein weiteres Mal an. Ewald sagte mir später: „Sie waren der Einzige, der sich bei mir gemeldet hat. Ich habe das gar nicht weitergeleitet." Damit schützte er mich im Grunde.

Nach der Wende kam Thomas Meyer, der neue Bürgerschaftspräsident, zu mir und sagte: „Wir haben jetzt die Stasiakten gesichtet. Die haben bei der Wahl überall Kreuzchen im Wählerverzeichnis gemacht, so dass man lesen kann, wie sich die Leute bei der Wahl verhalten haben, wer in die Kabine gegangen ist, wer mit ‚Nein' gestimmt hat und vor allem, wer nicht zur Wahl erschienen ist." Sie zählten das durch und dann kam eine ganz andere Zahl heraus, als beim offiziellen Wahlergebnis angegeben wurde. Also war die Wahl gefälscht. Jetzt hatten sie den Beweis durch die Stasiakten in der Hand. Herr Ewald, der damalige Oberbürgermeister, wurde dazu befragt und berichtete, er sei in Rostock bei der Bezirksleitung gewesen und dort hätte man ihm gesagt, wie sie gerne das Wahlergebnis hätten. Er steckte den Zettel in die Tasche und meldete nach der Wahl dann das, was auf dem Zettel stand, nach Rostock zurück. Als er das vor dem Untersuchungsausschuss berichten musste, war ich dabei. So war die ganze Wahl im Grunde nur eine Überprüfung, ob alle Leute auch artig mit dem Kopf nicken. Das Ganze glich eher einer „Viehzählung" hatte ich schon vor der Wahl gesagt. Im Frühjahr 1989 war es nämlich bereits so, dass es behutsam anfing, lockerer zu werden. Man merkte doch, dass der Baum morsch wurde und die ersten Äste anfingen zu knacken. Von nun an ging es gegen die SED-Staatsführung, weil sie zu sehr verlogen war. Sie fälschte ihre eigenen Statistiken und die Wahlen. Das konnten wir schon nachweisen.

Noch vor der Wende fand am 11. Juni 1989 die Domeinweihung statt. Dort lehnte sich der Bischof Gienke zu weit aus dem Fenster und zwar gar nicht unbedingt mit der Einladung Honeckers, sondern mit seinem Dankesbrief an ihn. Die Kirchenzeitung berichtete über die Domeinweihung nicht als ein Jubelereignis, sondern brachte auch ihre Kritik. Das ärgerte Gienke und daraufhin beschwerte er sich bei Honecker über seine eigene Kirchenzeitung. Am 4. November, als in Berlin die große Riesendemonstration war, fand in Züssow eine Synode statt und Gienke musste die Vertrauensfrage stellen. Das Vertrauen wurde nicht mehr bestätigt und das führte dazu, dass er seinen Rücktritt erklären musste. Das war natürlich aufreibend. Die Anspannung war schon sehr groß. Da ich in dieser Zeit in der Kirchenleitung war, bekam ich das alles sehr genau mit.

Meine Domäne schon vor der Wende waren die Friedensgottesdienste

Dann kam die Wende 1989 und da waren etliche andere Hauptakteure beteiligt. Zur Wende selbst, das fällt mir jetzt auf, werde ich immer gefragt: „Was habt ihr denn im September, im Oktober, im November und im Dezember 1989 gemacht? Das war doch die Wende." Das war nicht die Wende, in dieser Zeit wurde sie bloß vollzogen. Da kippte der Baum, der morsch war, um und wir sorgten dafür, dass er keinen erschlug. Das ist ein kirchliches Verdienst, weil wir sagten: „Keine Gewalt!" Das war auch meine These. Ich wollte auch keine Gewalt, als dann die Unruhe ausbrach.

Die Friedensgottesdienste waren schon vor der Wende ein Beitrag, an dem ich sehr stark beteiligt war. Den Friedensgottesdienst am 18. Oktober 1989 setzte der Pfarrkonvent in Gang. Jede Woche am Mittwoch fanden in Greifswald nun die Friedensgottesdienste statt. Es predigte mal der, mal ein anderer Pfarrer. Der Dom war voll, so dass wir noch die Jakobikirche daran anschlossen, weil es so viele Gottesdienstbesucher waren. Abends kamen die Leute von der Arbeit im Kernkraftwerk herein marschiert. Der Dom war natürlich nicht nur voll von Zuhörern, sondern auch voll von Stasi. Das konnte man förmlich riechen. Ganze Mannschaften von lauter jungen kräftigen Männern marschierten in die Kirche. Die waren natürlich nicht aus schierer Frömmigkeit oder aus Protest gegen die Staatsführung da, sondern es waren Stasi-Leute.

Abb. 39: Greifswalder Friedensgebet, 8. November 1989.

In der Mensa fand am 9. November 1989 das große Forum über Reisefragen statt. Es ging darum, wann denn endlich die Grenzen geöffnet werden. Das war die Nacht, in der Schabowski im Fernsehen die Maueröffnung verkündete. Ich aber hatte Gemeindekirchenratssitzung. Also verließ ich die Versammlung in der Mensa. Auf der Straße sagte mir einer: „Die Mauer ist auf." Ich erwiderte: „Das stimmt nicht." „Ja doch", sagte er. Da erkundigte ich mich, ob das stimmte. Dann schrieb ich die Nachricht auf einen Zettel und ging noch einmal zurück, um den Zettel in die Versammlung hineinzureichen. Ich formulierte die Meldung so, wie sie auch offiziell verkündet wurde. Also schrieb ich nicht „Die Mauer ist weg.", sondern dass eine Regelung besteht, dass jeder die DDR verlassen kann und dass damit die Reisebeschränkungen aufgehoben seien. Dass damit die Mauer gefallen war, haben die Leute auch so begriffen. Aber sie glaubten es erst nicht so richtig. Manche zogen gleich los. Andere brachten erst die Versammlung zu Ende und ließen dabei das Hauptthema „Reisebeschränkungen" weg, weil die ja nun aufgehoben waren. Ich ging dann zur Gemeindekirchenratssitzung, noch bevor der Zettel in der Mensa verlesen wurde.

Abb. 40: Friedensgebet im Greifswalder Dom, 8. November 1989.

Das Mensagespräch zur Stasi verlief turbulent

Am 14. November 1989 war in der Aula eine Versammlung. Da wurde Manfred Stolpe zum Ehrendoktor der Theologie ernannt. Viele Menschen hatten sich dort versammelt. Der Mann von der Abteilung Inneres vom Rat der Stadt war ebenfalls da und dem sagte ich: „Ich halte morgen den Friedensgottesdienst und ich werde das Thema Stasi aufgreifen." So wurde dies das Thema auf dem folgenden Forum in der Mensa. Das war am 23. November. Als ich die Mensa betrat, hatten sich schon sehr viele Leute – wohl mehr als Tausend – da passte keine Maus mehr rein. Ein Arzt sollte das leiten, aber die Versammelten sagten: „Den akzeptieren wir nicht, denn er ist ein ärztlicher Direktor und die Direktoren sind in die Kaderpolitik eingebunden und damit abhängig. Wir wollen nicht, dass er dieses Forum leitet." Und dann wurde erfolgreich ein Misstrauensantrag gestellt und schließlich sollte ich die Gesprächsleitung übernehmen. Ganz Viele wollten reden. So war das Versammlungsgespräch sehr schwierig zu leiten. Ich wusste nicht, wer die Uniformierten auf dem Podium waren. Das wurde mir hinterher gesagt. Doch es war klar, dass das die Vorgesetzten unserer Stasi-Leute hier aus Greifswald waren. Unsere Stasi-Leute aus der Stadt sagten da gar nichts. Ihre Vorgesetzten aus dem Bezirk Rostock saßen auf dem Podium.

Obwohl dies Männer von der anderen Seite waren, habe ich sie immer als Menschen betrachtet. Das darf man nicht aus den Augen verlieren. Die saßen da und wurden mit Fragen bombardiert. Sie gaben artige Antworten und die Leute wurden immer unruhiger und unruhiger und dann sagte ich: „So, nun wollen wir erst einmal eine kleine Denkpause machen. Ich bin der Überzeugung, dass Sie unzufrieden sind mit dem, was die Leute von der Staatssicherheit hier uns sagen, aber ich bin damit zufrieden, denn es ist für mich ganz klar: Die sind im Dienst, die geben ihre vorgeschriebenen Antworten und verhalten sich so, wie sie sich immer verhalten haben. Der Stasi ist noch voll intakt. Das muss man sich einfach mal so klar machen." Und dann sagte einer: „Und nun wünschen wir, dass der Stasi seine Waffen abgeben soll." Der wollte bei der Regierung beantragen, dass der Stasi nicht mehr polizeiliche Vollmachten haben darf. „Und wer ist dafür?", fragte ich. Da waren sie alle erst einmal dafür. Ich sagte: „Das ist schön, dass Sie alle dafür sind, aber das machen wir jetzt mal so, dass man es auch sehen kann. Ich stelle die Frage noch mal und wir stimmen nicht laut ab, sondern mit Händeheben." Und da saßen vorne diese Stasi-Leute und dann hoben fast alle ihre Hände. Das sah aus wie ein Ährenfeld, so waren die Hände oben. Darauf stellte ich noch eine Frage: „Und wer ist dagegen?" Es waren etwa vierzehn Leute dagegen. Die Stasi-Leute wurden ganz bleich. Das war für sie ein Schlag ins Gesicht. Dann kam die Forderung: „Wir wollen jetzt in den Stasi-Keller gehen. Dort werden Akten vernichtet. Das wollen wir uns jetzt angucken." In derselben Nacht ging eine Gruppe von uns noch in den Stasi-Keller. Die Stasi-Leute vom Podium kamen mit. Das war auch nötig, denn da waren Wachen. Einer von den Wachleuten war ziemlich betrunken und fuchtelte mit der Pistole herum. Den beschwichtigten seine Genossen jedoch und zogen ihn erst einmal beiseite. Dann schauten wir uns den Keller an: Da war natürlich wenig zu sehen und nichts zu finden.

Die Stasibesetzung erfolgte mit staatlichem Segen

Dann wurde es aber offensichtlich, dass der Stasi in Greifswald Akten vernichtet. Daraufhin sprach man eine Blitzaktion ab. Es ging, denke ich, von Erfurt aus und fand auch hier in Greifswald statt. Man nahm untereinander Verbindung auf und beschloss, dass die Aktenvernichtung aufzuhören hat. Die Bürgerbewegung holte sich einen Durchsuchungsbefehl gegen den Stasi von der Volkspolizei und vom Bürgermeister. Der Staatsanwalt war auch dabei. Das ging mit diesem staatlichen Segen gegen den Stasi. Man bildete den Untersuchungsausschuss, ging in das Stasigebäude, versiegelte die Panzerschränke dort und sichtete die Akten. Es gab dabei auch kritische Situationen, wo sich der Stasi weigern wollte und aus Berlin Leute anforderte. Aber unsere Leute um Hinrich Kuessner und Thomas Meyer zeigten sich unbeugsam und kamen damit auch durch. Greifswald ist, soweit ich weiß, eine von zwei Städten der ehemaligen DDR, wo die Stasi-Akten an Ort und Stelle durchgesehen wurden. Dann wurden sie abgefahren nach Dummerstorf, wo sie noch heute liegen.[24]

An der Durchsicht der Stasi-Akten beteiligte ich mich nicht aus dem ganz einfachen Grund, weil ich Pfarrer bin und ich keine Lust hatte meine Gemeindemitglieder in den Stasi-Unterlagen durchzustudieren. Es waren selbstverständlich auch Stasi-Leute in meiner Gemeinde. So weigerte ich mich einfach, bei der Sichtung der Stasi-Akten mitzumachen. Ich war aber weiter in die Gesamtaktion eingebunden. Ich ging stattdessen in das Kreisschulamt und sah die Schulakten durch, weil ich sehr viel mit der Jungen Gemeinde zu tun hatte. Das waren die Schüler, die ihre Sorgen hatten und auch parteipolitisch Beurteilungen belegt wurden. Denn so wurde durch die Schule schon entschieden, ob sie studieren dürfen oder nicht. Das war ein Problem, das die Jugendlichen sehr stark beschäftigte. Bei der Sichtung der Schulakten fand ich auch Interessantes. So stellte ich fest, dass von den 22 Schuldirektoren, die wir in Greifswald hatten, 21 SED-Genossen waren. Eine Vorzeigedirektorin, die sie hier hatten, durfte in der CDU sein, damit keiner behaupten konnte, dass alle Direktoren in der SED sein mussten. Außerdem fand ich Evakuierungspläne im Fall einer Krise oder eines Kriegsausbruchs, kurzum eines Ernstfalls. Dort wurde geregelt, was mit den Schülern geschehen sollte. Sie sollten nicht in den Familien verbleiben, sondern in schulischen Einrichtungen untergebracht werden. Die älteren Schüler sollten dann gleich irgendwo zur

---

[24] In Dummerstorf bei Rostock befindet sich heute die Außenstelle der Bundesbeauftragten für die Unterlagen des Staatssicherheitsdienstes (BStU) für den ehemaligen Bezirk Rostock.

Arbeit abkommandiert werden. Ich fand auch, wo Lehrer eingesetzt werden sollten, was bombensichere bzw. nicht bombensichere Räume sind. Das war alles fertig geplant. Internierungslager waren festgelegt und potentielle Insassen waren aufgelistet.[25] Da ging es dann an die Nazimethoden heran, aber die hatten sie ja auch sonst schon hier und dort angewandt.

Zum Jahreswechsel spaltete sich die Wendebewegung zusehends

Die Herbstmonate 1989 waren schließlich eine aufregende Zeit. Die Leute kamen aus dem Westen und fanden die Entwicklungen hier sehr interessant. Wir hatten zum Beispiel auch schwedische Journalisten in Greifswald und viele andere. Die Leute von der Bürgerbewegung wie dem *Neuen Forum* waren damals fast alle meine persönlichen Freunde. Wir wollten alle dasselbe. Aber mitten im November kippte dann die ganze Geschichte und spaltete sich die neue Bewegung. Erst hieß es „Wir sind d a s Volk!" und das richtete sich eindeutig gegen die Leute, die die Volksrepublik darstellten und die Volkspolizei kommandierten. Da machten die Leute klar: „Ihr müsst nicht denken, ihr seid das. Wir sind das! W i r sind das Volk!" Das war eigentlich die erste Aussage und die zweite Aussage war „Wir sind e i n Volk!" Die kam im November auf und da spalteten sich die Dinge.

Ich erinnere mich noch an ein Forum, das im November oder Dezember 1989 in der Jakobikirche vom *Neuen Forum* einberufen wurde. Da war die ganze Jakobikirche voll und vorne saßen auf Einladung des *Neuen Forums* Leute vom *Neuen Forum*, aber auch die alten Leute wie zum Beispiel Dr. Achim Jonas von der SED und andere. Sie versuchten nun, für die Gesamtbevölkerung der DDR verfassungsmäßige Grundsätze herauszuarbeiten und unten saßen die Leute, die voller Unruhe waren und meinten, dass das so nicht weitergehen kann und dass was passieren muss. In dieser Situation tüftelten die auf dem Podium, welche Paragraphen die neue Verfassung enthalten sollte bis in die Formulierungen hinein. Das war völlig daneben! Aber es zeigte sich in der Zeit eben, dass die Bürgerbewegung anfing, sich zu ordnen: Einige wollten die DDR behalten, aber eine bessere DDR schaffen, andere wollten in die deutsche Einheit, aber mit einer neuen Verfassung. Und

---

[25] 1988/89 waren im gesamten Gebiet der DDR mehr als 86.000 Bürger und Bürgerinnen registriert, die im Krieg oder auch im „Spannungsfall" gegebenenfalls in gesonderte Lager interniert worden wären. Für die Errichtung eines Internierungslagers waren insgesamt 17 Objekte vorgesehen, die ein Fassungsvermögen von rund 10.000 Häftlingen aufwiesen. Die Kartei wurde von der Staatssicherheit bis in den November 1989 hinein aktualisiert.

andere waren froh, wenn sie die Mark, die Banane, den Helmut Kohl, die Bundesrepublik haben und wenn wir uns einfach anschließen können. Und das war auf das Ganze gesehen auch die Masse. Aber es gab auch andere, bei denen der Wunsch, alles zu verändern und Bundesbürger zu werden, gar nicht vorhanden war, sondern die sich im Gegenteil dagegen wehrten. Man glaubt immer, wenn man an die Wende denkt, dass die Bürgerbewegung die Macht übernahm und alles nach ihren Vorstellungen regelte. Aber das stimmt nicht, denn diese Bewegung war so wie die Bevölkerung in sich gespalten. Ich war damals der Meinung, dass es nichts werde mit einer neuen Verfassung für Deutschland, dass es ein so langer Prozess wäre, für den die Zeit nicht da sei. Das wären endlose Gespräche geworden und alle hätten sich verzankt und am Ende wäre ein völlig in sich zerstrittenes Volk geblieben.

In Berlin einigte man sich dann 1990, einen Runden Tisch einzurichten. Dort waren die alten und die neuen Kräfte beieinander und regelten ein paar Dinge. Und das setzte sich dann DDR-weit durch. Eines Tages lud der Greifswalder SED-Bürgermeister, Herr Wellner, den Superintendenten Wackwitz und mich ein und bei unserem Gespräch saß auch noch der stellvertretende Bürgermeister, Dr. Jonas, mit am Tisch. In dieser Runde sagte der Bürgermeister, dass er gern den Runden Tisch in Greifswald einrichten möchte. Dieser Runde Tisch wurde also nicht von der Bürgerbewegung eingerichtet, sondern die SED wollte ein Gesprächsforum haben, damit sie nicht einfach abserviert wird. Der Runde Tisch sollte dann zur Hälfte mit den alten und zur Hälfte mit den neuen Kräften besetzt sein und ohne Stimmrecht von der Kirche, also von Superintendent Wackwitz und mir geleitet werden. Wackwitz zog sich aber schnell daraus zurück, so dass ich dann die Leitung des Runden Tisches vom 11. Dezember 1989 bis zum Mai 1990 hatte. Am 28. April verabschiedete uns Herr Wellner und sagte: „Nun löst sich der Runde Tisch auf, denn am 6. Mai sind die Kommunalwahlen und mit ihnen verändern sich die Verhältnisse insgesamt."

Im Zeichen der Wahlen 1990 konstituierten sich die Parteien

Die Kommunalwahlen im Mai 1990 waren bei weitem nicht die einzigen Wahlen 1990. Vorher war schon die Volkskammerwahl im Februar. Dann kam die Kommunalwahl in Greifswald, dann wurde die DDR aufgelöst, die Bezirke abgewickelt und es wurden wieder Länder eingerichtet, so dass im Oktober zum ersten Mal der Landtag gewählt wurde. Und dann stand die Bundestagswahl ohnehin an, weil die Legislaturperiode zu Ende war. Das war dann die vierte Wahl, die wir in diesem Jahr hatten. In vierzehn Monaten hatten wir sechs Regierungen. Zu den Wahlen mussten sich die Parteien erst formieren. Ich war schon bei der CDU und man sah, dass Leute, die die Wende gemeinsam gemacht haben, sich in gegensätzliche Gruppierungen sortierten.

Drei Pastoren, unter ihnen Arndt Noack, der hier in Greifswald Studentenpfarrer war und ein Stasi-Spitzel[26] gründeten schließlich die Ost-SPD. Diese Partei hatte keine Leute, weil die SPD-Mitglieder ja 1946 mit der KPD zur Sozialistischen Einheitspartei Deutschlands vereinigt worden waren. Und die Leute, die vielleicht gerne in die SPD gegangen wären, aber in der SED waren, wurden in der Ost-SPD abgelehnt. Und so kaufte die Ost-SPD Leute aus dem Westen ein. Das waren in der Regel Achtundsechziger. Die kamen zum Teil hierher, um uns zu zeigen, was der wahre Sozialismus ist. Dazu wollten sie uns bekehren. Das *Neue Forum* bestand aus aufgeregten Intellektuellen, vor allem Theologen, also meinen eigenen Leuten. Die wollten immer das Beste und vor allem Demokratie. Aber eins machte ihnen zu schaffen: In der Demokratie haben nicht die Leute das Sagen, die wissen, wie es richtig geht (und das waren sie), sondern die, die die Mehrheit haben. Das *Neue Forum* wurde aber eine Minderheit.

Dass sich die Bürgerbewegung nun derart aufgespalten hatte, bedeutete für mich zunächst noch nicht die politische Konkurrenz. Im November kam aus unserer Partnerstadt Osnabrück ein junger Jurist nach Greifswald, der für die *Junge Union* zuständig war und als sehr fähig und klug galt. Der sagte mir: „Sie können nicht mit der SPD zusammen. Das wird nichts. Ihr müsst wirklich hier CDU-Politik betreiben." Da erwiderte ich: „Also hören Sie mal zu: Wir machen hier die Wende und da werde ich mich bestimmt nicht gegen die Leute von der SPD wenden. Ich bin doch nicht verrückt. Wir müssen hier doch erst einmal durch." Der junge Mann, mit dem ich mich damals unterhielt, war Christian Wulff.

Nach der Kommunalwahl in Greifswald bildeten die CDU, die SPD, das *Neue Forum* und noch einige andere zusammen die Mehrheit in der Bürgerschaft und wählten mich zum Oberbürgermeister. Und dann nach einem Jahr brach der Konflikt auf. Die SPD und das *Neue Forum* wanderten ab. Die Bürgermeisterzeit war für mich sehr belastend, aber diese Zeit ist für mich eine ungeheuer erlebnisreiche gewesen, eine Herausforderung erster Güte, die ich geliebt und auch sehr gerne angenommen habe. Ich meine, dass ich wirklich viel erreicht habe, aber ich musste auch mit viel Widerstand umgehen. Diese Wi-

---

26   Hier ist Ibrahim Böhme gemeint, der nach entsprechenden Vorwürfen am
      1. April 1990 von allen seinen Ämtern zurücktrat.

derstände kamen auch von denen, die gemeinsam mit mir die Wende gemacht hatten.

Die Wende rettete Greifswald

Freiheit und Gerechtigkeit (ich betrachte den Sozialismus als eine Bemühung um Gerechtigkeit) sind unvereinbare Gegensätze. Aber man muss zwischen diesen Polen ausbalancieren. Dabei verweigerte sich der Sozialismus, die Freiheit einzubalancieren, sondern nahm dagegen einem noch immer mehr Freiheit weg.

Der so genannte Kapitalismus, die freie westliche Welt, ist ungerecht, weil sie frei ist. Die Illusion, dass das anders sei, hatte ich nie. Jedoch hat sie die Balance auf Gerechtigkeit besser ermöglicht. Da darf eine SPD, eine Gewerkschaft und da dürfen sonst noch welche Organisationen existieren. Da hat der Betriebsrat Mitsprache im Aufsichtsrat eines Betriebes. Aber ich weiß, da kann man etwas machen. In dieser Gesellschaft kann man an dieser Schraube drehen. Das konnte man in der DDR nicht.

Die kapitalistische Gesellschaft trieb außerdem den Fortschritt voran. Die DDR ging dagegen am Ende einfach Bankrott. Ich habe beispielsweise als erstes Auto einen Polo gefahren, früher bin ich Trabant gefahren. Der Unterschied war eklatant. Wir waren zwanzig Jahre hinter der Bundesrepublik zurück und dann sagen die von der SED-PDS: „Kohl hat ja die Wirtschaft pleite gemacht." Aber die haben sie selbst pleite gemacht, weil sie nicht konkurrenzfähig war. Und als die DDR Pleite ging, stand daneben ein westdeutscher Staat, wo blühende Landschaften waren. Da kam Helmut Kohl und sagte, dass wir die auch bekommen. Die Leute, die in Opposition zu Kohl standen, warfen ihm immer vor, dass er die ganze Innenpolitik in Deutschland ruiniert hätte, weil er im Zuge der Wiedervereinigung nicht entsprechende Regulierungen geschaffen hat. Er hätte vielleicht auch manches anders machen können, aber letztlich ist Greifswald eine blühende Landschaft geworden, wenn auch nicht in vier Jahren. Das kann jeder überprüfen, der sich anschaut, wie Greifswald 1989 aussah. Und schon um die Stadt hier vor dem Abriss zu retten, war es gut, dass die Wende kam. Wäre das noch ein Jahr so gegangen, wäre von der Innenstadt nicht mehr viel übrig außer den Kirchen. Dann sähe es mitten in der Stadt überall so aus, wie in den Außenvierteln, wo sich die Neubauten befinden. Die DDR war wirtschaftlich ruiniert und militärisch kaputt gerüstet.

Die Wende ist geglückt

Ich war zufrieden, dass die DDR verschwand. Und wenn ich ihr noch einen kleinen Schubs geben konnte, dann tat ich das auch. Eigentlich waren wir darauf eingerichtet, dass sie noch lange besteht. Aber ich war nicht mehr gewillt, diese Militarisierung mitzumachen, und dagegen wandte ich mich. Keine Gewalt, das war mein Motiv. Das brachte mich in schwere Konflikte. Aber man muss wissen, was man will und dann muss man das auch tun. Mein Leben nach der Wende ist sozusagen im Glück gelandet. Es ist bei höchster innerer und äußerer Arbeit so viel gut gelaufen für die Stadt Greifswald, für meine Kinder, meine Frau und für mich. – Ich bin froh, dass das alles so gekommen ist.

Interview: Martin Arndt und Josephine Zabel

Abb. 41: Demonstration in der Greifswalder Innenstadt. Auf dem Pappschild ist der Ausspruch „Es ist besser ein Licht anzuzünden, als im Dunkeln zu schimpfen!" zu lesen, November 1989.

UNTERSUCHUNGSAUSSCHUß DER STADT GREIFSWALD

Domstr. 39
G r e i f s w a l d
2 2 0 0

9. 2. 1990

Sprechstunde:
montags-freitags 15-18 Uhr
Tel. 2647

Pressemitteilung

Am 8. Februar 1990 fand eine Arbeitsberatung des Untersuchungsausschusses der Stadt Greifswald im Rathaus statt, in welcher u. a.
zum Verlauf der Wahlen im Jahre 1989 eine Anhörung des damaligen
Vorsitzenden der Stadtwahlkommission, Herrn Ewald, stattfand. Im
Ergebnis gab Herr Ewald eine Erklärung ab, daß eine Verfälschung
des Wahlergebnisses vom 7. Mai 1989 in der Stadt Greifswald stattgefunden hat. Das geschah auf klare Anweisung des damaligen Vorsitzenden der Bezirkswahlkommission, Herrn Eberhard Kühl, indem
Herrn Ewald die von ihm erwarteten Ergebnisse übermittelt wurden.
Diese erwarteten Ergebnisse sind dann als das tatsächliche Wahlre-
sultat veröffentlicht worden. Gegen Herrn Ewald ist auf der Grundlage einer Selbstanzeige ein Anzeigenprüfungsverfahren wegen des
Verdachts der Wahlfälschung eingeleitet worden.

Es wurde dargelegt, daß Herr Kühl allen Vorsitzenden der Kreis-
wahlkommissionen im Bezirk erwartete Ergebnisse vorgegeben hat.
Die Vermutung, daß es über den Bezirk Rostock hinaus zentrale Anweisungen in Bezug auf eine Wahlfälschung gegeben haben könne,
wurde ausgesprochen. Der damalige 1. Sekretär der Kreisleitung der
SED, Herr Köhler, war von Herrn Ewald darüber informiert, welche
erwarteten Ergebnisse ihm von Herrn Kühl übergeben worden waren.
Der Untersuchungsausschuß übergibt das Ergebnis der Befragung der
Stadtverordnetenversammlung, dem Runden Tisch in Greifswald sowie
den Runden Tischen in Rostock und Berlin.

Am 9. Februar gab Herr Ewald gegenüber dem Vorsitzenden des Untersuchungsausschusses folgende Erklärung ab:
"Die Protokolle aus den Wahlvorständen der Stadt wurden im Rathaus
gesammelt und noch am gleichen Abend ohne jegliche Veränderungen
dem Bezirkswahlbüro übergeben. Hinzugefügt wurden Niederschriften
über das Gesamtergebnis der Stadt mit den von Rostosck gewünschten
Zahlen."

K u e s s n e r
Vorsitzender

Abb. 42: Pressemitteilung des Untersuchungsausschusses der Stadt
Greifswald zur Fälschung der Ergebnisse der Kommunalwahl vom
7. Mai 1989, 9. Februar 1990.

Einigkeit und Recht und Freiheit sollten wir schätzen

Joachim Wächter
1989: Leiter des Landeskirchenarchivs, 63 Jahre

Joachim Wächter wurde 1926 in Magdeburg geboren und zog 1953 nach Greifswald, um hier die Leitung des Landesarchivs zu übernehmen. Auf Grund seiner fehlenden Parteizugehörigkeit musste er 1974 das Landesarchiv verlassen und fand dann Aufnahme im kirchlichen Archivdienst. Durch seine Tätigkeit für die Landeskirche war es ihm seit 1980 vereinzelt möglich, dienstliche Reisen in den Westen zu unternehmen, über die er in den Kirchengemeinden Vorträge hielt. In den Wendejahren setzte sich Wächter stark für einen unabhängigen Verwaltungsbezirk Pommern ein.

Greifswald ist eine Stadt, in der man sich wohl fühlen kann

Als ich damals nach Greifswald zog, war mein erster Eindruck, dass hier vieles erhalten geblieben ist, es hatten ja keine Bombenangriffe stattgefunden. Der zweite Eindruck: 1956 wurde die 500-Jahrfeier der Universität durchgeführt. Das war ein Fest, an dem die ganze Stadt teilgenommen hat. Man hat unter den damaligen, schwierigen Verhältnissen versucht, das Möglichste für den äußeren Rahmen der Stadt zu schaffen. Man hat die Häuser mit den damals minderwertigen Materialien angestrichen. Schon nach wenigen Jahren blätterten sie ab aber man hat sich bemüht. Und irgendwie war die Universität damals die Universität der Stadt. Greifswald hat sich mit der Universität identifiziert, und es hat ja auch ein großer Festzug von der Festwiese nach dem Dom stattgefunden. Da hat die Bevölkerung lebhaften Anteil genommen. Dann wurde aber Greifswald zu Gunsten bombengeschädigter Städte vernachlässigt. Also gegenüber solchen Städten wie Rostock, Stralsund und Neubrandenburg wurde Greifswald zurückgestellt. Man sagte, dass hier nichts nötig sei. Dadurch sind natürlich die Häuser allmählich doch verfallen, weil sie nicht renoviert worden sind und dann haben in den achtziger Jahren im starken Maße ein Abriss und ein Neubau stattgefunden. Zu meinem großen Bedauern wurden in Greifswald immer die Blöcke ganzer Straßenvierecke abgerissen, einschließlich der vereinzelt darin befindlichen denkmalgeschützten Häuser.

Man hat immer jeweils ein Karree abgerissen und neu aufgebaut. Der Neuaufbau war für die damalige DDR relativ positiv, man hat versucht, das Alte ein bisschen insofern zu berücksichtigen, dass man die Fassadenhöhe nicht veränderte und keine Hochhäuser dazwischen baute. Man hat auch versucht, soweit das bei der Blockbauweise denkbar war, da etwas Abwechslung 'reinzubringen. Aber es sind damals eben doch wichtige schützenswerte Bauten verloren gegangen. Nach der Wende hat dagegen ein großer Aufschwung stattgefunden. Greifswald trägt heute ein heiteres, ein freundliches Gesicht, wie es das wahrscheinlich noch nie in dieser umfassenden Weise hatte.

Westeuropa und die BRD habe ich auf meinen Reisen wahrgenommen als eine Welt, in der alles möglich war

Nachdem ich 1974 Landeskirchenarchivar geworden war und damit im Grunde genommen meinen alten Zuständigkeitsbereich nun aus der kirchlichen Sicht wahrzunehmen hatte, habe ich meine Aufgabe vor allen Dingen darin gesehen, der Entwicklung unserer pommerschen Landeskirche zu helfen. Ich bin ja zweiter Vizepräses der Landessynode gewesen und ich habe immer wieder versucht, in den Gemeinden den historischen Aspekt Pommerns zur Sprache zu bringen. Pommern ist ja ein altes Land, das über zwei Drittel seines alten Gebietes 1945 verloren hat. Das ganze Gebiet östlich der Oder und bei Stettin sogar westlich der Oder ist ja verloren gegangen und Pommern wurde damals totgeschwiegen. Es wurde so getan, als hätte es Pommern nie gegeben. Man wollte die Erinnerung auslöschen, aber die Menschen, zum Teil Vertriebene aus Hinterpommern, für die war das natürlich nach wie vor ihre Heimat, ihre Heimat Pommern und nicht Ostmecklenburg. Das ist ein großer Unterschied. Historisch hat es wenig Verbindungen zwischen Mecklenburg und Pommern gegeben und ich habe immer wieder versucht, den historischen Aspekt: Wir sind hier Pommern! deutlich werden zu lassen, indem ich einfach historische Tatsachen habe sprechen lassen und indem ich vor allen Dingen eben auch den Gemeinden mit ihrer Geschichte im Zusammenhang mit der ganzen pommerschen Geschichte ein bisschen den Blick auf diese Vergangenheit geöffnet habe.

In diesem Zusammenhang und auch in meiner Tätigkeit als Historiker und Landeshistoriker habe ich dann auch Vorträge gehalten über Reisen, die mir möglich waren. Ich bin seit 1961, dem Mauerbau, abgesehen von Reisen, die in östlicher Richtung möglich waren, wie alle anderen natürlich nicht mehr aus der DDR 'rausgekommen. 1978 hat aber zwischen Honecker, ZK-Mitgliedern der SED und leitenden Geistlichen des Bundes der evangelischen Kirchen in der DDR ein Spitzengespräch stattgefunden. Da wurde vereinbart, dass möglichst gegenseitige Achtung herrschen sollte, was natürlich von der SED mit gewissen Hintergedanken verbunden war. Aber das war die Grundlage dafür, dass 1980 drei Mitglieder des Bundes der evangelischen Kirchen zum Internationalen Archivkongress nach London fahren konnten. Und einer dieser drei war ich. Ich habe also vierzehn Tage lang in England weilen können, etwas, was für den normalen Bürger undenkbar war. Wir haben diese Zeit dazu genutzt, um uns einen Einblick in die englischen Verhältnisse zu verschaffen. Ich habe dabei fotografiert und habe dann anschließend über diese Dinge in den Gemeinden Bildvorträge halten können.

Ich konnte dann auch vereinzelt, wohlgemerkt vereinzelt, reisen. 1984 zum Beispiel nach Bonn zum nächsten Archivkongress. Alle vier Jahre waren solche Kongresse. Ich bin auch mal zu einem Vortrag „drüben" gewesen. Ein Vortrag war ein günstiger Vorwand. Die DDR fühlte sich ja immer gebauchpinselt, wenn ihre Vertreter im Westen Vorträge halten konnten, und so bekam ich auch die Möglichkeit zu einem Fachvortrag bei meinen Kollegen in Düsseldorf bzw. im Rheingebiet. Von diesen Dingen, die ich dann gesehen und gehört habe, habe ich in den Gemeinden auch erzählt. Westeuropa und die BRD habe ich als eine Welt wahrgenommen, in der alles möglich war und in der wir sehr freundlich aufgenommen wurden. Also etwas, wo es keine politische Beeinflussung gab und wo wirkliche Freiheit herrschte, also das, was wir hier so vermisst haben. Ich will nicht sagen, dass es kein kulturelles Leben in der DDR gegeben hat, wir haben hier unter dem Regime der SED und unter dem Schatten der DDR und unter dem politischen Druck manches in der DDR gehabt und aufgebaut, aber es fehlte uns die Freiheit. Man musste hier immer mit seinen Äußerungen vorsichtig sein. Das war dort in keiner Weise der Fall. Diese Freiheit, die war beeindruckend. Heute weiß ich freilich, dass sie auch ihre negativen Seiten hat.

Die SED habe ich von vornherein als unakzeptabel abgelehnt

Ich habe den Verhältnissen in der sowjetischen Besatzungszone und dann in der DDR von Anfang an sehr kritisch gegenübergestanden. Für mich war das eine Wiederholung der braunen Verhältnisse, nun im roten Gewand. Für mich war Stalin ein Partner von Hitler, nichts anderes. Und infolgedessen waren die Trabanten Stalins, die SED usw., für mich von vornherein unakzeptabel. Ich habe deshalb die SED von vornherein als Stalinhörige abgelehnt und ich war gegenüber dem von der SED gelenkten Staat sehr kritisch. Ich habe aber meine Aufgaben meinem Volke gegenüber voll wahrgenommen. Ich habe also meine Arbeit als Archivar als eine Arbeit an der Vergangenheit unseres Volkes betrachtet und habe diese mit vollem Einsatz und in positiver Weise geleistet. Bis 1965 habe ich dafür auch Anerkennung bekommen. Von da ab war ich dann jedoch plötzlich nicht mehr akzeptabel.

Ich habe immer unterschieden zwischen unserem Volk, unserer Nation einerseits und dem SED-Staat andererseits. Mit der Stasi habe ich auch negative Erfahrungen gemacht. Man hat mich – da war ich schon abgesetzt – 1971/72, ich kann es jetzt nicht ganz genau sagen, da hat man mich eingeladen, und man hat mir vorgeworfen, dass ich nach Westdeutschland zu dortigen revanchistisch tätigen Organisationen Kontakte hätte, vor allen Dingen zur Gesellschaft für pommersche Geschichte, die es ja im Westen gab. Das stimmte nicht, ich habe mich da sehr zurückgehalten. Ich wusste ja, wie schwierig diese Dinge sind, wenn man so etwas machte, und welche Folgen das haben konnte. Es sind zwei Gespräche gewesen, wo ich dann vorgeladen wurde, hier in die Brinkstraße, in einen Raum der Polizei. Man hat mir dort vorgeworfen, dass solche Kontakte beständen. Ich habe das wahrheitsgemäß bestritten, aber ihnen gesagt, ich würde mir überlegen welche Fragen man an mich vom Westen her gerichtet hätte. Natürlich haben wir als Archiv aus aller Welt Anfragen bekommen. Ich habe gesagt, dass ich mir nochmal überlegen würde, ob bei den dienstlichen Anfragen irgendwas dabei gewesen sei, aber ich wäre mir sehr sicher, dass das nicht der Fall sei. Und im zweiten Gespräch habe ich dann gesagt, dass nach Überprüfung meiner Erinnerung so etwas nicht dabei gewesen wäre. Ich selber hätte persönlich keine solchen Kontakte gehabt, und ich würde auch solche Kontakte nicht aufnehmen. Man verlangte darauf von mir, dass ich über das Gespräch schweige. Und ich habe gesagt, dass ich allen gegenüber schweigen werde, aber nicht meinem Bischof als meinem Seelsorger gegenüber. Damit war alles Weitere erledigt. Ich bin nie wieder belästigt worden. Ich habe allerdings unserem Bischof dann gesagt: Ich bin dort gewesen und habe die und die Fragen gestellt bekommen und habe mich so und so geäußert. Seitdem bin ich nie wieder von der Stasi befragt worden. 1974 bin ich ja dann auch in kirchlichen Dienst getreten, und dann musste die Stasi schon ihrerseits etwas vorsichtig sein, aber damals war ich noch im Staatsdienst. Ich habe später auch Einsicht in meine Akte beantragt und da habe ich wenig gefunden. Ja, es ist über mich berichtet worden, aber nicht so, dass man nun aus der Akte ersehen konnte, dass ich noch speziell weiter beschattet werden sollte. Das ist nicht der Fall gewesen.

„Jetzt oder nie: Demokratie!" Das war der Spruch auf den Straßen

Die Zeit der Wende habe ich mir vor kurzem erst vor meinem inneren Auge vorbeiziehen lassen. Im September 1989 und zwar vom 15. bis 19. September, habe ich an der 5. Tagung der 5. Bundessynode in Eisenach teilgenommen. Die Bundessynode, also das kirchliche Parlament für alle evangelischen Kirchen in der DDR, tagte jedes Jahr in der Regel ein

Mal in verschiedenen Landeskirchen, und 1989 im September waren wir in Eisenach in Thüringen versammelt. An dieser Sitzung habe ich als Synodaler der pommerschen Kirche teilgenommen. Ich erinnere mich genau, dass da eine diskutierfreundliche Grundstimmung vorhanden war. Diese Synoden wurden natürlich genau vom Staat beobachtet und es waren ja auch offiziell immer staatliche Vertreter anwesend und insofern musste man auch mit seinen Äußerungen relativ vorsichtig sein. Aber in Eisenach, da war doch irgendwie eine geringere Bremse in den Gesprächen vorhanden. Daran erinnere ich mich. Ansonsten, Mitte September, hat man an eine Wende, wie sie dann zwei Monate später erfolgte, nicht gedacht. Also das war für mich sehr interessant. Und dann weiß ich, dass am 18. Oktober hier in Greifswald ein Friedensgottesdienst in der Nikolaikirche im Dom mit rund 2.500 Teilnehmern stattgefunden hat.

Abb. 43: Demonstrationszug durch die Greifswalder Innenstadt, November 1989.

Und dann anschließend die Demonstration mit den Sprüchen: „Jetzt oder nie: Demokratie!" Das war der Spruch auf den Straßen. Oder: „Schließt euch an!" Damit sind wir losgezogen: Dom, Schuhhagen, Külzstraße (das ist die heutige Lange Reihe), Brinkstraße (also an der Polizei vorbei), Anklamer Straße wieder stadteinwärts, Schützenstraße und dann Loefflerstraße, Knopfstraße, Bahnhof, Bahnhofstraße und dann Anklamer Straße und dann raus nach Schönwalde. Und am Tag darauf, am 19. Oktober, war ein Massendialog in der Mensa, wo nun alles zum Ausdruck kam. Das waren natürlich Dinge, die ich selber mitgemacht habe und wo man nun mal Luft ablassen konnte. Dann wieder eine Woche später: 25. Oktober, Friedensgebet in Jakobi, anschließend wieder Demonstration: 3.000 bis 4.000 Teilnehmer, also da waren es noch wieder mehr geworden und so ging das dann jede Woche weiter.

Abb. 44: Trotz des schwierigen Empfangs waren viele Greifswalder Fernsehantennen nach Westen ausgerichtet, Dezember 1989.

Für mich hat dann eine gewisse Wende schon eine Woche vor dem Mauerfall stattgefunden. Es wurde nämlich möglich, dass Historiker und Archivare der pommerschen Kirche, natürlich auch Theologen, aber vor allen Dingen auch historisch tätige Mitglieder der Kirche, nach Bremen zur 1.200-Jahr-Feier des Doms von Bremen fahren konnten, das war vom 1. bis 6. November 1989. Schon auf der Hinfahrt fand an der Grenze nur eine sehr lockere Kontrolle statt und auf der Rückfahrt am 6. November gab es praktisch keine Kontrolle mehr. Es standen zwar die Polizisten da, aber es wurde nicht mehr kontrolliert. Das war für mich schon der Anfang des Endes der DDR alten Stils und in diesen Tagen in Bremen – wir waren zum Teil im gleichen Hotel untergebracht – haben wir zwischen den Veranstaltungen am Rundfunk und am Fernseher gehangen und versucht mitzubekommen, was in der DDR geschah. Wenn ich mich jetzt recht entsinne, war am 3. November diese große Veranstaltung auf dem Alexanderplatz, wo dann auch Genossen gesagt haben: Abtreten! Das haben wir dann alle auch in uns aufgesogen und wir haben uns immer auch gegenseitig informiert: „Haben Sie schon gehört? Da ist das gewesen, da ist das gewesen." Als dann wenige Tage später die Mauer fiel, da war das eigentlich nur die Folgeerscheinung dessen, was ich dort in Bremen mitgemacht habe.

Wiedervereinigung? Daran wagte man noch nicht zu denken

Ich wollte damals vor allen Dingen, dass die Alleinherrschaft der SED eingeschränkt wird. Dass die Stasi, an der wir ja auch vorbei gezogen sind, dass die sich beeindrucken lässt. Dass also diese diktatorischen Verhältnisse in der DDR abgebaut werden, das war damals unser Ziel. An die Wiedervereinigung? Daran wagte man noch nicht zu denken. Wir wollten einfach demokratischere Verhältnisse haben, das war unser Ziel. Und wir wollten zum Ausdruck bringen: So kann es nicht weitergehen und wir sind mit eurer Herrschaft nicht einverstanden. Die Ereignisse an der ungarischen Grenze sind mir in vollem Umfang sicherlich gar nicht so bewusst geworden, weil wir ja hier im Tal der Ahnungslosen lebten. Wir kriegten ja nur unter klimatisch besonders günstigen Bedingungen Westfernsehen. Natürlich, ich habe ständig Westrundfunk gehört. Aber ich habe das auch persönlich nicht so mit Bewusstsein registriert, weil für mich ein Weggehen nicht in Frage kam. Ich war beruflich in der Kirche, hatte da meine Pflichten, die ich eben wirklich auch als Pflichten betrachtet habe, und ich hatte meine ganze Familie, abgesehen von ganz wenigen Ausnahmen, hier in der DDR. Und wir haben ein gutes Familienleben gehabt und ich habe also diese Nachrichten nicht mit meinem persönlichen Schicksal in Verbindung gebracht. Nur die Schwester meines Vaters lebte mit ihrer Familie im Westen: Sie ist 1961 drei Stunden vor der Mauererrichtung nach Westberlin gegangen aus Magdeburg. Es war dramatisch… Man wusste ja nicht, dass die Mauer gebaut wird. Drei Stunden! Meine Mutter hat sie noch begleitet. Abends um neun sind sie wohl drüben in Westberlin gewesen, Mitternacht wurde die Mauer gebaut. Also das ist dramatisch gewesen. Meine Mutter kam dann zurück, zu ihrem Mann, zu meinem Vater. Aber seine Schwester ist dann drüben gewesen bei ihren Kindern.

Beeindruckt hat mich damals auch die Menschenkette in der DDR am 3. Dezember, wo man versucht hat, durch die ganze DDR eine Menschenkette zu errichten. Ich bin damals 'rausgefahren nach der Gützkower Landstraße und habe mich mit meiner Frau eingereiht. Viele Bekannte sind dort hingekommen, das war eine wirklich beeindruckende Sache. Am 5. Dezember, also zwei Tage später, ist ein Untersuchungsausschuss gebildet worden. Es sind nämlich damals die Aktenräume des Rates, des Kreises versiegelt worden. Wir haben dann beraten, was zu tun sei, um die Machenschaften der SED, des Rates des Kreises und der Stasi zu untersuchen. Es sind verschiedene Untergruppen gebildet worden, und ich war vierzehn Tage später bei der Sitzung des Gesamtausschusses im Gebäude der SED-Kreisleitung.

Wir wollten vor allen Dingen aufklären, was hier an Unrecht geschehen war. Und am Tag darauf, am 20. Dezember, haben wir schon begonnen, die Akten in der SED-Kreisleitung zu sichten. Das ist dann fortgesetzt worden, immer wieder, im Januar und im Februar. Und am 28. Februar, der letzten Sitzung des Untersuchungsausschusses, da hatten wir endlich alle Akten durchgesehen und waren fertig.

Warum sollte Vorpommern nicht auch ein eigenes Land werden?

Am 3. Februar 1990 war in Stralsund ein großer Vorpommern-Demonstrationszug. Wir wollten, dass Vorpommern wieder zur Sprache kommt und dass es ein eigener Verwaltungsbereich wird. Wir waren ja größer als das Saargebiet. Also: Warum sollten wir nicht auch ein eigenes Land werden? Zumindest aber mit einer eigenen Regionalverwaltung. Es gab eine große Kundgebung, wo alle möglichen Leute für Vorpommern gesprochen haben. Anschließend gab es eine Beratung im kleinen Kreis und dann, fünf Tage später, am 8. Februar konstituierte sich der Aktionsausschuss Vorpommern. Wir haben beraten, wie wir weiter vorgehen könnten und wie der Gedanke Vorpommern in die Bevölkerung hineingetragen werden könne. Vor allem wie der Bevölkerung nun diese Scheu genommen werden könne, über Pommern und Vorpommern zu sprechen. Am 2. März hat in Rostock im Ständehaus die Konstituierung des Regionalausschusses Verwaltungsreform der drei Nordbezirke stattgefunden. Ich war dann Mitglied des Unterausschusses Territoriale Gliederung und Raumentwicklung und da haben wir dann in unregelmäßigen Zeitabständen immer wieder zu überlegen versucht, wie denn der Norden, die drei Nordbezirke künftig verwaltungsmäßig gestaltet werden sollten. Da ist damals sehr viel Aktivität in Gang gekommen. Im April 1990 ist der Landesverband Vorpommern mit dem Ziel gegründet worden, bei der künftigen Wahl eine eigene Vertretung zu haben. Bei der nächsten Bundestagswahl haben wir zwar manche Stimmen bekommen, wir sind aber natürlich weit unter der 5%-Klausel geblieben. Wir haben auch Unterschriftenlisten für das Land Vorpommern gesammelt. Hierbei sind Hunderte, Tausende von Unterschriften zurückgekommen, die sich dafür erklärt haben. Aber das alles hat man nicht nutzen können, weil es eben nun den Zeitdruck gab und dann hat man einfach die alten sowjetischen Verwaltungsverhältnisse von 1945/46 wiederhergestellt.

Die Treuhand ist eine große Untreuhand gewesen

Meine ganz große Enttäuschung war in der Wendezeit die Treuhand. Die Treuhand ist eine große Untreuhand gewesen. Es sind unsere Betriebe für einen Appel und ein Ei, an ein paar Bedingungen geknüpft, an Westdeutsche verschleudert worden. Diese Bedingungen wurden jedoch vielfach von den Westdeutschen nicht eingehalten, und sie haben aber die Fördergelder im Empfang genommen. Sie haben dann häufig unsere Betriebe kaputt gemacht. Das ist die Ursache unserer heutigen wirtschaftlichen Misere.

Dennoch bin ich nach wie vor ein Mann, der die Wende als eine positive Entwicklung betrachtet. Es wurde Zeit, dass die nationale Einheit Deutschlands wiederhergestellt wurde. Dabei war es schmerzlich, dass man die alten deutschen, kulturell deutschgeprägten Ostgebiete Ostpreußen, Hinterpommern, Ostbrandenburg, Schlesien aufgeben musste. Das war damals aber, 1990/91, nicht anders möglich. Das war der Preis, den wir bezahlen mussten. Das ist für mich äußerst schmerzlich, gerade als pommerscher Historiker. Aber grundsätzlich: Dieses Opfer musste gebracht werden, damit die deutsche Einheit wiederhergestellt wurde, damit die Familien wieder zusammenkommen konnten.

Also erstens: Nationale Einheit. Und das zweite: Freiheit. Endlich wieder reden und reisen können, wie man will. Negativ ist, dass die westdeutsche Wirtschaft ihrer Verantwortung nicht gerecht geworden ist. Sie hatte eine Verantwortung! Und sie hat uns praktisch die Arbeitsgrundlagen genommen. Und die Medien werden zum Teil auch nicht ihrer Verantwortung gegenüber dem Volk gerecht. Sie sind zum Teil in ihren Meldungen unverantwortlich und verantwortungslos. Da werden einfach Verdachtsmomente geäußert, bloß, damit man einen erhöhten Absatz des eigenen Organs hat oder besondere Aufmerksamkeit vor dem Fernseher. Das sind die negativen Seiten, die sind aber nur in geringerem Maß zu bewerten. Wir sollten versuchen, die negativen Begleiterscheinungen möglichst auszuschalten. Wichtig ist, dass wir nun doch die Einheit und die Freiheit haben. Und dass wir auch eine Verfassung haben, die dafür sorgt, dass Grundrechte eingehalten werden müssen. Das Verfassungsgericht hat doch beachtliche Urteile gefällt. Das, was vor 170 Jahren knapp formuliert worden ist: Einigkeit und Recht und Freiheit, das sollten wir wirklich schätzen und pflegen.

Interview: Florian Wolff und Luise Maschmeier

Abb. 45: Demonstrationszug durch die Greifswalder Innenstadt, Jahreswechsel 1989/90.

An alle Parteien und Gruppen
in allen Gemeinden und Städten
in Vorpommern

Um die Interessen unseres Landes

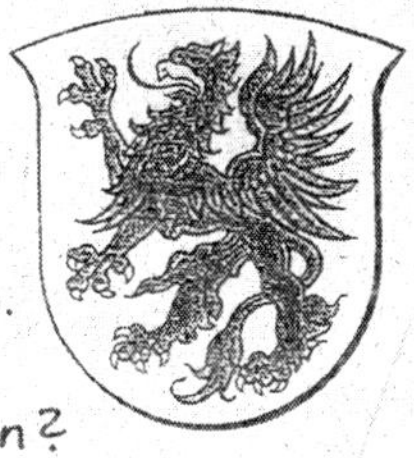

Vorpommern

in die eigene Hand zu nehmen,
sollten wir uns landesweit treffen.
Sollen wir bei Mecklenburg
hinter dem Bindestrich erscheinen?
Sollen wir uns dem Land Brandenburg
anschließen?
Können wir eine eigene Verwaltungseinheit
bilden: Land Vorpommern?
Und wie geben wir dem Anliegen Ausdruck,
daß wir die Westgrenze Polens nicht infrage stellen?

Um über diese Fragen zu beraten, wollen wir uns
nach der Kundgebung am Sonnabend, dem 3. Februar 1990
16.00 Uhr in der Heilgeist-Kirche in Stralsund,
Wasserstraße, treffen. Dazu laden wir Sprecher
und Verantwortliche der Parteien und Gruppen ein,
auch um erste Schritte festzulegen.

Die Gesprächsleiter am Runden Tisch
in Greifswald   in Stralsund

Abb. 46: Bereits im Frühjahr 1990 bewegte viele Vorpommern die
zukünftige Zuschneidung der Ländergrenzen, Januar/Februar
1990.

273

Chronik der friedlichen Revolution in Greifswald von Mai 1989 bis März 1990

von David Stoffel

Mai 1989

1.5.   In Greifswald finden wie in allen größeren Orten der DDR die offiziellen Feierlichkeiten zum 1. Mai statt.

2.5.   *Ungarn beginnt mit dem Abbau der Grenzanlagen zu Österreich.*

7.5.   *Bei den Kommunalwahlen in der DDR stimmen offiziell 98,5 % für die Kandidaten der Nationalen Front. Erstmals können jedoch Bürgerrechtsgruppen systematische Stimmenfälschungen nachweisen.*

Im Kreis Greifswald-Stadt stimmen angeblich 99,04 % für die Kandidaten der *Nationalen Front*. Auch in Greifswald werden Unregelmäßigkeiten beobachtet.

Zur Erinnerung an die friedliche Übergabe der Stadt Greifswald an die Rote Armee findet eine Friedensandacht des Pfarrers Reinhard Glöckner statt.

18.5.   Das Rechenzentrum der Ernst-Moritz-Arndt-Universität wird zwanzig Jahre alt.

22.5.   Das neu gewählte Stadtparlament konstituiert sich. Udo Wellner wird neuer Oberbürgermeister und löst damit Klaus Ewald ab. Die 18 neuen Ratsmitglieder sind: Dr. Achim Jonas (Erste Stellvertreter des Oberbürgermeisters), Gisela Schneck, Dr. Udo Schulz, Hans-Jürgen Radke, Hans Westphal, Lutz-Peter Dornheck, Adolf Pankin, Otto Thees, Günther Rochow, Bernd Eckhardt, Eckhard Hanke, Hartwig Kucharski, Martin Prütz, Mathias Kindt, Ulrich Zimmer, MR Prof. Dr. Bernd Waack, Detlef Streichert.

Juni 1989

3./4.6.   *Im so genannten Tian'anmen-Massaker in Peking wird die chinesische Demokratiebewegung blutig niedergeschlagen.*

2. Greifswalder Fahrzeugschau der Greifswalder Eisenbahner.

8.6.   *In einer Stellungnahme der Volkskammer der DDR zu den Ereignissen in China zeigt diese für das Vorgehen des dortigen Militärs Verständnis.*

10.6.	Beginn der 25. Kreis-Kinder- und Jugendspartakiade in Greifswald.
11.6.	Einweihungsfeier des renovierten Greifswalder Doms. Unter den Gästen befinden sich neben dem Bischof der Pommerschen Evangelischen Kirche Horst Gienke, dem SED-Generalsekretär und DDR-Staatsratsvorsitzenden Erich Honecker auch der Ministerpräsident von Schleswig-Holstein Björn Engholm (SPD), der Alt-Bundespräsident Karl Carstens (CDU) und Berthold Beitz. Die Mehrzahl der Mitglieder der Domgemeinde sind dagegen nicht eingeladen worden.
12.-15.6.	*Staatsbesuch von Michail Gorbatschow in Bonn.*
16.-21.6.	43. Greifswalder Bachwoche.
27.6.	*Der Stacheldraht an der ungarisch-österreichischen Grenze wird in einem symbolischen Akt durch die Außenminister Österreichs und Ungarns zerschnitten.*
29.6.	Der VEB Nachrichtenelektronik feiert sein zwanzigjähriges Jubiläum. Der Betrieb stellt mit 2.500 Mitarbeitern einen der größten Arbeitgeber Greifswalds dar.

Juli 1989

2.7.	Volksfest des Kernkraftwerks Lubmin im Greifswalder Volksstadion.
6.7.	*Michail Gorbatschow plädiert in Straßburg für ein Ende der Ost-West-Konfrontation.*
12.7.	*Staatsbesuch des amerikanischen Präsidenten George H. W. Bush in Ungarn und Polen (9.-12.7.).*
	Zwanzigjähriges Jubiläum der Greifswalder Schwimmhalle.
15./16.7.	Fischerfest in Wieck mit ca. 25.000 Besuchern.
19.7.	Veröffentlichung eines Briefes des Bischofs Horst Gienke an Erich Honecker im SED-Organ *Neues Deutschland*. In dem Brief kritisiert Gienke die Berichterstattung der west- und ostdeutschen Kirchenpresse über die Greifswalder Domeinweihung.
26.7.	Eingabe des Pfarrkonventes Greifswald-Land an die Evangelische Landeskirche, in der der Briefwechsel des Bischofs mit Honecker kritisiert wird.

In der Folgezeit kommt es zu weiteren Eingaben aus den Reihen der Landeskirche und es entzündet sich eine Diskussion um die Person Gienkes.

August 1989

2.8.   Einweihung der neuen Greifswalder Kreis- und Stadtbibliothek.

19.8.   *„Paneuropäisches Picknick" an der österreichisch-ungarischen Grenze. Als für ca. drei Stunden der Grenzübergang geöffnet wird, fliehen mehr als 600 DDR-Bürger über die Grenze.*

26.8.   *Aufruf zur Gründung einer sozialdemokratischen Partei in der DDR.*

September 1989

4.9.   *Erste Montagsdemonstration in Leipzig mit ca. 5.000 Teilnehmern.*

10.9.   *Gründungsaufruf der Bürgerrechtsgruppe Neues Forum in Berlin.*

11.9.   *Ungarn öffnet seine Westgrenze nun vollständig. Bis zum 14. September fliehen ca. 15.000 DDR-Bürger in den Westen.*

15.9.   *Gründung der Bürgerrechtsgruppe Demokratie-Jetzt in Berlin.*

16.9.   Öffentliche Vereidigung von Offiziersschülern der NVA auf dem Platz der Freiheit in Greifswald.

21.9.   Übergabe der 170.000sten Bezirks-Wohnung in Greifswald.

30.9.   *Außenminister Hans-Dietrich Genscher verkündet auf dem Balkon der bundesdeutschen Botschaft in Prag, dass die ca. 5.500 DDR-Bürger, welche inzwischen auf dem Gelände der Botschaften in Prag und Warschau Zuflucht gefunden haben, in die BRD ausreisen dürfen. Die DDR stellt die Bedingung, dass die Sonderzüge über das Territorium der DDR fahren müssen.*

Oktober 1989

2.10.   Bei der Leipziger Montagsdemonstration nehmen ca. 15.000 Personen teil.

        Gründung der Bürgerrechtsgruppe Demokratischer Aufbruch.

4.10.   *In Dresden kommt es zu gewalttätigen Auseinandersetzungen, da sich mehrere Bürger Zutritt zum Hauptbahnhof verschaffen wollen, als dieser von den Sonderzügen mit den Botschaftsflüchtlingen passiert wird.*

6.10.	*Beginn der Feierlichkeiten zum 40. Jahrestag der DDR.*

Nach mehrjähriger Umbauzeit erfolgt die Wiederinbetrieb-nahme des Greifswalder Theaters.

7.10.	*Offizielle Gründung der Sozialdemokratischen Partei der DDR (SDP) in Schwante bei Berlin. Hiermit gründet sich erstmals eine Oppositionsgruppe der DDR bewusst als „Partei".*

Feiern zum 40. Jahrestag der DDR in Berlin. Gleichzeitig finden in den Abendstunden in mehreren Orten der DDR Demonstrationen für grundlegende Reformen statt.

Volksfest zum 40. Jahrestag der Gründung der DDR in Greifs-wald.

9.10.	*Bei der Leipziger Montagsdemonstration nehmen ca. 70.000 Personen teil.*
16.10.	Gründung einer Greifswalder Gruppe der SDP in der Privat-wohnung des Studentenpfarrers Arndt Noack. Es sind ca. 40 Teilnehmer anwesend.
18.10.	*Erich Honecker tritt von allen seinen Ämtern zurück, Egon Krenz wird noch am gleichen Tag vom ZK zu seinem Nachfolger als General-sekretär der SED bestimmt.*

1. Friedensgebet im Greifswalder Dom. Anschließend for-miert sich erstmals auch im Bezirk Rostock ein Demonstrati-onszug. Dieser bewegt sich durch die gesamte Innenstadt und endet schließlich beim Greifswalder Rathaus. Rund 850 Greifswalder nehmen an der Demonstration teil.

19.10.	1. Mensagespräch mit ca. 1.000 Teilnehmern. Auf dem Podi-um stellen sich u. a. der Oberbürgermeister Udo Wellner (SED) und sein Stellvertreter Dr. Achim Jonas (SED) der Kri-tik der Bevölkerung. Es werden weitere Gesprächstermine vereinbart.
20.10.	Offizielle Gründung einer Greifswalder Gruppe des *Neuen Forums* im Lutherhof. Es sind ca. 100 Teilnehmer anwesend. Bei der Veranstaltung werden 13 Arbeitskreise gebildet.
23.10.	*Bei der Leipziger Montagsdemonstration nehmen ca. 250.000 Personen teil.*
24.10.	*Egon Krenz wird zum Vorsitzenden des Staatsrats sowie zum Vor-sitzenden des Nationalen Verteidigungsrats ernannt.*
25.10.	2. Friedensgebet im Greifswalder Dom mit ca. 2.500 Teilnehmern. Anschließend formiert sich erneut ein

Demonstrationszug durch die Stadt. Von den Demonstranten wird u. a. ein ziviler Wehrersatzdienst gefordert.

Offizielle Anmeldung der Greifswalder Gruppe des *Neuen Forums* beim Rat der Stadt Greifswald.

26.10. Gespräch zwischen Vertretern der Greifswalder Gruppe des *Neuen Forums* und der SED-Kreisleitung.

2. Mensagespräch mit ca. 800 Teilnehmern.

Auch in der Universität finden erste offene Gespräche statt. Es werden Arbeitskreise zu bestimmten Problemfeldern eingerichtet.

28.10. Beginn des 1. Umwelttages in der Mensa.

31.10. *Auf einer Sitzung des Politbüros des ZKs der SED räumt der Vorsitzende der Staatlichen Planungskommission die Zahlungsunfähigkeit der DDR ein: „Allein ein Stoppen der Verschuldung würde im Jahr 1990 eine Senkung des Lebensstandards um 25-30 Prozent erfordern und die DDR unregierbar machen."*

November 1989

1.11. 3. Friedensgebet im Dom mit anschließender Demonstration. Inzwischen nehmen ca. 7.000 bis 8.000 Greifswalder teil. Die Demonstranten fordern u. a. freie Wahlen.

Das *Neue Forum* stellt sich in der Jacobi-Kirche vor. Ebenfalls anwesend sind der Zweite Sekretär der SED-Kreisleitung, Eckard Glawe, und der stellvertretende Bürgermeister Dr. Achim Jonas.

4.11. *Großdemonstration auf dem Berliner Alexanderlatz mit rund 500.000 Teilnehmern. Neben Intellektuellen und Künstlern wie Ulrich Mühe, Stefan Heym, Christa Wolf und Heiner Müller fordern auch Reformkräfte innerhalb der SED wie Gregor Gysi, Lothar Bisky, Günter Schabowski und Manfred Wolf, sowie Oppositionelle wie Marianne Birthler, Friedrich Schorlemmer und Jens Reich in ihren Redebeiträgen grundlegende Veränderungen. Markus Wolf und Günter Schabowski werden ausgepfiffen.*

Außerordentliche Sitzung der Stadtverordneten in Greifswald, auf der die offizielle Zusammenarbeit mit den bereits bestehenden Oppositionsgruppen beschlossen wird. Als Gäste der SDP und des *Neuen Forums* sind Arndt Noack und Hinrich Kuessner anwesend.

6.11.   *Bei der Montagsdemonstration in Leipzig nehmen über 500.000 Personen teil.*

7.11.   *Rücktritt der gesamten DDR-Regierung unter dem Vorsitzenden des Ministerrats Willi Stoph (SED).*

Erste offiziell angemeldete Veranstaltung des *Neuen Forums* im Greifswalder Lutherhof.

8.11.   *Geschlossener Rücktritt des Politbüros des ZKs der SED. Bei der Neuwahl erhalten drei der von Egon Krenz vorgeschlagenen Kandidaten nicht die erforderliche Stimmenzahl.*

In Ost-Berlin demonstrieren SED-Mitglieder gegen die eigene Parteiführung.

Bis zum Abend des 8. Novembers haben bereits 45.000 Ostdeutsche die DDR über die Tschechoslowakei verlassen.

Offizielle DDR-weite Zulassung des Neuen Forums.

4. Friedensgebet im Greifswalder Dom mit anschließender Demonstration von mindestens 5.000 Greifswalder Bürgern.

9.11.   *Ankündigung eines neuen Reisegesetzes durch Günter Schabowski auf einer Pressekonferenz in Berlin. Öffnung der innerdeutschen Grenze zur BRD („Fall der Mauer").*

3. Mensagespräch mit ca. 800 Teilnehmern zu den Themen „sozialistische Demokratie in Greifswald" und „Das neue Reisegesetz". Während der Veranstaltung wird vom Pfarrer Reinhard Glöckner unter großem Beifall die Nachricht von der Maueröffnung verkündet.

Ilse Biederstädt tritt als Vorsitzende des FDGB-Kreisvorstandes zurück.

12.11. Das Sekretariat der Greifswalder SED-Kreisleitung tritt nach einer Demonstration von einigen hundert Anhängern der Greifswalder SED auf dem Platz vor der Mensa zurück.

13.11. *Der als Reformer geltende Erste Sekretär der Bezirkleitung der Dresdner SED Hans Modrow wird von der Volkskammer zum Vorsitzenden des Ministerrats gewählt.*

Veranstaltung des *Neuen Forums* im Lutherhof.

Rücktritt des Bischofs der Pommerschen Evangelischen Kirche Horst Gienke nach erheblicher innerkirchlicher Kritik an der engen Zusammenarbeit Gienkes mit der SED. Vorausgegangen war eine gescheiterte Vertrauensfrage des Bischofs bei der Landessynode in Züssow.

14.11.　Solidaritätsdemonstration für die DDR und die SED am Kernkraftwerk Lubmin.

15.11.　5. Friedensgebet im Greifswalder Dom mit anschließendem Demonstrationszug.

17.11.　*Umbenennung des Ministeriums für Staatssicherheit in „Amt für Nationale Sicherheit".*

Hans Modrow erteilt in einer Regierungserklärung Spekulationen um eine deutsche Wiedervereinigung eine klare Absage. Er schlägt aber eine deutsch-deutsche Vertragsgemeinschaft vor.

19.11.　Gründung einer Greifswalder Gruppe des *Demokratischen Aufbruchs*.

22.11.　*Das Politbüro des ZKs der SED bietet Gespräche am Runden Tisch an.*

6. Friedensgebet im Greifswalder Dom. Bei der anschließenden Demonstration fordern die mehreren tausend Teilnehmer u. a. einen Volksentscheid zur Streichung der führenden Stellung der SED in der Verfassung der DDR und die vollständige Abschaffung der Staatssicherheit.

4. Mensagespräch mit ca. 1.500 Teilnehmern zum Thema „Aufgaben und Arbeitsweise der Staatssicherheit". Als Gast ist u. a. der Bezirksleiter des neuen Amtes für nationale Sicherheit anwesend. Die Vertreter der Staatssicherheit geraten unter so starken Druck, dass um 24 Uhr eine Besichtigung der Kellerräume der Kreisdienststelle in der Domstraße eingeräumt wird.

Vollversammlung der Studentenschaft der Ernst-Moritz-Arndt Universität.

Gründung des 1. Computerclubs in Greifswald.

26.11.　*In dem Aufruf „Für unser Land" fordern 31 Intellektuelle der DDR eine Reformierung der DDR und sprechen sich gegen eine Wiedervereinigung aus.*

28.11.　*Helmut Kohl stellt vor dem Deutschen Bundestag den so genannten „Zehn-Punkte-Plan zur Überwindung der Teilung Deutschlands und Europas" vor. In diesem wird mittelfristig neben der Möglichkeit einer Konföderation beider deutscher Staaten auch das Ziel der Wiedervereinigung herausgestrichen.*

| 29.11. | 7. Friedensgebet im Greifswalder Dom mit anschließender Demonstration. |

Bei einer Kundgebung auf dem Greifswalder Fischmarkt sprechen Vertreter der SDP und des *Neuen Forums*.

In der Kollwitz-Oberschule findet ein Forum zum „innerstädtischen Bauen" statt.

Dezember 1989

| 1.12. | *Die Volkskammer der DDR streicht den Führungsanspruch der SED aus der Verfassung.* |

| 2.12. | *Ankündigung eines DDR-weiten Generalstreiks zum 6. Dezember 1989.* |

In Greifswald haben bis zu diesem Tag bereits mehr als 1.500 Mitglieder der SED ihr Parteibuch zurückgegeben.

| 3.12. | *Geschlossener Rücktritt des Politbüros des ZKs der SED (einschließlich Egon Krenz). Erich Honecker, Willi Stoph, Erich Mielke und weitere Spitzenfunktionäre werden aus der SED ausgeschlossen.* |

Neuwahl des Sekretariats der SED-Kreisleitung. Günter Köhler wird zum neuen Ersten Vorsitzenden gewählt.

Auf Initiative eines Greifswalder Friedensgebetes kommt es am 1. Advent zu einer durch die gesamte DDR verlaufende Lichterkette. Daran beteiligen sich auch Tausende von Greifswaldern.

| 4.12. | *Die DDR-CDU und die LDPD erklären ihren Austritt aus dem Demokratischen Block der Parteien und Massenparteien der DDR.* |

Besetzung der Kreisdienststelle des Amtes für Nationale Sicherheit in der Domstraße durch Greifswalder Bürgerrechtler. Die dortigen Aktenschränke werden von einem anwesenden Staatsanwalt versiegelt („Volkssiegel auf Panzerschränke des Stasi und der SED"). Zeitgleich werden auch Akten bei der SED-Kreisleitung und dem Rat der Stadt sichergestellt.

| 5./6.12. | Konstituierung eines Untersuchungsausschusses der Stadt Greifswald (Vorsitzender Hinrich Kuessner) mit Vertretern der neuen Oppositionsgruppen und der alten Parteien. Es werden die Arbeitsgruppen „Staatssicherheit" (Dr. Thomas Meyer, *Neues Forum*), „SED-Kreisleitung" (Dr. Jürgen Drenc- |

khan, *Neues Forum*), „Rat der Stadt" (Tilo Braune, SDP) und „Kernkraftwerk" (Norbert Meyer, SDP) gebildet.

6.12.   Besetzung des Amtes für Nationale Sicherheit im Kernkraftwerk Lubmin.

8. Friedensgebet im Greifswalder Dom mit anschließender Großdemonstration auf dem Greifswalder Markt.

Egon Krenz tritt als Vorsitzender des Staatsrats zurück. Sein Nachfolger wird der LDPD-Vorsitzende Manfred Gerlach.

Die DDR-Regierung beschließt die Demobilisierung der SED-Betriebskampfgruppen.

7.12.   *Einrichtung des „Zentralen Runden Tisches" mit Vertretern der Oppositionsgruppen und der alten Parteien in Berlin.*

8.12.   Schülerdemonstration vor der Greifswalder EOS.

9.12.   *Gregor Gysi wird auf einem SED-Sonderparteitag zum neuen Vorsitzenden der SED gewählt.*

11.12. *Auf den Montagsdemonstrationen wird erstmals der Ruf nach Wiedervereinigung deutlich.*

Konstituierung des Runden Tisches in Greifswald. Leiter der Gespräche ist der Pfarrer Reinhard Glöckner. Öffnung der Siegel im Greifswalder Amt für Nationale Sicherheit.

12.12. Demonstration des neu gebildeten *Sozialistischen Studentenbunds* gegen eine Wiedervereinigung der beiden deutschen Staaten.

13.12. 9. Friedensgebet im Greifswalder Dom. Die anschließende Demonstration läuft unter dem Motto „40 Jahre Planwirtschaft – Was nun?"

Demonstration von ca. 100 Studenten für den Erhalt der DDR.

14.12. Mensagespräch mit dem Thema „Wohin geht die Schule?"

16.12. *Der Demokratische Aufbruch (DA) konstituiert sich als Partei*

17.12. *Die SED nennt sich in SED-PDS um.*

18.12. 2. Sitzung des Greifswalder Runden Tisches.

19.12. *Helmut Kohl vereinbart mit Hans Modrow Verhandlungen zur Bildung einer „deutsch-deutschen Vertragsgemeinschaft".*

Demonstration mit 26 Teilnehmern in Greifswald für den Erhalt der DDR.

Vollversammlung des *Neuen Forums* im Greifswalder Luther-hof.

20.12.   10. Friedensgebet im Greifswalder Dom mit anschließender Demonstration.

21.12.   *Staatsbesuch des französischen Staatspräsidenten François Mitterand in der DDR.*

22.12.   *Das Brandenburger Tor in Berlin wird für den Fußgängerverkehr geöffnet.*

24.12.   *Der Visazwang und der Mindestumtausch für BRD-Bürger bei Reisen in die DDR entfallen.*

Januar 1990

3.1.   Wirtschaftsforum der SDP in der Mensa mit ca. 400 Teilnehmern. Es reden u. a. Thomas Fuhrmann als Vorsitzender der Greifswalder SDP-Ortsgruppe und Ernst Schwanhold als Unterbezirksvorsitzender der Osnabrücker SPD.

4.-7.1.   Besuch von Vertretern des Rates der Stadt Greifswald und des *Neuen Forums* in der Partnerstadt Osnabrück.

8.1.   3. Sitzung des Greifswalder Runden Tisches.

Die *Ostsee-Zeitung* ändert ihren Untertitel in „Die Unabhängige im Norden" um.

11.1.   *Verabschiedung eines neuen Reisegesetzes, welches allen Bürgern der DDR volle Reisefreiheit zusichert. Bis Ende Januar 1990 werden seit dem 9. November 1989 mehr als 225.000 Ostdeutsche die DDR verlassen haben.*

13.1.   *Der Ministerrat beschließt auf Druck des Zentralen Rundes Tisches die Auflösung des Amtes für Nationale Sicherheit.*

13./14.1.   *Die SDP benennt sich in SPD um.*

15.-18.1.   Gegenbesuch von 30 Vertretern der Partnerstadt Osnabrück in Greifswald.

15.1.   *Rund 2.000 Personen besetzen das Amt für Nationale Sicherheit in Berlin-Lichtenberg.*

Demonstration der SED-PDS mit einigen hundert Teilnehmern vor dem Greifswalder Rathaus unter dem Motto „Sicherheitspartnerschaft mit allen antifaschistischen Kräften".

17.1.   Mensagespräch zum Austausch zwischen Greifswald und Osnabrück mit den Vertretern der Osnabrücker Delegation.

Wie in mehreren anderen Städten findet auch in Greifswald eine Großdemonstration unter dem Motto „Gegen SED-Demagogie und Wiederbelebung der Stasi" statt. Unter den ca. 7.000 Teilnehmern befindet sich auch die Delegation aus Osnabrück.

18.1.   Übergabe einer Resolution von Greifswalder Bürgern an den Generaldirektor des Kernkraftwerks Lubmin, Dr. Reiner Lehmann, in der eine Aufklärung über die Sicherheit des KKW gefordert wird.

20.1.   *Gründung der Deutschen Sozialen Union (DSU) in Leipzig.*

Das Kernkraftwerk Lubmin wird der Besichtigung einer Bürgergruppe geöffnet.

22.1.   4. Sitzung des Greifswalder Runden Tisches. Verhandelt werden u. a. Baufragen, die Struktur des Runden Tisches und die Situation des Greifswalder Handels.

Der stellvertretende Bürgermeister Hans-Jürgen Radtke gibt seinen Rücktritt zum 1. Februar bekannt.

25.1.   Mensagespräch mit dem Thema „Demokratie in den Medien?"

28.1.   *Die Volkskammerwahlen in der DDR werden vom 6. Mai auf den 18. März 1990 vorverlegt.*

29.1.   *Vor der Volkskammer gibt Hans Modrow zu, dass die wirtschaftliche Entwicklung der DDR „besorgniserregend" sei und sich durch die Massenabwanderung weiter verschlechtere.*

Erich Honecker wird nach seiner Entlassung aus der Berliner Charité verhaftet, jedoch einen Tag später aus Krankheitsgründen wieder entlassen.

Beauftragt vom damaligen Staatssekretär des Finanzministerium, Horst Köhler, legt der Referent für Nationale Währungsfragen, Thilo Sarrazin, einen Plan zur unverzüglichen Währungsunion vor.

Februar 1990

1.2.   *Hans Modrow legt seinen Plan „Deutschland einig Vaterland" vor, der auf dem Weg militärischer Neutralität beider deutscher Staaten die Wiedervereinigung vorsieht. Die Bundesregierung lehnt die Neutralität ab. Verhandlungen zur deutschen Wiedervereinigung würden erst mit einer „aus freien Wahlen hervorgegangenen Regierung der DDR geführt werden".*

2.2.	Offener Brief des Rektors und des Senats der Greifswalder Universität, in welchem der volle Erhalt der Ernst-Moritz-Arndt-Universität gefordert wird.
3.-4.2.	Offener Tag im Kernkraftwerk Lubmin, dem kritische Berichte der Zeitschrift *Spiegel* und des TV-Magazins *Spiegel-TV* über dortige Sicherheitsprobleme vorausgegangen sind.
3.2.	*Treffen zwischen Helmut Kohl und Hans Modrow auf dem Weltwirtschaftsforum in Davos. Modrows Bitte um direkte Kredite wird von Kohl abgelehnt.*
4.2.	*Die SED-PDS nennt sich in PDS um. Bis Mitte Februar verliert sie rund 1,6 von einstmals 2,3 Millionen Mitgliedern.*
	Gründungsparteitag der FDP in der DDR.
	Die FDP richtet in Greifswald ein Büro ein.
5.2.	*Acht Vertreter der neuen Oppositionsgruppen treten als Minister ohne Geschäftsbereich in das Kabinett Modrow ein.*
	Gründung des Wahlbündnisses Allianz für Deutschland aus CDU, DSU und DA.
7.2.	Wahlforum des Greifswalder SPD-Ortsvereins mit dem ehemaligen Oberbürgermeister der Hansestadt Hamburg Klaus von Dohnanyi (SPD).
	Das Neue Forum, Demokratie Jetzt und die Initiative für Frieden und Menschenrechte schließen sich zum Bündnis '90 zusammen.
	Helmut Kohl schlägt der DDR sofortige Verhandlungen zur Bildung einer Währungs- und Wirtschaftsunion vor.
10.2.	*Michail Gorbatschow erklärt Helmut Kohl, dass die UdSSR einer Wiedervereinigung nicht im Wege stehe.*
	Selbstanzeige des Greifswalder Oberbürgermeisters Klaus Ewald wegen Fälschung der Kommunalwahlergebnisse vom 7. Mai 1989.
12.2.	*Die liberalen Parteien FDP, LDP und die Deutsche Forumspartei schließen sich zum Wahlbündnis Bund freier Demokraten zusammen.*
12.-14.2.	*Gemeinsame Konferenz der Außenminister der Staaten der NATO- und des Warschauer-Paktes. Einigung auf die so genannten „Zwei-plus-Vier-Gespräche".*
13.-14.2.	*In Bonn vereinbaren Hans Modrow und Helmut Kohl die Einsetzung einer Kommission zur Vorbereitung einer Wirtschafts- und*

Währungsunion. Bitten Modrows um umfassende finanzielle Soforthilfen werden weiterhin abgelehnt.

14.2.   Gründung einer Greifswalder Ortsgruppe der DSU.

19.2.   Sitzung des Greifswalder Runden Tisches zur Baupolitik und zur weiteren Nutzung von leer stehenden Gebäuden.

20.2.   *Die Volkskammer der DDR verabschiedet ein Gesetz über freie, allgemeine, gleiche und direkte Wahlen.*

        NDR-Talk in der Mensa zur Sicherheitslage des Kernkraftwerks Lubmin unter dem Titel „Greifswald eine Zeitbombe?" Die Sendung wird in der DDR und in der BRD ausgestrahlt.

26.2.   Der Generalsekretär der CDU, Volker Rühe, spricht in Greifswald auf dem Platz der Freiheit im Rahmen einer Wahlveranstaltung der CDU.

27.2.   Die Universitäten Greifswald und Kiel unterzeichnen einen Vertrag über die wissenschaftliche Zusammenarbeit beider Hochschulen.

März 1990

1.3.   *Die Regierung der DDR beschließt Volkseigene Betriebe und Kombinate in Kapitalgesellschaften um zu wandeln.*

6.3.   Gregor Gysi (PDS) spricht bei einem Wahlforum der PDS in der Mensa. Es kommen ca. 2.000 Zuhörer.

8.3.   In Greifswald konstituiert sich die *Junge Union* als Jugendverband der CDU.

        Bundesminister Jürgen Möllemann (FDP) spricht in der Mensa im Rahmen einer Veranstaltung zur Bildungspolitik.

10.3.   Der Vorsitzende der *Grünen Partei* in Greifswald, Klaus-Peter Möller, wird aller Ämter enthoben und aus der Partei ausgeschlossen.

12.3.   *Auf seiner letzten Sitzung spricht sich der Runde Tische gegen die Übernahme des Grundgesetzes nach Artikel 23 für die DDR aus.*

        In Leipzig findet die letzte Montagsdemonstration mit ca. 30.-50.000 Teilnehmern statt.

15.3.   In Greifswald gründet sich eine Ortsgruppe von *Amnesty International*.

17.3.   Willy Brandt (SPD) spricht im Rahmen einer SPD-Wahlkampfveranstaltung auf dem Greifswalder Marktplatz.

18.3.   *In der DDR finden die ersten freien Volkskammerwahlen statt, die*
        mit einem überraschenden Wahlsieg der Allianz für Deutschland
        (48,2%) enden. Die CDU erzielt 40,8%, die DSU 6,3% und der
        DA 0,9% der Stimmen. Die SPD erreicht 21,9%, die PDS 16,3%,
        der Bund freier Demokraten 5,3%, das Bündnis '90 2,9%, die De-
        mokratische Bauernpartei 2,2% und die Grüne Partei 2%. Die
        Wahlbeteiligung liegt bei 93,2%.

        Im Kreis Greifswald-Stadt erhält die *Allianz für Deutschland*
        mit 17.665 Stimmen (41,2%) ebenfalls die höchste Stimmen-
        zahl. Für die CDU stimmen 36,3%, für die DSU 4,3% und den
        DA 0,5%. Die PDS erreicht 24,4%, die SPD 21,9%, der *Bund*
        freier Demokraten 3,3%, das *Bündnis '90* 2,9%, die *Demokratische*
        Bauernpartei 2,5% und die *Grüne Partei* 1,5%. Die Wahlbeteili-
        gung liegt bei 91,4%.

        Im Kreis Greifswald-Land erzielt die *Allianz für Deutschland*
        7.698 Stimmen (45,3%). Für die CDU stimmen 41,2%, für die
        DSU 3,6% und den DA 0,5%. Die PDS erreicht hier 20,6%, die
        SPD 15,2%, die *Demokratische Bauernpartei* 12,3%, der *Bund*
        freier Demokraten 1,7%, das *Bündnis '90* 1,2% und die *Grü-*
        ne Partei 0,9%. Die Wahlbeteiligung liegt bei 92,6%.

29.3.   Vorstellung der Abschlussberichte des Untersuchungsaus-
        schuss der Stadt Greifswald in einer öffentlichen Veranstal-
        tung in der Mensa.

Verzeichnis der Abbildungen

Abbildungsnachweis

Peter Binder/Ostseezeitung: Abb. 26 und 37.

Thomas Lange: Abb. 6, 12, 19, 24, 29 und 44.

Dorothea Puttkammer/Domgemeinde: Abb. 2, 4, 8, 11, 14, 15, 17, 18, 20, 21, 22, 23, 25, 27, 33, 34, 35, 36, 38, 39, 40, 41, 43 und 45.

Heiko Schöttler/Heike Meier: Abb. 1, 5, 10 und 32.

Hinrich Kuessner: Abb. 13, 28 und 42.

Hagen Kühne: Abb. 3.

Gerlinde Schnell: Abb. 7, 16, 30 und 46.

Stadtarchiv Greifswald: Abb. 9 und 31.